Therapie durch künstlerisches Gestalten

Therapie durch künstlerisches Gestalten

Wider die Handlungsverarmung in unserer Zeit

herausgegeben
von K. H. Türk und J. Thies

Urachhaus

Freie Kunstschule Nürtingen:
Forum Kunsttherapie 1986

CIP-Kurztitelaufnahme der Deutschen Bibliothek

Therapie durch künstlerisches Gestalten :
wider d. Handlungsverarmung in unserer Zeit /
[Freie Kunstschule Nürtingen: Forum Kunsttherapie 1986].
Hrsg. von K.H.Türk u. J.Thies. – Stuttgart : Urachhaus, 1986.
ISBN 3-87838-495-5
NE: Türk, Karl Heinz [Hrsg.]; Forum Kunsttherapie
⟨1986, Nürtingen⟩; Freie Kunstschule ⟨Nürtingen⟩

ISBN 3 87838 495 5

© 1986 Verlag Urachhaus Johannes M.Mayer GmbH, Stuttgart
Alle Rechte, auch die des auszugsweisen Nachdrucks
und der photomechanischen Wiedergabe, vorbehalten.
© der Abbildungen bei den Autoren der Textbeiträge
(Fotos für 7–16, 27, 45–52, 76–80: G.v.Engelhardt-Bargsten;
24–26, 28–35: Eberhard Schmidt; 36–41: »Fotolabor Wernau«; 53–55: W. Zifreund),
mit Ausnahme der Abb. 66–68 aus Irwin Rock: Wahrnehmung, mit freundlicher Genehmigung des
Verlags Spektrum der Wissenschaften, Heidelberg;
70, 72–75 © Marianne Hopf (W. Zifreund);
71 © Klaus Pfaffenzeller (W. Zifreund) und 76–80 © K.H.Türk
Reproduktionen E.Schreiber Grafische Kunstanstalt, Stuttgart
Umschlaggestaltung Bruno Schachtner, Dachau
Satz und Druck der Offizin Chr.Scheufele, Stuttgart

Inhalt

Ansätze

Anhang

Vorwort der Herausgeber

Unsere Gegenwartskultur ist von starken Vereinseitigungen geprägt. Funktions- und Produktionsabläufe, die ein ausgeprägtes gemeinschaftliches Zusammenwirken erfordern, lassen dem einzelnen wenig Spielraum, sich selbst zu erfahren und zu verwirklichen. Die seit den Nachkriegsjahren sich ausprägende Konsumgesellschaft tut ein übriges, den Menschen auch nach Feierabend, in der Freizeit und in den Ferien nicht zu sich selbst kommen zu lassen. Selbstentfremdung, Leere und Empfindungen der Sinn- und Seelenlosigkeit sind vielfach die Folgen, Folgen, die sich besonders in Krankheitsbildern psychischer Schädigungen niederschlagen und schließlich auch physische Krankheiten mit sich bringen. Im Zuge der Therapie kommt der Kunst eine besondere Aufgabe zu. Von der Schulung der Wahrnehmung, dem Wiedererkennen des Reichtums an Eindrücken und Empfindungen, über den Willensanstoß zur handwerklichen Umsetzung bis zur Vollendung eines Werks als einer Welt im Kleinen reichen die Abläufe, die den Menschen im Spiegel seiner Schöpfung sich wiedererkennen lassen. Dem dient die Kunsttherapie primär.

Sekundär aber ist nicht nur der erkrankte Mensch Gegenstand der Kunsttherapie, denn nicht weniger deuten ihre Fragen, Aufgaben und Zielvorstellungen auf den gesunden Menschen und die Harmonie seines Gleichgewichts zwischen Ich und Umwelt, zwischen Selbst- und Gesellschaftserfahrung, zwischen Innen- und Außenwelt.

Wenn Kunst in unserer Gesellschaft sich einen neuen Stellenwert zu erobern beginnt, einen Stellenwert, der ohne Realisation undenkbar ist, so sollte »Therapie durch künstlerisches Gestalten« diesem Stellenwert nicht nachstehen und der Kunst ein wissenschaftlich fundiertes Arbeitsfeld bereiten, durch das ihre Mission einmal mehr eine dem Menschen dienende werden kann.

Es hat sich gezeigt, daß die innerhalb der Kunsttherapie vielerorts noch nicht erarbeitete wissenschaftliche Kompetenz einer verstärkten Konsolidierung bedarf und durch Hinterfragung bestehender Ansätze und Methoden sowie durch Ausarbeitung neuer Konzepte der Weg, den die Kunsttherapie in Zukunft einzuschlagen hat, konsequent beschritten werden muß. So erachten wir den vorliegenden Band keinesfalls als ein fertiges und wissenschaftlich ausgereiftes Konzept, vielmehr beinhaltet er die schriftliche Reflexion eines Arbeitsforums, ist also in sich selbst eine Art »Arbeitspapier«, das zur Ausgestaltung und immer tieferen Bewußtwerdung kunsttherapeutischer Probleme beitragen möchte.

Kunsttherapie kann ohne Praxis weder bestehen noch wissenschaftlich begründet werden. Diese praktische Anwendung kunsttherapeutischer und insbesondere auch heilpädagogischer Methoden wurde ja bisher in den zahlreichen auf anthroposophischer Grundlage arbeitenden heilpädagogischen Heim- und Pflegestätten ausgeübt, die sich auf die ursprünglich durch Dr. Rudolf Steiner inaugurierten Angaben beziehen. Unser Band will vornehmlich auch mit diesen schon vielerorts bewährten Methoden in einen Dialog treten. Unter Mitarbeit namhafter Fachleute als Autoren will er nicht nur einen Brückenschlag unterschiedlicher Auffassungen und gelegentlich weit auseinanderliegender Richtungen wagen, sondern bemüht sich darüber hinaus, einen konkreten Bezug zwischen theoretischer Grundlagenforschung und praktischer Anwendung herzustellen.

Die Freie Kunstschule Nürtingen, die eine Fachklasse für Kunsttherapie unterhält, führte vom 23. Mai bis 15. Juni 1986 ein »Forum Kunsttherapie 86« durch. Mittelpunkt dieses Forums bildete eine Ausstellung von psychotherapeutischen Prozeßbildern aus der Sammlung von Frau Dr. Eschenbach – Mitbegründerin des C. G. Jung-Instituts in Stuttgart. Diese Ausstellung wurde während des Forums Kunsttherapie 86 in den schuleigenen Galerieräumen gezeigt.

Innerhalb dieses äußeren Rahmens veranstaltete die Schule eine Reihe von insgesamt 15 Vorträgen, die den Grundstock dieses Bandes bilden. Einige Beiträge kamen neu hinzu, die Mehrzahl wurde überarbeitet.

Wir freuen uns, daß dank der spontanen Bereitschaft des Verlags Urachhaus, Stuttgart, nun die gesamte Vortragsreihe in Buchform in einem Sammelband vorliegt. Es war und ist unser Anliegen, die vielfältige Problematik der Kunsttherapie, dieses »jungen Zweiges am Baum der Wissenschaften«, einem größeren und, wie wir erfahren haben, einem ständig wachsenden Kreis von Interessierten zugänglich zu machen. Dabei kann es sich hier in diesem Band nicht um die Darlegung und einseitige Betrachtung eines spezifischen Standpunkts handeln, sondern es war von vornherein das Bestreben der Initiatoren, dem Forum Kunsttherapie 86 möglichst ein umfassendes Spektrum unterschiedlicher Therapieansätze zu geben, damit die ganze Breite der Bemühungen auf diesem Gebiet sichtbar und erfahrbar werden kann.

In diesem Sinn wollte das Forum dazu beitragen, die Kluft zwischen Reden und Handeln abzubauen und die in der gegenwärtigen Tendenz der Menschheitsentwicklung liegende »Handlungsverarmung«, die sehr oft nur zu kopflastigen Theoremen führt, überwinden zu helfen.

Wir sind uns dessen bewußt, daß auch dieses Forum – wie manche seiner Vorgänger – einen Aufbruch bedeutet, einen Aufbruch in die noch weitgehendst dunkle Landschaft seelischer Tiefenschichten. Wir werden aber darüber hinaus von der Überzeugung getragen, daß jede Forschung – und das gilt insbesondere für das Gebiet der Kunsttherapie – letztlich dem Menschen dient, und wir hoffen, daß bei der Durcharbeitung der vorliegenden Schrift das Bemühen der Autoren um eine solche vertiefte Menschenerkenntnis vom Leser erfahren werden kann.

Oktober 1986   *K. H. Türk, J. Thies*

GRUNDLAGEN

URSULA ESCHENBACH

Zum Sehen geboren – das innere Auge

Eigentlich heißt dieses Wort von Johann Wolfgang von Goethe: »Zum Sehen geboren – zum Schauen bestellt.« Und es gibt noch ein weiteres Zitat, das ebenso auf unbewußte Bilder paßt:

> Wär nicht das Auge sonnenhaft,
> die Sonne könnt es nie erblicken.

Es ist also eine etwas eigenwillige, aber ganz von der Sache her bestimmte Änderung, die unser Thema abgab: Zum Sehen geboren – das innere Auge.

Goethe hat sicherlich nicht zufällig diese beiden Worte gewählt, die sich inhaltlich nahezustehen scheinen, so daß sie des öfteren auch synonym benutzt werden: sehen und schauen. Vielleicht kann eine solche Wortgegenüberstellung eine Betrachtung provozieren über das Arbeitsfeld des Auges. An erster Stelle steht dann das Sehen, aber auch z. B. das Lesen, Betrachten, Erkennen, Wiedersehen, Vorsehen, Zurücksehen, Nachsehen, Sich-Versehen, etwas Übersehen, Geblendet-Sein, Erblinden, einsichtig sein usw. Man könnte ein umfangreiches Vokabelbuch anlegen für dieses Meisterwerk unter den Sinnesorganen.

Dieses »zum Sehen geboren« intuiert das vom Uranfang her Gegebene, das bereits im Erbgut angelegt ist, das man mit sich bringt, wenn man das Licht der Welt erblickt, wenn das Staunen und die Neugier beginnt, schon im Kinderauge beginnend. Der reifer werdende Mensch aber ist zum Schauen bestellt, wenn er über die Einsichten der Lebenserfahrungen, aus der Summe der Lebens-Augenblicke eine Weltschau nach innen und außen erfährt. Mit den Augen können wir Liebe, Zorn, Angst oder Verzeihung ausdrücken, wie sie auch auf Bildern zum Ausdruck kommen. Das Auge kann uns auch vermitteln, was schön oder häßlich ist. Angestarrt zu werden, kann ebenso ein Kompliment sein wie auch heftige Aggression ausstrahlen oder bewirken. Vor Königen verneigte man sich und schlug die Augen nieder. Bei der Parade folgen die Blicke des Soldaten dem General. Der »treue Blick« in die Augen kann wie ein Versprechen sein, der verschlagene Blick wie der Verrat eines Verbrechens oder ein Schuldgeständnis.

Für den Menschen jedenfalls hat das Auge seit Urzeiten eine magische Bedeutung. Gerade auch die Verletzlichkeit des Auges – »Du bist mir teuer wie mein Augapfel« – hat man wohl schon immer empfunden, denn schon ganz früh schützte sich in vielen Kulturen der Mensch dadurch gegen dämonische Mächte, daß er sich z. B. die Augenumgebung drastisch anmalte oder die Augenhöhlen und Augenbrauen betonte. Dies sollte dem Auge mehr Macht, mehr Kraft, aber auch mehr Aufmerksamkeit verleihen. Und bis zum heutigen Tage sind Magie und

Aberglaube um das Auge herum lebendig. So kann es z. B. durchaus vorkommen, daß ein Alpbauer für eine »dreiäugige« Kuh freiwillig einen Aufpreis zahlt, obwohl dieses dritte Auge nur ein weißer Fleck auf ihrer Stirn ist. Dabei weiß der Alpbauer mit Sicherheit nichts vom »dritten Auge« in der indischen Philosophie und Mythologie, in dem sich das allessehende Gottesauge symbolisiert. Aber die dreiäugige Kuh bewirkt magischen Schutz – oder soll es tun – für die ganze Herde gegen Ansteckung und anderes Unheil. In Italien übt man noch immer die uralte Abwehrgeste gegen den bösen Blick; aus Griechenland bringt man sich in Erinnerung an das eine Polyphem-Auge einen kleinen Augenanhänger mit und aus Ägypten das Horus- oder Sonnenauge, auch Udjatauge genannt, in Silber oder Gold, mit dem meist ganz unbewußten Wunsch, am geistigen Schutz dieser alten Symbole teilhaben zu können.

Wenn ich einen Vortrag halte, schaue ich in viele Augen, und ich sehe mehr als anatomisch beschreibbare Organe. Ich habe eine weite Sicht in eine Vielheit von Augen: kollektiv gesehen Zu-schauer und natürlich auch Zu-hörer. Aber wenn ich meinen Blick konzentriere, kann auch ein Augen-Dialog mit einem einzelnen Augenpaar entstehen. Sich in die Augen sehen oder das Zeitelement als psychisches Ereignis erleben – immer ist das Auge im Wirkzentrum, Maß und Medium für Gegensätze und Gegensatzvereinigung.

Zum Sehen geboren heißt Wahrnehmung von Farbe und Form, von Stoff und Dynamik. Johann Wolfgang von Goethe polarisierte dem Sehen als Organfähigkeit das psychisch-geistige Schauen, dem er durch das Wort »bestellt« fast einen Auftrag zu erteilen scheint. Es ist ganz offensichtlich, daß er gerade mit diesem Wort auf die Viel-Deutigkeit, aber auch Be-Deutung des Auges als Organ des Bewußtseins für die individuelle menschliche Entwicklung hinweisen wollte. Wenn man von einem inneren Auge spricht, dann könnte einem dazu einfallen, daß es dabei um ein Sichtig-Werden nach innen hin, in den eigenen Seelenraum, geht, daß man Einblick gewinnen könnte in einen inneren Werdeprozeß.

Hellsichtigkeit und visionäre Schau sind Inhalte und Erlebnisqualitäten, die wohl am weitesten wegführen von einer wissenschaftlich-diagnostisch und funktionell bestimmten Organbetrachtung des Auges, aber durchaus in das psychoenergetische Betrachtungsfeld der Symbol-Dynamik einbezogen werden können. Das geheimere und leisere Thema, das aus den Bildern selber spricht, ist die Symboldynamik, die als *Bedeutung* in der archetypischen Chiffre des Auges enthalten ist.

Was sichtbar wird, ist die Darstellung einer Traumbilderwelt von sogenannten »unbewußten Bildern«. Keines dieser Bilder (Abb. 1–6) ist nach einem von außen gegebenen Thema oder aufgrund einer bewußten Planung gemalt. Sie stammen alle aus der analytischen Prozeßarbeit. Niemand von denen, die diese Bilder gemalt haben, ist Maler oder Künstler oder in einem künstlerischen Beruf tätig. Diese Bilder können eine Traumaussage, die sich dem Wort entzieht, ersetzen oder eine Stimmung, eine emotionale Sperre überbrücken. Sie können auch aus einem genuinen schöpferischen Impuls aufgrund freiwerdender kreativer Energien in die Form drängen.

Symbole enthalten als Bedeutung immer einen individuellen Sinn für den Betreffenden, dem sie sichtbar werden. Im Symbol meldet sich immer das Urwissen aus den Tiefenschichten der Seele und bietet – gerade durch den finalen Sinn – seine Heilmöglichkeiten für aktuelle Krisensituationen im psychischen Alltag, also für den jeweiligen *Lebensaugenblick* an. Symbole sind averbale, also wortlose Signale, die aus dem eigenen Innern heraus die Urform seelisch-geistiger Kommunikation – eben das Bild – benutzen. Bei der Betrachtung solcher Bilder muß man anders denken lernen, als wir es im allgemeinen in der Schule lernen. Ein ur-teilendes oder analytisches Denken teilt eben, unterteilt und wertet nach falsch oder richtig bzw. nach ästhetischen, künstlerischen Qualitäten oder bestimmten Stilrichtungen und versucht, aus den einzelnen Teilen das Ganze zu erkennen. Das Wort Symbol stammt aus dem griechischen Sprachraum. In seinem Anfang war es ein Kennzeichen für Eingeweihte als sichtbares, aber geheimes Signal für Unsichtbares oder Übersinnliches oder im Mysterium Erlebtes. Es bedeutete so viel wie zusammenballen, vereinigen oder zusammenfügen, also das Gegenteil von urteilen und vereinzeln. Worin liegt also der Sinn des Symbols? Welchen *Wegauftrag* hat es für den Betreffenden, aus dem heraus es sichtbar wird?

Das Bedürfnis nach Farbe und Gestaltung ist ein Urbedürfnis, und seit der Steinzeit schon versucht der Mensch, immer bessere und schönere Farben zu erfinden. Jeder Traum steigt aus den Urgründen der Seele als Bild auf, viele Phantasien formen sich zum Bild. Bilder dienten als Schutzsymbole und Rituale. Kinder malen oft schon, bevor sie Worte formen können, und beinahe jeder Mensch kennt das halbbewußte oder ganz unbewußte Kritzeln beim Telefonieren, in Sitzungen, Vorlesungen, in der Schule oder bei Langeweile.

Bilder halten still und können dennoch zum Gegenüber werden. Sie schweigen und können den Schlüssel ihres Geheimnisses im Symbol verstecken. Sie weichen auch nicht aus. Sie können konfrontieren und bieten beharrlich ihren Wahrheitsgehalt an. Als kollektive Chiffren sind sie nie Kläger oder Richter, sondern symbolisches Signal für die Wegfindung zur individuellen Wahrheit. Die Kenntnis der Symbolsprache ist das sehr kostbare Geschenk der sich wiederholenden Erfahrung, also auch der Bilderfahrung, die Vergleich und kritische Betrachtung zuläßt. Die geheime Rolle des dynamischen Symbols hatte von jeher ihren geistigen Ort im kulturellen Entwicklungsraum der Menschheit und stand als anordnendes Prinzip hinter jeglicher kreativer Lebensgestaltung.

Auch wenn man sich sehr lange, sehr intensiv und aufgeschlossen mit der Symbolsprache des Unbewußten beschäftigt und dabei allmählich lernt, die Menschen besser zu verstehen, vor allem aber, sie auf der Suche nach den Wurzeln ihres Leidens besser begleiten zu können, ereignet es sich immer wieder von neuem, daß uns Bilder oder andere Signale aus dem nicht ich-nahen Bereich der Seele rätselhaft gegenüberstehen und wir uns hilflos und unwissend vorkommen. Es gibt wohl kaum jemanden, der auf eine solche Erfahrung nicht mit Unbehagen reagiert, weil sie ja den Sicherheitsgürtel durchbricht, mit dem wir uns durch Studium und Examina, mit Technik und Methode umgeben. Es könnte darin aber auch ein Signal

dafür verborgen liegen, daß es nicht gut ist, z. B. besser zu wissen als der andere oder
mehr zu verstehen als der andere; vielleicht auch dafür, daß die symbolische Ge-
heimbotschaft gerade nicht an das Wort, an den Rat, an eine Deutung oder eben an
bereits vorhandenes Wissen appelliert. Manche dieser Bilder rufen auch bei verschiedenen Beobachtern ganz verschiedene Einfälle und ganz andere Deutungs-
oder Bedeutungsmöglichkeiten oder auch sehr persönliche Gefühle und Wirkungen
hervor. Sie überschreiten damit also den Wirkbereich des Symbolträgers und verraten dadurch ihre Zugehörigkeit zu dem psychischen Wirkbereich des kollektiven
Unbewußten, aus dem heraus sich die psychischen Engramme der Erlebnisse der
Menschheit dem Bewußtsein in Erinnerung bringen.

Der berühmte Schweizer Arzt Theophrastus von Hohenheim, auch Paracelsus
genannt, lehrte, daß das entscheidende Agens aller Heilung der »innere Arzt« sei.
Von ihm stammt auch das zum Augenthema passende Wort: »Deine Augen sollen
Deine Professores sein« – also Lehrer und Führer durch das Leben hindurch: wach-
sam wahrnehmend, nach innen transformierend und über das Bewußtsein erken-
nend wieder für die Verbindung zur Welt hin zur Verfügung stehend. Inneres Sehen
kann dadurch genau so tief und weit werden wie die Welthorizonte draußen.

Hier aber befinden wir uns auch in der Werkstatt des Arztes und Psychotherapeuten, in die die Menschen mit ihren schiefgelaufenen Seelenschuhen, blind gewordenen Seelenfenstern und zugeschlagenen Seelentüren kommen. Der Weg heißt fast
immer, sich selbst neu erfahren, und er ist anfangs oft ganz ohne Licht. Neurose ist
keine Krankheit, die man beseitigen kann wie eine Grippe. Sie enthält vielmehr
einen Auftrag für den Betroffenen, nämlich sein bisheriges Lebensbuch anzu-
schauen und sich dabei seinem inneren Richter und Arzt zu konfrontieren, der über
die Wahrheit, ob man seine eigene Identität lebt oder fremden Göttern dient, entscheiden hilft.

In der tiefenpsychologischen Praxis sind die Bilder von Patienten Spontanpro-
dukte von nicht künstlerisch tätigen Menschen. Sie entstehen während der analytischen Arbeit in der Auseinandersetzung der Bewußtseinsinstanz mit den Tiefenschichten des kollektiven Unbewußten, also im Umgang mit Träumen und aktiven
Imaginationen. Sie werden ohne vorherige Themenangabe gemalt, aber im Zusammenhang mit Traumdialogen. Sie sind hilfreich bei der Integration unbewußter
schöpferischer Energien in das Ichbewußtsein. Die Dynamik solch innerer Wachs-
tumsprozesse kann sich in Serien darstellen, in denen meistens eine Vielfalt von
Symbolen auftaucht. Es kann aber auch geschehen, daß einzelne Symbole wie Tiere,
Bäume, kosmische Symbole oder eben – wie hier gezeigt werden kann – das Auge
sich beharrlich in solch ein Prozeßgeschehen mischt. Hier ist es unser Leitgedanke
selbst: Sehen – Schauen – Erkennen, der in den Bildern der Einäugigkeit, Zweiäugigkeit, Dreiäugigkeit, Vieräugigkeit, Fünfäugigkeit und Vieläugigkeit oder Polyglobulie vorkommt. Die vielen Augen, die den Betrachter anschauen, zeugen vom Sehen und Schauen, vom Bewußtwerden unbewußter Tendenzen, von Ängsten und
Leidenswegen, von Schmerz und Trauer, wie sie in allen Märchen – diesen wunder-
baren Weisheitsvermittlern aller Völker der Welt – geschildert werden und die so

notwendig sind, damit am Ende des Weges die hohe Zeit – die Hochzeit –, die Vereinigung von Gegensätzen – z. B. von Schweinehirt und Prinzessin – stattfinden kann.

Das Thema der *Einäugigkeit* (Abb. 1) führt vom allessehenden Gottesauge über
eingeengtes bzw. einseitiges Sehen – psychologisch könnte es sich um einen einseitig
eingeengten Standpunkt handeln – bis zum meditativen, ganz nach innen gerichteten Zentrumsauge, je nach der aktuellen Lebens- und Prozeßsituation, zu der das Bild
einen unbewußten geistig-seelischen Kommentar mitteilt.

Die *Zweiäugigkeit* (Abb. 2), die an sich so normal und selbstverständlich erscheint,
daß man sich wundern könnte, sie überhaupt in dem Dialog zwischen dem Ichbewußtsein und dem Unbewußten thematisiert zu finden, trägt ebenfalls überra-
schende Variationen symboldynamischer Bildaussagen.

Die geheimnisvolle *Dreiäugigkeit* (Abb. 3) regt häufiger dazu an, über die Zahlen-
symbolik nachzudenken, da die Zahl selber einen weitreichenden Symbolkanon
innerhalb der psychischen Symbolsprache darstellt. Sie kann, besonders biogra-
phisch betrachtet, eine Rückkehr an den eigenen Anfang signalisieren, indem aus
der Zwei des Elternpaares das Dritte und gleichzeitig das Eine entsteht. Das dritte
Auge kann aber auch auf die Allgegenwärtigkeit und Allwissenheit der Gottesaugen hinweisen, die eben als Dreiäugigkeit dem griechischen Hochgott Zeus und
dem zur Götterdreiheit gehörenden obersten indischen Gott Shiva zugeschrieben
wurden.

Die oft dramatisch betonte *Vieräugigkeit* (Abb. 4), die sich ganz besonders stark in
die Bewußtseinsinstanz drängt, hat, wie sich in den analytischen Prozeßverläufen
immer wieder beobachten läßt, tatsächlich etwas mit der Differenzierungsdynamik
der Ichbewußtseinsinstanz und den einzelnen Ichfunktionen zu tun.

Vom inneren Selbsterfahrungsprozeß her ist die *Fünfäugigkeit* (Abb. 5) ein wichtiges Signal, weil in ihr die Summe innerpsychischen Wissens – quasi die quinta es-
sentia – in die Symboldynamik gelangt. Hierdurch ereignet sich, meist im fortge-
schrittenen Bereich des Individuationsweges, ein deutlich wahrnehmbarer energe-
tisch-schöpferischer Zustrom für die Bewußtseinsinstanz.

Besonders interessant ist das Thema der *Vieläugigkeit* (Abb. 6) oder Polyglobulie.
Bilder mit vielen Augen tauchen bevorzugt bei jüngeren und jungen Menschen auf.
Sie enthalten manchmal Hinweise auf heimliche Schuldgefühle, auf heimliches
Tun, das nicht gesehen werden soll, aber von den inneren Augen sehr deutlich er-
schaut wird. Es kann Neugier ebenso signalisieren wie den Wunsch nach Macht,
alles sehen zu können, das Voyeur-Verhalten, dem anderen hinter die Gardinen zu
sehen. Neugier und Wissensdurst ist hier ebenso symboldynamisch enthalten wie
potentielle Fülle und Dynamik der Ganzheit. Auch der mythologische Raum enthält
die archetypische Chiffre der Vieläugigkeit, indem Helios den Beinamen Panoptes,
und das bedeutet so viel wie der alles Sehende, erhalten hat. In der germanischen
Edda kennt man den Riesen Thjazi, dessen viele Augen von Odin als Sterne an den
Himmel geworfen wurden, und im christlichen Mythos erscheinen die Cherubim als
Träger des himmlischen Lichtes »ringsum mit Augen angefüllt«. Es sind auch hier
die Himmelsaugen der Sterne.

Durch diese Bilderwelt aus der Seele von Menschen, die unsere Nachbarn sein und somit auf uns selbst bezogen sein könnten, mag ein Wort C. G. Jungs begleiten: »Der Traum ist die kleine verborgene Türe im Innersten und Intimsten der Seele, welche sich in jene kosmische Urnacht öffnet, die Seele war als es noch längst kein Ichbewußtsein gab und welche Seele sein wird, weit über das hinaus, was ein Ichbewußtsein je wird erreichen können.«

VIKTORIA BROCKHOFF

Malen am Krankenbett

Zur Maltherapie in der Allgemeinen Krankheitslehre (Nosologie)

Der Titel »Malen am Krankenbett« ist so allgemein, daß er einer näheren inhaltlichen Bestimmung bedarf. Es geht um die Maltherapie speziell im klinischen Bereich der Nosologie, nicht der Psychiatrie, also um den Einsatz von Maltherapie bei den sogenannten »organisch« Kranken. Dies impliziert, daß es sich nicht um therapeutisches Malen ganz allgemein handelt, sondern um eine indizierte und geleitete Therapieform. Welche Voraussetzungen erfordert eine solche Therapie bei dem Maltherapeuten? Auf Grund welcher Kenntisse und Kriterien kann er sie rational begründet einsetzen? Welche Leitlinien lassen sich aufgrund seiner Kenntnisse und Theoriebildung für die praktische Arbeit gewinnen, und nach welchen Kriterien kann die empirisch gewonnene Erfahrung ausgewertet und beurteilt werden? Lassen sich aufgrund spezieller Kenntnisse und Theoriebildungen Leitlinien für die Praxis gewinnen, die als Basis für ein Konzept der Professionalisierung von Maltherapie im klinischen Bereich dienen können?

Der Fragen sind viele, die Antworten werden im derzeitigen Stand der Entwicklung zum Teil sehr bescheiden ausfallen müssen. Es fehlen fast alle Vorarbeiten, insbesondere systematische Untersuchungen und Falldokumentationen oder einheitliche Kriterien für letztere. Aus dem Gebiet der Psychiatrie zeigte eine neuere Arbeit von R. Sternfeld (Diss. 1984), daß die aus den Bildern von Geisteskranken gewonnenen, merkmalsorientierten Kriterien der Beurteilung, die jahrzehntelang Geltung besaßen, nicht verwertbar, da ohne statistische Relevanz sind. Maltherapie ist daher noch kein wissenschaftliches – d. h. nach vernunftgemäßer Ordnung der Inhalte im Begründungszusammenhang aufgebautes – Fach, das nach allgemeinen Grundsätzen gelehrt und gelernt werden kann. Nur im anthroposophischen Bereich besitzt Maltherapie diesen Rang (so bei M. Hauschka, 1978).

Anthroposophische Maltherapie wird mit einer spezifischen Methodik als eine aktive, vom Therapeuten her bestimmte und geleitete Therapieform für Kranke schlechthin, nicht nur für psychisch Kranke, angewendet. Die Entwicklung dieser Therapieform basiert auf dem besonderen Menschenverständnis der Anthroposophie, das sich in einer eigenen Begrifflichkeit ausdrückt. Ein Studiengang »Maltherapie« wird in mehreren anthroposophischen Ausbildungsstätten angeboten, die Fachhochschule Ottersberg ist staatlich anerkannt.

Maltherapie wird mit anderen Therapieformen unter den Oberbegriff »Künstlerische Therapien« subsumiert oder direkt als »Kunsttherapie« von den anders bezeichneten wie »Musiktherapie«, »Tanztherapie« usw. abgegrenzt. Im letzteren Fall bezieht sich »Kunst« auf das Bild, das bildnerische Schaffen, vornehmlich das Malen. Der Ausdruck Kunst ist, wie die meisten zu unserem Thema verwendeten Begriffe – Therapie, Gesundheit, Krankheit, Heilung –, ein Unschärfe-Begriff: sein Inhalt wird erfahrbar, läßt sich aber nur unvollständig verbalisieren und nicht eindeutig abgrenzen. Das verleitet zu ständig neuen Definitionsversuchen, die sich an der Wirklichkeit immer wieder ad absurdum führen lassen. Es gibt die unterschiedlichsten Definitionen von Kunst, nach Anschauung und Weltsicht in den Zeiten wechselnd. Sie sollten als Versuche, sprachlich nicht total Einfangbares auszudrücken, als Teilaspekte gewertet bleiben. Das Bild als Kunstwerk wurde und wird auch heute noch in einer therapeutischen Funktion – als eine Art Psychotherapeutikum – gesehen. Von Ikonen wurden Heilungen erwartet, kein Krankensaal des Mittelalters blieb ohne ein Bild, dessen Betrachtung Heil, Heilung vermittelte. Der Isenheimer Altar wurde für ein Siechenhaus zu diesem Dienst geschaffen, und wir wissen, daß jeder Kranke nach der Aufnahme zuerst vor diese Tafeln geführt wurde, um aus ihrem Erleben heilende Kräfte zu empfangen. Auch heute wenden Ärzte in Krankenhäusern moderne Kunstwerke zur Erzielung gleicher Wirkungen auf ihre Patienten an. Von dieser passiven Kunsttherapie ist Maltherapie als aktive Therapieform – wobei sich Aktivität zunächst vom Patienten her bestimmt – zu unterscheiden.

Ein Therapieverständnis, das den Menschen – wie heute allenthalben gefordert – in seinem Ganzheitsaspekt voraussetzt, muß gerade den sogenannten künstlerischen Therapien einen hohen Stellenwert einräumen. Es ist die Zone des Empfindungslebens, in der die Therapie ansetzt, die gleiche, in der auch das Krankheitsgeschehen einen wesentlichen Ausdruck findet. Dieses Empfindungsleben steuert den Krankheitsprozeß bis in die somatischen Veränderungen, die ihrerseits wieder in das Empfindungsleben zurückwirken. Nicht nur seelisch, auch physiologisch reagiert der Mensch in seiner Krankheit viel individueller, viel weniger »normiert« als in gesundem Zustand. Maltherapie wird jedoch, falls überhaupt bekannt, in der Öffentlichkeit eher als eine Art psychotherapeutische Beschäftigungstherapie angesehen.

Es ist ein Phänomen, daß Heilmethoden wie die künstlerischen Therapien erst langsam in das Bewußtsein einer breiteren Öffentlichkeit bzw. des von der Gesellschaft mit einem Heilauftrag (besser Behandlungsauftrag) betrauten Kreises von Personen geraten und nur sehr zögernd Anerkennung finden, obwohl das Bedürfnis nach Therapie in einer unheilen Welt fast ins Uferlose gewachsen ist. Überall schießen »Therapeuten« aus der Erde, alles und jedes wird auf seine Brauchbarkeit als Therapeutikum überprüft oder auch ohne Prüfung angeboten. Auch ganz unseriöse Unternehmungen wittern mit dem Therapiebedürfnis der Menschen ein einträgliches Geschäft und preisen sich als Allheiler oder ihre Allheilmittel an, genießen in einem unvorstellbaren Maße Vertrauen und Zulauf. Es ist leicht, in einer Zeit, in der ein Ausverkauf des Seelenbegriffs stattgefunden hat und ein schrankenloses Vertrauenspotential brachliegt, mit als Therapie getarnten Praktiken Menschen zu manipulieren bzw. zu eigenen Gunsten auszunutzen. Mit dem Zauberwort »psychotherapeutisch« z. B. läßt sich fast alles machen. Die Ergebnisse sind verheerend – Seelen verheerend –, aber dafür ist niemand zuständig. Diese unqualifizierten Mani-

pulationen sind in der Auswirkung weitaus schlimmer als alles, was durch Scharla-
tanerie in der Medizin angerichtet werden kann, es gibt außerdem noch eine viel
größere Dunkelziffer. Aber dennoch hat alles und jedes seine Medienwirksamkeit,
je ausgefallener, desto mehr.

Maltherapie hat die Stufe der Medienwirksamkeit noch nicht erklommen. Bei
ihrer Anwendung im klinischen Bereich – hier die Psychiatrie eingeschlossen –
lassen sich drei Arten beobachten, die in einer Stufenfolge beschrieben werden
können:

I. Die protherapeutische (vortherapeutische) Stufe

Expressiver, nonverbaler, spontaner Ausdruck des eigenen Seelenlebens mit ka-
thartischer Funktion des Freiwerdens, Leerwerdens.

Der Patient schafft selbst die Vorbedingungen, daß Therapie zur Wirkung kommen kann. Die Bilder sind immer Abbilder des eigenen Inneren, ohne kreativen
Anspruch. Im Somatischen (Körperlichen) entspricht dem die Ausscheidung, Ab-
scheidung, Entleerung und Exkretion, die auch hier Voraussetzungen für Therapie
schaffen.

Die Produkte werden vom Arzt (Therapeuten) analysiert und zur Diagnose verwendet, ebenso zur Verlaufsbeobachtung. Die Therapie kommt aus anderen Bereichen: verbal und medikamentös. Die Gefahr ist hierbei das Auftreten eines Aus-
drucksmechanismus, iterativ, stereotyp, das Einrasten eines Schematismus im Inhaltlichen und Formalen, der den sofortigen Abbruch des Malens erfordert. Auch
dieser Ablauf hat seine Entsprechung im Somatischen, z.B. bei dem eingerasteten
Keuchhustenreflex.

II. Die autotherapeutische (selbsttherapeutische) Stufe

Hier kommt es, von der Expression der ersten Stufe ausgehend, zu spontanen Inno-
vationen. Der Patient setzt etwas Neues aus sich heraus, und diese Kreativität ist ein
Indikator für den initiierten Heilungsprozeß. Spontan bedeutet: ohne den Einfluß
einer anderen Person.

Man spricht auch von Selbstheilung. Dieser Ausdruck ist insofern etwas unglücklich, als Heilung immer eine Tätigkeit des Selbst, des Ich ist, auch wenn ärztlich-
therapeutisch eingegriffen wurde. Die »Alten« drückten diese Wirklichkeit so aus:
medicus curat, natura sanat – der Arzt kuriert, die Natur heilt. Der Arzt (Therapeut)
ist hier in der Rolle des Verlaufsbeobachters, wie bei einer Wundheilung im Somatischen. Diese Selbsttherapie kann zur Heilung führen, sie bedarf aber in den meisten
Fällen weiterer Unterstützung durch eine andere Person (Arzt, Therapeut).

19

III. Die heterotherapeutische (fremdtherapeutische) Stufe

Sie ist eine vom Ansatz her geplante und auf ein Ziel hin gelenkte, von außen an den Kranken herangebrachte Therapieform. Sie geht synthetisch, nicht analytisch vor. Die im Verlauf einsetzende Kreativität des Kranken wird in das Konzept stufenweise einbezogen, dabei in die therapeutisch wirksame Richtung gelenkt. Die Produkte werden nicht nach psychologischen Kriterien ausgewertet, sondern danach, inwieweit sie der jeweils intendierten Therapiestufe gerecht werden. Hier ist der Therapeut nicht nur, wie in der zweiten Stufe, ein Begleiter und Anreger, sondern der Führende. Von diesem Primat des Therapeutischen aus muß Maltherapie verstanden werden. Von hier aus muß auch die Ausbildung des Maltherapeuten für den Einsatz im klinischen Bereich konzipiert werden.

In der Psychiatrie werden vorzugsweise die Stufen I und II eingesetzt. Malen wird als ein wichtiges Diagnosticum geschätzt, wobei diagnostische Erkenntnis und therapeutische Funktion im Ergebnis koinzidieren können. Manche Einrichtungen haben eine gewisse Systematik entwickelt, die meist verfahrensorientiert ist, zuweilen aber auch indikationsorientierte Gesichtspunkte einschließt (z. B. bei G. Schubert, 1982). In der Nosologie muß von der dritten Stufe ausgegangen werden, da durch die körperliche Reduktion die Intentionalität des Patienten ebenso reduziert ist. Hier muß die Maltherapie auch im weiteren Sinn indikationsorientiert durchgeführt werden.

Maltherapie in der Klinik ist auf den Kranken bezogen, ihr vorzügliches Medium ist die Farbe. Ein jeweils kurzer Exkurs in die Krankheitslehre und in die Farbenlehre ist daher vorab zum Verständnis der wichtigsten verwendeten Begriffe erforderlich.

In dem Wort Pathologie – Krankheitslehre – kommt sehr wirklichkeitsgerecht zum Ausdruck, daß der kranke Mensch ein Leidender ist, ein Erleidender (pathos – Leiden, Erleiden, Leidenschaft), daß das Kranksein auch eine Schicht seiner Emotionalität und seiner Sensibilität umfaßt. In diesem aus der griechischen Medizin überkommenen Wort spricht sich der anthropologische Ganzheitsaspekt aus. Diesen in vielen Facetten wiederzugewinnen, ist die moderne Medizin bestrebt, wie es sich auch in der Pluralität heutiger therapeutischer Bemühungen spiegelt. Die Pathologie bildet in allgemeiner und spezieller Form die Grundlage der Krankheitslehre, in der sie aufweist, wie sich die Mannigfaltigkeit des Lebens im Krankheitsgeschehen spiegelt: Krankheit als Leben unter abnormen Bedingungen, die eine Gefährdung für eben dieses Leben darstellen, Gesundheit als » Schweigen der Organe«, die sich erst im Krankheitsgeschehen bemerkbar machen (vgl. W. Doerr und G. Quadbeck, 1969). Unabdingbar zur Krankheit gehört der Prozeßbegriff. Krankheit ist kein punktuelles Geschehen, sie verläuft in der Zeit. Die Humanpathologie beschreibt die Krankheiten des Menschen, die sinnlich wahrnehmbaren Veränderungen an der Bausubstanz des menschlichen Körpers, ohne den in ihrem Namen liegenden » Leidens«-Aspekt zu erwähnen. Ihre Ergänzung wäre von da her die Psychiatrie, die, von der Wahrnehmung der seelischen Veränderungen ausgehend, ihre eigenen Kategorien gewinnt.

In der Pathologie wird zwischen Nosologie – allgemeine Krankheitslehre des Menschen zwischen Geburt und Tod – und Teratologie – Krankheitslehre in bezug auf den werdenden Menschen – unterschieden. Die Nosologie gliedert sich in vier Hauptgebiete:

Störungen im Blutkreislaufsystem,
Störungen im Stoffwechselsystem,
Entzündungen,
pathologisches (krankhaftes) Wachstum.

Eines oder mehrere dieser Hauptgebiete sind an allen Krankheitsentitäten beteiligt.

Die Teratologie – die Lehre von den Mißbildungen – ist dadurch gekennzeichnet, daß Krankheitsbeginn und -verlauf determiniert werden und dies die Folgen bis zum Tod bestimmt.

Zur »Pathologie« des Menschen – nicht zur Disziplin »Pathologie« – gehört ein weiterer Bereich. Der Mensch erlebt sein Kranksein. Die Spiegelung des Krankheitsgeschehens im Seelischen bringt zunächst negativ erlebte Situationen hervor: Schmerzen oder Angst vor Schmerzen, Fehlentwicklung im Körperlichen, Konfrontation mit der eigenen Sterblichkeit, Abhängigkeit, Isolierung, Behinderung oder Verhinderung der Erfüllung selbstgewählter Aufgaben, Angst vor Verlusten in der Zukunft – z. B. des Arbeitsplatzes. Doch ist auch das Erkennen positiver Aspekte möglich: Man ist dem Dienst an der Welt – z. B. dem Beruf – enthoben, Körper und Seele gewinnen an Ruhe, viel Zeit gibt die Möglichkeit, sich neuen Inhalten zu nähern, eine Möglichkeit zur Selbstbesinnung oder Besinnung auf andere Werte. Außerdem ist der Mensch nach jeder überstandenen Erkrankung verändert, ein »Neuer«. Es gibt keine »restitutio ad integrum«, keine Wiederherstellung der Unversehrtheit. Dem Menschen ist damit ein Neuanfang ermöglicht. Er kann aus der Krankheit einen Erkenntnisgewinn mitbringen, die Entwicklung eines neuen Gefühls für Werte, eine vertiefte Unterscheidung von Wesentlichem und Unwesentlichem, eine höhere Wertung des Lebens, ein mitfühlendes Verständnis für den Mitmenschen, der ja auch ein Leidender ist, ein Erwachen religiöser Kräfte und eine Intensivierung und Erweiterung seines Wahrnehmungsvermögens.

Krankheit und seelische Verfaßtheit des Erkrankten erfordern zu ihrem Verständnis noch ein Drittes. Die Erkrankung trifft den Menschen zu einem ganz bestimmten Zeitpunkt seines Lebensablaufs, d. h. sie hat auch eine biographische Dimension. Das bisher abgelaufene Leben des Kranken in allen seinen Bezügen, seine Biographie, hat für die Erkennung und Behandlung der Erkrankung eine Bedeutung. Der Kranke ist ein Mensch mit einem individuellen Lebensschicksal, einer eigenen Weltsicht, mit menschlichen Beziehungen und einem spezifischen Empfindungsleben. Das soziale und damit bildungsmäßige Umfeld des Kranken spielt eine wichtige Rolle. Die Berücksichtigung dieser drei Faktoren – Erkrankung, Krankheitsverarbeitung und Biographie – ist für jeden Therapieansatz verbindlich.

Nach diesem kurzen Exkurs in die Krankheitslehre noch einige Bemerkungen zu dem Medium Farbe.

21

Der Umgang mit der Farbe steht im Mittelpunkt maltherapeutischer Tätigkeit. Aus der Farbe wird die Gestalt entwickelt. Farbe umgibt uns ringsum in der Außenwelt, das Farbigsein ist eine Eigenschaft aller Dinge. Was aber ist Farbe? Die Frage nach dem »Sein« der Farbe ist nicht beantwortbar, das Phänomen Farbe läßt sich auf verschiedenen Ebenen untersuchen. Wir besitzen eine große Anzahl von Farbenlehren von Künstlern (W. Kandinsky, 1952; H. Matisse, 1960) und Wissenschaftlern (H. Küppers, 1980). Auf der physikalischen Ebene hat als erster Isaak Newton (I. Newton, 1672) in einer kleinen Schrift die bahnbrechenden Erkenntnisse über Licht und Farbe in ihrem Zusammenhang dargestellt, und es lohnt, diese Schrift zu lesen. Alle modernen Farbenlehren stehen in der Tradition Newtons bezüglich der quantifizierenden Untersuchungen physikalischer Gesetzmäßigkeiten von Strahlungsenergien eines kleinen Ausschnittes aus dem Wellenband elektromagnetischer Schwingungen. Demgegenüber widmete Goethe seine phänomenologischen Untersuchungen an Farben ihrer Wirkung auf den Menschen, stellte ihre sinnlich-sittlichen Wirkungen, wie er sie nannte, in den Mittelpunkt seiner Betrachtungen. Er lehnte die Newtonsche Theorie ab, ohne sie im Kern begriffen zu haben, auch ohne sich um ein Begreifen zu bemühen. Der Streit, obgleich längst in seiner Gegenstandslosigkeit durchschaut (vgl. W. Heisenberg, 1941), begegnet einem auch heute noch. Goethes und Newtons Anschauungen sind auf ihrem Erkenntnisgebiet beide »wahr«, schließen sich nicht aus, sondern sind einander komplementär: »und doch hat Goethe, der an Newtons Strahlen nicht glauben mochte, im wesentlichen recht behalten. Denn die Lichtstrahlen *sind* tatsächlich keine Farben. Sie sind eine bestimmte Form von Energie und dienen in der Natur dazu, als ›Vehikel‹ den Transport von Informationen durchzuführen. Farbe ist, wie wir heute wissen, immer nur Farbempfindung (vgl. H. Küppers, 1980, S. 125). So gehört Farbe zum seelischen Bereich, und die Psychologie bedient sich ihrer in den unterschiedlichsten Anwendungsgebieten, z. B. im pädagogischen und sonderpädagogischen Bereich, in der Raumgestaltung und bei Testverfahren.

Zwischen die Lichtenergie, die »Strahlung«, und die Farbempfindung im Wesen »Mensch« ist das Sehorgan, das Auge, eingeschaltet, das die Mittlerfunktion übernimmt. Ein winziger Ausschnitt an Energie im Wellenband elektromagnetischer Schwingungen ist der adäquate Reiz für die Netzhaut des Auges, die in ihren Zapfenelementen Ausschnitte aus diesem Band selektiv verarbeitet und damit die biologische Voraussetzung für die Farbempfindung schafft. Es wurden Farbsehtheorien entwickelt, um die Gesetzmäßigkeiten, nach denen das Sehorgan arbeitet, herauszufinden. Die modernen Farbenlehren gehen vom Funktionsprinzip des Sehorgans aus, das aufgrund empirischer Daten ermittelt wurde. Diese Theorie der Arbeitsweise des Auges läßt schlüssige Interpretationsmöglichkeiten für die Probleme der Farben wie die Farbenmischgesetze, Simultankontrast und Nachbildfarben oder das Fehlen von Magentarot im Spektrum zu (siehe Anhang II).

Mittels der physiologischen Fähigkeit seines Sehorgans vermag der Mensch das Empfindungswunder zu erleben, das z. B. der Isenheimer Altar initiiert. Die eigentliche Ursache hierfür liegt allerdings außerhalb alles Beschreibbaren und Untersuchbaren, weil sie der Untersuchende und Beschreibende selbst *ist*. Er nennt es das Ich, das Selbst, den personalen Kern, die Individualität – wie auch immer. Sein Denken erkennt das a priori der Tatsache unserer »Empfindungswelt«. Doch in ihr, mit ihr und durch sie vollziehen sich Ablauf und Gestaltung unseres Lebens, und sie ist vorzüglich der Ort, in dem künstlerische Therapien angesiedelt sind.

Farbe ist auch eine jeweils spezielle Form der Interaktion von Licht und (farbiger) Materie. Ihre Wirkung ist von der ihr eigenen Lichtintensität und von der Beleuchtung abhängig. Der allgemeinen Lichtempfindung geben wir mit den Worten »hell« und »dunkel« Ausdruck. Unabhängig davon ist jeder Farbe noch eine jeweilige Farbintensität eigen, die stark oder schwach sein kann. Diese wichtigen Unterschiede werden im Sprachgebrauch leider oft verwischt. Ein starkes (farbintensives) Rot z. B. bezeichnen wir gewöhnlich als dunkles Rot, indes kann das Rot bei gleicher Stärke heller oder dunkler sein. Diese für die Anwendung so wichtige Unterscheidung klar herauszustellen und sie an einem Modell erkennbar zu machen, versuchte als erster Philipp Otto Runge in seiner »Farbenkugel«.

Die »Farbenkugel« erschien zuerst 1810 bei Friedrich Perthes in Hamburg. Alle hinterlassenen Schriften wurden 1840, ebenfalls bei Perthes in Hamburg, in zwei Bänden herausgegeben. Aus dieser Ausgabe entnahm Hebig alle zusammenhängenden Teile zur Farbenlehre samt 12 Textzeichnungen und fügte die Farbenkugel aus der Ausgabe von 1810 – im Handverfahren hergestellt – bei. Das Buch ist einer der besten und interessantesten Beiträge zur Farbenlehre.

Farbe wird in der Malerei entweder in Farbübergängen oder in Farbkontrastierungen benutzt. Die Übergänge führen durch die Farbtöne einer Farbe kontinuierlich in die Nachbarfarbe, wie es in der Natur z. B. am Regenbogen zu beobachten ist. Farbkontraste treten grundsätzlich in zwei Arten auf, die sich noch weiter differenzieren lassen (vgl. J. Itten, 1970). Itten unterscheidet sieben Farbkontrastarten: Farbe-an-sich-Kontrast, Quantitätskontrast, Qualitätskontrast, Simultankontrast, Komplementär-Kontrast, Hell-Dunkelkontrast und Kalt-Warmkontrast.

Farbe als Ausdrucksmedium menschlicher Empfindung wurde zur Farbensprache entwickelt. Ihre Bedeutung erschließt das Gebiet der Farbensymbolik. Farbe als Symbol umgibt uns allenthalben – an Fahnen, Aufklebern, Halstüchern, Parteifarben usw. Bei solcher Art Farbsymbol wird die Wirklichkeitsfarbe zur Vorstellungsfarbe. Der Form entkleidet, erlangt sie für den Betrachter Aussagekraft, die Aussage ist in die Farbe transponiert. Im Lauf der geschichtlichen Entwicklung erlangten die Farben eine immer differenziertere Symbolbedeutung (vgl. G. Haupt, 1941; Chr. Meier, 1972; I. Riedel, 1983; siehe auch im Anhang eine kurze Charakterisierung des Symbolgehalts einzelner Farben). An ihrer Verwendung als Symbolfarben läßt sich der Wandel von Weltanschauungen ablesen (siehe den Anhang: Ikone und Urpflanze).

Farbe findet im medizinischen Bereich auch außerhalb des therapeutischen Malens Anwendung. Einen wichtigen Platz nimmt Farbe im Raum ein, d. h. Farbe in umbauten Räumen, also auch in Krankenhäusern, deren Farbgestaltung zuweilen nach psychologischen Gesichtspunkten vorgenommen wird. Hier ist das Zusammenspiel von Farbe, Raum und Beleuchtung zu beachten, was nur selten berücksichtigt wird. Da das Problem von großer praktischer Bedeutung für die Medizin, d.h. für den Kranken, ist, werden im Anhang einige grundsätzliche Erwägungen dazu vorgelegt (vgl. auch H. Frieling, 1955, sowie den Anhang: Farbe im Raum). Paramedizinische – oft auch als alternativ bezeichnete – Verfahrensweisen wie die Chromotherapien oder die Meridiantherapie seien der Vollständigkeit halber erwähnt (vgl. Chr. Heidemann, 1982; L. Eberhard, 1954; C. Schrödter, 1963). Das weite Gebiet psychologischer Farbtests, deren legitime Anwendung eigentlich dem kritischen Psychiater vorbehalten bleiben sollte, hat sich inzwischen in unkontrollierbare Bereiche ausgeweitet und wird z. T. unverantwortlich gehandhabt – z. B. in Betrieben, bei Prüfungen usw. Hier sind nicht die Leistungstest-Verfahren für das Farbensehen gemeint, sondern die Anwendung psychologischer Testverfahren außerhalb des ärztlichen Bereichs, vornehmlich in der Betriebspsychologie und bei Auswahlverfahren. Aus der Fülle der Literatur seien nur einige Werke genannt. Die bekanntesten Tests sind: Der Farbpyramidentest nach Pfister/Heiß, der Rorschach-Test und der Lüscher-Test. Der Frieling-Test bezeichnet sich als »Gestaltpsychologisches Schnellverfahren zur Charakter- und Schicksalsdiagnostik« (vgl. H. Frieling, 1955; U. Rauchfleisch, 1963; R. Brickenkamp, 1975; S. v. Pascensky, 1976; K. Koch, 1972). Die Bezeichnung psychologischer Farbtests als »Persönlichkeitstests« macht sie bereits suspekt. Die Persönlichkeit ist durch kein Testverfahren erreichbar. Während bei den Raumfarben neben der psychischen die Wirkung auf die physiologischen Vorgänge im Menschen meßbare Werte erreichen kann (vgl. R. Heiss und P. Halder, 1975) – die meßbaren Parameter sind: Blutdruck, Pulsfrequenz, Atemfrequenz und Temperatur –, kommen ihnen in der Maltherapie eine geringere Bedeutung zu. Sie sind aber vorhanden und werden genutzt, z. B. im Kalt-Warmkontrast der polar gegensätzlichen Farben Blau und Rot. Für die Farbübungen hat sich eine Art Themenkatalog herausgebildet, der aber offen und variierbar ist. Nicht nur durch die Farben, sondern auch durch die Themenwahl wird die Empfindungs- und Erlebnisfähigkeit des Kranken gesteigert. Die Variierbarkeit eines Themas regt die Neuentwicklung seiner Eigeninitiative an, bietet der erwachenden Kreativität eine gestützte Ausdrucksmöglichkeit. Themen sind Tagesstimmungen, besonders Morgen- und Abendstimmung, der Nachthimmel, das Meer, Bäume in den verschiedenen Jahreszeiten, Blütenpflanzen und ihre Entwicklung, Metamorphosen des Schmetterlings, Feuerofen, Flechtbänder und Arabesken, um nur die häufigsten zu nennen (zu dieser Thematik noch A. U. Clausen und M. Riedel, 1977; E. Koch und G. Wagner, 1982). Die menschliche Gestalt oder erzählende Bilder (Märchen) sind erst in späteren Stadien brauchbar, bei lang andauernden oder chronischen Krankheitszuständen. Das vorzüglichste Thema ist der Regenbogen, dessen Farbübergänge in der Maltherapie eine große Rolle spielen und bei dessen Anblick Jahrtausende ihre Empfindungen in mythische Bilder umsetzten. Ein Regenbogen tritt auf, wenn fallende Wassertropfen durch eine starke Lichtquelle beleuchtet werden. Das Zentrum des Bogens liegt auf der Linie, die Lichtquelle und Auge des Beobachters verbindet. Der äußere Rand ist rot, der innere blauviolett. Zuweilen erscheint darüber ein zweiter Bogen, bei dem die Farbanordnung dann umgekehrt ist. Das Naturphänomen wurde erstmals von M. A. de Dominis 1611 nach den Gesetzen der geometrischen Ordnung erklärt, das Descartes 1637 experimentell bestätigte. Eine Erklärung für die Farben gab dann I. Newton 1672. Weitere Berechnungen der sogenannten überzähligen Regenbogen und eine mathematische Theorie der Erscheinungen folgten 1803 und 1838 durch Th. Young und C. B. Airy. Der Bogen in den Wolken hat von ältester Zeit an einen tiefen seelischen Eindruck auf die Menschen gemacht. Er wurde als Brücke zwischen Himmel und Erde angesehen, galt als Zeichen des Bundes Gottes mit den Menschen, der die Zusage einschloß, daß niemals mehr eine Sintflut die Erde zerstöre. Aufgrund der Struktur unseres Auges enthält der Regenbogen, die reine Lichtfarbe am durchsichtigen Medium, einen Sektor des Materialfarbkreises nicht, ein Rotviolett. Diese Tatsache kann – durch die Maltherapie bewußt gemacht – zu einer Meditationsübung anregen.

Mit seinem Wissen und Können auf die maltherapeutische Tätigkeit vorbereitet, hat der Maltherapeut noch vier Grundsätze zu beachten:

1. Die Kommunikation mit dem Kranken darf nur auf der geistigen Ebene, primär der Anschauung, erfolgen. Das Gefühlhafte soll sich auf die Umwelt als Betrachtungs- und Erlebnisobjekt und die eigene Tätigkeit richten, soll sich nicht als Gefühlsüberschwang zwischen den Personen ausleben. Gelingt es dem Maltherapeuten, echte Begeisterung – in dem Wort steckt das Wort »Geist« – für die Anschauungswelt und Maltätigkeit zu wecken, damit die Erlebnismöglichkeiten des Kranken zu steigern, wirkt er in Richtung Heilung. Sowohl das Erleben als auch die Heilung ist eine Tätigkeit des Ich.

2. Keine Manipulation. Der Patient darf nie das Gefühl haben, daß er manipuliert wird – und er darf selbstverständlich auch nicht manipuliert werden. Der Therapeut muß die personale Freiheit des Kranken respektieren, dazu gehört auch seine Welt- und Lebensanschauung. Der Therapeut darf sich nicht als Missionar fühlen, nicht der Versuchung erliegen, unter Verschleierungen seine eigenen Intentionen dem Patienten zu suggerieren. Manipulation setzt Unwahrhaftigkeit voraus. Der Kranke wird unsicher, seine Ich-Kräfte werden schwächer, der Therapeut wird sein neues »Über-Ich«, er wird in zunehmendem Maß abhängig, die intendierte Zielvorstellung ist in ihr Gegenbild verkehrt.

3. Negatives soll nicht verbalisiert werden. Maltherapie ist keine Gesprächstherapie, sondern eine der Außenwelt zugewandte Tätigkeit, die gerade das Bewußtsein von der zwanghaften Fixation im eigenen Seelenmulm ablösen soll. Verbalisierung von Negativkomplexen birgt die Gefahr, die Chance der Ablösung der Seele davon zu verspielen. Es gehört sehr viel Disziplin des Therapeuten dazu, in dieser Richtung aufkommende Gespräche abzufangen und umzuleiten, ohne das Vertrauen des Kranken zu verlieren.

4. Aus den Bildern des Kranken dürfen keine psychoanalytischen Rückschlüsse versucht werden. Die Maltherapie ist auch keine Psychoanalyse. In ihr wird der »Urheber-Trieb«, ein Schlüsselbegriff bei Martin Buber, angesprochen. Der unbewußte Seelenraum des Kranken ist sein Heiligtum. Was daraus in seine Bilder ein-

geht, gestaltet sich in Farben und Formen gemäß einer Ordnung, die der Schönheit
zugrundeliegt. Hier gründet seine Kreativität, die nicht »Zerschlagen der Form«
(vgl. A. Bader und L. Navratil, 1976) und Chaos, sondern Entwicklung und Ordnung ermöglicht. Die Bilder müssen individuell-phänomenologisch nach ihren
Farb- und Formelementen ausgewertet werden. Nur künstlerische Kriterien sind
relevant. Der Therapieweg besteht in Entwicklung und Freisetzung künstlerischer
Fähigkeiten, die zu immer stärkerer selbständiger Aktivität führen sollen. Dabei darf
kein »Kunstwerk« intendiert werden, da das zu Minderwertigkeits- oder Überwer-
tigkeitskomplexen Anlaß werden kann.

Die schöpferische Fähigkeit im Menschen, seine Möglichkeit, aus Gegebenem etwas Neues zu schaffen, sind bei Therapeut und Krankem gefordert, Kräfte, aus denen auch die Werke der darstellenden Kunst entstehen. Kunst aber ist nur im individuellen Einzelerlebnis erfaßbar. Der Umgang mit dem »Stoff, aus dem die Kunstwerke sind«, soll im therapeutischen Prozeß zum Erlebnis von Freude, Schönheit
und Freiheit führen, indem sich der Kranke ganz seinem Wahrnehmen und Tun,
seinem Werk zuwendet. Der Therapeut muß sich demgegenüber ganz dem Kranken
zuwenden, als Künstler muß er sich zurücknehmen. Aus diesem Verzicht resultiert
eine höhere Kraft der Liebe, die dem Kranken zugute kommt. Nur die Kraft mit-
menschlicher Liebe kann in dem Kranken die Möglichkeit zu einer Tätigkeit freiset-
zen, eine Liebe, die in gleichem Maße schöpferische Kraft ist wie die Hinwendung
zum Werk. Das Wort »Liebe« ist so vielschichtig in Gebrauch, daß es meist mißver-
standen wird. Es ist hier die Liebe als eigene Tätigkeit und Verfaßtheit gemeint, die
am Wert des anderen orientierte Liebe. Die Griechen hatten dafür das Wort agape. Es
ist die Liebe, die sich in Ehrfurcht und Freude über das breitet, was sie nicht selbst als
Besitz erstrebt. Diese Liebe, die eine Tätigkeit aus dem Wesenskern des bewußten
Ich, eine geistige, nicht emotionale Kraft ist, die richtet der Therapeut auf den Patienten, den »Leidenden«, in der Solidarität des gemeinsamen Menschseins als eines ebenso wertvollen wie unvollkommenen.

Entwicklungsstadien, in denen der Mensch als Person um Selbstverwirklichung,
Selbsterfahrung und alles, was auf das eigene Ich hinzielt, ringt, müssen bereits
überwunden sein, bevor ein Mensch als Therapeut wirksam werden kann. Der
Kranke hat gerade durch sein Kranksein äußerst differenzierte, individuelle »An-
tennen« dafür, wen der Helfende meint, ihn oder sich selbst, und ob den Helfenden
Liebe oder der Ehrgeiz des Selbstverwirklichungsstrebens motiviert. Die für den
Therapieerfolg neben Wissen und Können unerläßliche Intuition ist die Manifesta-
tion schöpferischer Liebe.

Im Folgenden werden Beispiele maltherapeutischer Behandlungen für einzelne
Krankheitsbilder oder Krankheitsgruppen dargestellt und besprochen. Die Therapien wurden im Gemeinschaftskrankenhaus Herdecke auf der Chirurgischen Abteilung von der Maltherapeutin Frau Stolle durchgeführt und dokumentiert, wofür ihr
an dieser Stelle herzlich gedankt sei. Sie wurden aus den Grundsätzen anthroposophischer Maltherapie entwickelt. Patienten und Beurteiler hatten unterschiedliche
Weltanschauungen.

1. Postoperatives Rekonvaleszenzsyndrom

Der hier verwendete Ausdruck muß erläutert werden. Es handelt sich um Patienten, die nach einer »normalen« Operation, z. B. Gallenblasenentfernung, Magenoperation usw., in den folgenden zwei Wochen langsam wieder an Kraft zunehmen und die Folgen des Eingriffs überwinden, ohne daß Komplikationen im medizinischen Sinn auftreten oder besondere psychische Ausnahmesituationen zu berücksichtigen sind. Die Patienten leiden mehr oder weniger an ihrer Kraftlosigkeit, Lustlosigkeit, zeitweiligen Schmerzen, es ist ein mehr allgemeiner physisch-psychischer Erschöpfungszustand.

Am ersten Tag wird eine Fläche in verlaufenden Blautönen gemalt, im Querformat, die stärkste und dunkelste Farbe verläuft nach unten (Abb. 7). Nach oben hin nimmt die Intensität ab und die Helligkeit zu. Blau läßt sich von allen Farben am leichtesten zu angenehmen Farbübergängen gestalten, die fließenden Übergänge, auch oder gerade wenn sie nicht kontinuierlich gelungen sind, rufen Assoziationen an Himmel, Meer, Tagesstimmungen hervor. Diese beim Kranken auftretende Vorstellung kann dann in den nächsten Tagen noch weiter ausgestaltet werden, z. B. mit Morgen- und Abendstimmungen (Abb. 8). Der Patient beginnt, wieder etwas außerhalb seines Krankenzimmers Liegendes zu beobachten, sein Interesse wird von den körperlichen Vorgängen abgezogen, seine Intentionalität angeregt. Dann wird der Regenbogen gemalt. Das bereitet immer große Freude, ist in der Regel eine Neuentdeckung – kaum ein Patient, aber auch kaum ein Student kann die Anordnung der Farben im Regenbogen nennen. Mit der Gesamtheit dieser Farben werden dann Farb- und Gestaltungsstudien gemacht, wobei die Bevorzugung auf den Rot- und Gelbtönen liegt. Dies aktiviert den Patienten zunehmend, es wird auch sehr auf seine Vorstellungen eingegangen, ihm bei der Verwirklichung behutsam Hilfestellung geleistet. In der Regel ist nach Erreichen dieser Stufe auch der Krankenhausaufenthalt beendet. Die Patienten, die diese Heilbehandlung postoperativ erhielten, fühlten sich in dieser Zeit wesentlich weniger »krank« als diejenigen, die sie nicht erhielten, und waren bei der Entlassung alle beschwerdefrei und aktiv. Die maltherapeutische Methode war bei diesen Fällen unspezifisch und verfahrensorientiert. Durch Abziehen des Bewußtseins von den organischen Vorgängen wurden die physiologischen Heilungsabläufe verbessert, durch die Anregung der Intentionalität der Neuanfang nach dem Einschnitt »Operation« erleichtert.

2. Schilddrüsen-Überfunktion (Hyperthyreose)

Es handelt sich hierbei um eine Überschwemmung des Organismus mit dem Schilddrüsenhormon, einem innersekretorischen Hormon, das aus verschiedenen Ursachen von der Schilddrüse zu reichlich in die Blutbahn gegeben wird. Daraus resultiert eine Überhöhung des gesamten Stoffwechsels, die Folgen manifestieren sich in allen Systemen. Der Patient ist überreizt, nervös, die Hände zittern, sind feucht, er schwitzt leicht, die Körpertemperatur ist erhöht, er leidet an Schlaflosigkeit; die

Beschleunigung aller Vorgänge beeinträchtigt auch sein Gedankenleben, er leidet an Gedankenflucht, verspricht sich leicht. Im Stoffwechselsystem macht sich eine verstärkte Darmtätigkeit mit Neigung zu Durchfällen bemerkbar. Das bedeutsamste Symptom ist die Zunahme der Herzfrequenz bis zu Anfällen von Herzrasen. Dabei arbeitet das Herz unökonomisch, daraus können schwere Störungen für Herz- und Kreislauf resultieren und Angstzustände auftreten. Es können lebensbedrohliche Krisen aufreten.

Eine 55jährige Patientin litt seit neun Jahren an Anfällen von Herzrasen, unregelmäßigem Puls und Blutdruckanstiegen, als deren Ursache erst nach Jahren eine Schilddrüsenüberfunktion erkannt worden war. Es erfolgte eine Behandlung mit Schilddrüsenmedikamenten, die die Frau zuletzt nicht mehr tolerierte. Als ultima ratio wurde eine Schilddrüsenoperation vorgeschlagen, und die Patientin bei uns eingewiesen. Sie hatte einen unregelmäßigen, raschen Herzschlag mit Pulsdefizit, erhöhten Blutdruck mit großer Amplitude, Angstzustände, Schweißausbrüche. Nach vierzehntägiger Vorbereitung mit Herzmedikamenten war die Operation geplant. Bei Einleitung der Narkose kam es zweimal zu lebensbedrohlichen Situationen, so daß die Operation abgesetzt werden mußte. Da die Patientin jede medikamentöse oder operative Schilddrüsentherapie jetzt ablehnte, entschlossen wir uns nach längeren Geprächen zu einem konservativen Konzept unter intensivem Einsatz von Maltherapie. Die Frau erhielt Herzmedikamente (Lanicor 1½ Tbl. und zweimal ½ Viscen), dazu ein leichtes pflanzliches Beruhigungsmittel (Bryophyllum) und zweimal täglich Maltherapie. Sie durfte zunächst Farbstudien mit allen Farben des Farbenkreises durchführen, mit Hell-Dunkel-Übergängen, aus denen die Stimmungen des Tageslaufs entwickelt wurden. Hierbei war die sehr sensible Patientin wenig gefordert, eine erkennbare Wirkung auf die Symptomatik trat nicht ein. Aus den Farbkreisqualitäten wurden dann Pflanzen entwickelt, die Patientin malte spontan eine Dünenlandschaft mit goldgelbem Sand, hellblauem Meer und einem kleinen Dorf im Hintergrund mit hellroten Dächern, darüber einen lichten Himmel, ein sehr schönes und sie seelisch froh stimmendes Bild, jedoch war auch jetzt keine Besserung der Symptome zu bemerken. Erst Baumstudien in den Jahreszeiten brachten eine Wendung (Abb. 9–11). Dabei wurden die vier Jahreszeiten durch immer den gleichen Baum charakterisiert. Der Frühlings- und der Winterbaum sollten von ihr so angelegt werden, daß die blühende bzw. schneebedeckte Baumkrone jeweils als Negativ-Form ausgespart würden. Das bedeutet, daß die »Helle« nur in der Vorstellung bleiben muß, das malende Tun nur die »Dunkelheit« betrifft. Die Ausführung dieser Übung fiel der Patientin sehr schwer, durch beharrliches Üben und Konzentration brachte sie aber schließlich zwei harmonisch gelungene Bilder zustande. Während dieser Zeit kam es zu einer deutlichen Rückkehr der Pulsfrequenz auf normale Werte, das Pulsdefizit verschwand, ebenso die Angst- und Unruhezustände mit unregelmäßiger Herzaktion. Wir konnten die Frau symptomfrei nach Hause entlassen.

Den Erfolg dieser Übung haben wir auch an anderen Schilddrüsenpatienten erlebt. Ob er indikationsspezifisch ist, bedürfte noch zahlreicher, gezielter Untersuchungen. Er gibt aber Hinweise. Anstrengung und Konzentration an sich sind demnach auch dem schweren Schilddrüsenerkrankten nicht prinzipiell zu verbieten, sie können sogar im Sinne von Heilung wirksam werden. Hier scheint wesentlich, welchen Bezug der Patient zum Objekt seiner Anstrengung hat. Objektiv scheint das Vermeiden des Umgangs mit hellen Farbtönen, die belebend, aktivitätsfördernd wirken, günstig zu sein. Der Patient neigt dazu, es sei nur an die spontan gemalte lichte Dünenlandschaft erinnert, auch alle anderen Farbstudien waren hell und leuchtend. Dieser Neigung arbeitet die Negativtechnik entgegen, und dies hat seine Entsprechung in den physiologischen Funktionen gefunden. Dieses Beispiel zeigt sehr schön, wie es vielleicht gelingen könnte, rational-empirisch spezifischer wirksame maltherapeutische Methoden zu entwickeln.

3. Parkinsonsche Erkrankung

Bei dieser Erkrankung sind zwei kleine, umschriebene Nervenzellareale im Stammhirn zugrunde gegangen. Die Ursachen dafür sind vielfältig, die Erkrankung entwickelt sich langsam, z. B. nach einer »Kopfgrippe«, einem Gefäßwandschaden usw., es gibt unterschiedliche Ursachen, die nicht immer eindeutig abzuklären sind. Von dem Verlust dieser Zellareale ist das gesamte System der Skelettmuskulatur (quergestreifte Muskulatur), wozu auch die Gesichtsmuskulatur gehört, betroffen. Die Grundspannung in diesem System ist erhöht (Tonuserhöhung). Dieses Zuviel an Muskelspannung ergibt ein Zuwenig an Bewegung. Der Gesichtsausdruck wirkt starr, maskenhaft. Die erhöhte Muskelspannung kann willentlich überwunden werden, jedoch sind die Bewegungsabläufe gestört. Die Bewegungen sind ruckartig, schwer abzubremsen, daher ausfahrend. In ⅔ der Fälle tritt noch eine weitere Störung auf, ein Zittern der Extremitäten – daher früher Schüttellähmung genannt –, das sich bei Willensanspannung verstärkt und stark von seelischen Faktoren beeinflußt wird. Dieses Symptom ist besonders quälend, denn immer, wenn der Patient sein Zittern verbergen will, weil er sich beobachtet glaubt, verstärkt es sich. Es ist nun eine interessante Beobachtung, daß während des Schlafens das Zittern sistiert. Dieser Zustand besteht in den ersten Minuten nach dem Erwachen fort, erst langsam stellt sich dann das Zittern wieder ein.

Aus den geschilderten Beobachtungen ergibt sich das maltherapeutische Konzept. Es basiert auf zwei Prinzipien:

1. Die Farbanwendung stellt die fließenden Übergänge in den Vordergrund, nicht das Kontrastieren.

2. Durch das übende Tun, das nie unter Termindruck stehen darf, soll der Patient Selbstsicherheit erwerben, die ihn von der Meinung der Umwelt unabhängig macht. Die innere Freiheit läßt die äußere Symptomatik abklingen.

Die Maltherapie wird neben der medikamentösen Therapie durchgeführt, so daß die wirksamen Komponenten nicht isoliert betrachtet werden können. Eine maltherapeutische Beeinflussung wird aber bei den Patienten deutlich, deren Symptome sich in den Intervallen zwischen den Krankenhausbehandlungen bei gleichbleibender Medikation verschlechtern und nach Wiederaufnahme des Malens abklingen. Der Fall einer 69jährigen Frau wurde dokumentiert, die nach drei mehrwöchigen maltherapeutischen Behandlungsserien – bei gleichbleibender Medikation – fast vollständig gelernt hatte, ihre Glieder zu beherrschen (Abb. 12, 13). Bei Konzentration auf das Tun kam es zu einem ruhigen Pinselstrich, sie erlernte den Übergang von Farbstudien zur Gestaltung von Naturmotiven und malte schließlich selbst konzipierte, sehr schöne Bilder. Ihrer Umwelt gegenüber war sie innerlich frei geworden, die klinische Symptomatik trat nur noch diskret in Erscheinung.

Im Folgenden sollen mehr kursorisch die Prinzipien anthroposophischer Maltherapie für zwei größere Gruppen von Erkrankungen dargestellt werden.

1. Erkrankungen der Lungen (sekundär Herzbelastung)

Es handelt sich hierbei um Erkrankungen des rhythmischen Systems, primär der Atmung, worunter die verschiedensten Krankheitseinheiten subsumiert sind. Die Therapie nutzt den Kontrast, der Ein- und Ausatmung entsprechend. Es wird mit dem stärksten Farbe-an-sich-Kontrast, Blau und Rot, gearbeitet – im Rot-Blau-Übergang liegt die »Lücke« im Farbkreis –, wodurch gleichzeitig der Kalt-Warm-Kontrast in seiner extremsten Form zur Wirkung kommt. Das Blau soll die Ausatmung, das Rot die Einatmung günstig beeinflussen (Abb. 14). Wie die Übungen jeweils begonnen und gestaffelt werden, richtet sich nach dem Krankheitsbild. Das Empfinden für die Polarität kann am Regenbogen, besonders am Doppelbogen, entwickelt werden. Bei Lungenprozessen mit Tendenz zur Erweichung und Verflüssigung des Gewebes wird in der Maltherapie die Gegentendenz gestärkt: keine Naßmalerei, sondern Malen von Flechtbändern. Das erfordert die Einstellung auf ein stark formales Vorstellen und Tun. Der Auflösung wird durch Betonung der formgebenden Kräfte entgegengearbeitet.

2. Krebserkrankungen

Maltherapie wird bei Krebskranken am häufigsten durchgeführt, doch herrscht auf diesem Gebiet die größte Variationsbreite des Vorgehens, negativ ausgedrückt: das Gießkannenprinzip. Einmal wird Malen in dienender Funktion (als seconda prattica) als Begleitung einer verbalen (Psycho-)Therapie, z. B. einer Märchentherapie, eingesetzt, gehört damit der selbsttherapeutischen Stufe an. Als intendierte Maltherapie fehlt eine begründete Rückführung ihrer Prinzipien auf die diffizile Steinersche Krebstheorie, die Begründungen bleiben im äußerlich Allgemeinen oder Psychologischen. Es wird angenommen, daß im Krebsgeschehen eine zu starke Form- und Verhärtungstendenz bestehe, die sich auch im Seelischen auslebe – Neigung zu Perfektionismus, eventuell Pedanterie. Hierin liegt ein Widerspruch zu *der* Auffassung des Krebsgeschehens, die nach K. H. Bauer darin »die Katastrophe der Form« sieht. Die Berechtigung beider Standpunkte, je nach Aspekt, weist darauf hin, daß nur auf einer oberflächlichen Ebene diskutiert wird. Unbestritten ist die psychisch günstige Wirkung der Maltätigkeit auf Krebskranke, das Fortlenken des Bewußtseins vom eigenen Krankheitsgeschehen ist heilungsfördernd. Ich habe selbst viele solcher Patienten erlebt, am extremsten einen Fall, wo mir eine Frau anläßlich eines Nachuntersuchungstermins ihre in der Zwischenzeit gemalten Bilder brachte, dann wieder gehen wollte und vergessen hatte, daß ich sie ja noch untersuchen mußte. Die Frau war – und ist auch noch nach jetzt sechs Jahren – rückfallfrei. Die theoretische Begründung ist vorerst noch ein Desideratum. Die Malereien von Krebskranken werden indes merkmalsorientiert ausgewertet. In den Bildern sollen sich gehäuft stark auswuchernde Formtendenzen in Gestalt von sogenannten Knollenbildungen zeigen (Abb. 15), oder sie sollen zu »Inselbildungen« neigen (Abb. 16). Ich fand die gleichen Merkmale auf zahlreichen Bildern aus dem Malatelier eines Altenheimes. Die erwähnte Arbeit von R. Sternfeld (1984) mahnt zu einer kritischen Einstellung. Hier wäre jedoch ein Feld für systematische Untersuchungen. Das Auftreten und Verschwinden von Merkmalen kann z. B. für Verlaufskontrollen von Wert sein.

Lohnende Einsatzmöglichkeiten für die heterotherapeutische Maltherapie bietet auch das Grenzgebiet zwischen Nosologie und Psychiatrie. Hier sind es vornehmlich die Alkohol-Kranken, die meist in der Psychiatrie betreut werden, eigentlich aber Organkranke sind – toxisch stoffwechselkrank an Leber, Magen usw. Sie gelangen aus verschiedenen Ursachen in die chirurgische oder innere Abteilung, haben mehr oder weniger lange Anstaltsaufenthalte hinter sich und bringen ihre eigenen Malerfahrungen mit. Wenn ein solcher Patient in seinen malerischen Äußerungen bereits einem Automatismus unterliegt, ist es schwierig, ihn daraus zu befreien und sein Empfindungs- und Gefühlsleben neu zu aktivieren. Hier sind prinzipiell zwei therapeutische Ansätze möglich. Entweder holt man den Kranken dort ab, wo er steht, und beginnt langsam, jeweils etwas an Farbe, Form oder Motiv seiner Malgewohnheiten zu ändern. Wahrscheinlich ist das, zumindest bei einigen, über einen längeren Zeitraum konsequent durchgeführt, auch erfolgversprechend. Die Patienten bleiben nur nicht so lange auf nosologischen Abteilungen. Die andere Möglichkeit, die bei uns praktiziert wurde, war die Konfrontation: Es wurde radikal neu begonnen. Die Tätigkeit des Kranken bestand zunächst nur in der Nachahmung. Willensäußerungen, falls sie überhaupt auftraten, wurden zwar prinzipiell positiv bewertet, sie durften jedoch nicht malend realisiert werden, wenn sie in irgendeiner Weise mit Art oder Motiv des früheren, selbständigen Malens zusammenhingen. Erst wenn der Kranke echte neue Intentionen äußerte, wurden sie in die Bildgestaltung mit einbezogen. Dabei besteht die Vorstellung, daß diese Lösung aus dem seelisch gewohnheitsmäßig Fixierten auch im Somatischen ihre Wirkung entfaltet.

Es bleibt zu fragen, ob aus Einzelbeispielen ein Konzept für die Anwendung von Maltherapie abgeleitet werden kann, anders ausgedrückt, ob kasuistische Betrachtung für eine Theoriebildung relevant sein kann. Die kasuistische Betrachtung ist der Ausgangspunkt jeder Wirkungsbeurteilung. Maßstab des Therapieerfolgs ist die Aussage des Patienten zu seinem Befinden, seine Aktivität und Freudefähigkeit, sie sind von gleicher Wertigkeit wie die mit biologischen Methoden nachweisbaren Parameter für Heilungsvorgänge im Organismus. Hier muß der Primat der Subjektivität gefordert werden. Das schließt eine rationale Planung für die Anwendung in Ansatz, Verlauf und Zielvorstellung nicht aus, wobei der Wert von Hypothesen sich an der Wirklichkeitserfahrung messen läßt. Der Ansatz für die Maltherapie, d. h. der Beginn des therapeutischen Weges, richtet sich nach der Art des vorliegenden pathologischen Prozesses, ist also in gewissem Sinn diagnoseorientiert.

Der Verlauf wird den individualspezifischen Gegebenheiten – Charakter, Biographie, Weltsicht – und dem individuellen Krankheitsprozeß modifiziert und angepaßt. Die Zielvorstellung ist Ermöglichung von Heilung. Heilung, Krankheitsüberwindung ist immer eine Eigentätigkeit des Menschen, eine Art schöpferischer Leistung, eine Erneuerung, die im Menschen und durch den Menschen erfolgt. Wie diese Eigenkräfte initiiert werden oder sich initiieren, bleibt ein Geheimnis, bzw. ist der Beobachtung nicht zugänglich. Aber – und das weist die Komplexität des Wesens »Mensch« aus – es kann ein Heilwerden in den Tod hinein erfolgen, und die zuletzt auf dieses Ziel hin erreichte Freiheit und Freude ist dann in den Bildern eingefangen und weist über den bewußt angenommenen Tod hinaus. Ein solches Heilwerden in den Tod begegnet dem Arzt selten, ist aber von großer Eindruckskraft, eine Wirklichkeit, keine Interpretation.

Vom Gefühlsleben ausgehend, nutzt Maltherapie die kognitiven Fähigkeiten des Erkrankten zur Gestaltung und damit Ordnung und Steigerung des Empfindungslebens und der Wahrnehmungsfähigkeit. Diese sind individualspezifisch wie auch die im Organismus dadurch provozierten biologischen Abläufe. Sinnvolle Maltherapie in der Nosologie ist immer Einzeltherapie, wobei nicht, wie in der Psychotherapie, die Partnerschaft Therapeut-Patient wesentlich ist, sondern die individuelle Variation des jeweiligen methodischen Vorgehens. Das Ergebnis der Maltherapie kann daher auch nur von dem Individuum und nicht allein aus seinem Produkt, dem Bild, abgelesen werden. Sicherlich spiegeln die Produkte etwas von der Verfassung des Menschen und dem Krankheits- und Heilungsgeschehen, führen aber isoliert, vor allem merkmalsorientiert betrachtet zu Fehlschlüssen und Spekulationen ohne Wirklichkeitsbezug.

Die Frage, ob Maltherapie eine Ergänzungs- oder Überbrückungstherapie ist, ob sie über die Seele wirkt – was immer man darunter versteht – oder möglicherweise direkt in somatische Vorgänge eingreift, kann beim derzeitigen Stand unserer Untersuchungen nicht beantwortet werden. Daß sie auch dem organisch Kranken hilfreich ist, steht außer Frage. Eine kritische Synopse der vorfindlichen Facetten maltherapeutischen Handelns, wie sie W. Strobel und G. Huppmann (1978) für die Musiktherapie erstellten, steht für die Maltherapie noch aus. In einer solchen Synopse müßten für die Medizin auch die vielseitigen Erfahrungen und Verfahrensweisen aus dem Gebiet der Psychiatrie (vgl. H. H. Wieck, 1974), z. B. auch das Musikmalen, Berücksichtigung finden, weiterhin die breitgefächerte Anwendung von therapeutischem Malen in der Pädagogik, wie sie L. Kossolapow und A. Mannzmann vertreten. Es handelt sich dabei um eine interessante Variante, Farb- und

Klangempfindungen zu kombinieren, besonders wenn man sie auf dem Hintergrund harmonikaler Untersuchungen sieht, wie sie H. Kayser begründete (vgl. neuerdings auch C. Loef, 1974; und zum Musikmalen R. Burckhardt, 1981). Auch das Malen in heilpädagogischen Einrichtungen wäre zu sichten und auszuwerten.

Obgleich noch nicht offiziell professionalisiert, sollten alle maltherapeutisch Tätigen versuchen, gemeinsame Initiativen zu ergreifen und durch Zusammenschluß und gegenseitigen Austausch die Maltherapie aus dem experimentellen Stadium zum Status einer wissenschaftlich-künstlerisch anerkannten Therapieform zu führen, wie das der Musiktherapie ja schon weitgehend gelungen ist. So könnte ihr auch die angemessene gesellschaftliche Anerkennung verschafft werden, die nicht zuletzt einer Existenzsicherung der Therapeuten dient.

Als Therapie eingesetzt, kann Malen nicht ausschließlich für den emotionalen Bereich reklamiert werden. Jede Therapie bedarf einer erkenntnismäßigen Grundlage, einer gedanklichen Durchdringung, des Wissens, das dem Können vorausgeht. Dagegen steht die Kritik derjenigen, die in jeder künstlerischen Tätigkeit nur das emotionale Element als Quelle der Intuition, der Kreativität gelten lassen. Sie mögen in Leonardo da Vincis Buch über die Malerei das Kapitel lesen, dessen Überschrift lautet: »Vom Irrtum derer, welche die Praxis üben ohne die Wissenschaft«.

Anhang I:
Anthroposophische Anthropologie (Vier- und Dreigliederung)

Alles Existierende hat eine materielle und eine geistige Seite, daher wird von einer physischen und einer geistigen Welt gesprochen. Die eigentliche Wirklichkeit ist die geistige Welt, die materielle, physische nur ihre Kehrseite, im eigentlichen Sinne »Schein«. So ist der Mensch primär ein geistiger, seine geistige Existenz als Individualität ist ewig. Es ist das »Ich«, das durch immer erneute Wiedergeburten geht, sich dabei jeweils einen irdischen Leib schafft, bis es einmal in der Zukunft auch den materiellen Leib ganz vergeistigt hat. Für die irdische Existenz schafft sich der Mensch aus seinem führenden Wesensglied, dem Ich, einen viergliedrigen Leib. Diese Viergliedrigkeit des Menschen, die sich in der irdischen Welt manifestiert, umfaßt:

1. als unterstes Wesensglied den physischen Leib – die physische Organisation alles Stofflichen. Sein Prinzip ist das Feste, das Materielle. Es ist der Bestandteil, der nach dem Tod als Leichnam zurückbleibt.

2. Der physische Leib wird überformt und belebt durch den ätherischen Leib – Ätherleib, ätherische Organisation. Seine Kräfte konstituieren das Lebendigsein, sie leben im Flüssigkeitsstrom, der den Menschen dauernd durchzieht. Das Prinzip dieses ätherischen Leibes ist das Wachstum. Seine Bildefähigkeit – Steiner nennt ihn auch Bildekräfteleib – ist die Voraussetzung für Heilung im Organischen.

Diese beiden Kraftsysteme werden die unteren Wesensglieder genannt. Bei der Pflanze treten nur diese in Erscheinung, beim Tier tritt noch ein höheres Wesensglied auf, beim Menschen noch zwei weitere:

3. Der astralische Leib – Astralleib, astralische Organisation –, aus den Kräften des gesamten Kosmos gebildet, ist Träger des Emotionalen, der Empfindungen, Triebe, und besitzt beim Menschen die drei Fähigkeiten des Denkens, Fühlens und Wollens (erstmals von J. N. Tetens, 1736–1807, unterschieden) als innere Tätigkeiten der Seele – der Astralleib entspricht im wesentlichen dem tradierten Seelenbegriff. Nach außen tritt die Seele in drei Modifikationen in Erscheinung, die der Mensch im Lauf seiner Reifung ausbildet: als Empfindungsseele, Verstandes- und Gemütsseele und Bewußtseinsseele. Das Prinzip des Astralleibes ist der Abschluß, die Gestaltbildung.

4. Das höchste Wesensglied ist das »Ich«, das einmal als leiblich gebundenes bis in den physischen Leib hinein tätig ist und alle Vorgänge steuert, andererseits aber, frei von dieser Tätigkeit, den Menschen als geistiges Wesen konstituiert. Jede geistige Tätigkeit ist Ich-Tätigkeit. Das Ich bedient sich der anderen Wesensglieder wie Hüllen.

Krankheit, ganz allgemein, wird als Störung in der Harmonie des Zusammenspiels der Wesensglieder gesehen. Die künstlerischen Therapien wirken auf verschiedenen Ebenen. Für die Maltherapie gilt, daß sie auf die Störung zwischen ätherischer und astralischer Organisation einwirkt, also direkt den organischen Heilungsvorgängen zugeordnet ist. Aus anthroposophischer Sicht ist der Einsatz von Maltherapie bei organisch Kranken, für deren Kranksein gerade dieses Übergangsfeld verantwortlich ist, naheliegend.

Das Funktionieren des irdischen Leibes wird durch das Ineinanderspielen von drei strukturell verschiedenen Systemen ermöglicht. In diesen Systemen sind natürlich alle vier Wesensglieder tätig.

1. Das Nerven-Sinnessystem, die Gesamtheit aller Strukturen für die Sinnes- und Nerventätigkeit: dieses System bewirkt im Körper Abbau.

2. Das Stoffwechsel-Gliedmaßensystem, die Gesamtheit aller Stoffwechselvorgänge: dieses bewirkt im Körper Aufbau.

3. Das rhythmische System, die Gesamtheit aller rhythmischen Vorgänge im Körper wie Herzschlag, Atmung, Peristaltik usw., wobei dieses System immerwährend den Ausgleich zwischen Aufbau und Abbau herstellt. In jedem Teil des Körpers sind alle drei Systeme immer, jedoch in unterschiedlicher Stärke, tätig.

Abgekürzt werden diese beiden kategorialen Systeme »Viergliederung« und »Dreigliederung« genannt. Es ist wichtig zu erkennen, welchem System eine therapeutische Aussage zugeordnet ist.

Anhang II: Farbsehtheorie

Die Netzhaut des Auges besitzt drei Typen von Zapfen (Zapfen – Sehzellelement für das Farbensehen), die die Quanten der sichtbaren Energiestrahlen nach ihren Wellenlängen sammeln. In der Ordnung nach ihren Wellenlängen löst die kleinste Wellenlänge die Farbempfindung Blauviolett aus, die größte Rot.

Durch Absorptionsmessungen von Zapfenflüssigkeit wurden nun die drei Empfangsbereiche der Zapfentypen gewonnen. Sie ergaben die Grundfarbenempfin-
dung Violettblau (V), Grün (G) und Orangerot (O). Zum Entstehen von Cyanblau
(C) und Gelb (Y) müssen die Empfangsbereiche zweier Zapfen angeregt werden. C
entsteht zwischen V und G, Y zwischen G ud O. Da es im Spektrum keine Wellenlänge gibt, die gleichzeitig V und G erregt, fehlt eine Farbe des Farbkreises, das Magentarot.

V, G und O werden nach dieser Theorie als Urfarben bezeichnet, V, G, O, C, Y und
M als die sechs Grundfarben. Der Inhalt der Begriffe Urfarben und Grundfarben hat
sich also verändert. Goethe wollte nur zwei Urfarben, Blau und Gelb, gelten lassen.
Die Trias der nicht durch Mischung erzielbaren Farben Blau, Gelb und Rot hat in
dieser Theorie keine Bedeutung.

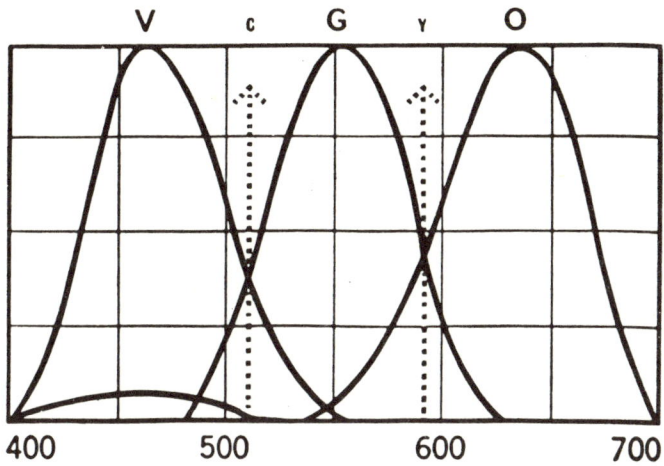

(Nach H. Küppers, 1980)

Anhang III: Farbsymbolik

Die Farbsymbolik ist eines der interessantesten Kapitel in Geschichte, Religionswis-
senschaft und Völkerkunde. Für die Menschen unseres Kulturkreises basiert sie auf
der Ausformung, die sie im Verlauf des Mittelalters und unter dem Einfluß des Chri-
stentums in Ost und West erfahren hat. Ohne die Kenntnis der Farbsymbolik bleibt
das Verständnis der bildenden Kunst in Vergangenheit und Gegenwart unvollständig. Daher sollen einige Symbolbereiche der Farben hier aufgeführt werden.

Gold   Als Metallfarbe besaß es den höchsten irdischen Wert, im Regenbogen
            wurde es an der Stelle des Goldgelb-Übergangs zum Rot gesehen,
            ebenso in der Sonne empfunden. Es wurde zum Symbol des Göttlichen

35

in seiner ewigen Transzendenz, jenseits aller Zeit. Der Goldgrund hebt ein Bild aus der Zeit in die ewige Gegenwart.

Weiß — Die hellste Farbe, Farbe des Lichts, Symbol der Reinheit und Verklärung, damit der höchsten himmlischen Freude.

Blau — Die Farbe des Himmels, Symbol des Hereinwirkens Gottes in die Welt, der göttlichen Schöpfung des Kosmos. Das blaue Gewand war ein Zeichen des Ergriffenseins von und der Zugehörigkeit zu Gott, damit des Glaubens, der Beständigkeit und der Treue (Marienfarbe), aber auch der ewigen Sehnsucht des menschlichen Herzens nach dem Göttlichen, Dauernden (blaue Blume).

Grün — Die Farbe des Lebendigen, Symbol der irdischen Schöpfung, im übertragenen Sinn der Hoffnung (auf die Neuschöpfung der Natur), des neuen Lebens in der neuen Schöpfung. Die »viriditas«, das Maiengrün, war die bevorzugte Farbe der Hildegard von Bingen.

Schwarz — Die Farbe des Todes; da der Tod als Folge der Sünde galt, Symbol des Bösen und der Sünde, aber auch der Trauer und des Schmerzes.

Gelb — Die Farbe mit dem am stärksten ambivalenten Charakter. Sie bildet im Regenbogen die Mitte. In Richtung auf das Rot wird sie strahlend und durchläuft eine »Goldzone«. In Richtung auf das Blau bildet sie Grün. In diesem Übergangsbereich wird das Gelb zum Symbol von Negativem, von Krankheit, auch von Außenseitern der Gesellschaft (Dirnenfarbe, Judenstern bereits im Mittelalter) und von Neid.

Rot — Auch diese Farbe hat ambivalenten Charakter. Sie ist Symbol der Lebenskraft, Aktivität, des Blutes und damit der Hingabe und des Opfers (Märtyrerfarbe). Als Symbol der Liebe (Herzblut) ist sie Farbe des Heiligen Geistes. Andererseits ist sie als Farbe des Feuers auch die Farbe der Sünde (Leidenschaft, der Hölle und des Teufels).

Purpur — Seit der Antike Farbe der Könige, Symbol für Herrschaft, Farbe der Hoheit Christi, in dessen Nachfolge sie heute noch Farbe der Kardinäle, der Priester der Titelkirchen Roms, ist.

Violett — In einem satten, dunklen Ton Symbol der Buße und der Reue. Die Sünde (Rot) wird durch die Gnade des Himmels (Blau) getilgt.
Ein Rosa-violett, das »Pfirsichblüt«, die Farbe des menschlichen Inkarnats, gilt in der Anthroposophie als Symbol der Einheit von Geist und Materie, kosmischer und irdischer Kräfte, die den Menschen konstituieren.

Braun — Erdenfarbe, Farbe der Demut, daher oft Farbe des Mönchsgewandes.

Grau — Farbe der Asche, Symbol für die Vergänglichkeit.

Anhang IV: Ikone und Urpflanze

Die Welt-»Anschauung« einer Epoche wird in der Farbgestaltung und Farbbe-
handlung ihrer Bilder unmittelbar ein-»sehbar«. Farbwahl und Farbverteilung
sind auch unabhängig von dem dargestellten Inhalt Symbole der vom Menschen
anerkannten Werthierarchie. Der Wandel seines Wertsystems läßt sich am Bildvergleich aufweisen.

Ein solcher Bildvergleich soll anhand einer mittelalterlichen Ikone und dem Bild
der Goetheschen Urpflanze in der malerischen Konzeption Rudolf Steiners dargestellt werden. Außer der Notwendigkeit einer exakten Beschreibung ist die Vorstellungskraft des Lesers aufgerufen.

Auf beiden Bildern hebt sich eine Gestalt vor einem farbigen Hintergrund ab. Die
Gestalt ist idealisiert. Bei der Ikone ist es eine menschliche Gestalt, im andern Fall
eine Pflanze. Die menschliche Gestalt hebt sich in deutlichen Umrissen von einem
goldfarbenen Hintergrund ab (Goldgrund), die Pflanzengestalt steht vor einem rosa-
violetten (pfirsichblüt) Grund. Die Abgrenzung ist weniger scharf, die blaue Hülle
der Pflanze scheint aus der Hintergrundfarbe hervorzugehen. Nach oben hin ist die
Kontur völlig aufgehoben, löst sich in gelbliche Farbübergänge auf. Die menschliche
Gestalt der Ikone ist am Haupt von einem abgegrenzten goldenen Nimbus umgeben.

Die Aussage der Ikone: Der Grund des Menschen ist Gott, der Transzendente,
Ewige (Goldgrund). Von ihm ist der Mensch deutlich geschieden. Ihm wird als »Hei-
ligem« Teilhabe an dieser Welt Gottes verliehen (Nimbus), aber er bleibt dennoch
abgegrenzt, die Gestalt in den Farben, die ein Vorstellungsbild ihres zeitlichen Lebens vermitteln. Der Urgrund des Lebens, das im Menschen seine Krönung erfahren
hat, ist Gott.

Die Aussage des Bildes der Goetheschen Urpflanze: Das Lebendige gründet im
Menschen. Die Farbe eines Inkarnats ist der Bildgrund. Er ist die Einheit von Geist
und Materie, die alles Seiende aus sich heraussetzt. Aus ihm heraustretend entwik-
kelt sich die Pflanze in ihrer Farbengestalt. Sie ist nach ihrer geistigen Seite hin offen
und geht in das Licht über, aus dem sie zur Gestalt gerann. Nicht das ewig ruhende
Sein, sondern die sich ewig wandelnde Bewegung ist Symbolgehalt dieses Bildes.
Aus ihm läßt sich das gesamte »Welt-Erde-Menschen«-Bild der Anthroposophie
entwickeln und die Gegensätzlichkeit zur Weltanschauung der christlich-abendlän-
dischen Tradition sichtbar machen.

Anhang V: Farbe im Raum

Unter Farbe im Raum verstehen wir die Anwendung von Farbe in umbauten Räumen, an Wänden, Decke und Boden. Da Farben Energie ausstrahlen, sind sie im
Raum wirksam. Zu berücksichtigen ist der Lichtanteil, den ein Raumteil je nach
Lichteinfall im Gesamtraum erhält. Bei in gleichem Farbton gestrichenen Räumen,
in denen die Farbe auch die Decke und den Boden einbezieht, werden die Schattie-

rungen der Farbintensität und damit des Farbwerts beleuchtungsabhängig besonders stark empfunden. Da Farbe den Menschen je unter einem anderen Einstrahlwinkel von allen Seiten umgibt, ist die Farbe eines Raumes für sein Gesamtbefinden von Bedeutung. Farben wirken verschieden, gemäß der Raumesrichtung, von der aus sie auf den Menschen treffen. In den letzten Jahrzehnten sind aufgrund psychologischer Testergebnisse farbige Innenraumgestaltungen auch von Krankenhäusern übernommen worden. Nicht immer wurden dabei auch die folgenden Gesichtspunkte berücksichtigt:

1. Erkenntnisse über die Wirkung von Farbe im Raum wurden vielfach an organisch Gesunden gewonnen. Die Krankenzimmer werden jedoch von Kranken »bewohnt«.

2. Die Wirkung der Farbe ist, wie oben erläutert, abhängig von ihrer Verteilung im Raum. Dies wird gemeinhin auf den (normalerweise) aufrechten Menschen bezogen. Der Kranke ist zunächst ein Liegender, d. h. seine Orientierung im Raum ist zwar von seinem Bewußtsein her gleich, er bezeichnet die Decke als »oben«. Auf die Lage seines Organismus, seine Körperlage bezogen ist jetzt aber die Decke »vorn«, der Fußboden »hinten«, je eine Seitenwand wird zu »oben« und »unten«.

3. Durch die optische Aufnahme des Farbreizes entsteht ein energetischer Anreiz. Deshalb wird der Raumfarbgebung zu Recht eine therapeutische Wirkung zugeschrieben. Die Farbgestaltung kann aber auch im Sinn der Reizüberflutung negativ wirken.

4. Ein harmonisch abgestimmtes Farbkonzept für eine Stationsgestaltung z. B. kann einen durchaus harmonisierenden Eindruck hervorrufen. Nur liegt der einzelne Patient nicht im harmonisch abgestimmten Gesamtkonzept, sondern in einem geschlossenen Farbraum, möglicherweise in einer einzeln negativ wirkenden Farbe. Es gibt z. B. gelbliche oder stumpfe Grüntöne, auf die ein Farbkonzept nicht verzichten will, die jedoch gerade bei Kranken im Einzelraum starke Mißempfindungen bis zu Übelkeit auslösen können. Starke Blau-, Rot- oder Violettöne sind in Krankenzimmern ungeeignet. Am besten eignen sich Farben, die eine leicht belebende Wirkung ausüben, wie goldgelbe, goldorange oder aprikosenfarbene helle Töne. Sie wirken im Sinn einer Aktivierung und Heilung, die ja eine Eigenaktivität des Kranken ist.

5. Der Vorschlag, den Kranken vor der Einweisung in eines der Zimmer unterschiedlicher Farbgebung einem Farbtest zu unterziehen (wie tatsächlich zuweilen gefordert) ist sowohl theoretisch (Kritik der Farbteste) als auch praktisch (für jeden, der in einem Krankenhaus gearbeitet hat, eine unsinnige Vorstellung) undurchführbar.

6. Das Krankenhaus ist ein arbeitsteiliger Wirtschaftsbetrieb, in dem eine große Anzahl von Menschen verschiedener Berufsgruppen, Altersklassen und sozialer Schichten arbeitet oder krank ist. Auch das ist ein Problem für die Farbgestaltung.

Schlimm ist eine gleichförmige, dekorative Buntheit oder der Anstrich in Modefarben, die die Sehnsucht nach dem sogenannten »sterilen« Weiß früherer Krankenanstalten wachrufen können.

Literatur

BADER, A. und L. NAVRATIL: Zwischen Wahn und Wirklichkeit. Kunst – Psychose – Kreativität, Frankfurt 1976

BRICKENKAMP, R.: Handbuch psychologischer und pädagogischer Tests, Göttingen 1975

BURCKHARDT, R.: Musikmalen – eine kathartische Methode in der Psychotherapie, in: 90 Jahre Psychiatrie im Alsudkrankenhaus Bethel, Heft 22, Bielefeld/Bethel 1981

CLAUSEN, A. U. und M. RIEDEL: Schöpferisches Gestalten mit Farben, Stuttgart 1977

DOERR, W. und G. QUADBECK: Allgemeine Pathologie, Berlin/Heidelberg/New York 1969

EBERHARD, L.: Heilkräfte der Farben, München 1954

FRIELING, H.: Der Farbenspiegel, Göttingen 1955

GOETHE, J. W. v.: Farbenlehre Band I–III, mit Einleitung und Erläuterungen von R. Steiner, hrsg. v. G. Ott und M. Proskauer, Stuttgart [3]1984

HAUSCHKA, M.: Künstlerische Therapie – Wesen und Aufgabe der Maltherapie – Zur künstlerischen Therapie, Band 2, Bad Boll 1978

HEIDEMANN, Chr.: Meridian-Therapie, Bd. 11, Die Wiederherstellung der Ordnung lebendiger Prozesse, Freiburg 1982

HEISENBERG, W.: Die Goethe'sche und die Newton'sche Farbenlehre im Lichte der modernen Physik, in: Geist der Zeit 19 (1941)

HEISS, R. und P. HALDER: Der Farbpyramidentest, Bern 1975

ITTEN, J.: Kunst der Farbe, Ravensburg 1970

KANDINSKY, W.: Vom Geistigen in der Kunst, München 1911

KOCH, E. und G. WAGNER: Die Individualität der Farbe, Stuttgart 1982

KOCH, K.: Baumtest, Bern [6]1972

KÜPPERS, H.: Das Grundgesetz der Farbenlehre, Köln 1980

LOEF, C.: Farbe – Musik – Form, Göttingen 1974

MATISSE, H.: Farbe und Gleichnis, Frankfurt 1960

NEWTON, I.: New Theory about Light and Colours, Nachdruck der Ausgabe London 1672, Philosophical Transactions, No 80, München 1974

PASCENSKY, S. v.: Der Testknacker, Hamburg 1976

RAUCHFLEISCH, U.: Testpsychologie, Göttingen 1963

RIEDEL, I.: Farben – in Religion, Gesellschaft, Kunst und Psychotherapie, Stuttgart 1983

SCHRÖDTER, C.: Geheimnisse – Düfte, Farben, Formen, Freiburg 1963

SCHUBERT, G.: Klänge und Farben, Formen der Musiktherapie und der Maltherapie, in: Praxis der Musiktherapie, hrsg. v. V. Bolay und V. Bernius, Band 2, Stuttgart/Kassel 1982

STERNFELD, R.: Untersuchung zur diagnostischen Verweilbarkel von Merkmalen in Bildern psychisch Erkrankter, Diss. Bonn 1984

STROBEL, W. und G. HUPPMANN: Musiktherapie. Grundlagen, Formen, Möglichkeiten, Göttingen 1978

WIECK, H. H. (Hrsg.): Psychopathologie musischer Gestaltungen, Stuttgart 1974

K.H.TÜRK

Der Kunsttherapeut –
zur Charakteristik einiger Unterrichtsmethoden

In den Blättern zur Berufskunde – herausgegeben von der Bundesanstalt für Arbeit in Nürnberg und verfaßt von den beiden Autoren Rose-Maria und Siegfried Pütz aus Ottersberg (Band 2,2 II A 29, 1977) – werden die Aufgaben und Tätigkeiten des Kunsttherapeuten wie folgt beschrieben:

»Die Aufgabe des Kunsttherapeuten ist es, mit Hilfe künstlerischer Mittel – mit der Kunst als Medium – zu erziehen, zu bilden und zu heilen. Die Ausbildung zum bildenden Künstler ist daher die unerläßliche Voraussetzung für den Kunsttherapeuten.«

Es heißt dann weiter:

»Der Kunsttherapeut setzt neben den erlernten künstlerischen Disziplinen (Malerei, Plastik, Graphik) auch Methodik und Didaktik auf pädagogischem, therapeutischem sowie psychotherapeutischem Gebiet ein, um unterstützend und ergänzend zu anderen Maßnahmen (z.B. der medizinischen Behandlung) positiv auf Klärungs- und Heilungsprozesse einzuwirken. Er bedient sich dabei auch der Erkenntnisse aus zuständigen Fachgebieten, wie z.B. anthroposophischer Menschenkunde, Medizin, Pädagogik, Psychologie, Phänomenologie. Durch das schöpferische Tun im Bildnerischen versucht der Kunsttherapeut, seelische Kräfte zu mobilisieren, die auch günstigen Einfluß auf die physiologischen Vorgänge haben.«

Diese Blätter zur Berufskunde sind von der Bundesanstalt für Arbeit in Nürnberg im Juni 1977 – also vor fast 10 Jahren – herausgegeben worden, und seit dieser Zeit gibt es den Beruf des Kunsttherapeuten sozusagen auch im öffentlichen Bewußtsein.

Es ist für mich als Anthroposoph natürlich interessant, daß Rose-Maria und Siegfried Pütz gleich im zweiten Abschnitt dieser Charakterisierung des Kunsttherapeuten u.a. den Begriff »anthroposophische Menschenkunde« verwenden, sozusagen als institutionalisierten Lernstoff, und es ist ja wohl auch allgemein bekannt, daß die beiden Autoren sowie die gesamte Einrichtung der Kunststudienstätte Ottersberg auf anthroposophischer Grundlage stehen.

So möchte ich – weil das in neuerer Zeit leicht in Vergessenheit gerät – doch darauf hinweisen, daß es diesen Beruf des Kunsttherapeuten nicht erst seit dem Juni 1977 gibt – er ist allerdings erst seit etwa 2 Jahren staatlich anerkannt –, sondern die Anfänge dieses Berufes vielmehr ziemlich weit zurückliegen. Der Kunsttherapeut basiert auf dem meines Wissens erstmals durch Rudolf Steiner geprägten Begriff des Heilpädagogen. Es war bereits im Jahr 1924, als Rudolf Steiner in Dornach den sogenannten »heilpädagogischen Kurs« gehalten hat, und aufgrund dieses Kurses haben sich dann verschiedene Menschen zusammengefunden, die eine heilpädagogi-

40

sche Bewegung, unterstützt durch künstlerisches Tun, ins Leben riefen. Ich erwähne besonders den Ort Pilgrammsheim im ehemaligen Schlesien, in dem, unter der damaligen Leitung des Heilpädagogen Strohschein, eine erste Einrichtung dieser Art gegründet wurde. Das war bereits vor etwa 55 Jahren, also zu einer Zeit, zu der in den Reihen der offiziellen Wissenschaft kaum jemand an konkrete Möglichkeiten der Kunsttherapie dachte. Die auf anthroposophischer Grundlage nun entstehenden Einrichtungen dieser Art hätten sich – ich vermute das – in Deutschland spontan weiterentwickelt, wenn nicht durch die Entwicklung des »Dritten Reiches« die gesamte anthroposophische Bewegung in Deutschland durch den Nationalsozialismus verboten worden wäre.

So kam es dazu, daß die grundlegenden Ideen, die Rudolf Steiner für dieses Berufsbild des Heilpädagogen und späteren Kunsttherapeuten – ein Begriff übrigens, der erstmals von Siegfried Pütz vewendet wurde – gegeben hat, sich zunächst nicht in Deutschland, sondern vornehmlich im Ausland entwickelten.

Ich erwähne hier nur, um eine der bedeutendsten Einrichtungen auf diesem Gebiet zu nennen, die Camphill-Bewegung, die durch den jüdischen Arzt und Anthroposophen Dr. Karl König aufgrund der Notwendigkeit seiner Emigration von Wien nach Schottland im Jahr 1935, also kurz nach Hitlers Machtübernahme, in der Nähe von Aberdeen (Schottland) gegründet wurde. Diese Bewegung, die heute zahllose Pflegeheime in vielen Teilen der Welt besitzt, zählt im Bereich der auf anthroposophischer Grundlage arbeitenden Einrichtungen wohl zu den anerkanntesten und erfolgreichsten.

Es hat sich nun, bedingt durch die ständig wachsende Zahl heilpädagogischer Fälle, auch durch die ständig steigende Zahl psychisch Kranker, geistig Behinderter, Drogenabhängiger, Unfallgeschädigter usw., im Lauf der letzten Jahre und Jahrzehnte, wiederum in allen Teilen der zivilisierten Welt, geradezu eine enorme Anzahl von Institutionen und Einrichtungen auf anthroposophischer und auch auf nicht-anthroposophischer Grundlage entwickelt. In so gut wie allen großen und mittleren Städten der Bundesrepublik gibt es irgendwelche Einrichtungen für Sonderpädagogik, Fürsorge, Verhaltensgestörte, psychosomatisch Erkrankte, für Geriatrie, Rekonvaleszenz, Rehabilitation, Drogenabhängigkeit, Psychiatrie, Resozialisierung usw., und an dieser Tatsache zeigt sich deutlich, daß jener im Jahr 1924 erstmals durch die Anthroposophie gegebene, geradezu prophetisch zu nennende Impuls sich enorm entwickelt hat.

Und mit den Institutionen haben sich auch die Methoden entwickelt. Es gibt heute, analog zu den ständig neu hinzukommenden Krankheitsbildern, eine nahezu unübersehbare Fülle therapeutischer Methoden, und es besteht auf diesem Gebiet durchaus die Gefahr, daß wir durch unsachgemäße Anwendung und sozusagen vor lauter Therapie möglicherweise noch kränker werden, als wir ohnehin schon sind.

So besteht die Notwendigkeit, das Berufsbild des Kunsttherapeuten – seine Möglichkeiten und Grenzen – aus der Fülle der Therapieangebote klar abzugrenzen und eine Methode zu erarbeiten, durch die dieser Beruf des Kunsttherapeuten tatsächlich sinnvoll wirksam und nicht zum möglichen Schaden, sondern zum Nutzen des Patienten angewendet werden kann.

Obwohl die Kunsttherapie ursprünglich aus der Gesamtkonzeption der anthroposophisch orientierten Geisteswissenschaft heraus entwickelt wurde, wird diese Tatsache von vielen der heute auf diesem Gebiet tätigen Institutionen übersehen, gegebenenfalls auch schlechthin negiert oder doch zumindest ungenügend dargestellt. So schreibt z.B. Peter W. Rech, Diplom-Pädagoge und seit 1979 Professor an der Universität Köln, in dem von der Hochschule der Künste in Berlin und von Helmut Hartwig und Karl-Heinz Menzen herausgegebenen Buch »Kunsttherapie« unter der Überschrift »Die Arten, unter denen man Kunsttherapie begreifen kann« (S. 36) folgendes:

»Im deutschen Sprachraum kommt man nicht darum herum, sich mit der Waldorf-Kunsttherapie zu beschäftigen, wie sie an der Waldorf-Hochschule in Alfter bei Bonn als Nebenfach und in Ottersberg bei Worpswede/Bremen als Hauptstudium gelehrt wird. Es handelt sich hier um eine bestimmte Form der Kunsttherapie, wie sie in anderen Ländern verhältnismäßig bedeutungslos ist, in denen die kunsttherapeutische Forschung und Lehre weit gediehen ist, besonders in Großbritannien und den Vereinigten Staaten. In der Bundesrepublik stellt sie [eben die anthroposophische Methode] die arbeitsamtlich anerkannte Form der Kunsttherapie dar.«

Es folgen dann einige Anmerkungen, u.a. über die Lehre Rudolf Steiners, die Anthroposophie, von der dann gesagt wird: »Eklektizistisch sammelte sie [die Anthroposophie], was der deutsche Idealismus an Spekulationen zusammengetragen hat.« Dieser Satz, auf den ich hier wirklich nicht näher eingehen will, spricht eigentlich für sich selbst. Anthroposophie als Sammelsurium idealistischer Spekulationen! Ja, wenn sie allerdings wirklich nur das wäre, dann hätte sie wohl kaum jene gesellschaftsverändernde Kraft auf so vielen Gebieten des kulturellen Lebens bewiesen, die sie immerhin besitzt.

Rein informativ ist zu den Anmerkungen von Professor Rech weiterhin zu sagen: Es gibt zunächst einmal gar keine »Waldorf-Kunsttherapie«, denn der Begriff »Waldorf« bezieht sich ursprünglich auf die Waldorf-Astoria Zigarettenfabrik und deren Inhaber Emil Molt, und dieser Emil Molt war es dann, der für die Kinder der Arbeiter, die in seiner Fabrik tätig waren, einen von Rudolf Steiner inaugurierten Schulunterricht haben wollte, aus dem sich später die Methoden der Waldorfschule entwickelt haben. Diese Waldorfschule ist eine allgemeinbildende Schule und hat zunächst mit Kunsttherapie so gut wie nichts zu tun.

Sicher war Siegfried Pütz, der in Ottersberg die Freie Kunststudienstätte und – wie es in der Charakteristik von Professor Rech weiter heißt – »die in der Bundesrepublik arbeitsamtlich anerkannte Form der Kunsttherapie« gegründet hat, ursprünglich Waldorflehrer, jedoch resultieren die Methoden dieser Kunststudienstätte zu einem großen Teil aus dem schon erwähnten Heilpädagogischen Kurs, also aus einem medizinischen und keineswegs allein pädagogischen Bereich. Der Begriff »Waldorf-Kunsttherapie« ist deshalb ein wenig unglücklich gewählt, und das sollte man, um Verwirrungen zu vermeiden, zumindest zur Kenntnis nehmen.

Zum anderen: Es wird bei Professor Rech von »einer bestimmten Form der Kunsttherapie« gesprochen, »wie sie in anderen Ländern verhältnismäßig bedeutungslos
ist«. Gewiß haben anthroposophische Einrichtungen nicht sämtliche »Stilele-
mente« aller nur denkbaren Therapiemethoden aufgenommen – das wäre wohl
überhaupt auch gar nicht möglich –, sondern sich eben auf »eine bestimmte Form«
konzentriert. Daraus aber auf die »Bedeutungslosigkeit« dieser Institute in anderen
Ländern zu schließen, ist doch ein wenig zu voreilig – es sei denn, es handelt sich um
eine rein quantitative Bedeutung. Man sollte sich erst einmal die Einrichtungen im
Ausland etwas näher ansehen, um sich dann von deren Bedeutungslosigkeit zu
überzeugen. Nach Angaben der Konferenz für Heilpädagogik und Sozialtherapie am
Goetheanum in Dornach befinden sich anthroposophische Einrichtungen für Heilpädagogik und Pflegestätten für Behinderte immerhin in 24 Ländern der Erde und
in einer Anzahl von über 300 Heimstätten. Darunter in Australien, Belgien, Botswa-
na, Brasilien, Canada, Chile, Dänemark, Finnland, Frankreich, in Israel, Neu-See-
land, Niederlanden, Norwegen, Österreich, Portugal, Schweden, Schweiz, Südafrika
und den USA. Es handelt sich dabei vor allem um Einrichtungen, die zum größten
Teil nicht staatlich subventioniert sind. Das ist immerhin bemerkenswert. Stattdes-
sen wird dann gesagt, daß man z. B. in Großbritannien und den Vereinigten Staaten
in der kunsttherapeutischen Forschung und Lehre »weit gediehen« ist.

Mit anderen Worten: Es wird hier doch anscheinend der Versuch unternommen,
die auf anthroposophischer Grundlage tätigen Institutionen nicht gerade besonders
ernst zu nehmen. Schon die Formulierung, »...daß man nicht darum herum
kommt, sich mit der Waldorf-Kunsttherapie zu beschäftigen«, deutet darauf hin.
Das heißt, daß man sich viel lieber eine ganz andere Methode der Kunsttherapie
vorstellen möchte – etwa nach amerikanischem Vorbild – als nun diejenige, die
sozusagen »unglücklicherweise« gerade in Deutschland erstmals arbeitsamtlich
und d. h. staatlich in Form einer Fachhochschule anerkannt worden ist. Allerdings
scheint Professor Rech heute seine Ansicht über anthroposophische Einrichtungen
wiederum geändert zu haben, denn im neuesten Taschenbuch über »Kunsttherapie
– Die heilende Kraft des Gestaltens« (M. Schuster, 1986) schreibt Professor Rech
(S. 190): »Die Ottersberger Institution verdient in jeder Hinsicht Beachtung. Sie
stellt einen in der Bundesrepublik einmaligen Versuch dar, eine Hochschule unter
ganzheitlichen Gesichtspunkten als Lehr-, Lern- und vor allem Lebensraum funktionieren zu lassen und dabei dennoch nicht an den staatlichen Anforderungen vor-
beizugehen...«

Ich vertrete durchaus nicht die Ansicht, daß etwa die aus der Geisteswissenschaft
Rudolf Steiners heraus entwickelte Form der Kunsttherapie das »einzig Wahre« auf
diesem Gebiet darstellen würde. Selbstverständlich hat sich die Welt seit Steiner
weiterentwickelt. Es gibt natürlich – wie überall – auch die sogenannten »stehenge-
bliebenen Anthroposophen«, diejenigen, die aus einem gewissen geistigen »Verstei-
nerungsprozeß« nicht herausgekommen sind und die nicht die Fähigkeit entwickelt
haben, die geisteswissenschaftlichen Denk- und Lebensansätze der Anthroposophie
schöpferisch und d. h. zeitgemäß weiter zu entfalten. Im übrigen bin ich der Ansicht,

daß jegliche Generalisierung einer weltanschaulichen Überzeugung oder wissenschaftlichen Erkenntnisart, also z. B. *die* Anthroposophen, *die* Katholiken, *die* Buddhisten oder auch *die* Naturwissenschaftler, *die* Psychologen, *die* Fundamentalisten usw., unzureichend ist, und ich wende mich gleichzeitig auch gegen jeglichen weltanschaulichen, aber ebenso auch gegen jeden naturwissenschaftlichen oder grenzwissenschaftlichen und d. h. dann auch psychologischen Dogmatismus. Der Mensch als Handlungseinheit ist mehr als nur eine Kategorisierung seiner Zugehörigkeit zu einem wissenschaftlichen oder weltanschaulichen System, und in diesem Sinn wird es überall *nur* Menschen geben, die ihre Fähigkeiten aufgrund und im Sinn der Zugehörigkeit zu einem System in sich weiterentwickeln oder eben auch nicht. Sich vom »Meister« lösen, aber durchaus im Sinn des Meisters schöpferisch tätig sein, ob dieser nun Freud, Jung, Dürckheim oder Steiner heißt, wird allein Fruchtbarkeit bewirken können.

Zweifellos gibt es heute eine Fülle von ernstzunehmenden kunsttherapeutischen Ansätzen und Methoden, die vornehmlich aus psychotherapeutischer Sicht entwickelt worden sind. Unnötig zu erwähnen, was C. G. Jung, Neumann, Erich Fromm, was Arnheim, Benedetti, Jacobi, Franzke und zahlreiche andere Autoren an grundlegenden Methoden zur Entwicklung nicht nur psychotherapeutischer, sondern eben auch kunsttherapeutischer Erkenntnisse geleistet haben. Die Frage ist nur, inwieweit der Kunsttherapeut berechtigt ist, damit umzugehen. Ich erwähne hier auch die insbesondere aus der Beschäftigung mit C. G. Jung und in Verbindung mit dem Zen-Buddhismus hervorgegangene initiatische Therapie von Maria Hippius und Graf Dürckheim, ich erwähne die Fritz-Perls-Akademie, ich erwähne die zahlreichen weiterbildenden Studienseminare für Kunst-, Kreativitäts- und Gestaltungstherapie jeglicher Schattierung in vielen Teilen der Bundesrepublik und natürlich vor allem in den USA. Professor K. H. Menzen macht in einem gesonderten Beitrag zu diesem Band – durch überzeugende Sachkenntnis belegt – auf die große Variationsbreite und Vielfältigkeit sich darbietender Therapieansätze und -methoden aufmerksam, auf die ich deshalb hier im einzelnen nicht näher eingehen möchte.

Andererseits sehe ich die Gefahr einer zunehmenden und kaum mehr steuerbaren Psychologisierung der Gesellschaft. So schreibt wiederum P. W. Rech – meines Erachtens diesmal vollständig zu Recht (ibid., S. 29): »Wenn eine Gesellschaft sogar aus soziologischer Sicht nur noch psychologisch zu bewerten ist, dann ist sie sich selbst zum Trauma geworden.« Rech weist dann darauf hin, daß die Psychologie die Philosophie zu ersetzen beginnt, und zitiert in diesem Zusammenhang Adorno, der die Möglichkeit andeutet, die Welt könnte letztlich in Therapeuten und zu Therapierende geteilt werden. Dieser Entwicklung sollte gerade dort entgegengewirkt werden, wo Therapie und vor allem Therapie durch Kunst ernst genommen wird.

Es darf für meine persönliche Anschauung auch nicht so weit kommen – eine Tendenz, die sich vor allem wohl bereits in den USA abzeichnet –, daß eine mögliche Totalisierung psychoanalytischer und psychotherapeutischer Methoden den Menschen in seinem sogenannten »normalen« und auch »abnormen« Verhalten mehr und mehr zu beherrschen beginnt. Es wäre doch wirklich ein wenig zu »ärmlich«, wenn der Mensch der Zukunft und meinetwegen auch schon der Mensch der Gegenwart sein Leben ohne die Zuhilfenahme eines Psychologen nicht mehr bestreiten könnte und wenn die »Priesterherrschaft der Intellektuellen« sich auch auf Bereiche erstrecken würde, deren Sensibilität eine Achtung vor der Würde des Menschen erforderlich macht. Ich glaube, daß gerade hier besonders dem Psychotherapeuten und auch dem Kunsttherapeuten ein hohes Maß an Verantwortung zukommt, eine Verantwortung, die gewiß moralisch zu nennen ist.

Therapie muß, wenn sie sich selbst und den zu betreuenden Menschen wirklich ernst nimmt, vor allem auf die Selbständigkeit der Lebensführung abzielen, im andern Fall wäre wohl an ihrer Leistungsfähigkeit zu zweifeln. Und »Therapie durch künstlerisches Gestalten« – um den Buchtitel aufzugreifen – sollte durch Hinführung zu schöpferischer Kreativität und damit Öffnung eines zentralen menschlichen Bereiches der Erschließung von neuem Lebenssinn dienen, so daß sie selbständig und unabhängig macht, indem sie dazu beiträgt, Leben aus der Ganzheit zu entdecken oder wiederzufinden. Es wäre doch tatsächlich bedenklich, wenn »Normalität« zu einem Schimpfwort zu werden drohte und wenn nichts mehr übrigbleiben würde für den Glauben.

In seinem Buch »Medizinisch-pastorale-Psychologie« spricht Otto Julius Hartmann seine Idee einer Art »Ganzheitsmensch« aus, indem er auf die drei geistigen Urberufe des Menschen hinweist. Beruf kommt ja letztlich von Berufung, und jene drei geistigen Urberufe können an den Menschen wie eine innere Berufung zur Ganzwerdung herangetragen oder von innen her ergriffen werden. Diese drei geistigen Urberufe sind der Lehrer, d.h. der Pädagoge, der Arzt, d.h. der Therapeut, und der Priester, das ist der Hierophant. Ursprünglich wurde die Menschheit in ihrem geistigen Werdegang von Berufenen in diesen drei Urberufen inspiriert, und Otto Julius Hartmann stellt nun die These auf, daß der säkularisierte, der entwickelte und geistig unabhängig gewordene Mensch der Gegenwart diese drei geistigen Urberufe – also Lehrer, Arzt und Priester, die ja heute noch als selbständige Berufe vorhanden sind –, daß eben der Mensch der Gegenwart diese drei geistigen Urberufe heute in sich selbst entwickeln müßte, um zu einem Ganzheitsmenschen zu werden; d.h. der Mensch müßte den inneren Pädagogen in sich selber ausbilden, dasjenige Vermögen, auch nach Abschluß der Schule und des Studiums weiterhin ein Lernender zu sein, jemand, der sich durch eigene innere Pädagogik lernenderweise weiterentwickelt, er müßte darüber hinaus den inneren Arzt, den Heiler, in sich entwickeln, d.h. diejenigen Kräfte mobilisieren, die ihn vor seelischen und körperlichen Schäden bewahren, denn heilen heißt ja auch gleichzeitig verhüten, und er müßte als drittes den inneren Priester ausbilden, diejenigen Erfahrungskräfte in sich selbst erzeugen, die in Form von re-ligio, d.h Rückverbindung, bisher durch den Urberuf des Priesters von außen an ihn herangetragen wurden.

In der Entwicklung und Ausbildung dieser drei inneren Berufungen sieht Hartmann einen Weg, die geistige Innenwelt des Menschen, seinen inneren Handlungsraum, die Vollständigkeit seiner geistigen Existenz zu komplettieren.

Diesen drei geistigen Urberufen müßte sich – jedenfalls nach meinem Dafürhalten – in heutiger Zeit ein weiterer Urberuf zugesellen, ein Beruf, der in den vergangenen Stadien der Menschheitsentwicklung im Grunde noch gar nicht vorhanden war und der weitgehendst unter der Domäne des Priesters oder Hierophanten stand. Das ist der Künstler, der innere Kreator, jener Beruf oder jene Berufung, die im wesentlichen dem mittleren Bereich des Menschen, den Herzkräften, den Kräften der Emotionalität, der gefühlsmäßigen Erfassung der Welt, entspricht.

Es wird also bei Hartmann der Versuch unternommen, weit auseinanderliegende Bereiche, die sich in einer individuell spezifischen Berufung kundtun – Lehrer, Arzt und Priester und, wie ich hinzufügen möchte, Künstler –, in den inneren Wesensbereich des Menschen hineinzunehmen, um den Menschen dadurch seiner Ganzheit, seiner geistigen Totalität zuzuführen.

Das soll nun natürlich nicht heißen, daß diese drei Berufe auf irgendwelchen Universitäten studiert werden sollen, daß man sich gleichsam ein äußerliches Wissen um diese Berufe anzueignen hätte, sondern es heißt, von der Sache her, daß der Mensch sich mit dem *Wesen*, mit dem Wesentlichen dieser Urberufe innerlich verbinden sollte. Sein eigener Arzt sein heißt, in diesem Sinn seine körperlichen, seelischen und geistigen Zustände durch Selbsthygiene zu kontrollieren und zu harmonisieren. Sein eigener Priester sein heißt, durch meditative Selbsterfahrung im Sinn einer »inneren Kirche« den Weg zu außersinnlichen Ursprungskräften zu finden. Und den eigenen Lehrer zu entwickeln bedeutet: Bereitschaft zur Erfahrung erweiterter Erkenntniskräfte zu entfalten. Der innere Künstler heißt: Sensibilisierung der schöpferischen Potenz, die in jedem Menschen vorhanden ist.

Dieser hier gemeinte Ganzheitsmensch besagt also, vom Wesen her gesehen, im Grunde das genaue Gegenteil von berufsspezifischer Spezialisierung, es ist der Versuch, den Menschen zur Universalität zurückzuführen, einen Zustand zu erreichen, der die auseinandergefallenen und zersplitterten Gebiete geistiger Existenz, z.B. Wissenschaft, Kunst und Religion, wiederum vereint.

Dieses Leitbild eines solchen Ganzheitsmenschen, eigentlich von einem jeden von uns zu verwirklichen, sollte nach meinem Dafürhalten besonders der Kunsttherapeut in sich erzeugen, denn der Kunsttherapeut sollte auf den Patienten in erster Linie als Mensch wirken. Was heißt denn das: als Mensch wirken? Das heißt, daß der Kunsttherapeut in einem besonderen Maß Bereitschaft entwickeln muß, die Brücke zwischen dem Ich und dem Du herzustellen. Das eigentlich ist sein Beruf, und sein Medium dazu ist die Kunst. Voraussetzung dafür aber ist, daß der Kunsttherapeut den inneren Ganzheitsmenschen so weit wie möglich in sich selbst verwirklicht hat, denn die innere Ganzheit, die zugleich geistig-seelische und körperliche Gesundheit bedeutet, wird gerade jener spezifische Faktor sein, durch den der Kunsttherapeut vor allen Dingen als Mensch – in diesem Sinn dann vom Ideal her gesehen als Ganzheitsmensch – auf den anderen Menschen wirkt, der diese seine Ganzheit aus irgendeinem Grunde verloren oder eben nicht entwickelt hat.

Klinische Untersuchungen haben gezeigt, daß die psychologische Wirkung des Arztes als »Fachmann im weißen Kittel« dem Patienten nicht immer förderlich ist, daß z. B. an Neurosen erkrankte Patienten gelegentlich einen starken inneren Widerwillen zeigen, sich überhaupt einer psychotherapeutischen und damit eben »fachmännischen« Behandlung zu unterziehen, daß Menschen, die in irgendeiner schwerwiegenden Situation mit einem Priester konfrontiert werden, eher Angst als Trost erfahren, daß dagegen in manchen Situationen die rein menschliche Zuneigung an sich und nicht die Zuneigung kraft eines Amtes, einer Funktion oder Autorität überhaupt noch das einzige Mittel ist, den Menschen zu erreichen.

So meine ich, daß die wichtigste Fähigkeit, die der Kunsttherapeut in sich entwikkeln muß – welches Wissen er sich auch erworben hat, welcher Weltanschauung er auch angehört, welche Schule er auch durchlaufen hat, welche künstlerischen Fähigkeiten er auch besitzt –, die wichtigste Fähigkeit, die er entwickeln sollte, die der menschlichen Zuneigung ist. Es ist, mit einem vielleicht etwas antiquierten Wort, die Liebe. Liebe ist weder wissenschaftlich erfaßbar noch lehrbar. Sie ist jenes irrationale Element im Leben eines Menschen, das weder klar begründbar noch abprüfbar ist, das sich vielmehr situationsbedingt zeigt, das aber zu den immanent fundamentalen Werten gehört, gelegentlich sogar entscheidend sein kann. Und vornehmlich aus der Liebe kommt die Intuition, nicht so sehr aus dem Wissen allein. Der Kunsttherapeut sollte vornehmlich die »Kunst« aufbringen, ein Liebender zu sein.

Freilich ist damit zunächst nur etwas Allgemeines gesagt, das der näheren Erläuterung bedarf. Mit der allgemein menschlichen Fähigkeit der Liebe allein ist es sicher nicht getan. Liebe kommt wie die Kunst aus dem mittleren Bereich, dem Herzbereich, Wissen dagegen aus dem Kopf, und nur wenn der Kopf und das Herz zusammenwirken, wenn Wissen und »Schau« entwickelt werden, wird sich die Intuition, das Richtige zu tun, einstellen.

Aufgabe des Kunsttherapeuten ist es daher, sich zunächst ein generelles Wissen zu erwerben, ein Wissen über die Wirkung dessen, was er eigentlich anwendet. Wie wirkt eine Farbe, eine Form? Welcher Tätigkeitsbereich auf dem Feld der Kunst hat welche Folgen? Was ist einem Patienten zumutbar? Welche typologisch künstlerischen Erscheinungsbilder deuten auf welches Verhalten oder welche Symptome? Wie werden Denken, Fühlen und Wollen durch Kunst und in welcher Form angesprochen, oder wie können sie zur Erscheinung kommen? Wie wirkt eine rein manuelle Tätigkeit usw.? Dieser ganze Bereich, den ich den Erkenntnismäßigen nennen möchte, setzt konkretes Wissen voraus, Wissen allerdings, das nicht nur erlernt, sondern durch konkreten Umgang und durch Erfahrung auch erworben werden sollte. Kein Kunsttherapeut, der hier unsere Institution in Nürtingen verläßt, ist ein »fertiger« Kunsttherapeut. Er ist ein beginnender. Es kann in diesem Beruf keine Generalisierung stattfinden, weil die psychische Gegebenheit fast ausschließlich individuell bedingt ist und die konkrete Diagnose vornehmlich in die Hände des Arztes gehört. Die »Hilfe«, die der Kunsttherapeut dabei leisten kann, besteht darin, den Patienten zu entkrampfen, Aspekte zu entwickeln, die dem Arzt möglicherweise verborgen bleiben, durch gestalterisches Tun auf vielleicht noch Unentdecktes hinzuweisen und vor allen Dingen den Patienten menschlich zu motivieren.

Der Kunsttherapeut kann meines Erachtens den Mediziner, Arzt oder Psychotherapeuten keinesfalls ersetzen, denn dann brauchte ja der Mensch sich lediglich künstlerisch zu betätigen, und seine seelische und geistige Gesundheit wäre garantiert. Das »innere Erscheinungsbild« mancher Künstler zeigt aber gelegentlich das genaue Gegenteil. Außergewöhnliche künstlerische Leistungen haben oft gerade in der Neurose, der Psychopathologie oder der Schizophrenie ihren Ursprung, und hier werden unsere ganzen bisherigen Vorstellungen bezüglich »gesund« oder »krank« durcheinandergebracht. Die durch Kunst sichtbar werdenden »geistigen Botschaften« psychisch Kranker resultieren aus einem Bereich, der die »Schwelle« überschritten hat, und begegnen den Schwellenübertritten genialer Künstler. Die berühmte Grenze zwischen Genie und Wahnsinn ist ja bekanntlich nur sehr schmal.

Wenn also von der »heilenden Wirkung« der Kunst gesprochen wird, so zeigt sich andererseits, daß die Kunst durchaus auch gegenteilige Wirkungen haben, eben zur Abnormität führen kann, jedenfals in dem Sinn, daß sich der Mensch nicht mehr »normal« verhält. Schließlich wurde – um nur einige Beispiele zu nennen – auch van Gogh in eine psychiatrische Klinik eingeliefert, vor der ihn doch die Kunst, die er ausübte, eigentlich hätte bewahren sollen. Ich erinnere in diesem Zusammenhang auch an Wölfli, an Frederic Hill, an Josephson.

Das zeigt, daß wir unsere ganze Methode, »Heilen durch Kunst«, auch hinterfragen müssen, wenn Heilen nur heißen soll, den Menschen in die sogenannten normalen Standards des gegenwärtigen Gesellschaftsverhaltens zurückzuführen. Heilen kann aber noch etwas ganz anderes bedeuten. Es kann heißen, durch das Medium der Kunst in den durch die Verhältnisse besonders sensibel gewordenen Menschen Kräfte und Fähigkeiten zu entbinden, durch die tiefere Schichten und in diesem Sinn dann auch geistige Erfahrungen sichtbar und erlebbar werden.

Wir müssen einmal von der Vorstellung wegkommen, daß die zunehmenden psychischen Erkrankungen, d. h. die zunehmenden Abweichungen vom Normalverhalten, unbedingt nur negativ zu werten sind. Durch diese Menschen will eine ganz andere Welt, eine paranormale Welt, zu der wir bisher nur wenig Zugang finden konnten, in unsere vornehmlich nur von der Rationalität bestimmte Welt hineinkommen. Schließlich galt in früherer Zeit die Schizophrenie als »königliche Krankheit«, d. h. eine »schauende Krankheit«, und blicken wir zurück in alte Kulturen, so erfüllte damals der psychisch Kranke eine besondere Funktion.

Hier nun – so meine ich – ist das Feld, das neu erfahren werden muß, und d. h. dem Kranken die Kunst auf keinen Fall vorzuenthalten, sondern ihn zur Kunst hinzuführen, nicht allein um ihn dadurch wiederum zu »normalisieren«, sondern auch ihm ein Ventil zu geben und darüber hinaus die Möglichkeit zu bereiten, seine ihn bedrängende Welt innerer Andersartigkeit loszuwerden, ihn nicht abzublocken oder mit Hilfe von zu vielen Psychopharmaka geistig zu sterilisieren, sondern ihm eine Hilfe zu bieten, ihm andersartiges Bewußtsein zur Kenntnis zu bringen.

Eine andere Frage ist, ob wir erkenntnistheoretisch bereits in der Lage sind, dieses andersartige Bewußtsein in seinen Maximen tatsächlich zu deuten, ob die psychoanalytischen und tiefenpsychologischen Methoden allein dazu ausreichen, oder ob

nicht möglicherweise auch durch geisteswissenschaftliche Erkenntnisse, wie sie beispielsweise durch Anthroposophie vorliegen, hier eine Ergänzung möglich ist? Die
Geisteswissenschaft geht von einem anderen Ansatz aus. Nicht die Seele » sitzt « im
Körper, sondern der Körper » sitzt « in der Seele. Das Seelisch-Geistige ist der Ursprung, und wenn – anthroposophisch gesehen – eine Verschiebung der Wesensglieder vorliegt – wie es bei vielen psychisch Kranken der Fall ist –, so gestattet uns
diese Verschiebung gegebenenfalls Einblicke in Welten, die im normalen Verhalten
nur durch meditative Schulungswege möglich sind. Das Beispiel Wölfli zeigt, daß
der Kranke in diesem Sinn auch ein » Künder « sein kann, er vermittelt uns durch
das Medium der Kunst unter Umständen Mitteilungen aus unterschwelligen oder
auch » überschwelligen « Zonen des Bewußtseins, zu denen wir im Normalverhalten
nur schwerlich vordringen.

Die Frage ist nur: Was kommt denn da eigentlich hoch? Sollte man einen Drogenabhängigen oder einen durch Drogen stimulierten Künstler, der sogenannte psychedelische Bilder malt, die uns in Erstaunen setzen, lieber bei seinen Drogen oder
Stimulanzien belassen, weil er uns » Botschaften einer paranormalen Welt « verkün-
det, oder sollten wir ihn besser von dieser paranormalen Welt befreien? Und hier
ergeben sich eigentlich erst die Probleme, Probleme, die mit dem gesamten Karma
der Menschheitsentwicklung in der gegenwärtigen Epoche zusammenhängen. Die
Menschheit, und das muß einmal deutlich gesehen werden, vollzieht in der gegenwärtigen Epoche in ihrer Gesamtheit einen » Schwellenübertritt «, d.h. es vollzieht
sich eine Bewußtseinswandlung, die das bisherige, durch die Naturwissenschaft
hervorgebrachte Leitbild rein rationaler Erfahrung erweitert, wenn nicht geradezu
erschüttert. Oder mit anderen Worten: Es entsteht – negativ gesehen – eine Art
» Sucht nach Geist «. Durch die gegenwärtigen Verhältnisse unbefriedigte und dadurch sensibilisierte Menschen, deren » Sucht nach Geist « nicht befriedigt ist, ergreifen atavistische Vergangenheitsmethoden, die ihre Aufgabe unter kulturell anderen Bedingungen längst erfüllt haben, und werden drogensüchtig. Der Schwellenübertritt vollzieht sich hier unzeitgemäß, und es kommen – wenn wir hier nicht
nur tiefenpsychologische, sondern auch anthroposophische Deutungen zulassen
wollen – » Astralerscheinungen luziferischen Inhaltes « zum Vorschein, was immer
zunächst auch darunter verstanden werden mag, die wir dann als psychedelische
Bilder anschauen; durchaus » schön «, sogar unerhört gekonnt, für einen Künstler
geradezu beneidenswert, aber vom geistigen Inhalt aus gesehen rein illusionistisch.
Es gilt hier eben für den Kunsttherapeuten, zwischen » unbewußt « und » unbewußt « unterscheiden zu lernen und Einblicke in die tatsächlichen » geistigen Qualitäten « zu erlangen, die durch Kunst erfahrbar werden, denn die Welt des Unbewußten ist ebenso, wenn nicht noch mehr differenziert wie die des Bewußten.

Urbilder, Archetypen, die Zeichensprache des kollektiven Unbewußten im Jungschen Sinne gehören heute zu den gesicherten Erkenntnissen im Bereich seelischer
Tiefenschichten, weil diese Urbilder in den vergangenen sogenannten » Primitivkul-
turen « ebenso wie auch in der Kinderkunst, die ja eine Wiederholungsstufe darstellt, vorhanden sind. Es tauchen aber noch ganz andere und vollkommen neue

Phänomene auf, deren erkenntnistheoretische und wissenschaftliche Erforschung auch andere Methoden erforderlich macht als diejenigen es sind, der wir uns auf diesem Gebiet bisher bedienten, und gerade hier liegt der Ansatz anthroposophischer Geisteswissenschaft, die ja nicht einen Gegensatz zur allgemeinen wissenschaftlichen Erkenntnis bedeutet, sondern Möglichkeiten aufzeigt, diese gegebenenfalls zu erweitern.

Der Umgang mit psychisch Kranken erfordert vom Kunsttherapeuten neben der schon erwähnten allgemeinen Menschenliebe eine besondere Einfühlung in die gesamte heutige Menschheitssituation, eine Berücksichtigung des Sensiblerwerdens für bisher Unbewußtes. Eine solche Einfühlung wäre auch für den Psychotherapeuten nötig, der gerade durch die Erkenntnisse der Kunsttherapie darauf hingewiesen werden könnte. In diesem Sinn wäre Kunsttherapie eine Erkenntnishilfe psychischer Erkrankungen.

Gewiß kann Kunsttherapie die Diagnose nicht ersetzen, und sie soll das im Grunde auch nicht. Deshalb fungiert der Kunsttherapeut in einem Heilhilfsberuf. Andererseits werden durch das Medium Kunst Bereiche erschlossen, die eben auch nur durch Kunst – im erweiterten Sinn durch Erkenntniskunst – zu deuten sind und nicht durch Psychoanalyse allein. Allerdings, um hier einen Satz aus Erich Franzkes »Der Mensch und sein Gestaltungserleben« zu zitieren: »Vor großen Sprüngen, d. h. vorzeitiger Konfrontierung des Patienten mit Konstruktionen [im Freudschen Sinn], ist selbst dann zu warnen, wenn diese in allen Details richtig sein sollten.«

Diese Erkenntniskunst, die in der gegenwärtigen Phase wirklich noch in den Anfängen steckt, zu entwickeln, wäre die Aufgabe aller an der Kunsttherapie interessierten Institutionen. Aber diese Aufgabe wird nicht dadurch gefördert, daß man irgendwelche weltanschaulichen Barrieren aufbaut, sondern vielmehr die Fähigkeit gegenseitigen Hinhörens auf das, was der andere denkt und sagt, entwickelt, und dazu gehört die Überwindung der Selbstherrlichkeit auf jeder Ebene und das Studium dessen, zu dem man gerade keine Sympathie entwickelt. Die Welt und die Welterkenntnis sind ebenso wie die Menschenerkenntnis in sich differenziert, und es wäre nötig, heute eine geistige Universalität anzustreben, eine moderne Universitas, die im Sinn des Ganzheitsmenschen vermeidet, »geistige Feindbilder« aufzubauen, denn Irrtum im Bereich des Geistes und der geistigen Erkenntnis kann es nur so lange geben, wie die Erkenntnis der Wahrheit nur einseitig ist. Die Findung der Wahrheit aber ist ein Prozeß, der im Durchgang durch die Vielzahl der Wahrheiten erfahrbar wird, und dieser Durchgang wird so lange dauern, wie das Objekt der Erkenntnis vorhanden ist. Solange der Mensch vorhanden ist, werden wir den Menschen erforschen, und solange es Krankheit gibt, solange werden wir Krankheit erforschen, auf welcher Ebene und mit welchen Mitteln auch immer. Sollte es keine Krankheit mehr geben, wird es auch den Menschen nicht mehr geben, denn Krankheit ist u. a. auch ein Weg, durch den der Mensch erst erfahrbar wird. Der wirklich Gesunde nämlich ist eigentlich nur der Gestorbene. In diesem Zusammenhang der »Überwindung geistiger Feindbilder« und der Annäherung unterschiedlicher Auffassungen, Standpunkte und Weltanschauungen sei besonders auf das Buch von

Gerhard Wehr » C. G. Jung und Rudolf Steiner « hingewiesen, das in hervorragender Weise und wissenschaftlicher Fundierung zum heute nötigen Brückenschlag zwischen Anthroposophie und analytischer Psychologie beiträgt. Bei Wahrung der gegensätzlichen Standpunkte die bestehenden Vorurteile abzubauen und mit zum Brückenschlag anzusetzten, dem fühlen sich auch die Unterrichtsmethoden der Freien Kunstschule Nürtingen verpflichtet.

So besteht das Lehrprogramm in der Ausbildungsstätte für Kunsttherapie in Nürtingen aus konkret erlernbaren Disziplinen. Es beschränkt sich auf die Medien der bildenden Kunst – Malerei, Graphik, Plastik, bildnerisches Gestalten mit unterschiedlichen Materialien, Holz, Ton, Textil – und klammert Bereiche der Musik-, Tanz-, Biblio- und Bewegungstherapie sowie das Psychodrama, jedenfalls vorerst, aus. Es vermittelt konkrete Lerninhalte in bezug auf Medizin sowie auf die verschiedenen typologischen Strukturen der einzelnen Krankheitsbilder – Neurosen, Zwangsneurosen, Psychosen, Phobien, Depressionen, Hysterie, Schizophrenie. Das Lehrprogramm schließt kunsttherapeutische Selbsterfahrung durch gestalterische Interaktion in verschiedenen Bereichen ein. Es betreibt die Praxis der therapeutischen Gesprächsführung. Es vermittelt Erfahrungswerte im rein manuellen Bereich. Es nimmt die vorhandenen psychoanalytischen und psychotherapeutischen Erkenntnisse der verschiedenen Schulen als Lerninhalte auf und hält zugleich die Grenzen ein, die einem Therapeuten gesetzt sind. Die Erarbeitung fundamentaler Schriften von verschiedenen Autoren, die Grundlegendes zur Kunsttherapie beigetragen haben, gehört zum Lehrprogramm, und damit wird dem künftigen Kunsttherapeuten die Möglichkeit gegeben, sich Erkenntnisse aus unterschiedlichen Therapieansätzen zu erwerben.

Kunsttherapie erweist sich als außerordentlich vielschichtig und ist auf dem Gebiet der bereits vorhandenen Heilhilfsberufe immer noch Neuland. Wenn der Beschäftigungstherapeut vielerorts zum festen Bestandteil klinischer Behandlungsmethoden gehört, so kann das gleiche vom Kunsttherapeuten noch nicht behauptet werden. Der Kunsttherapeut sollte den Bereich des Beschäftigungstherapeuten um die Komponente der Kunst erweitern und bereichern und so dem Therapiebereich ein Erkenntnismedium hinzufügen, das neue Methoden in der Behandlung und Heilung kranker Menschen ermöglicht. Er sollte sich allerdings nicht anmaßen – und kein Kunsttherapeut, der diesen Namen verdient, wird das tun –, ein jahrelanges Studium, wie es Ärzte als Fachärzte der Psychiatrie oder Psychotherapeuten hinter sich haben, und die daraus sich ergebenden praktischen Erfahrungen über lange Zeiträume einfach überspringen zu wollen und mit Hilfe von – erkenntnistheoretisch noch außerordentlich labil gegründeter – Kunst und Kunsterkenntnis allein Diagnosen zu stellen. Jeglicher Dilettantismus auf diesem Gebiet sollte vermieden werden.

51

K. H. Türk

Literatur

FRANZKE, Erich: Der Mensch und sein Gestaltungserleben, Bern ²1983
HARTMANN, Otto Julius: Medizinisch-pastorale Psychologie, Frankfurt 1952
HARTWIG, Helmut und Karl-Heinz MENZEN: Kunst-Therapie, Berlin 1984
KÖNIG, Karl: Die ersten drei Jahre des Kindes, Stuttgart ⁷1981
PÜTZ, Rose Maria: Kunsttherapie, Bielefeld 1981
SCHUSTER, Martin: Kunsttherapie – Die heilende Kraft des Gestaltens, Köln 1986
STEINER, Rudolf: Heilpädagogischer Kurs, GA 317
WEHR, Gerhard: C.G.Jung und Rudolf Steiner, Konfrontation und Synopse, Stuttgart 1982

RUDOLF PETER VETTER

Zur kunsttherapeutischen Basissituation

Das Wort »Basis« im Titel meines Beitrags bedeutet, daß ich mich mit grundlegenden Dingen in der Kunsttherapie beschäftigen möchte, also nicht nur mit Aspekten des beruflichen und theoretischen Umfelds, sondern insbesondere auch mit konkreten Merkmalen der kunsttherapeutischen Arbeitssituation, so daß ein möglichst plastischer Gesamteindruck entsteht.

Kunsttherapie hat offensichtlich mit Kunst zu tun, außerdem mit Therapie. Man könnte also auch sagen: Kunst mit kranken Menschen. Damit hat man das Wesentliche erfaßt. Vor alles andere möchte ich zunächst einige Beispiele stellen, die einen Eindruck vom Spektrum und den vielfältigen Bezügen der Kunsttherapie geben können.

Erstes Beispiel: Ein zehnjähriges, geistig schwer behindertes Kind in einem Behindertenheim malt in der Kunsttherapie Gipsobjekte mit einfachen Farben an und gestaltet sie mit kleinen Zweigen und Blättern. Nach langer Zeit völliger Beliebigkeit und Willkür beginnt es, die Namen mehrerer Farben zu lernen und gezielt nach bestimmten Farben zu verlangen, um die Gestaltung nach seinen Vorstellungen und Empfindungen durchführen zu können.

Zweites Beispiel: Eine junge Frau befindet sich wegen Depressionen und Angstzuständen in psychotherapeutischer Behandlung. In einer psychoanalytisch orientierten Werktherapie gestaltet die Patientin Selbstbilder aus Ton, denen sie die Form zusammengekrümmter kleiner Tiere – etwa für den Winterschlaf eingerollter Mäuse – gibt. Damit stellt sie für sich selbst und für den Therapeuten auf intensivste Weise ihr Befinden dar. Außerdem lassen sich den Figuren weiterführende Aspekte entnehmen, so z.B. eine vorgeburtliche, embryonale Körperhaltung und eine unterdrückte starke Anspannung (C. P. Hammon, 1986, S. 236).

Drittes Beispiel: Ein siebzigjähriger Mann wird nach einem Schlaganfall in ständige stationäre Behandlung aufgenommen. Er ist halbseitig gelähmt, kann nicht sprechen und ist persönlich sehr schwierig und passiv. Nach langer geduldiger Motivation durch den Kunsttherapeuten ist er bereit, an einer Maltherapie teilzunehmen. In Verbindung mit anderen medizinischen Maßnahmen arbeitet er dort nach einem halben Jahr aktiv und intensiv mit und realisiert schließlich selbständig eigene Ideen in einfachen Bildern (W. Jansen et al., 1982, S. 17).

Soweit die Beispiele. Kunsttherapie, also die Kunst mit dem kranken Menschen und die Kunst des kranken Menschen, hat sich im Spannungsraum zwischen der Kunst einerseits und den etablierten Therapien und Weltanschauungen andererseits niedergelassen. In ihrer Nachbarschaft sind tätig: Medizin und Heilpraktikertum, Beschäftigungstherapie, Psychiatrie, Psychotherapien verschiedenster Art,

Tiefenpsychologien wie die Freudsche Psychoanalyse oder die Psychologie C. G. Jungs, die Anthroposophie und die Pädagogik. In dieser etwas unübersichtlichen und bewegten Ecke hat Kunsttherapie es nicht leicht, ihre Position zu bestimmen und zu behaupten. Als relativ junge Therapieform muß sie ihr Profil erst einmal entwickeln und festigen. Stabilität kann sie leicht erreichen, wenn sie sich spezialisiert und bei einer der großen Richtungen unterschlüpft, also sich z. B. als tiefenpsychologische oder als anthroposophische Kunsttherapie auffaßt.

Auch die Ausbildungssituation des Kunsttherapeuten ist durch die spezielle Orientierung an den verschiedenen psychotherapeutischen Schulen und philosophischen Weltanschauungen gekennzeichnet. Die Ausbildungsangebote zahlreicher Institute spiegeln die bunte Vielfalt kunsttherapeutischer Möglichkeiten wider. Da das Berufsbild noch nicht definitiv festgelegt ist, hat der Kunsttherapeut die Chance, im Bereich zwischen Künstler, Beschäftigungstherapeut und psychotherapeutischer Arbeit seinen eigenen Standpunkt zu suchen.

Meine Absicht ist nun, Kunsttherapie nicht durch die Optik einer einzelnen Theorie zu betrachten, sondern eher nach einem gemeinsamen Nenner zu fragen. Ich möchte den grundsätzlichen Bedingungen und Herausforderungen nachgehen, denen sich alle Spielarten von Kunsttherapie gegenübersehen. In dieser Sichtweise, in der Kunsttherapie sich noch in vielen Varianten darstellen kann, mag sie ein wenig heimatlos und unbehaust erscheinen. Aber Kunsttherapie darf durchaus zunächst einmal versuchen, sich auf sich selbst zu besinnen und ihre eigene Sache zu betreiben. Sie richtet sich demnach vorwiegend an der Kunst selbst aus.

Anthroposophie, Psychoanalyse, die Symbolik C. G. Jungs, die Gestalttherapie usw. sind für sie Möglichkeiten, die in mehr oder minder friedlichem Nebeneinander, sozusagen in ganzheitlicher Tendenz, die menschliche Situation illustrieren, jede von ihrem Standort aus. Alle können zu einer möglichst reichhaltigen Kunsttherapie beitragen, zu allen kann Kunsttherapie kooperative und produktive Beziehungen aufnehmen.

Als kunsttherapeutische Basissituation bezeichne ich die überwiegende Verwendung künstlerischer Methoden und Mittel, eine künstlerische Atmosphäre und eine künstlerische Zielsetzung, begleitet von einem Heilungs- und Gesundungsinteresse. Gleichzeitig ist sie gekennzeichnet durch die weitgehende Abwesenheit bzw. nur gelegentliche oder eklektizistische – soweit das sinnvoll und zulässig ist – Verwendung fester psychotherapeutischer oder weltanschaulicher Systeme.

Die künstlerische Tätigkeit, die im Mittelpunkt dieser Basissituation steht, wird umrahmt von einer menschlichen, hilfreichen Einstellung, die dem Patienten kenntnisreich, erfahren und aufmerksam gegenübertritt, die die Grundregeln einer therapeutischen Situation kennt und beherzigt und die ihre Grenzen gegenüber medizinisch-psychologischen Verantwortungsdomänen respektiert.

Zur Kunst

Im folgenden möchte ich nun die Hauptelemente, aus denen sich eine Kunsttherapie aufbaut, näher charakterisieren. Zunächst zu der einen Quelle der Kunsttherapie, zur Kunst selbst.

Die Arbeit des Künstlers scheint etwas ganz besonderes zu sein, aber sie gehört auch zu den wichtigsten Lebensäußerungen des Menschen. Der Trieb zur Kunst oder zur Ästhetik – in welcher Form auch immer – liegt in den meisten oder in allen Menschen. Als menschliches Grundphänomen hat die Kunst einige Gemeinsamkeiten mit anderen Lebensbereichen, z. B. mit der seelischen Entwicklung einer Person oder auch mit psychotherapeutischen Prozessen.

Der Kern dieser Dinge ist die aktive Neugestaltung, der kreative, nicht direkt erzwingbare Entwurf eines neuen Gebildes, das nun seinerseits wieder in einer fortschreitenden Bereicherung des Lebens neue Perspektiven, neue Möglichkeiten entstehen lassen kann. Es geht um Dynamik, Entwicklung, Veränderung durch gestaltende Aktivität. Prononciert weist Siegfried Wolff darauf hin, daß auch in der Kunsttherapie das größte Schwergewicht darauf liegt, neue künstlerische und damit seelische Wege und Entfaltungsmöglichkeiten zu eröffnen (S. Wolff, 1986, S. 7).

Kunst, Seelenentwicklung und Psychotherapie leben von der Existenz einer ungewohnten, ungewöhnlichen, aber durchaus – im Sinn von realitätsgerecht – korrekten Phantasie, von der Freiheit, etwas anders zu sehen und zu tun, aber ebenfalls adäquat oder sogar besser. Als Beispiele aus der Kunstgeschichte können viele Neuanfänge dienen, nehmen wir nur einmal den Expressionismus oder – in unserer Zeit – die sogenannten Neuen Wilden, die auf bewundernswerte und vorbildliche Weise einem Protest gegen die Tradition und einem neuen Lebensgefühl Ausdruck gaben.

Die Lebensbereiche, von denen hier die Rede ist, tendieren dazu, komplette Sinneinheiten zu bilden. Ein Kunstwerk beansprucht seine eigene Wirklichkeitsdimension, ist ein bedeutungsvolles Ganzes. Auch psychische Entwicklungen sind nicht bruchstückhaft, sondern ergreifen einen weiten Sinnbereich der Existenz, oft den ganzen Menschen und sein ganzes Leben. Man könnte sagen, in jedem Fall ergibt sich eine neue Gesamtschau. Oder poetisch ausgedrückt: Das Kaleidoskop wird bewegt, und dem Betrachter bietet sich eine andere Welt, ein neues Welt-Bild.

Eine weitere Gemeinsamkeit zwischen Kunst, persönlicher Entwicklung und Psychotherapie ist, daß sie einen Zuwachs an persönlichem Ausdruck ermöglichen. Das Erlebnis, sich selbst zutreffend darzustellen, kann begeistern und beflügeln. Der Wert der Selbstdarstellung bleibt auch erhalten, wenn der Künstler Patient ist, d. h. leidet und therapiebedürftig ist, und die Selbstdarstellung notwendigerweise auch diese Tatsache wiedergibt. Hier wird sie sogar eminent wichtig und zukunftsträchtig. Leiden und Angst gehörten immer zu den stärksten Beweggründen, Kunst zu schaffen. Ich möchte nur an die problemdichten Bilder Edvard Munchs erinnern.

Es kann sich ein stärkeres Ich-Gefühl einstellen, das Empfinden, seiner wirklichen, tieferen Identität nähergekommen zu sein. Künstlerische Aktivität kann eine Ahnung vermitteln von Selbstentwurf, Lebensentwurf, von Selbstentwicklung und

Selbstverwirklichung bzw. diese Dinge begünstigen und herbeiführen – je nach Grad der subjektiven existentiellen Beteiligung am künstlerischen Schaffen. Als Erläuterung mag ein Bild des jungen österreichischen Malers Josef Kern erwähnt sein, das den Künstler im Selbstporträt wiedergibt und die Unterschrift trägt: »Ich male, daher bin ich.«

Zur Ich-Entwicklung gehört auch, daß mit Bedeutungen aus Gegenwart und Lebensgeschichte, die vergessen oder in ihrer Tragweite unterschätzt waren, eine erstmalige oder eine erneute Konfrontation riskiert wird. Sie können aufgedeckt, eingestanden und integriert werden. Das Kunstwerk kann in der emotionalen Auseinandersetzung zwischen ungelöster Vergangenheit und problematischer Gegenwart vermitteln. Als Beispiele aus jüngster Zeit sollen die avantgardistischen Maler Anselm Kiefer und Markus Lüpertz dienen, auf deren Bildern Stahlhelm, Märkischer Sand, schwarz-rot-goldene Farbe und Sulamith nach wie vor zum Nachdenken zwingen.

Was der Kunst aber auch ganz typischerweise zu eigen ist, ist eine Art musisch-schöpferischer Urfreude und Urbegeisterung, die nicht weiter ableitbar ist. Hierhin gehört auch die Dimension von Schönheit, Ästhetik und Harmonie, zu der der Mensch in enger Gefühlsbindung steht.

Was Kunst und Psychotherapie von der Entwicklung eines Menschen im Alltagsleben unterscheidet, ist, daß sich erstere in einem Freiraum befinden, in einer vor dramatischer Realität geschützten Nische, in der man sich probeweise und spielerisch verhalten kann, ohne persönliche Nachteile befürchten zu müssen.

Zur Kunsttherapie

Kunst wirkt in dieser beschriebenen Weise im Grunde sehr eigengesetzlich und benötigt nicht unbedingt weitere therapeutische Zutaten. Trotzdem verbinden sich Kunst und therapeutischer Ansatz – das ist also die Arbeit des Kunsttherapeuten – vorteilhaft miteinander im Fall des therapiebedürftigen Menschen, mit einer gewissen Einschränkung im Rahmen einer kunstbetonten Persönlichkeitsbildung auch bei Nicht-Therapiebedürftigen, etwa als Angebot der sogenannten Psychohygiene. Kunst kann auch eine prophylaktische Funktion haben, was z. B. sehr deutlich in einem Nachruf auf Josef Beuys angesprochen wurde, in dem es hieß: »Kein anderer Künstler hat einer so großen Menge von Menschen eine Psychotherapie erspart.«

Bisher wurde Kunst im psychiatrischen und psychotherapeutischen Bereich oft hilfsdiagnostisch oder therapiedokumentierend verwendet, etwa bei Bildern schizophrener Patienten, z. T. aber auch direkt therapeutisch, z. B. bei Kindern und Behinderten. Kunst eignet sich sehr gut zur Ergänzung des medizinischen und psychologischen Therapiezusammenhangs, denn sie verfügt über besondere Vorzüge. Zu nennen ist hier der averbale Charakter der Kunst mit der Vermeidung von sprachlichem Leerlauf und intellektuellen Fallstricken, aber mit einer Vielzahl beteiligter Sinne; der Vorteil des Manuell-Produktiven, also das Prinzip von Handeln und

Handwerk bei oft handlungsblockierten Patienten; der Vorteil der persönlichen Äußerung im relativ distanziert und anschaubar Gegenständlichen; schließlich auch der Vorteil der Erkenntnis durch verdichtende symbolische Darstellung.

Kunst in der Kunsttherapie kann eine ausgesprochen angenehme und stabilisierende Tätigkeit sein, in der der Patient rekreativ und meditativ Ruhe und Schwerpunkt findet, aber auch die oft erwünschte Ablenkung und Unterhaltung, außerdem ästhetische Befriedigung und Anerkennung.

Auf der anderen Seite kann diese Kunst sehr dynamisch und mitreißend sein, aufwühlend und umwerfend, sehr intim und faszinierend. Sie kann das Individuum und seine Lebenswelt auf unverwechselbare Art wiedergeben und erkenntnisreich oder spielerisch damit umgehen. Das unterscheidet sie z.B. von einfacheren handwerklichen Tätigkeiten aus dem Bereich der Beschäftigungstherapie. Wie persönlich sind z.B. gemalte Darstellungen von Traumbildern, durch die sich der Träumer in seinen tiefen Persönlichkeitsschichten zeigt und zu erkennen gibt.

Dieses faszinierende Sich-Einlassen auf seine inneren Bilder, dieser Schritt aus der Realität in einen imaginativen, imaginären Raum kann aber auch zu einer krisenhaften Belastung des Selbstverständnisses führen. Der Kunsttherapeut sollte sich darüber im klaren sein, daß hierdurch zwar selten, aber vielleicht doch einmal eine riskante persönliche Situation entstehen kann.

Dem Kunsttherapeuten fällt allgemein die Aufgabe zu, dem Patienten eine befriedigende künstlerische Betätigung zu ermöglichen, im Einzelfall auch vorsichtig zu motivieren und für einen angemessenen therapeutischen Rahmen zu sorgen.

So wenig wie Kunst schematisierbar ist, so wird sich auch für Kunsttherapie keine standardisierte Methode und kein genormtes Vorgehen festlegen lassen. Ihre Resultate wird sie selten durch ein Kalkül erreichen können, sondern nur im sensiblen Umgang mit jeweils einzelnen Menschen.

Was Kunst in der Kunsttherapie nicht leisten kann, ist, fundamentale Probleme des Patienten einfach zu lösen oder massive Lebensfrustrationen befriedigend zu kompensieren. Wer das erwartet, gibt sich womöglich einer enttäuschenden Illusion hin: »Im Chaos der Welt zeigt sich ihm wie eine rettende Insel das Scheinreich der Kunst«, wie es der Philosoph Bubner warnend formulierte.

Der Patient

Der Patient will in der Kunsttherapie vor allem realisieren, was ihm Freude macht und was ihn interessiert. Er möchte möglichst selbständig arbeiten bzw. im Lauf der Zeit immer selbständiger werden. Die kunsttherapeutischen Angebote können von ihm für seine eigenen Zwecke benutzt werden, in seinem eigenen Sinn ausgeführt werden. Man muß davon ausgehen, daß die wesentlichen Dinge durch die Energie und in der Verantwortung des Patienten geschehen. Leitbild ist der bewußte, selbstbewußte Patient, dem die seelischen und existentiellen Möglichkeiten zur Verfügung stehen, sein Leben selbst zu regeln und in die Hand zu nehmen. So muß z.B.

die Erlebnisarbeit bzw. das Zulassen von Erlebnissen überhaupt vom Patienten gewollt und erwünscht sein. Erlebnisse können nicht aufgedrängt werden.

Unangenehme Erlebnisse – künstlerisch oder seelisch – müssen von Patient und Kunsttherapeut ausgehalten werden und möglichst als Erfahrung genutzt werden. Hierzu zählt auch der Bereich häßlicher und mißglückter Kunstgegenstände, der immer eine besondere Barriere für den Patienten bildet. Er könnte z. B. daraus lernen und sich verbessern, aber mit einiger Berechtigung könnte er auch die unschöne Sache nur registrieren und auf sich beruhen lassen, sozusagen mit seinen häßlichen Bildern weiterleben. Es wäre wünschenswert, daß der Patient zunehmend eine Toleranz, aber auch eine fruchtbare Aufmerksamkeit für vermeidbare oder notwendige Negativerfahrungen entwickelt.

Exkurs: Der medizinische Risikopatient

Bei einigen schweren Erkrankungen berührt der Kunsttherapeut mit seiner Tätigkeit besonders eng das Gebiet ärztlicher Verantwortung. Hier ist entscheidend, konfliktreiches und brisantes Potential in den kunsttherapeutischen Aktivitäten zu erkennen und zu vermeiden. Die Kooperation mit Ärzten und Psychologen ist prinzipiell ratsam.

Allgemein gilt das Grundkonzept, daß das Feed-Back des Kunstgegenstands oder des Verlaufs um so konkreter, positiver, unproblematischer und persönlich unverfänglicher sein sollte, je labiler und gefährdeter der Patient ist. Im Anschluß an eine schwere Krise wäre wohl eher die harmonische Landschaft in ausgewogenen Farben zu empfehlen als eine expressive Darstellung von Ängsten und Problemen.

An Psychosen Erkrankte sind besonders in ihren krankheitsmäßig produktiven Phasen emotional, introspektiv und argumentativ nicht belastbar, auch zur künstlerischen Zusammenarbeit dann nur eingeschränkt oder gar nicht fähig. Konfliktschaffendes Verhalten und analysierende, provozierende Kunstarbeit können zu negativen und dramatischen Konsequenzen führen. Psychotische Schübe können von außen ausgelöst und verstärkt werden.

In der nachakuten Phase muß der Kunsttherapeut eventuell mit der dämpfenden Nebenwirkung neuroleptischer Medikamente rechnen. Auch wenn sich das Krankheitsbild der Psychose gebessert hat, ist Rücksichtnahme angebracht. Man wird also auf kunsttherapeutische Verfahren verzichten, die Mißtrauen, Angst und Aggressionen auslösen könnten. Schon eine intensive, grelle Farblichkeit kann stark emotionalisierend wirken und Angst verursachen. In schwierigen Phasen bieten sich wahrscheinlich eher sachlich gebundene, geordnete Tätigkeiten an, wie z. B. mehr oder weniger stereotype Zeichenübungen oder die graphische Gestaltung neutraler Motive. Natürlich sollte aber auch dem psychotisch erkrankten Patienten prinzipiell die Freiheit der Darstellung eingeräumt werden.

Der Kunsttherapeut muß sich also über mindestens zwei Fragen Rechenschaft ablegen: Welche emotionalen Entgleisungen können im künstlerischen Prozeß entstehen, und welche Distanz muß unbedingt gegenüber der persönlichen Konfliktsphäre des Patienten eingehalten werden?

Eine weitere Risikogruppe sind selbstmordgefährdete Patienten, also vor allem Patienten mit schweren Depressionen, mit Psychosen oder Drogenabhängigkeit. Der Suizidgefährdete verträgt keine Vermehrung des Konfliktstoffs, er verträgt aber auch kein Verharmlosen und Beschönigen, sondern er braucht intensivste stützende Zuwendung. Die kunsttherapeutischen Verfahren sind daraufhin anzusehen, ob sie den Patienten in zusätzliche emotionale Schwierigkeiten bringen oder die Beziehung zu ihm verschlechtern könnten. Inhalte und Techniken in Phasen der Gefährdung müssen besonders gut auf die individuelle Seelenlage abgestimmt sein (S. Wolff, 1986, S. 53).

Patienten mit psychosomatischen Erkrankungen – das sind alle Erkrankungen, die eine starke seelische Beteiligung haben können – sollten bei schwerer akuter Krankheit keinem Streß und keinen negativen Emotionen ausgesetzt werden. Problembeladene persönliche Themen sind frühestens nach körperlicher Erholung möglich. Der kunsttherapeutische Schwerpunkt muß zunächst auf Ausgleich und Entspannung liegen, um eine psychisch bedingte Verschlimmerung zu vermeiden. Auf ausgewählte Krankheitsbilder weist u. a. Erich Franzke hin (E. Franzke, 1983, S. 258).

Bei drogenabhängigen Patienten und Alkoholikern ist das Hauptziel, den Patienten innerlich so zu festigen, daß der Rückfall möglichst unwahrscheinlich wird. Suchtpatienten neigen dazu, aus der Wirklichkeit zu flüchten und sich in Phantasie, Nebenrealität und Vergangenheit zu verlieren. Dem dürfte am ehesten mit einer praktischen und lernorientierten Kunsttherapie zu begegnen sein, wobei auch das geschädigte Selbstbewußtsein durch künstlerische Fortschritte verbessert werden kann. Tiefenpsychologische Hintergrundarbeit ist nicht immer angebracht und muß vom Einzelfall abhängig gemacht werden.

Themen und Inhalte der kunsttherapeutischen Arbeit

Vorbehaltlich der eben genannten Einschränkungen darf grundsätzlich alles Thema und Inhalt in der Kunst und im Gespräch werden, was den Patienten bewegt und beschäftigt, ihm gefällt oder Sorgen bereitet. Thema kann also vieles werden aus der Welt der Kunst und aus der Welt des Patienten. Besonders interessant können die eher provozierenden und persönlich fordernden Inhalte sein, wie z. B. die Darstellung emotional besetzter Phantasien, Darstellungen des eigenen Körpers oder Gesichts oder die Veranschaulichung und Symbolisierung persönlicher Beziehungen und Lebensverhältnisse.

Der Kunsttherapeut versucht, die geistige und seelische Ebene des Patienten zu erkennen und ihm vor seinem eigenen kulturellen Hintergrund zu begegnen. Er bietet eine breite, aber patientengerechte Auswahl an künstlerischen Möglichkeiten zur freien Gestaltung an, aber auch Verfahren, die eher einen psychologischen oder künstlerischen Übungscharakter haben. Die Festlegung auf die Kategorien und Methoden einer bestimmten spezialisierten Kunsttherapie ist, wie gesagt, für die Basissituation nicht notwendig, bleibt aber dem Kunsttherapeuten vorbehalten.

Die Beziehung zum Patienten

Das Entscheidende an der Arbeit des Kunsttherapeuten sind oft nicht die therapeutischen Techniken, sondern seine Einstellung und das therapeutische Klima. Der Kunsttherapeut ist vom Selbstverständnis her Künstler und wird die wesentlichen künstlerischen und kunsttherapeutischen Erfahrungen an sich selbst erlebt haben. Die künstlerische Ausbildung ist Voraussetzung des Berufs. Bevor es ausgebildete Kunsttherapeuten gab, wurden Maltherapien an psychiatrischen Kliniken zuweilen von Berufskünstlern durchgeführt.

Als Therapeut ist seine Hauptaufgabe, eine solide, dauerhafte Beziehung zum Patienten herzustellen und zu erhalten. Diese Beziehung ist die Grundlage der gemeinsamen künstlerischen Arbeit. Dazu gehört, daß der Kunsttherapeut den Patienten mit seinen spezifischen Problemen akzeptiert, seine Schwierigkeiten als legitim ansieht und ihm bei der Bewältigung seiner Problemlage künstlerische Hilfe anbietet.

Falls die Beziehung unerfreulich und ergebnislos ist, kann es daran liegen, daß die Voraussetzungen bei Kunsttherapeut und Patient einfach zu verschieden sind. Dies wird man nicht immer überbrücken können, sondern auch einmal akzeptieren müssen.

Das Gespräch mit dem Patienten

Auch in der Kunsttherapie hat das Gespräch eine bedeutende Funktion. Mit dem Patienten zu reden, ist einerseits ein ganz normales Ereignis im gewohnten Gesprächsverhalten, andererseits befindet sich aber der Kunsttherapeut in einer sehr speziellen Beziehung, nämlich in einer beruflich-therapeutischen. Dieser Tatsache muß er durch therapeutisch geeignetes Verhalten Rechnung tragen. Damit der Patient nicht einfach vom Therapeuten »abmalt« oder »abschreibt«, wird eine überlegt auferlegte Zurückhaltung unumgänglich sein. Der Patient soll aus der tendenziellen Forderung nach Eigeninitiative und Eigenverantwortung nicht entlassen werden.

Die Grundgedanken der Gesprächstherapie mit ihren Prinzipien der Einfühlung, der Echtheit und Wertschätzung geben gute Anhaltspunkte für eine therapeutisch nützliche Gesprächsform. Im Gespräch begleitet und spiegelt der Kunsttherapeut den Patienten, aber er wird auch versuchen, für den Patienten relevante Akzente zu setzen, auffällige Strukturen hervorzuheben und Impulse in therapeutischer Richtung zu geben.

Die Besprechung und Interpretation der künstlerischen Arbeit des Patienten ist eine delikate Angelegenheit und mit Vorsicht zu betreiben. Der große interpretatorische Wurf anläßlich eines einzelnen gemalten Bildes mit radikaler Erhellung des Charakters und der Probleme des Patienten sowie tiefenpsychologischer Ausleuchtung seiner gesamten Existenz ist nicht leicht und wird nicht immer gelingen.

Der Künstler redet oft nicht gern über sein Werk – und schon gar nicht über »tiefere« Bedeutungen –, sondern erlebt es lieber und läßt es erleben. Es kann wichtiger sein, nicht zu stören, als zu deuten und zu fördern. Nicht alles muß abgeleitet und mit etwas anderem, Persönlichem oder Allgemeinbegrifflichem, in Verbindung gebracht werden; manchen seelischen und künstlerischen Dingen geschieht mehr Gerechtigkeit, wenn sie in ihrer Eigenständigkeit und ihrem Eigenwert erlebt und belassen werden.

Psychologische Reizbegriffe führen regelmäßig zu Betroffenheit, aber nicht immer zu heilsamen Erlebnissen. Hier wird sich der Kunsttherapeut möglichst nah an der Wirklichkeit des Patienten und seiner Kunst aufhalten. Tiefenpsychologische Begriffe wie »Komplex«, »Ödipus« oder »unbewußt« mögen für den Kunsttherapeuten plastisch und bedeutungsvoll sein, dem Patienten nützen sie jedenfalls direkt und unvorbereitet wenig.

Die kunsttherapeutische Initiative

Immer wieder wird der Kunsttherapeut vor der Entscheidung stehen, wie aktiv er werden darf bzw. muß. Soll er eine bestimmte künstlerische Tätigkeit vorschlagen und vorstrukturieren in Thema, Motiv oder Ausführung, oder soll er dem Patienten völlig freie Hand lassen? Wie weit darf er den Patienten künstlerisch führen, welche Führung ist unerläßlich? Wie stark kann er die Interpretation in eine bestimmte Richtung drängen? Wie weit darf er den persönlichen Bezug, die Selbsterfahrung treiben? Was soll er beim Namen nennen, was unerwähnt lassen? Wie intensiv sollte er – wahrscheinlich angemessene und richtige – Kunsttherapieziele im Einzelfall forcieren und durchsetzen? Wie weit kann er korrigieren und kritisieren?

Das ist im Grunde das altbekannte Problem des Pädagogen: Wieviel Selbstentfaltung, wieviel Erziehung bzw. Lenkung? Und auch der Kunsttherapeut kommt um das klassische Sowohl-als-Auch nicht herum. Der Bereich der Lenkung und Führung hat sicher seine Berechtigung in der konkreten künstlerischen Technik, in der detaillierten Anwendung der Arbeitsmittel, aber nicht nur in kunstdidaktischer, sondern auch in kunsttherapeutischer Hinsicht.

Bei letzterem ist aber zu beachten, daß der Kunsttherapeut mit seiner Eigenaktivität zu den Selbstbestimmungs- und Selbstheilungskräften des Patienten nicht nur in einem fördernden, sondern auch in einem Spannungs- und Konkurrenzverhältnis steht, und zwar besonders, wenn es um seelische und künstlerische Kreativität geht. Der Patient merkt die Absicht und reagiert verstimmt.

61

Trotzdem kann der Kunsttherapeut sogar parallel zum Patienten künstlerisch arbeiten, z. B. an einem ähnlichen Werkstück, wenn er sicher ist, daß er den Patienten nicht einschüchtert oder auf seinen Stil fixiert. Die Kunst des Patienten darf nicht in einem manipulativen Sinn »therapeutengerecht« oder »therapiegerecht« werden. Beispielhaft für einen zurückhaltenden, geradezu passiven Umgang mit dem Patienten ist die Position von Edward Adamson (E. Adamson, 1984, S. 17).

Wenn der Therapeut »kritisiert« oder Änderungsvorschläge macht, wird er dies vor einem differenzierten Hntergrund mit etwa folgendem Raster tun: Handelt es sich um schlichte künstlerische Unerfahrenheit? Handelt es sich weitgehend um Mängel, die durch körperliche Erkrankung oder unveränderliche geistige Defizite bedingt sind? Handelt es sich um die natürliche Grundpersönlichkeit des Patienten und den ihr angemessenen Ausdruck? Oder aber sind es zu verändernde, therapeutisch zugängliche psychische Gestaltungsschwächen, mit denen flexibel und variierend umgegangen werden sollte?

Die Auswahl der künstlerischen Arbeitsmittel und Techniken

Wie der Kunsttherapeut hat auch der Patient seine Vorlieben und seine Begabung. Der Therapeut kann ihm sehr weit entgegenkommen, da das Spektrum künstlerischer Mittel und Techniken breit ist, sich von einfachsten Malversuchen mit bunten, schmierigen Fingerfarben über psychologische Skizzen, kunsthandwerkliche Holzskulpturen und Webarbeiten bis zu hochkünstlerischen, ästhetisch anspruchsvollen Werken erstreckt.

Die meisten künstlerischen Mittel und Techniken sind vielfältig verwendbar, also bei den verschiedensten Patienten vorteilhaft einsetzbar. Sie haben aber nichtsdestoweniger bestimmte handwerkliche und psychologische Eigenschaften, die ihre Verwendung regeln. Wer sich z. B. austoben und abreagieren möchte, wird nicht zu Bleistift und Radiergummi greifen, sondern zu Packpapier und Farbtopf oder auch zu Hammer und Meißel, um eine Steinskulptur im ursprünglichen Sinn des Wortes in Angriff zu nehmen.

Ein anderes Beispiel für die Eigenart einer bestimmten Technik ist folgender Fall aus der Praxis des anthroposophischen Kunsttherapeuten Archibald Bajorat, bei dem eine übergewichtige Patientin mit starker Eßsucht an einer Maltherapie teilnahm. Dort malte sie vor allem in Wasserfarben-Schichttechnik, was bedeutete, daß sie regelmäßig warten mußte, bis die Farben getrocknet waren, bevor sie weitermalen konnte. Auf diese Art vermittelte sich ihr das Erlebnis von Selbstkontrolle und Aufschub der schnellen Bedürfnisbefriedigung (U. Gräfen, 1985, S. 8).

Die handwerkliche Seite künstlerischer Mittel kann wichtig sein bei körperlichen und geistigen Behinderungen. Bei bewegungsgestörten Patienten mit mangelhafter Feinmotorik bieten sich verwischbare und verfließende Farben an, weil auf diese Art auch mit reduzierten Bewegungen interessante und ästhetische Effekte erzielt werden können (B. Ziegler, 1984, S. 44).

Bei geistig Behinderten kann man zu didaktischen Zwecken mit Ton modellieren, um realistische, dreidimensionale Darstellungen zu üben, oder Collagen anfertigen, um einfache handwerkliche Fertigkeiten zu trainieren.

Bestimmte Kunstmittel haben nicht nur spezifische technische und emotionale Eigenschaften, sondern mit denselben Mitteln können durch unterschiedliches Vorgehen auch ganz andere künstlerische Prozesse und Resultate zustandekommen. So kann etwa ein zwanghafter Patient in seiner typischen Art sowohl mit spitzem Bleistift als auch mit den ihm eigentlich fremden Wasserfarben malen, wenn er diese Wasserfarben nämlich in bestimmter Weise verwendet, z. B. als quadratische Farbfeldkästchen in feinster Nuancierung.

Ein weiteres Beispiel für die relative Offenheit eines bestimmten Kunstmittels ist die Arbeit mit Ton: Modellieren ist eigentlich eine universale, vielseitig verwendbare Technik. Es lassen sich aber z. B. sowohl unproblematische, »harmlose« Gegenstände herstellen als auch subjektiv stark wirksame Reizfiguren. Diese können bei emotional labilen Personen, z. B. psychotischen Patienten, zu Problemen führen.

In der Kunsttherapie muß nicht alles freie Gestaltung sein. Zur künstlerischen Weiterbildung des Patienten eignen sich die verschiedensten Übungen. Eines der schönsten Beispiele zur Vermittlung von Farbcharakteristik und Farbdynamik kenne ich wieder aus dem anthroposophischen Bereich: In einem geographisch gemalten Wasserfarben-Bild der Küste Hollands fließt die gelbe Farbe des Festlands mit der blauen Farbe des Meeres zusammen und vereinigt sich im Bereich des aus Meeresboden fruchtbar gemachten Küstenstreifens zu einem kräftigen Grün (F. Carlgren, 1972, S. 119).

In der Kunsttherapie muß auch nicht immer und unablässig nach dem jeweils psychologisch günstigsten Medium und der günstigsten Technik gesucht werden. Im künstlerischen Bereich gilt oft das gleiche wie im Gespräch und der Themenwahl: Man wird den Patienten da annehmen und abholen, wo er gerade steht. Im obigen Fall des Zwangsneurotikers wird man diesem also nicht gleich ein therapeutisch offenbar »besseres« Medium, etwa Naß-in-Naß-Wasserfarben oder Ton, aufdrängen, sondern ihn ruhig mit Bleistift oder ähnlichem zeichnen lassen, vielleicht ihn mit herumstehenden Pinseln und Farben in Versuchung führen. Man kann, wenigstens bis zum Beweis des Gegenteils, auch bei den Kunstmitteln zunächst dem Entwicklungsgedanken vertrauen: Ohne Restriktion sucht sich der Patient seinen Weg. Außerdem sollte sich jeder Patient erst über eine gewisse Zeit mit einem bestimmten Verfahren anfreunden und ein persönliches Verhältnis dazu entwickeln.

Die kunsttherapeutischen Arbeitsziele

Die allgemeinen kunsttherapeutischen Arbeitsziele, die für alle oder die meisten Patienten gelten, habe ich schon zu Anfang angesprochen. Es sind vor allem der Erwerb künstlerischer Fähigkeiten und Techniken, die Freude an der schöpferischen Hingabe, die Kommunikation von persönlichen Lebensinhalten, aber auch soziale

Erfahrungen, die sowohl im Umgang mit Therapeut und Mitpatienten als auch durch geplante künstlerische Interaktionen und Partnerübungen entstehen können.

Oft wird es sich um speziellere Therapieziele handeln: Der neurotische Patient in psychoanalytischer Behandlung wird anderes in seiner Kunst wahrnehmen und praktizieren als etwa ein behindertes Kind oder ein alter und schwerkranker Patient. Im ersteren Fall bestünde vermutlich ein großes Interesse an biographischen und introspektiven Motiven, bei letzterem wäre wohl eher die Beschäftigung mit dem Gegenwartserlebnis oder neutralen Themen in nicht-kontroverser, befriedigender Weise angebracht. Bei Kindern und Behinderten können pädagogische und didaktische Rücksichten einen größeren Raum einnehmen.

Ein geistig Behinderter wird sich in seiner ganz eigenen Art künstlerisch bilden und bewähren, er wird seine positive Identität oft in einfachster, aber intensiver und ansprechender Weise suchen und finden. Ein künstlerisch weit entwickelter, begabter Patient könnte dagegen eventuell unter Umgehung einer persönlichen Darstellung vorwiegend ästhetische Ziele in ambitionierter Gestaltung verfolgen.

Eines der wichtigsten generellen Ziele in der Kunsttherapie ist aber der Dialog mit dem individuell gestalteten Kunstgegenstand, der über die bloße Betrachtung von Inhalt und Motiv hinausgeht und die Form mit einbezieht. In diesem Dialog mit dem Kunstgegenstand kann der Patient einerseits die Ausdrucksbeziehung erfahren und verstehen, wie er z. B. seine Aggression mit grellen Farben und wilden Formen wiedergibt, wie er Angst vielleicht durch das Symbol eines riesigen Mundes ausdrückt, aber auch, wie positive Gefühle ihr Pendant z. B. in großzügigen hellen Farben und ausgeglichenen Formen finden können. Andererseits kann der Patient auch erleben, wie das geschaffene Werk ihm eine wesentlich feinere Rückmeldung anbietet durch nicht so direkt zugängliche, scheinbar unabsichtliche oder zufällige Eigenheiten der Gestaltung. Hier wären etwa die emotionalen Werte der einzelnen Farben zu nennen, also das aktive Gelb neben einem kühlen, distanzierten Blau, oder die ausgleichende Ruhe der waagerechten Ebene im Gegensatz zur dynamischen Diagonalen und zur trennenden, kräftigen Senkrechten. Weiter könnte er ein Gespür für die Bedeutung geschlossener Muster mit fester Kontur im Gegensatz zu offenen Formen mit fließenden Übergängen bekommen.

Im Sinne dieser eher unterschwelligen Sprache des Kunstwerks können viele Darstellungsformen – Figuren, Richtungen, Farben, Strukturen usw. – mit emotionaler und inhaltlicher Bedeutung aufgeladen sein. Besonders über diese Rückmeldung kann dem Patienten womöglich seine Persönlichkeit auch in gemiedenen und unvertrauten Bereichen erschlossen und zugänglich gemacht werden. Wenn die konkreten Erfahrungen überzeugend und spontan genug sind, wird man jeder unechten Theoriebildung und Indoktrination aus dem Weg gehen können und eine solide Sensibilisierung des Patienten erreichen.

Mit der weitgehenden Verwirklichung all dieser Möglichkeiten möchte Kunsttherapie dem Patienten eine Hilfe an die Hand geben, zu sich selbst zu kommen. Kunsttherapie möchte ein tragfähiges Fundament für künstlerische und seelische Eigenaktivität sein. Wenn sie glückt, findet der Patient nicht in ihr, sondern in sich selbst ein verläßliches Zentrum, das ihm persönliches Handeln gestattet. Er gewinnt an Substanz, und mit der Substanz stellt sich die Courage ein, dem eigenen Stern wieder zu folgen.

Literatur

ADAMSON, Edward: Kunst als Heilungsprozeß, Paderborn 1984

CARLGREN, Frans: Erziehung zur Freiheit, Stuttgart 1972

FRANZKE, Erich: Der Mensch und sein Gestaltungserleben, Bern ²1983

GRÄFEN, Ursula: Erst nasse Farben, denn der Kopfmensch muß sich lockern, in: Arzt heute (6. 12. 1985), S. 8–9

HAMMON, Christian P.: Dominanz und Unterwerfung, in: Sexualmedizin 5 (1986), S. 234–241

JANSEN, Winfried et al.: Seelische Störungen haben viele Gesichter, Frankfurt 1982

WOLFF, Siegfried: Klinische Maltherapie, Berlin 1986

ZIEGLER, Bettina: Freies Malen mit mehrfach Behinderten, in: Bundesvereinigung Lebenshilfe für geistig Behinderte (Hrsg.): Wir haben auch etwas zu sagen, München 1984, S. 43–46

ANDREAS ROHEN

Menschenkundliche Überlegungen zu Kunst und Kunsttherapie mit besonderer Berücksichtigung der Schule der Stimmenthüllung

Der vorliegende Aufsatz stellt den Versuch dar, menschenkundliche Grundlagen der Kunsttherapie aufzuzeigen, mit besonderer Berücksichtigung der hygienischen und therapeutischen Aufgaben der Gesangsschule: der Schule der Stimmenthüllung.

Dieser Beitrag entstand durch eine mehrjährige Mitarbeit des Autors an der Friedrich Husemann-Klinik, an der seit über 50 Jahren künstlerische Therapie praktiziert wird, sowie durch die Teilnahme des Autors an den Musiktherapeutischen Tagungen auf anthroposophischer Grundlage und der Mitwirkung in deren Initiativkreis. Der Autor bemüht sich in Zusammenarbeit mit den Pädagogen und Therapeuten der Schule der Stimmenthüllung, insbesondere deren Leiter Jürgen Schriefer, seit Jahren um die Ausarbeitung der menschenkundlichen Grundlagen der Schule der Stimmenthüllung und ihrer therapeutischen Anwendung.

Die Erarbeitung dieser menschenkundlichen Grundlagen soll in drei Schritten erfolgen: Zunächst soll in einer grundlegenden, einführenden sinnesphysiologischen Betrachtung die Einheit von Wahrnehmung und Wahrnehmendem als ein aktiv zu leistender Prozeß verdeutlicht werden. In einem zweiten Schritt sollen nachvollziehbare, qualitativ erlebbare Phänomene am ganzen Menschen aufgesucht werden, die zu einem Verständnis des Gesangsvorgangs hinführen sollen. Sodann soll die therapeutische Bedeutung des Gesangs durch seine zentrale Stellung innerhalb der Künste und ihrer menschenkundlichen Grundlagen herausgearbeitet werden. Schließlich wird gezeigt, wie der dreiteilige Übungsweg des Sängers die geschilderten Phänomene und Elemente benutzt, innerlich ergreift und wie sich in einem solchen ganzheitlichen Wirksamwerden des künstlerischen Prozesses gerade seine therapeutische Wirksamkeit zeigt.

Sinnesphysiologie

In beiden Beiträgen von Ursula Eschenbach wird betont, welche Bedeutung das Auge für uns hat. Ist diese Bedeutung für uns nur symbolischer Natur? Sobald wir es mit Kunst zu tun haben, stellt sich doch konkret die Frage, wie wir Kunst erleben bzw. wahrnehmen. Verlassen wir den passiven, rein rezeptiven Standpunkt, stellt sich uns die Frage, wo die Eigenaktivität bereits im Wahrnehmungsvorgang aufgefunden werden kann. Ist es wirklich so, daß sich Bilder nur auf der Netzhaut projizieren, weiterführende nervale Erregungen dann die Sehrinde erreichen, wo die Seele diese dann empfängt – völlig ungeklärt, wie das geschieht –, um dann ihrerseits wiederum eigene, erlebte Eindrücke nach außen, z. B. auf eine Leinwand, zu projizieren (Nachbild)?

Hans Jürgen Scheurle (1984, S. 37) stellt dazu folgendes fest: » Wir erleben… zum Beispiel die Sehwahrnehmung einer umgebenden Landschaft nicht in uns, sondern in der Landschaft, also dort, wo wir sehen. « Und weiter: » Farberleben ist nicht im Auge oder im Gehirn, sondern an der erblickten Farbfläche « (vgl. dazu auch F. E. O. Schulze, 1906, S. 256ff.).

Für das Erleben von Blau ist es egal, ob wir es an einem Gegenstand oder in unserem Nachbild sehen. Das Nachbild sehen wir dabei interessanterweise an der Wand, mitwandernd mit unserem Sehstrahl, und gerade nicht *in* unserem Auge, woran wir unseren aktiven Sehvorgang draußen beobachtend verfolgen können.

Scheurle bezeichnet die Wahrnehmung als das phänomenologisch in Raum und Zeit unmittelbar Gegebene, nicht Erinnerte, nicht Erwartete. Wahrnehmung sei daher nur erlebbar, nicht weiter hinterfragbar. Es sei der Physik zuzuschreiben, Ton und Farbe als nur subjektive Qualitäten in das subjektive Innere des Menschen verwiesen zu haben, dagegen Kraft-, Bewegungs-, Gleichgewichtserlebnisse als sogenannte objektive Qualitäten postuliert zu haben.

Nach Herbert Hensel (1966) beruhen letztlich auch die physikalischen Messungen auf Sinneserfahrungen, die lediglich auf Meßgrößen reduziert werden. Bei der Federwaage messen wir keine Kraftempfindung, sondern eine Längenveränderung; bei der Uhr kein Zeiterleben, sondern eine veränderte Zeigerstellung im Raum usw. Wir können sagen, daß wir mehr und mehr in einer Welt von Zeigerstellungen und Meßapparaten leben, zunehmend entfernt von den eigentlich erlebbaren Qualitäten der Weltwirklichkeit. Ernst Lehrs (1953) bezeichnete den modernen, naturwissenschaftlich geschulten Menschen als einen farbenblinden, einäugigen Zuschauer der Welt. Letztlich läßt sich aber zeigen, daß weder eine Farbe durch eine Wellenlänge, noch ein Ton durch eine Schallschwingung erklärt oder abgeleitet werden kann. Damit würde nur eine Sinnesqualität durch eine andere, nämlich eine Bewegungserfahrung, ersetzt. Es zeigt sich somit, daß die Qualität einer Sinneserfahrung, auch Modalität genannt, nicht weiter ableitbar oder hinterfragbar ist, sondern als primär gegeben betrachtet, letztlich also wahrgenommen werden muß.

Goethe drückte dies so aus:

Suchet nur nichts hinter den Phänomenen,
Sie selbst sind die Lehre.

Schließlich erleben wir im Auge keine Wellenlängen, im Ohr keine Schallschwingungen, sondern wir erleben Farben und Töne innerhalb der Weltgegebenheit. Scheurle (1984, S. 38): » So spricht im Grunde nichts dafür, das unmittelbare Wahrnehmungserleben in eine subjektive Innenwelt, ins Gehirn oder an andere Orte zu verlegen, als an die der Sinnesphänomene selbst. « Dies gelte letztlich auch für Gefühle und Gedanken. Auch Gefühle seien spezifisch determinierte Erfahrungsinhalte von unverwechselbarer Qualität. Freude, Trauer, Wut, Liebe, Zorn seien spezifische, unverwechselbare Erlebnisqualitäten.

Walter Heitler (1967) wies darauf hin, daß beispielsweise die Naturgesetze von den Gegenständen in der Außenwelt nicht absolut getrennt und nur ins Subjekt projiziert gedacht werden können. Rudolf Steiner wies darauf hin, daß die Gedanken und Begriffe für den Menschen ebenfalls als primäre Gegebenheiten auftreten, jedoch im Gegensatz zur Sinneswahrnehmung delokalisiert und prinzipiell sowohl überräumlich als auch überzeitlich (vgl. auch Hensel, 1966). Auch Descartes verweist auf das konstituierende Denken in seinem berühmten Ausspruch: »Ich denke, also bin ich « (dt. 1863).

Scheurle spricht daher von der primären Gegebenheit sowohl der Sinneswahrnehmung als auch der Gefühle und Gedanken, die nicht ohne weiteres als subjektiv *oder* objektiv bezeichnet werden können. Er meint, daß wir uns über Schmerz, Wut, Freude, Trauer ebenso sprachlich verständigen können wie über Logik oder Mathematik oder gemeinsam erlebte Wahrnehmungen der Umwelt. Es erscheint daher nicht sinnvoll, von einer sogenannten objektiven Wissenschaft im Gegensatz zu einer subjektiven Kunstbetrachtung zu sprechen. Wir sollten vielmehr von primär Gegebenem, zu Betrachtendem ausgehen und uns klar werden darüber, daß die Begriffe subjektiv und objektiv sich erst sekundär durch das wertende Urteil des Menschen ergeben. Sinnvoller erscheint es daher, gerade für ein Verständnis des Künstlerischen und kunsttherapeutischen Anliegens, das sogenannte subjektive Erleben vielmehr in die sogenannte objektive wissenschaftliche Betrachtung mit einzubeziehen und es seinerseits mit zu erforschen, um unseren eigenen Wahrnehmungshorizont damit zu erweitern.

Rudolf Steiner nannte seine Forschungsergebnisse nach dieser Methode: seelische Beobachtungsresultate nach naturwissenschaftlicher Methode (GA 4).

Scheurle verweist für die Sinneswahrnehmung auf drei konstituierende Elemente: die Begrifflichkeit, die Qualität oder Modalität sowie die Intentionalität.

Jede Sinneswahrnehmung enthalte ein determinierendes Erkenntniselement: »Jedes Faktum ist gleichlautend mit der diesbezüglichen Auffassung des Beobachters. Es bleibt... unzertrennbar mit dem denkenden Menschen verbunden. Der Glaube, daß Dinge und Fakten unabhängig vom Erkennenden wären, täuscht darüber hinweg, daß sie immer nur ein stufenweises, aber niemals endgültiges Verständnis beinhalten. Es gehört ein selbstkritisches Beobachtungsvermögen dazu, in den sogenannten ›Tatsachen‹ auch den eigenen Verständnisgrad wiederzuerkennen. « (1984, S. 53)

Die reine, nicht weiter ableitbare, nur erlebbare Gegebenheit der Sinnesqualität oder Sinnesempfindung, die Johannes Müller bereits als spezifische Sinnesempfindung bezeichnete, wird auch als Sinnesmodalität bezeichnet. Sie ist nicht weiter deutbar, interpretierbar oder anzweifelbar. Scheurle verweist, über die übliche Einteilung der Sinnesgebiete hinausgehend, auf zwölf verschiedene Modalbereiche der Sinneswahrnehmung, die zwölf Sinne des Menschen: den Wortsinn, Lautsinn, Tonsinn, Farbsinn, Geruchsinn, Geschmacksinn, Wärmesinn, Tastsinn, Kraftsinn, Bewegungs- oder Gleichgewichtssinn, den Schmerz und den Lebenssinn. Diese Erlebnisqualitäten sind nur wahrnehmbar, nicht weiter hinterfragbar. Sie befinden sich

jenseits von Dogma, Interpretation, Irrtum, Wahrheit, Gut oder Böse. Die Sinnes-
empfindungen vermitteln zugleich die Strukturen der wahrgenommenen Dingwelt, einschließlich unseres Leibes. Durch die physikalische Reduktion auf Meßgrößen wurde unsere Welt nicht objektiver, sondern eher ärmer, d. h. frei von Qualitäten.

Die Sinne sind weder subjektiv noch objektiv, sie ziehen auch keine Grenze zwischen Innen und Außen, sondern sind vielmehr Tore von außen in den Leib, vom
Leib in die Welt hinaus.

Wenn wir davon ausgehen, beispielsweise Farben und Klänge, Laute und Worte,
Wärme und Geruchserlebnisse mehr außen zu erleben, Kraft- und Bewegungser-
lebnisse sowie Schmerz mehr in uns zu erleben, können wir allenfalls von mehr
weltorientierten oder mehr leiborientierten Sinnen sprechen. Die Gesamtheit der
Wahrnehmungen konstituiert unser Welterleben einschließlich unseres Selbsterle-
bens zunächst jenseits einer sekundären Subjekt-Objekt-Spaltung.

Goethe drückte dies so aus:

Müsset im Naturbetrachten
Immer eins wie alles achten;
Nichts ist drinnen, nichts ist draußen:
Denn was innen, das ist außen.
So ergreifet ohne Säumnis
Heilig öffentlich Geheimnis. (Bd. I, S. 358)

Insbesondere am dritten Kriterium der Wahrnehmung, der Intentionalität, wird die
Einheit des Wahrgenommenen mit dem Wahrnehmenden sichtbar, die bereits Victor von Weizsäcker in seinem Buch »Der Gestaltkreis« (1950) beschrieb. Als Intentionalität wird in der Sinnesphysiologie die Zielgerichtetheit des Wahrnehmenden
auf einen spezifischen Inhalt bezeichnet. So sprechen wir bezeichnenderweise vom
Beobachten oder Lauschen. Schon das Wort Wahr-nehmen deutet auf diesen Vorgang hin. So bemerken wir, daß im Sinn einer Ganzheitsbetrachtung neben dem
Erkenntnis- und qualitativen Empfindungsanteil der Wahrnehmung diese auch ein
Willenselement enthält. Es läßt sich dies so ausdrücken: Wahrnehmen bedeutet in
unserer passiv werdenden, auf Rezeptivität und Konsum eingestellten Zeit bereits
Handlungsaufforderung. Fragen wir uns doch, wieviel wir von einem anderen Menschen und seinen Intentionen wahrnehmen, auch wenn wir ihn vielleicht jahrelang
zu kennen meinen!

Goethe sagte: »Was ist das Schwerste? Das mit den Augen zu schauen, was vor
den Augen Dir liegt.« (Bd. II, S. 503)

Herbert Hensel bezeichnete die Intentionalität der Sinneswahrnehmung auch als
Aufmerksamkeit oder Ichzuwendung, ohne die das Bewußtsein von uns als einer
Eigenpersönlichkeit, ja letztlich nicht einmal die Ausbildung unserer Sinnesorgane
selbst möglich wäre; ähnlich wie ein Muskel, wenn er nicht geübt wird, atrophiert.
Wir können somit sagen: Ohne eine aktive Teilnahme an der Welt, d. h. ohne Enga-
gement unseres wahrnehmenden Beteiligtseins, drohen unsere Sinnesfähigkeiten

zu verkümmern. Spätestens hier wird deutlich, wenn wir künstlerische Betätigung als ein Üben von Sinnesfähigkeiten verstehen, daß Kunst etwas ist, was den ganzen Menschen konstitutiv bildet und aufbaut, so daß jeder Mensch nicht nur das Recht auf Nahrung, sondern auch das Recht auf künstlerische Betätigung, d. h. Ausüben seiner schöpferischen Fähigkeiten, haben sollte.

Der Begriff der Ichzuwendung bei Herbert Hensel erscheint mir eindrucksvoll und plastisch die Intentionalität in der Sinneswahrnehmung zu bezeichnen, weil er das konstituierende Erleben der Welt durch die Sinneswahrnehmung ausdrücklich charakterisiert. Durch unsere Aufmerksamkeit in der Wahrnehmung wird jedoch nicht nur die Welt erlebt, sondern auch interpersonelle Kommunikation möglich. Daß die primäre Gegebenheit der Sinneswahrnehmung vor der sekundären Bedeutung stehen sollte, wird spätestens am Beispiel der Sinnestäuschung oder illusionären Verkennung bis hin zur Halluzination deutlich. Hier tritt nämlich, wie auch im Traum, nicht nur ein Verlust von Intentionalität, d. h. zielgerichtetem Wollen, auf, sondern damit auch ein Verlust von Wirklichkeitserleben bzw. -kontrolle.

Wolfgang Blankenburg, Ordinarius für Psychiatrie an der Universität Marburg, wies in seinen Vorlesungen darauf hin, daß bei einer Wahnentwicklung, die als eine Korruption der Sinneswahrnehmung durch Bedeutungsinhalte verstanden werden kann, auch ein Verlust von Kommunikationsfähigkeit auftritt. Der Patient kann sich in andere Menschen nicht mehr hineinversetzen. Er wird unflexibel und unbeeinflußbar. Der Wahn tritt an die Stelle der Wirklichkeit.

Rudolf Treichler, ehemals leitender Arzt der Friedrich Husemann-Klinik, Fachklinik für Psychiatrie in Buchenbach, bezeichnete diesen Wirklichkeitsverlust innerhalb des paranoid-halluzinatorischen Erlebens mit dem Begriff der »Ich-Luxation«, womit er den Verlust an Intentionalität und damit Wirklichkeitserleben durch die Ichzuwendung treffend gekennzeichnet hat. Blankenburg wies zudem darauf hin, daß optische Halluzinationen (Wahrnehmungsstörungen) vor allem bei körperlichen Krankheiten, dagegen akustische Halluzinationen mehr bei seelischen Krankheiten zu beobachten sind. Die Bedeutung der Sinneswahrnehmung für die Konstitution des Wirlichkeitserlebens und der intersubjektiven Kommunikation wird spätestens am krankhaften Prozeß durch deren Verlust deutlich.

Dazu abschließend Scheurle (1984, S. 60): »Es hat daher auch keinen Sinn, von Empfindungen oder von Gefühlen als von in der ›objektiven Welt nicht vorhandenen‹ Phänomenen zu sprechen, denn die Eigenschaften der äußeren Dinge sind, ebenso wie die der eigenen Person, identisch mit spezifischen Wahrnehmungsqualitäten; so daß im räumlichen Sinne, wenn überhaupt, allein von einer totalen Durchdringung der Welt mit der Mannigfaltigkeit aller Qualitäten gesprochen werden kann, die von Freude und Schmerz zu Farben und Tönen, Bewegung und Formen, Gleichgewicht und Kraft, Worten und Klängen usw. reichen.«

Rudolf Steiner nannte das die Welt als sich metamorphosierender Wahrnehmungszusammenhang, die sich durch das Hinzufügen von Begriffen und Ideen – die Griechen bezeichneten als Idee (eidos) etwas Wahrgenommenes, unabhängig von der subjektiven Meinung des einzelnen – zur Gesamtwirklichkeit zusammenfügt.

Goetheanistische Menschenkunde

Diese grundlegende sinnesphysiologische Betrachtung schien notwendig, um in die Relevanz einer weltkonstituierenden, goetheanistischen Betrachtung von menschenkundlichen Phänomenen, die ebenfalls als Qualitäten erlebbar werden, eintreten zu können. Goethe wird ja gern als Dichter akzeptiert, nicht jedoch als Naturwissenschaftler. Dennoch schrieb Goethe seine Farbenlehre und zeigte darin, daß im Farbkreis eine genauso objektive Sinnesempfindungs- und erlebnisimmanente Ordnung ruht wie in anderen naturgesetzlichen Zusammenhängen auch. Alle Farbgesunden ordnen interpersonell völlig übereinstimmend Farbtöne exakt im Farbkreis ein, z. B. Orange zwischen Gelb und Rot, nicht jedoch zwischen Grün und Blau. Wie ein humoristisches Aperçue zeigt sich zudem, daß zwar dem Newton-Spektrum Wellenlängen zugeordnet werden können, nicht aber dem Goetheschen Spektrum mit den Farben Hellblau, Purpur und Hellgelb.

Wie das Auge die Tendenz zeigt, anhand der Farbe bildhafte Raumgestalt entstehen zu lassen, zeigt sich beim Ohr die Tendenz, die Töne zu innerlich erlebbaren musikalischen Zeitgestalten zu verbinden. Ähnlich dem Farbkreis des Auges zeigen sich für das Ohr im sogenannten Intervallkreis interpersonell objektiv erlebbare Gesetzmäßigkeiten als Grundlage musikalischer Kompositionsgesetze. Eine Sekund wird von jedem Menschen qualitativ gleich, jedoch anders als eine Septim erlebt. So kann dem Farbkreis des Auges der Intervallkreis des Ohres als eine objektive, qualitativ erlebbare Gesetzmäßigkeit gegenübergestellt werden. Interessanterweise haben Tiere kein Intervallempfinden, sondern können Töne nur absolut erleben. Wie es bei Farben harmonische und disharmonische oder Komplementärfarben gibt, so bei den Tönen Konsonanzen und Dissonanzen, wobei sich Konsonanzen verstärken, Dissonanzen abschwächen und damit Interaktionen untereinander in gesetzmäßiger Art hervorrufen, die auch seelisch auf uns entsprechend wirken und uns zu Stimmungen oder Verstimmungen führen können.

Was heißt nun aber goetheanistische Betrachtungsweise? Eine solche Betrachtungsweise versucht nichts anderes, als die gegebenen Phänomene als Qualitäten ernst zu nehmen, sie zu beobachten und ihre innerlich zusammenhängende Eigengesetzlichkeit aufzufinden. Wir können dann vom Betrachten eines Phänomens zu der ihm innewohnenden Dynamik gelangen, ja das Phänomen kann sich vielleicht wesenhaft aussprechen. Wir meinen dann nicht nur, etwas subjektiv schön oder häßlich zu empfinden, sondern in einer solchen künstlerischen Betrachtung können Phänomen und Erlebnis sich innerlich miteinander verbinden zum wesenhaften Ausdruck eines von uns erlebten Naturzusammenhangs. Dies kann natürlich nicht vorausgesetzt, es muß erübt werden.

Spätestens bei der Frage, was Kunst und Kunsttherapie mit dem Menschen zu tun haben, kommt es nicht mehr auf physikalische Meßbarkeit oder physikalische Meßgrößen an, sondern auf nachvollziehbare, erlebbare Qualitäten und so auf den Weg von der Sinneswahrnehmung zur Sinnesempfindung, zum ästhetischen Gefühl eines »schön« oder »häßlich«, ja schließlich zum Sinn oder der Bedeutung eines

71

solchen Phänomens für uns selbst. Auf diesem Weg scheint es zwei Möglichkeiten zu geben, die sich nicht ausschließen müssen, wenn sie sich auch zunächst polar zueinander verhalten. Der eine Weg beschreibt das Heraussetzen des subjektiven seelischen Erlebens, auch des Unbewußten, anhand der Darstellungsmöglichkeit des künstlerischen Mediums als eine Projektion, wodurch für die Seele eine kathartische Wirkung im Sinn einer erweiterten psychotherapeutischen Methode eintreten kann; der andere Weg bemüht sich, die Seele durch die künstlerische Betätigung in die gesetzmäßigen Zusammenhänge des Qualitativen zu führen und die Seele im Eintauchen in die Gesetzmäßigkeit des künstlerischen Prozesses innerlich so anzuregen und zu vertiefen, daß sie im Spannungsfeld ihres eigenen konflikthaften Erlebens einen harmonischen Ausgleich finden kann.

Wenn ich ein Rot draußen an einer Rose erlebe oder die Qualität des Rot in mir empfinde, ist es letztlich gleichgültig, von subjektiv oder objektiv zu sprechen; eher noch kann von innen oder außen gesprochen werden. Beide Pole, der mehr subjektive oder der mehr objektive, schließen sich für eine künstlerische, ganzheitliche Betrachtung wiederum zusammen. Wenn ich in einem finsteren Raum meinen eigenen Sehstrahl als Licht, die umgebende Finsternis als Sog erlebe, komme ich innerlich qualitativ zu dem gleichen Erlebnis, dem ich äußerlich beim Anschauen eines mir entgegenstrahlenden Sonnenlichts, das mich blendet, begegne, während das Blau des Himmels mich weitet, wie hinwegsaugt. In mir und außerhalb von mir beschreibe ich qualitativ denselben Vorgang, den Goethe als Urphänomen beschrieb, indem er das Blau des Himmels als an der Trübe der Atmosphäre aufgehellte Finsternis charakterisierte; dagegen das Rot eines Sonnenuntergangs als durch die Trübe der Atmosphäre hindurch strahlendes, sich abdunkelndes Licht. So erleben wir qualitativ Blau als beruhigend, uns weitend wie in einem Sog, dagegen Rot als uns entgegenstrahlend, uns anregend, aktivierend, vergleichbar einem Druck gegenüber unserem Seherleben. Äußeres Licht und Farbenwirkung kann sich mit unserem inneren Sehakt an einer Bildfläche begegnen und zu einer ausgewogenen, gleichgewichtigen Ruhe finden.

Was für den Sehprozeß als innere Dynamik erlebbar beschrieben werden kann, gilt auch für andere Künste wie das Plastische und Musikalische. Auch im Plastischen können wir solche Urgesten in einer uns entgegenkommenden Konvexität erleben, z.B. einer kantigen Form oder einer aufnehmenden, hinwegsaugenden Konkavität oder Schalenform. Erleben wir nicht auch im Musikalischen einen aufsteigenden Dur-Klang, vergleichbar einem roten Sonnenaufgang, anders als einen absteigenden Moll-Klang, vergleichbar dem sich abdunkelnden Blau eines ruhenden Sees? Spüren wir schließlich nicht auch in unserem seelischen Erleben solche verschiedenen Qualitäten, wenn wir uns in einem Lachen in Sympathie für die Welt öffnen, während wir uns im Weinen schmerzvoll in uns hinein zusammenziehen? Erleben wir uns denn, um beim Musikalischen zu bleiben, im Gegensatz zum Malerisch-Plastischen dort mehr in einem subjektiven Innenraum, nur weil wir diesen innerlich wesenhafter erleben, obwohl wir doch den Tönen und Klängen eines Konzerts außerhalb von uns zu lauschen scheinen? Und dies, obwohl der Musik innerlich erlebbare, klare Kompositionsgesetze zugrunde liegen. Sind wir im Sehprozeß vielleicht mehr an der Außenseite oder Tagesseite der Welt, in unserem Hörvorgang mehr in der Innenseite oder Nachtseite unseres Seelischen anwesend? Müssen wir beim Hörvorgang noch mehr die Frage stellen, ob wir nur mit unseren Ohren hören oder vielmehr mit dem ganzen Menschen Musik wahrnehmen? Wie können wir verstehen, daß schwerhörige Menschen musikalische Schwingungen mit dem Rükken wahrnehmen können? Was hat es mit der Plastizität des Hörens auf sich, wenn wir außer von der Richtung und Intensität eines Tones sowie der Klangfarbe, die ja die Wesenseigenschaft der Dinge zur Erscheinung kommen läßt, von einem stumpfen, rauhen, dichten, dünnen, harten, weichen, vollen, warmen Klang einer menschlichen Stimme im Gegensatz zu einer kalten, leeren, ja einer blechernen Stimme eines Lautsprechers, vor der wir uns innerlich erschrocken zurückziehen, sprechen?

Ich hoffe gezeigt zu haben, daß spätestens hier die Beschreibung unseres Erlebens mit Begriffen wie subjektiv und objektiv nicht mehr weiter führt.

Versuchen wir nun, die Betrachtung über die Qualität der Sinneswahrnehmung von Auge und Ohr in eine ganzheitlich goetheanistische, menschenkundliche Betrachtung zu erweitern, um auch am Menschen selbst ganzheitlich ablesbare Gestaltgesten als Grundlage für die musikalische, insbesondere gesangliche Betätigung in uns und ihre Wirkung auf uns zu finden.

Alle morphologischen Gestaltungen können von der anschauenden Urteilskraft als Ausdrucksgesten verstanden werden. Sie lassen sich nicht durch biochemisch-physiologische Erklärungen ableiten oder begründen, da es sich bei Form und Stoff um polare Seinsbereiche handelt, zwischen denen Prozesse bzw. Kräfte wirksam werden. So sprach Hans Jenny (1967 und 1972) von insgesamt drei konstituierenden Weltprinzipien, nämlich Form, Kraft oder Welle und Stoff. Wir wollen auf diesem Hintergrund nun die Gestaltungsprinzipien des Menschen selbst etwas näher betrachten. Ebenso wie Auge und Ohr selbst polar gestaltet sind, wie sich das in der Embryologie nachweisen läßt, indem das Auge nach außen wächst, das Ohr sich nach innen einstülpt, zeigen sich auch im Menschen unterschiedliche Gestaltungen, z. B. in seiner Knochenbildung.

So ist das Haupt als Träger unseres wachbewußten Denkens ein rundes, in sich abgeschlossenes Außenskelett, das eine Innenraumbildung umschließt. Was für eine Geste können wir an einer solchen Gestaltung ablesen? Stellen wir uns eine Plastik von Rodin vor, *Den Denker*, der sinnend den Kopf aufstützt. Eine solche Plastik zeigt uns die Geste der Introversion, des Nachdenklichen, Nach-innen-Schauens, sich Besinnens, auf uns selber Konzentrierens. Wir kommen äußerlich zur Ruhe, wir werden innerlich tätig, ja wir lauschen in uns hinein, was wir mit der Ohrbildung vergleichen können.

Ganz anders zeigt sich uns die Gestaltung der Gliedmaßenknochen schon an der Bildung eines Innenskelettes. Die Gliedmaßen erscheinen nicht rund, sondern radial, strahlig, nach außen gerichtet, extrovertiert. So erleben wir uns auch in unserem Handeln extrovertiert, nach außen gerichtet, aktiv. Denken wir an die fünf griechischen gymnastischen Übungen: Laufen, Springen, Ringen, Diskus- und Speerwurf, so können wir erleben, wie sich im Aufrichteprozeß von innen nach außen die Bewegung entfaltet, von der Selbstbezogenheit innerer Ruhe über einen Gleichgewichtsprozeß nach außen ablöst in die Welt. Im Speerwurf verbindet sich die Bewegung mit einem ins Auge gefaßten Ziel, um im Ziel in die Welt überzugehen; ebenso wie sich auch unsere Taten von uns ablösen und in die Welt übergehen.

Einen tatendurstigen Choleriker, z. B. einen Managertyp, erleben wir anders als einen Melancholiker. Der Choleriker geht im Tatendrang auf, er ergießt sich tatendurstig in die Welt, was uns das Gefühl gibt, er käme uns ständig entgegen. Er wirkt auf uns wie ein praller Ballon, er ist nichts aufzunehmen in der Lage und kaum fähig zuzuhören. Er verschleißt sämtliche Mitarbeiter und stirbt womöglich am Herzinfarkt in der äußersten Aktivität der Systole. Demgegenüber erleben wir den Melancholiker eher als zurückhaltend, besinnlich, scheu, gedankenschwer, nachdenklich, so daß er nur noch zuhört, kaum etwas sagt, die Augen schließt, oft gar nicht mehr zur Tat zurückfindet.

Erleben wir den einen zu aktiv, gliedmaßenbetont, so den anderen zu passiv, kopfbetont. Etwas pointierter können wir im pathologischen Prozeß ebensolche Gesten wiederfinden. Der manische Patient, vergleichbar dem Choleriker, hört nicht mehr zu, redet und handelt nur noch und droht, zukunftsorientiert die Gegenwart zu verlieren. Demgegenüber grübelt der depressive, ängstlich gehemmte Patient, dem Melancholiker vergleichbar, nur noch selbstversunken vor sich hin, wobei sein Handeln in der zeitlichen Stagnation einer völligen Rückwärtswendung zur Vergangenheit zu ersterben droht.

Wenn wir fragen, wo wir solche Gesten in unserer Körpergestalt finden, so können wir sehen, wie wir uns mit Hilfe des zentralen Nervensystems im Kopfbereich konzentrieren können, um zu innerer Besinnung und zur Ruhe eines wachbewußten Nachdenkens zu kommen, während wir uns in den Gliedern ausdehnen, um mit Hilfe der peripheren Nerven in Bewegung zu kommen und uns mit der Welt aktiv zu verbinden.

Suchen wir an der Knochengestalt die verbindende Mitte, finden wir den Brustkorb als Grundlage für Atmung und Herzschlag, nach oben zum Kopf hin sich abschließend, nach unten, zu den unteren Gliedmaßen hin, sich öffnend. In der Einatmung kommt die Bewegung nach oben, zum Kopf hin, zur Ruhe, in der Ausatmung löst sie sich nach unten in die Welt ab. Beim Atmen fängt ja die soziale Frage bereits an, nicht erst beim Rauchen. Meine Luft ist beim nächsten Atemzug diejenige des Nachbarn, dessen Luft gleich meine eigene. Hat es da noch Sinn von Mein und Dein, Dir und Mir zu sprechen, nicht vielmehr nur noch von Uns? Beobachten wir einmal, wie unterschiedlich wir atmen: Wenn wir tief geschlafen haben, bemerken wir, wie auch beim Kleinkind, unsere Bauchatmung; wenn wir erschrecken, erstarrt unsere Atmung in innerem Entsetzen (Schlüsselbeinatmung). Wenn wir in der Aufregung zu oberflächlich und schnell atmen, können wir sogar einen Krampfanfall erleiden und in Ohnmacht fallen (hyperventilationstetanischer Anfall). Wie atmen wir, wenn wir lachend ausatmen und uns in die Welt lösen oder wenn wir in einem

Weinkrampf einatmend mehr zu uns kommen? Wie atmen wir beim ersten Atemzug der Geburt, beim letzten des Todesaugenblicks? Wie atmen wir schließlich bei der blockierten Atmung eines Asthmaanfalls (Brustatmung), der verbunden ist mit dem Auftreten von Angstzuständen? Bemerken wir, wie wir in unserer Mitte unseren Atmungsvorgang zu fühlen beginnen!

Lückenlos setzt sich dieses Fühlen auch im Seelenausdruck auf der Grundlage unseres Atmungsvorgangs fort. Wie fühlen wir uns, wenn wir einen Ausruf wie O oder A von uns geben, Laute, die wir in den Worten Wonne, Andacht, Staunen wiederfinden können? Wie fühlen wir uns dagegen bei einem Ausruf wie U oder E, Lauten, wie wir sie in den Worten Furcht oder Ekel wieder antreffen können? Öffnen wir uns im einen Fall in innerer Sympathie mehr hingebend der Welt oder einem anderen Menschen, ziehen wir uns im anderen Fall zurück, verschließen wir uns in innerer Antipathie vor einem Gegenüber und grenzen uns in innerem Rückzuck von diesem ab. Wie wir mit dem Kopf denken, mit den Gliedern handeln, so erleben wir uns im Atmen in unserem Fühlen. Freude, Schreck, Sympathie und Antipathie verändern aber nicht nur unsere Atmung, sondern auch unseren Blutkreislauf.

Eine körperliche Bewegung wie ein Dauerlauf oder eine schwere Mahlzeit ebenso wie ein befeuernder Gedanke oder ein lähmendes Entsetzen verändern auch unseren Herzschlag und unseren Blutkreislauf. Wir erleben uns in unserem Menschsein nicht nur als äußeres meßbares Objekt, sondern als innerlich fühlendes Subjekt, wobei wir davon ausgehen, daß die Seele des Menschen den gesamten Leib ganzheitlich ergreift und erlebt. Die Bewegungen unseres Blutkreislaufes kommen auch in Worten zum Ausdruck, wenn wir davon sprechen, »vor Scham zu erröten« oder »vor Schreck zu erbleichen«, oder wenn wir sagen, daß wir rot sind vor Zorn oder grün vor Ärger. Warum sagen wir denn, daß wir einem Freund mit herzlichen Grüßen »Alles Gute« für den weiteren Lebensweg wünschen, und warum sprechen wir nicht von kopfigen oder nierigen Grüßen? Doch wohl darum, weil wir uns innerlich in unserem Herzen anwesend erleben, innerlich beteiligt fühlen und dies mitteilen wollen.

Eine solche goetheanistische Betrachtung der Gestaltphänomene als Ausdrucksgesten, sowohl der physiologischen Prozesse als auch der inneren Seelenbewegungen, läßt beides gleichermaßen als Wesensausdruck ein und desselben Menschen verstehbar werden.

Interessanterweise kommt Gerhard Gollwitzer in seiner »Zeichenschule für begabte Leute« (1964) zu sehr ähnlichen Ausführungen über die Bedeutung des Atmens im Rahmen der künstlerischen Ausbildung. Ich bringe hier ein längeres Zitat, weil es mir sehr bedeutsam in bezug auf die folgenden Ausführungen zu den Übungen der Schule der Stimmenthüllung erscheint: »Stelle Dich mitten ins Zimmer, ruhig, mit hängenden Armen, die Füße nebeneinander, möglichst bei offenem Fenster. Stehe, warte, bis du dich selbst empfindest als Säule in der Luft, von der Luft getragen, bis du den Atem durch dich hindurchgehen fühlst. Denke an eine schlanke Birke oder an ein Schilfrohr. Dann beginne ganz leicht zu schwingen, vorwärts, rückwärts. Atme ganz langsam aus, mit einem kleinen Widerstand in den Lippen auf F oder S oder ein summendes M. Atme ganz aus und warte, bis der Strom von selbst wieder auf dich einfließt. Wie ein Sog von tief innen muß es sein. Genieße ihn, atme nicht du ein, sondern lasse ES einatmen. Bleibe einen Augenblick in diesem Erfülltsein, erfühle dieses unverkrampfte Gespanntsein, und atme wieder langsam aus.« (S. 16) Und später weist Gollwitzer darauf hin, daß wir heutigen Menschen gewohnt sind, alles nur mit dem Gehirn zu tun: »Wir haben vergessen, daß unser Körper unser erstes Gestaltungsmittel ist und unser Gang, unsere Gebärden, unsere Stimme die erste und immerwährende Gestaltung.« (S. 18)

Diese Ausführungen Gollwitzers beziehen sich zunächst allein auf die künstlerische Ausbildung; im therapeutischen Zusammenhang, also beim Vorliegen von Störungen, ist zu vermuten, daß noch viel weniger richtiges Atmen vorauszusetzen ist. Also dürfte den von mir angestellten menschenkundlichen Überlegungen, auch in bezug auf die folgenden Übungen der Schule der Stimmenthüllung, entsprechend den Empfehlungen Gollwitzers eine noch größere Bedeutung zukommen.

Nichts anderes als die innerlich erlebbaren Qualitäten der Atmung beschreibt auch Goethe in seinem Gedicht:

Im Atemholen sind zweierlei Gnaden:
Die Luft einziehn, sich ihrer entladen.
Jenes bedrängt, dieses erfrischt;
So wunderbar ist das Leben gemischt.
Du, danke Gott, wenn er Dich preßt,
Und dank ihm, wenn er Dich wieder entläßt. (Bd. II, S. 10)

Die zentrale Stellung des Gesangs innerhalb der Künste

Nachdem wir nun genügend menschenkundliche Grundlagen entwickelt haben, können wir in eine nähere Betrachtung des Gesangs eintreten.

Ich möchte dazu zunächst die Stellung des Gesangs innerhalb der Künste betrachten, um damit seine zentrale Stellung und Aufgabe zu verdeutlichen. Margarethe Hauschka hat in ihrem Büchlein »Zur künstlerischen Therapie« (1971) auf die menschenkundlichen Grundlagen der Künste überhaupt hingewiesen. Sie zeigt, wie eigentlich im Menschen selbst die Farbe zunächst erlebbar wird durch das menschliche Blut und die Veränderungen unseres Blutkreislaufs. Es macht nachdenklich, daß entsprechend dem Goetheschen Urphänomen auch im Menschen das Gehirnwasser lichtvoll klar und durchsichtig ist, während sich im Stoffwechselbereich in der Lymphe eine milchige Trübe bildet. So läßt sich auch im Menschen zwischen Licht (Gehirnwasser) und Trübe (Lymphe), entsprechend den Urfarben, das blaue venöse und rote arterielle Blut finden.

Denken wir dabei an das zur Ruhe kommende passive Wesen des venösen Blutes, mit der Gefahr der Bildung einer Thrombose, im Gegensatz zum belebenden, aktiven, pulsierenden Wesen des arteriellen Blutes, wie es auch in der Qualität der aufnehmenden diastolischen und abgebenden, aktiven systolischen Herzbewegung zum Ausdruck kommt ebenso wie in den Qualitäten von Einatmung und Ausatmung, so können wir diese physiologischen Erlebnisqualitäten innerlich verbinden mit der vorhergehenden Schilderung des passiv nachdenklichen Melancholikers im Gegensatz zum mehr tatendurstig aktiven Choleriker. Wiederum zeigt sich anhand der Farbe der Blutqualitäten, sowohl in den physiologischen Funktionen des Blutkreislaufs als auch anhand der seelisch erlebbaren psychologischen Qualitäten, dieselbe Signaturenlehre, in der Gestaltausdruck, Physiologie und inneres Erleben ganzheitlicher Wesensausdruck desselben Menschen wird. Eine solche Betrachtungsweise erscheint notwendig, um eine menschenkundliche Begründung der Künste entwickeln zu können.

In Fortsetzung von Margarethe Hauschka führt Rudolf Treichler in seinem Buch »Die Entwicklung der Seele im Lebenslauf« (1981) im Kapitel über die künstlerische Therapie folgendes aus: »Jede wahre Therapie ist, wie wir sahen, schon in der Krankheit enthalten, jede Krankheit verlangt nach der für sie bestimmten Behandlung. Dies gilt auch für jede einzelne künstlerische Therapie. Wie die Krankheit, so ist auch sie im Menschen veranlagt und wird aus dem ganzen Menschen geschöpft.« (S.257)

So setzt er die Architektur in Bezug zum Knochensystem, der festen menschlichen Gestalt. Die Plastik setzt er in Bezug zur Muskulatur, die den Knochen umfließt, ihn gleichsam ausplasticiert, wobei das Töpfern mit der Bildung der inneren Organe und ihrer Hohlformen zu tun hat. Weben, Stricken und Zeichnen werden in Beziehung zum Nervensystem als Träger unserer Gedanken gesetzt. Knochen, Muskeln und Nerven gehören zu den festen Strukturen, sind somit nach der alten Elementenlehre vergleichbar mit dem erdigen Element in uns. Das Malen hat insbesondere zu tun mit der farbigen Blutbewegung in uns als Ausdruck unseres Empfindungs- und Gefühlslebens. Daher können wir im Malen unsere Empfindungen ausdrücken, anregen und vertiefen. Die Blutbewegung hat mehr mit dem wäßrigen Element in uns zu tun. Dagegen gründet die Musik auf den Atmungsprozessen, d.h. den inneren Luftbewegungen, die sich fortsetzen nach oben in die Gehirnwasserbewegungen des Kopfes, nach unten in die Lymphströmungen der Stoffwechselregion. Wie in jeder Kunst der ganze Mensch wiederzufinden ist, zeigt sich insbesondere im Musikalischen darin, daß sich die Orchesterinstrumente menschenkundlich gliedern lassen in kopfbetonte Blasinstrumente (Melodieträger), in gliedmaßenbetonte Schlaginstrumente (Taktbildner) sowie in mehr dem mittleren Bereich und der Atmung zuzuordnende Streichinstrumente (Harmonieträger).

Schließlich zeigt sich im künstlerischen Ergreifen der Sprache ein aktives Handlungselement, das auf die innerlich befeuernde Wärmeseite in uns hinweist. Wir können somit die gesamten Künste auch nach den vier Elementen von Erde, Wasser, Luft und Wärme gliedern, die menschenkundlich der äußeren festen Knochengestalt, der luftigen Atmung, der wäßrigen Blutzirkulation sowie dem warmen inneren Seelenausdruck einer äußerlich gestalteten Gebärde oder Geste entsprechen.

77

Hier wird ersichtlich, daß sich gerade das Malerische und Musikalische im mittleren rhythmischen Bereich des Menschen bewegen, physiologisch gründend auf der Blutzirkulation und Atmungstätigkeit des Menschen.

Diese menschenkundliche Gliederung war notwendig, um nun die zentrale Stellung des Gesangs selbst verstehen zu können, der mit den genannten Künsten und den vier Elementen in innerer Beziehung steht. Insbesondere läßt sich der Gesang jedoch ansiedeln zwischen der dramatischen Kunst des Wortes und der musikalischen Kunst. Diese Mittelstellung des Gesangs zwischen äußerlich ausgedrückter Bewegung in Gebärde, Geste oder Tanz und der innerlich gehörten Seelengeste der Musik oder Sprache kommt darin zum Ausdruck, daß gerade im Gesang die äußere Gliedmaßenbewegung zur Ruhe kommen muß, um die innere Seelenbewegung zur Darstellung bringen zu können. Es entsteht dabei eine harmonische Verschmelzung von aktivem Lauschen und hingebendem Singen. Nicht umsonst wurde in der italienischen Gesangskunst die menschliche Stimme als die Königin der Instrumente bezeichnet. Die innere Beziehung von Zuhören und Singen drückt sich auch darin aus, daß die menschliche Stimme inmitten des Bereiches des besten Hörens gelegen ist.

Die zentrale Stellung des Gesangs wird in einem Zitat von Professor Karl Hörmann hervorgehoben, der auf dem Symposion für Musik-, Kunst- und Tanztherapie vom 27.–29.9. 1985 in seinem Beitrag: »Das Lied in der Therapie «folgendes bemerkte: »Obgleich Singen die unmittelbarste musikalische Äußerung darstellt und Jahrhunderte hindurch das Lied nicht nur als ›Königsweg zur Musik‹, sondern auch als direktestes und ergiebigstes Medium zur Selbst- und Fremdbeeinflussung mit ermunternder, sozialisierender, stabilisierender, konfliktbearbeitender und nicht selten heilender Wirkung galt, findet man in kaum einem neueren Buch zur Musiktherapie etwas zum Singen oder gar zum Lied in der Musiktherapie angeführt. ... So entsteht der Eindruck, daß... das Lied nicht in das Gebiet der Musiktherapie fällt oder nicht als Problem betrachtet wird oder die verbreitete Praxis des Singens in der Musiktherapie als überholt angesehen wird. Die Tabuisierung des Lieds, die auch in der Musikpädagogik und in anderen gesellschaftlichen Bereichen immer noch anzutreffen ist, läßt sich unter anderem auf die Dauerbeschallung durch die akustischen Medien... zurückführen. Es ist jedoch an der Zeit, zum Lied und Singen wieder ein ihrer Bedeutung entsprechend angemessenes Verhältnis zu finden.«

Bevor ich nun im einzelnen auf die Schule der Stimmenthüllung eingehen werde, möchte ich zunächst einen kurzen Blick auf das Leben ihrer Begründerin Frau Valborg Werbeck-Svärdström werfen. Sie wurde 1879 in Gävle in Schweden geboren. Sie galt bereits als Kind als eine Naturbegabung und zog mit ihrer Gitarre singend durch die Wälder, mit ihren Gesängen die Menschen zu Tränen rührend. Mit 11 Jahren gab sie bereits Kinderkonzerte und betrat mit 21 Jahren zum ersten Mal die Opernbühne. Sie erhielt das begehrte Jenny Lind-Stipendium. Zahlreiche Konzerte führten sie in viele Städte Europas; sie galt der damaligen Zeit als eine berühmte Sängerin. Um die Jahrhundertwende begegnete sie Rudolf Steiner. Sie bekam von

78

ihm Anregungen und Unterstützung, ihren Gesangsweg fortzusetzen, ihre Erfahrungen zu vertiefen und methodisch eine neue Gesangsschule aufzubauen. Er autorisierte sie, die Schule der Stimmenthüllung als eine Gesangsschule auf anthroposophischer Grundlage zu führen. In ihrem Buch »Die Schule der Stimmenthüllung« (1969) wird der Weg dieser Schule übungsmäßig beschrieben. Nach dem Krieg widmete sich Frau Werbeck ihren Schülern und der Ausarbeitung einer Gesangstherapie, die in Zusammenarbeit mit Ärzten wie Eugen Kolisko, dem ersten Schularzt der Freien Waldorfschule Stuttgart, sowie dem bekannten Heilpädagogen und Begründer der Camphill-Bewegung Karl König entstand. Nach dem Tod von Frau Werbeck übernahm Jürgen Schriefer 1972 die Leitung der Schule der Stimmenthüllung, die ihren heutigen Sitz in Bochum hat.

Ausgangspunkt für die Entwicklung dieser neuen zeitgemäßen Gesangsschule wurde der zunehmende Gegensatz von Wort und Klang in der gängigen Opernpraxis. Durch die divergente Entwicklung des nach außen gerichteten Wortes und des nach innen klingenden Tones entsteht für den Sänger das Problem, entweder schön zu singen, so daß man nichts mehr verstehen kann, oder einen wenig klingenden Sprechgesang zu produzieren. Frau Werbeck machte diesen Zwiespalt an einem Beispiel deutlich: Ein schöner Klang erfordere einen weiten Mund, ein geformter Laut, z. B. ein Konsonant, einen engen oder geschlossenen Mund. Beides zusammen zu bilden, sei aber nicht möglich. So müsse sich der Sänger jeweils für das eine oder andere Prinzip entscheiden. Zur Stimmkrise des Gesangs geselle sich der Rückgang der sogenannten stimmlichen Naturbegabungen. Weiterhin beklagte Frau Werbeck den zunehmenden Verlust des aktiven Zuhören-Könnens durch die zunehmende Mechanisierung der Musik als ein Krankheitssymptom unserer Epoche.

Die Zeit der Pubertät macht diese problematische Entwicklung menschenkundlich deutlicher faßbar. Der Mensch droht in diesem Lebensabschnitt auseinanderzubrechen, einerseits in eine kalte Bewußtseinsentwicklung (Blau), wobei er sich einer mehr und mehr seelenlos werdenden Technik ausgeliefert fühlen kann, die auch auf die Musik übergreift, andererseits in ein mehr und mehr sich emotionalisierendes Triebleben (Rot), was im Freiwerden chaotischer Willensimpulse als zunehmende Bedrohung der menschlichen Seele erlebt werden kann. Die Pubertät führt mit Eintritt des Stimmbruchs zu einem Verlust der Kinderstimme als Ausdruck der zunehmenden Einengung der Mitte des Menschen, d. h. aber gerade seines schöpferischen Bereichs mit der Fähigkeit zu künstlerischer Betätigung. Diese Entwicklung wird insbesondere am Rückgang der stimmlichen Begabungen bemerkbar. Dem Menschen droht der Verlust der schöpferischen Mitte, mit Verlust von Innerlichkeit, der Fähigkeit zuhören zu können – man stellt das Radio an, weil man die Stille nicht mehr erträgt –, schließlich mit der Gefahr des Verlusts von Wirklichkeit und natürlicher Ausdrucks- sowie Kommunikationsfähigkeit, was ebenfalls im Verlust der Fähigkeit zu singen zum Ausdruck kommt.

Wir können diese von der Pubertät an sich stellende Aufgabe der Ichfindung des Menschen zwischen den Polen von äußerer Mechanisierung, kalter Abstraktion und innerer Emotionalisierung auch bezeichnen als die Aufgabe, eine Brücke zu finden zwischen den äußeren Zwängen, Gegebenheiten und Regeln (Über-Ich) und unserem Triebleben bzw. unseren Bedürfnissen und Wünschen (Es). Bildhaft gesprochen stellt sich die Aufgabe nach der Verbindung von »Schweinehirt und Prinzessin« in uns oder zwischen unbewußter Nachtseite und bewußter Tagseite unseres Wesens. Dazu bedürfen wir aber gerade der Stärkung der schöpferisch produktiven, aus der Mitte heraus entstehenden gemütsbildenden Kräfte des Menschen, die vom rhythmischen System, von Atmung und Blutzirkulation, getragen werden und mit denen es insbesondere der Gesang zu tun hat.

Frau Werbeck sah ihre Aufgabe darin, im Ergreifen des einzelnen Tones ein neues Erleben für das Wesenhafte der neuen Zeitdimension, die der Ton uns erschließen kann, erfahrbar werden zu lassen. Sie ging davon aus, daß nicht nur Farbe an sich existiere, sondern auch eine Ton- und Klangwelt an sich, so daß nicht der Mensch den Ton aus sich heraus erzeuge, sondern der Mensch sich vielmehr schulen könne, dafür Schale oder Instrument zu werden, um die Klangwelt, das Tonwesen selber in sich zur Erscheinung kommen zu lassen. Darin sah Frau Werbeck die gesundende, hygienisch-therapeutische Aufgabe der neuen Gesangsschule. Sie wollte die naturgegebene Stimme des Menschen wieder zur Entfaltung bringen und die physisch einengenden Hindernisse auf diesem Weg beseitigen. So entstand der Name: Schule der *Stimmenthüllung*. Der ganze Mensch soll sich lauschend der Offenbarung des Tonwesens hingeben, das er mit seiner Stimme mehr und mehr lernen könne auszudrücken. Die anfänglich geschilderte Verschmelzung zwischen Wahrnehmung und Wahrnehmendem, zwischen Hingabe an das Objekt und Aktivität des Subjekts, zwischen Lauschen und Singen, Hören und Bewegen in einer gemeinsamen atmenden Schwingung im Gesang macht die Bedeutung gerade des Singens wiederum für eine ganzheitlich therapeutische Wirkung auf den Menschen deutlich.

So schreibt Scheurle bei der Frage nach der Lokalisation des Tonsinnes im Menschen interessanterweise folgendes: »Sucht man nach einem Sinnesorgan, das nicht nur resonant mitschwingt, sondern durch das der Wahrnehmende wirklich hört, so ist es nicht das Ohr, sondern der ganze Mensch. Als gleichbedeutend mit dem Tonempfinden kann das Empfinden für Proportionen, das die gesamte Leibessphäre duchdringt, betrachtet werden.« (1984, S. 156) An dieser Stelle sei auch auf das Buch von Armin Husemann »Der musikalische Bau des Menschen« (1982) hingewiesen, in dem diese harmonikalen Proportionen in der Leibesgestaltung aufgezeigt werden. Scheurle schildert weiter, daß sozusagen das Ich selber sich intentional in ein inneres Verhältnis zu den Proportionen der Klangwelt setze; indem das Ohr aktiven Kontakt zur Umgebung herstelle, baue der Tonsinn darauf seine eigene Welt auf. Rudolf Steiner charakterisierte diesen Vorgang folgendermaßen: Der Ton sei nicht die Atmungsluft selbst, er reite auf der Atmungsluft wie ein Schiffchen auf der Welle; er stehe auf der Luft senkrecht, wie der Mensch senkrecht auf der Erde stehe. Das Ohr entbinde nur den Ton an der Grenze zwischen Luft und Wasser, d. h. aber an der Grenze zwischen Atmung und Blutzirkulation. Wenn wir an das Phänomen der Wahrnehmung musikalischer Schwingungen bei Schwerhörigen durch die Rückenpartie des Menschen denken, so werden wir auf die gesamten Gehirnwasserbewegungen als Schwingungsresonanzen im Menschen hingewiesen.

Die seit Pythagoras bekannten harmonikalen Verhältnisse schwingender Klangkörper hat in neuerer Zeit insbesondere Gunther Hildebrandt in ausgiebigen wissenschaftlichen Studien über Rhythmusforschung untersucht (1986), in denen er zeigt, daß sämtliche physiologischen Funktionen des Menschen, von der Nervenaktion über die Atmungsbewegung, den Pulsschlag, die Blutdruckwelle bis hin zur Darmbewegung, in ganzzahligen Verhältnissen zueinander stehen, d. h. aber harmonikale Proportionen darstellen. Insbesondere das Verhältnis von Puls zu Atmung wurde als ein harmonikales Verhältnis von 4:1 meßbar nachgewiesen, als eine Meßgröße für die Gesundheit des Menschen, die sich nachts um drei Uhr in einem Gleichgewichtsvorgang herstelle, während eine Verschiebung dieses Verhältnisses jeweils eine Krankheitstendenz sichtbar mache. Hiermit haben wir aber auch bereits auf die therapeutische Bedeutung der Musik, insbesondere der gesangstherapeutischen Übungen, die bis in die physiologischen Vorgänge hinein wirksam werden, hingewiesen.

Der dreigliedrige Übungsweg der Schule der Stimmenthüllung

In der Schule der Stimmenthüllung lassen sich nunmehr im wesentlichen drei Übungsschritte darstellen, die mit den Begriffen Hören, Atmen und Bewegen überschrieben werden können. Die einzelnen Übungen können hier nur andeutungsweise beschrieben werden, wobei auf das Wesentliche und Grundsätzliche Wert gelegt werden soll, sie müssen in speziellen Kursen durch geschulte Mitarbeiter der Schule erlernt und erübt werden. Durch ein neues Zuhören-Lernen, ein vertieftes Atmen und ein inneres Bewegt-Werden durch Klang und Wort wird der Mensch von der Mitte her erneuert. Dabei sind nun alle vorher geschilderten menschenkundlichen Grundlagen zum Verständnis der nun zu schildernden Gesangsübungen und Übungsschritte notwendig und müssen wieder aufgegriffen werden.

Die architektonische und plastische Seite in uns ergreifen wir zunächst neu in unserer eigenen inneren und äußeren Haltung. Wir können uns hier zum Bewußtsein bringen, daß wir erst selber zum Instrument werden müssen, um den rechten Ton unserer Stimme entsprechend unserer Gestimmtheit zur Erscheinung bringen zu können. Der Knochen wird damit zu einer Art Resonanzkörper. Wir selber werden dabei gleichsam zur Saite, die sich auf dem Resonanzkörper spannt oder entspannt. In einer völligen Ausatmung sitzen wir zusammengesunken auf einem Stuhl, den Kopf gebeugt, völlig entspannt, nach innen gerichtet in uns hineinlauschend. In einer langsamen Einatmungsbewegung beginnen wir dann, uns Wirbel für Wirbel an unserem Rückgrat aufzurichten, um uns zur Saite zu spannen wie ein einziges, innerlich gespanntes Gliedmaß. Wir schicken den Willen bis in die Nackenregion hinauf, um ihn im Blick nach außen strahlen zu lassen. Auf dieser gespannten Saite, die wir selber sind, kann nun der Atemstrom gleichmäßig wie ein Bogenstrich hin und herstreichen, ohne daß wir einen Bogenwechsel auf unserem Instrument bemerken dürfen, d. h. den Wechsel zwischen Ein- und Ausatmungsbewegung, das Atemholen dürfen wir selber nicht mehr bemerken. Wir müssen das Atemholen völlig vergessen. Alle Atemübungen werden daher auch als Übungen zum Vergessen des Atmens bezeichnet. Sie dienen zur Vertiefung der Atmung, die den Klangstrom trägt. Dabei kommt es weder auf die Menge, Kraft oder den Druck an, mit dem die Luft eingeatmet wird, sondern lediglich auf die Gleichmäßigkeit und Lautlosigkeit der Atembewegung, die sich dem gesungenen Ton innerlich anschließen muß und nie nur mechanisch geübt werden darf. Wir bemerken schließlich gar nicht mehr, wann wir Luft holen müssen, bzw. daß wir überhaupt Luft zum Singen benötigen. Hier bewegen wir uns im eigentlich musikalischen Element in uns.

Eine solche Atemübung ist ein auf einem Ton, in Sekundschritten fortschreitend, gesummtes weiches M, das in ein stimmlos ausgeatmetes F übergeht, wobei man bei der Ausatmung, wie oben geschildert, zusammensinkt bzw. sich entspannt. Eine weitere solche Übung für eine lautlose völlige Ausatmung und innere Entspannung ist der Übergang von einem gesummten M in ein stimmhaftes W, R und schließlich stimmloses S. Dabei verströmt sich der Atem mit zusammensinkender Gestalt bis in die Fußspitzen hinunter. Es folgt wiederum eine lautlose Einatmung und Aufrichtung der Gestalt, wie oben beschrieben. Das Wiederaufrichten der Gestalt kann von einem stimmhaft gesungenen scharfen S begleitet werden, was zur Kräftigung der Rückenmuskulatur beiträgt.

Die aufrechte Haltung der gespannten Wirbelsäule bietet die Grundlage für die sich vertiefende Atmung, die den Klangstrom trägt, sich ihrerseits wiederum fortsetzt in die dem Malerischen vergleichbare Blutströmung, die sich in die Peripherie in der Diastole (Blau) löst, im Zentrum in der Systole (Rot) sich verdichtet, und die sich von der Mitte ausgehend nach oben, in den Kopfbereich hinauf weitet, in den Gehirnwasserströmungen, nach unten in die Lymphströmungen der Stoffwechselprozesse verdichtet. Im Klangstrom entfalten sich als Ausdruck innerer Bewegtheit und Gestimmtheit die Vokale als Seelenausdruck des Menschen, während die Konsonanten sich in den Sprachorganen äußerlich formen und begrenzen. Hier sind wir im gesanglichen (vokalischen) und sprachlichen (konsonantischen) Element des Künstlerischen angekommen. Erst wenn beide Elemente des Klanglichen und des Lautlichen getrennt geübt worden sind, können sie im Textsingen neu miteinander verbunden werden.

Im einzelnen lassen sich nun die drei Schritte der Schule, die zu tun haben mit dem Ergreifen des Kopfes, der Brustregion und des Stoffwechsel-Gliedmaßen-Systems, wie folgt charakterisieren:

Auf der ersten Stufe, der sogenannten *Klangführung*, wird der Gegensatz zwischen Wort und Klang (Sprache und Musik) so gelöst, daß das Klangelement zunächst vom Wort oder Lautelement getrennt wird, wobei der Klangstrom auf seinen eigenen, ihm gemäßen Weg von vorn außen nach oben umgeleitet wird, »in den Kopf hinauf«. Dies geschieht durch das sogenannte nasale Singen des NG, was zu einem Wiederfinden oder Lebendigmachen der Kinderstimme führt. Kinder, die die Fontanelle noch offen haben, singen noch sozusagen »durch den Kopf hindurch«. Die Stimme klingt noch ganz frei. Der Klangstrom wird im Ergreifen der Silbe NG, eines Halbvokals zwischen Laut und Klang, nach oben, hinter die Nasenwurzel in die Stirn hinauf geführt. Ein Absinken des Klangs wird verhindert durch das Verschließen des Zungengrundes. In auf einem Ton gesungenen Silbenfolgen, wie »Lemmingen-Memmingen« oder »Mingen-Mangen« oder auch »Ring-Ning-Sing«, wird der Klangstrom nach oben in die Stirnregion geführt und angeregt, den Kopf von innen zu durchklingen und zu durchdringen. Die Schwingungen des Klanges durchdringen dabei zunächst die lufthaltigen Nasennebenhöhlen-Räume und setzen sich in die Gehirnwasserströmungen hinein fort, die den Kopf mehr und mehr durchklingen helfen. Dabei dienen kleine Melodien – die Melodie kann dem Denkelement verglichen werden – dazu, den Klangraum zu erweitern und den Klangstrom »durch den Kopf hindurch« zu führen, nach außen abzulösen und zu befreien. Bereits der Charakter des klaren, durchsichtigen Gehirnwassers, das wie jede Flüssigkeit durch die Kraft des Auftriebs Leichtigkeit vermittelt, zeigt, wie die Übungen auch innerlich durchwärmen, durchlichten und in die Leichte und Schwerelosigkeit des Auftriebs hinein zu innerer Freude hinführen können. Wie wir in unserer Kindheit vielleicht singend und springend durch die Wälder liefen, so kann auch jetzt an solchen Übungen eine innere Belebung, Erfrischung und ein Gefühl von Helligkeit, Leichtigkeit und Freude erfahren werden.

Auf der zweiten Stufe, der sogenannten *Weitung*, wird nun der eigentliche mittlere Bereich der Stimme, die ja mit dem Wort Stimmung innerlich verwandt ist, ergriffen und erübt. Die Weitung spielt sich in der Region der Nasenflügel, also der Region unserer Mimik und Physiognomie, ab, wobei in den seelischen Ausdrucksbewegungen der Vokale insbesondere die Region der Ohren (Hören), der Nase (Atmen) sowie des Schlundes, der gesamten Mundpartie und der Kiefer (Bewegung) ergriffen und durchgebildet wird. Grundlage für die Ausweitung des Klangstroms in die Region des Fühlens ist die geschilderte Vertiefung und das Vergessen der Atmung – eine Vorübung, die nun wie von selbst sich einstellen muß. Das Bilden der Vokale in den Übungen dieser Stufe führt zur Vertiefung der seelischen Empfindung und Ausdrucksfähigkeit, die sich in der Vertiefung des Klanglichen anhand einer veränderten Klangfarbe zeigt. Die Vokale können uns dabei erlebbar werden als seelische Ausdrucksbewegungen, sogenannte Seelengesten, die uns jeweils in eine andere Gestimmtheit führen und die wir bis in unsere mimische Ausdrucksbewegung hinein zur Darstellung zu bringen lernen.

Der Grundvokal des Gesangs, A, vergleichbar dem Goldgrund mittelalterlicher Maler, repräsentiert die offene Kehlkopfstellung als Grundhaltung des Sängers. Der Vokal I, verbunden mit dem NG, führt, wie bereits auf der ersten Stufe gezeigt, nach oben in den Kopf, in den Melodiebereich des Denkens hinauf (vgl. die Übung Ring-Ning-Sing). In Worten wie Leichte, Licht, Auftrieb zeigt dieses I seinen aufstrebenden Charakter, den wir auch in der Aufrichtebewegung des Rückgrats erleben konnten. Nicht zuletzt weist die Helle des Vokals I auch im Wort ICH auf diese Lichtseite unseres Eigenwesens hin. Dabei kommt noch eine andere Emfindungskomponente hinzu, die des Gleichgewichtserlebens, des Schwebens oder Sich-Haltens zwischen Bewußtseins-Licht und Stoffes-Finsternis, zwischen Leichte, seelischer Befreiung und Schwere, leiblicher Verdichtung. Das I bildet somit die Brücke zwischen dem oberen und unteren Menschen, bildet unsere seelische und körperliche Mitte. Erst im Vokal O erleben wir eine nach außen und vorn sich öffnende Rundung und Weitung, eine sich mit der Welt verbindende sympathische Gebärde, während wir im E mehr den Rückzug auf uns selbst zu innerer Besinnung erleben können, im Sinn einer mehr antipathischen Gebärde. Während das I etwas nach oben Aufstrebendes, sich aus dem Leib Befreiendes erleben läßt, können wir schließlich im U eine sich zusammenziehende Gebärde, gleichsam nach unten in die Finsternis des Leibes, empfinden. Während das I mehr einen lichthaften Dur-Charakter zeigt, so das U mehr einen finsteren Moll-Charakter, der in die Schwere der Stofflichkeit des Leibes und seiner festen Gestaltung führt. Im mittleren Bereich, ausgehend von der offenen Stellung des A nach oben und unten, zeigt sich im O mehr die sympathisch sich öffnende, sich mit der Welt verbindende Geste, im E mehr die antipathische, sich abgrenzende, weltverneinende, zu sich Selbst kommende Geste. So zeigen alle Vokale verschiedene Qualitäten, jedoch interpersonell ähnlich erlebbare Ausdrucksgesten, entsprechend der seelischen Gestimmtheit unseres Erlebens.

Durch das Erleben und Ausdrücken der Vokale weitet sich der Klangstrom aus, wächst gleichsam und färbt sich jeweils nach der seelisch auszudrückenden Gebärde zu einer verschiedenen Klangfarbe. Zum Üben der Vokale dienen »Ring-Ning-Sing«, »Wi-Jang-Nang«, »Tro-Ro-Ro«, »N-O-E-O-N«, »Me-O-Lon«, »Gru-I-Bim« nach oben oder »Wi-Ju-Tum« nach unten. Bei den Vokalübungen kommt es nun auch darauf an, die einzelnen Töne innerlich, wie auf einer Perlenschnur aufgereiht, ineinander hinübergleiten zu lassen, ohne daß der Klangstrom unterbrochen wird. Gerade durch die Vokalübung wird der Klangstrom innerlich voll ergriffen, ausgeweitet und durchgearbeitet.

Auf der dritten und letzten Stufe, der sogenannten *Spiegelung*, wird nun erst das konsonantische Element geübt. Wie die Klangfarbe am Vokalischen als Gefühlsausdruck des Seelenlebens entstand, werden jetzt die Lautformen der einzelnen Konsonanten gebildet im Durchplastizieren und Durchbewegen der einzelnen leiblichen Sprach- und Gesangs-Werkzeuge, als da sind Gaumen, Zähne, Kiefer, Zungenmuskel und Lippen.

Der alte Gegensatz von Sprache und Klang, d. h. Konsonant und Vokal, wobei ersterer eine Tendenz zeigt, aus dem Klangstrom herauszufallen, ihn zu unterbrechen – wie ein Stein im Flußstrom ein Hindernis bildet –, wird nun so gelöst, daß durch die anfangs geschilderte Führung des Klangstroms nach oben, seine Ausweitung in einen neuen Klangraum, der Klangstrom als Träger des Vokalischen so gestärkt wurde, daß er das Konsonantische nun wie zu sich emporheben, aus dem Sprachstrom wie herausreißen und die Konsonanten mit den Vokalen zusammen innerlich zu einer neuen Einheit verschmelzen kann. Auf dieser höheren Ebene des Gesangs können die im Klangstrom gehaltenen Konsonanten diesen nun nicht mehr unterbrechen, sie bilden statt Unterbrechungen des gleichmäßigen Klangstroms nun sich verändernde Gestaltungen und Formbildungen, die das gleichmäßig klingende Strömen verwirbeln, anregen und beleben sowie mit Formgebung durchdringen. Die Konsonanten bilden so im Klangstrom fortfließende Formbildungen, ohne diesen abzubrechen. Zu den Seelengesten der Vokale treten nun die Lautgesten der Konsonanten hinzu. Der Klangstrom selber bildet dabei wie im Anstoßen an die Gesangsorgane Gaumen, Zähne, Kiefer, Zunge und Lippen die entsprechenden Lautformen aus. Können wir die Klangfarbe der Vokale als Empfindungsausdruck unseres Seelenlebens in Beziehung bringen mit der malerischen Farbfülle unseres Blutes, so die Konsonanten mit der plastisch-architektonischen Formgebung unserer Knochengestalt. Die innere Weite und Farbigkeit der Vokale wird durch die Lautbildungen der Konsonanten wie von außen begrenzt und geformt.

Die Konsonantierungs-Übungen erfordern ein mühsames Durchbewegen und Durchplastizieren der Sprach- bzw. Gesangsorgane, insbesondere von Kiefer-, Zungen- und Lippenmuskeln, die so durchlässig und locker werden müssen, daß sie die entsprechenden Lautformen bilden können. Das erfordert einen starken Formwillen sowie ein Durchbilden vor allem der Bauchmuskulatur, die zu einer selbstlos schwingenden, elastischen Membran werden muß, um in der Lage zu sein, allen von den Gesangsorganen gebildeten Lautformen tragende Kraft zu verleihen. Dabei können bildhafte Vorstellungen die Durchführung dieser Übungen hilfreich begleiten. Wie wir von Klangfarbe im Sinn einer ausgedrückten Seelenstimmung sprachen, können wir jetzt von Lautmalerei sprechen als einem Vorstellungs-Bild, das helfen soll, die richtige Form des Lautes zu finden und auszubilden. So können wir uns beim Summen eines M einen blühenden Weidenbaum vor dem Hintergrund eines blauen Himmels im Sonnenlicht vorstellen, umschwärmt von summenden Bienen, die im aufsteigenden Wärmestrom hin- und herfliegen; beim klingenden L können wir uns eine Quelle vorstellen oder eine aufsteigende Fontäne, die nach oben sich versprüht, um in die Schalen eines Brunnens von Stufe zu Stufe zurückzufallen, sich schließlich am Grund des Beckens zu sammeln, wieder aufzusteigen usw.; beim R können wir uns eine zunehmende Brise vorstellen, wechselnd starke rollende Luftbewegung, entsprechend einer Windbö, die zunächst nach einer Richtung bläst, nachläßt, dreht, nach der anderen Richtung bläst usw.; beim W können wir uns das gleichmäßige Fließen eines Baches oder das Rauschen eines entfernt hörbaren Wasserfalls vorstellen. Dies sind einige Beispiele für solche Bilder, die die Übungen von Konsonanten begleiten können. Die Konsonanten werden, wie hier ersichtlich, dabei so geübt, daß sie wie vom gleichmäßig fließenden Klangstrom getragen werden. Schärfere Konsonantierungen dagegen sollen so geübt werden, daß sie vom Klangstrom getragen, wie aus diesem herabtropfend, gebildet werden. Ein Beispiel für eine solche Übung ist ein schnelles, stimmlos gesungenes D, B, G oder schärfer werdendes T, P, K, wobei die Laute wie angetippt werden sollen. Dabei können wir z. B. an auf ein Dach herunterfallende Regentropfen denken.

Die schwingende elastische Membran unserer Bauchmuskulatur führt zu einer wesentlichen Vertiefung der Atmung und zum Entstehen eines neuen Lebensgefühls. Es entsteht letztlich durch eine Anregung und Erwärmung der Stoffwechselregion als Träger unserer Willenskräfte, wobei die Schwingungen unserer Bauchmuskulatur sich anregend auf die Lymphströmungen und Stoffwechselprozesse fortsetzen, die ihrerseits dadurch angeregt, belebt und gestärkt werden. Das Bild einer elastischen Membran unserer Bauchmuskulatur zeigt die Aufgabe, daß wir lernen müssen, die Luftschwingungen so zu reflektieren, daß sie den Klangstrom kraftvoll tragen, gleichzeitig aber auch die Lautformen richtig gestalten können. Dies führt schließlich zu einer harmonischen Schwingung von Bewegungen der Bauchmuskulatur, Atmung und Lautbildung.

Der Mensch ergreift sein Leibesinstrument neu von der Willensseite der Muskulatur her. Er wird selbst zur elastischen Membran, zur selbstlosen Schale für die Spiegelung der Lautformen. Daher kann diese Stufe auch mit dem Begriff der Spiegelung bezeichnet werden. Es entsteht das Gefühl, daß Tonbildungen und Lautformen wie von außen angesaugt werden und insbesondere die Laute sich wie von außen an den Gesangsorganen reflektierend formen. Den gebildeten Klängen, Tönen und Lauten können wir innerlich nachlauschen, wodurch wir dem Wesenhaften in Ton und Wort immer näher kommen und uns dafür öffnen können. Dabei offenbart sich durch den Klangstrom im Klang das Wesen des Tones, im Laut das Wesen des Wortes, das der Mensch durch sich zur Offenbarung bringen kann. Erst nach intensivem getrennten Üben können Vokalklang und konsonantische Lautbildung im Textsingen neu miteinander verbunden werden. Das Kunstlied wird zum Wesens- und Seelenausdruck des Menschen, hervorgehend aus der Mitte seiner Gemütsbildung. Gerade der unterschiedliche Charakter der Seelenstimmungen, das Beschreiben der Elemente der Naturerscheinungen, das Erleben der Welt mit den Herzenskräften des Menschen kann bei einem Liederabend erlebbar werden. Diese Kunst des Gesangs stand daher nicht von ungefähr in der Zeit der Romantik in hoher Blüte. Wortklänge und Lautmalereien wie Wehen, Rascheln, Knattern, Zischeln, Grollen, Knallen, Plätschern, Knistern zeigen noch die Plastizität und Vielfarbigkeit auch des Wortwesens als elementarischem Ausdruck der Naturkräfte, das gerade im Gesang des Menschen besonders stark zum Ausdruck kommen kann. Die Sprache des Gemüts gründet auf den Kräften der Mitte im Menschen, insbesondere auf Atmung und Blutzirkulation. Diese vermitteln zwischen der Neigung zum Festwerden im Venösen (Blau) und der Neigung zur Auflösung im Arteriellen (Rot), so wie der Gesang selbst die Kräfte der sich lösenden, sich weitenden Vokale mit den sich verfestigenden Formbildungen der Konsonanten verbindet und wieder miteinander versöhnt. So kann gerade der Gesang zeigen, wie der Mensch aus den Herzenskräften und der beseelten Kraft der Atmung heraus sich neu mit den Elementen, Kräften und der Wesenhaftigkeit der Natur verbinden kann. Hier wird eine Brücke erkennbar zwischen der subjektiven Ausdrucksfähigkeit inneren Erlebens und dem objektiven Wesensgehalt der Welt. Gerade darin liegt die zentrale, wesensverwandelnde, schöpferisch anregende, seelisch kraftspendende und innerlich harmonisierende, gesundende Gabe wahren Singens.

Werfen wir zum Abschluß noch einen kurzen Blick auf die therapeutischen Möglichkeiten dieser Gesangschule, die mit den physiologischen Grundlagen innig zusammenhängen. Es wurde bereits ausgeführt, wie der Klangstrom im Kopfbereich nicht nur die lufthaltigen Räume der Nasen-Nebenhöhlen erfüllt, sondern auch die durchsichtig klaren, in die Leichte führenden Gehirnwasserströme. Dies kann sich therapeutisch bei Erkältungskrankheiten, chronischen Verschleimungen der Nasen-Nebenhöhlen, z. B. auch Heuschnupfen, günstig auswirken. Die Ausscheidung wird angeregt, die Neigung zu solchen Verschleimungen läßt nach; die Durchwärmung und Durchlüftung des Kopfes wird gefördert, wobei auch seelisch eine Erwärmung, Aufhellung bei nachlassender Schwermut, innere Freude und ein Gefühl der Freiheit erlebbar wird. Wir haben auch hingewiesen auf die starke Erkraftung seelischen Erlebens durch das Üben eines neuen Zuhörens, ja durch die Verbindung von aktivem Lauschen und hingebungsvollem Singen.

Das Vertiefen der immer oberflächlicher werdenden Atmung führt zum besseren Durchatmen des Menschen, was ein Lösen von Verkrampfungen, von Verspannungen mit Verlust von Rücken-, Nacken- und Kopfschmerzen bewirkt. Auch ein Beitrag zur Behandlung von Haltungsschäden im Rücken- und Nackenbereich kann geleistet werden. Seelisch fühlt sich der Mensch nicht nur gekräftigt, innerlich belebt und erfreut, sondern vor allem auch entängstigt, da gerade das Vergessen des Atmens, wie gezeigt wurde, aufgrund der Lösung von Verkrampfungen im Atmungsbereich (Asthma) zu einem Nachlassen von Ängsten führt. Im Seelischen kann somit neben Schwermut und Traurigkeit auch ängstliche Gehemmtheit positiv beeinflußt werden. Die Vertiefung der Atmung, Straffung der Haltung und Kräftigung der Bauchmuskulatur bewirkt im Stoffwechselbereich nun ebenfalls eine bessere Durchatmung und Erwärmung mit Anregung der Stoffwechselprozesse, insbesondere der Lymphströmungen. Gerade die Ablagerungskrankheiten beruhen ja darauf, daß Stoffe aus dem Atmungsprozeß heraus und ins Flüssig-Feste hinuntergefallen sind. Eine innere Anregung, Belebung und Erwärmung der Stoffwechselprozesse muß sich somit auch positiv auf die Ausscheidungsfunktionen und damit auf Ablagerungskrankheiten wie z. B. Gicht, Rheuma oder Arthrose auswirken.

Zusammenfassend kann somit durch die Gesangstherapie auf Heiserkeit, Erkältungszustände, Asthma, Haltungsschäden, Ängstlichkeit, Depressivität sowie Ausscheidungsstörungen positiv eingewirkt werden. Dabei spielen besonders funktionelle Störungen wie Kopf- oder Rückenschmerzen, Verspannungen, Atmungs- und Verdauungsstörungen eine Rolle. Weiterhin können auch Störungen des Sprechens und Zuhörens wie Lispeln, Stottern, Schwerhörigkeit positiv beeinflußt werden.

Es ist selbstverständlich, daß der therapeutisch tätige Sänger erst ganz im künstlerischen Prozeß gestanden haben muß, um einerseits die Elemente des Gesangs zu beherrschen, was eine langjährige Schulung erfordert, andererseits erst im rechten Lauschen auf die Einseitigkeit des Krankheitsprozesses die richtigen Übungen finden und zusammenstellen kann, die bis in die einzelnen Organprozesse hinein auf den Leib gesundend zurückwirken. Therapie entsteht dabei im Opfern des künstlerischen Prozesses, wenn dieser auf den Leib zurückgeführt wird. Hierbei gewinnt gerade der konsonantische Bereich, der ja an der festen Leibgestalt entsteht, an Bedeu-

tung, wobei einzelne Lautkombinationen therapeutisch auf einzelne Organe zurückwirken. Es ist wohl verständlich, daß hier keine einzelnen Übungen angegeben
werden können, da diese in speziellen Kursen der Schule kennengelernt und erübt
werden müssen. Es kann nur auf Grundsätzliches hingewiesen werden. Der therapeutische Prozeß muß letztlich immer der individuellen Behandlung des einzelnen
Therapeuten vorbehalten bleiben.

Ich habe mich bemüht, auf die grundsätzlichen hygienisch-therapeutischen Möglichkeiten der Schule der Stimmenthüllung hinzuweisen und die dazu notwendigen
menschenkundlichen Grundlagen zu entwickeln. Dabei schien die Verschmelzung
von Wahrnehmung und Wahrnehmendem im aktiven Zuhören und hingebenden
Gesang als Urphänomen eines künstlerischen Prozesses bedeutsam; weiterhin war
die zentrale Stellung des Gesangs innerhalb der Künste aufzuzeigen, die sich auf die
physiologische Grundlage von Atmung und Blutzirkulation stützt, die sich nach
oben in die lichtvoll klare Strömung des Gehirnwassers fortsetzt, nach unten in die
trübe Strömung der Lymphe. Die Polarität von Kopf und Gliedmaßen charakterisiert dabei das Spannungsfeld von kalter Abstraktion und triebhafter Emotion, in
das der Mensch seelisch gerät und das körperlich mit dem Gegensatz von Sklerose
und Entzündung ausgedrückt werden kann. Diese Pole können nur durch eine Stärkung der Mitte im Menschen ausgeglichen und gehalten werden. Diese mittleren
Kräfte können aber insbesondere im Gesang, in einem aktiven Zuhören-Lernen und
einer seelischen Kräftigung durch das eigentliche Singen erübt werden. Der Gesang
selber schwingt dabei zwischen festwerdender Formbildung der Konsonanten
(Blau) und der sich weitenden, lösenden Seelenkraft der Vokale (Rot), so wie der
Menschen zwischen dem venösen blauen und dem arteriellen roten Blut schwingt,
zwischen Diastole und Systole, zwischen Ein- und Ausatmung, zwischen Sympathie
und Antipathie, Befreiung aus dem Leib, Verdichtung in den Leib, Verbindung mit
der Welt und Rückzug auf sich selbst. Im lichthaften Dur und dunklen Moll erleben
wir ähnliche Qualitäten im künstlerischen Vorgang wieder.

Der Gesang vermittelt dadurch eine neue, von schöpferischen Kräften durch-
drungene Ausdrucksfähigkeit, die in vokalischen Klangbildern und konsonantischen Lautmalereien, in der Klangfarbe des Vokalischen, in der Lautform des Konsonantischen zum Ausdruck kommt. Im wesenhaften Erscheinen von Urklängen
und Urworten kann sich die Seele angeregt fühlen, sich neu zu erleben, am Erfahren
objektiver Ton- und Lautqualitäten innerlich zu kräftigen und neue Ausdrucksmög-
lichkeiten zu finden.

Ich möchte mit einem Urbild schließen, nämlich mit dem Hinweis auf die Aufführung der Oper »Die Zauberflöte« von W. A. Mozart, die die Schule der Stimmenthüllung in den letzten Jahren in zahlreichen Städten Deutschlands zur Aufführung
brachte. Sie beeindruckte nicht nur durch die wesensgemäße farbige Bühnenbildge-
staltung, den harmonisch sängerischen Gesamteindruck ohne krasse solistische Ak-
zentuierung, sondern begeisterte letztlich als gesamtmenschlicher Eindruck. Die
Vermählung des Männlichen mit dem Weiblichen, dargestellt an Tamino und Pa-
mina, führt durch den Kampf zwischen Licht und Finsternis, von Ober- und Unter-

welt. Als Bild für die Abirrungsmöglichkeiten des menschlichen Seelenlebens – äußere Mechanisierung (Blau) und innere Emotionalisierung (Rot) – gelingt das Durchschreiten der Feuerprobe (Rot) und der Wasserprobe (Blau) durch die magische Kraft der Musik, insbesondere der menschlichen Stimme, die Kraft der »Zauberflöte«. In dieser Oper Mozarts verbindet sich die Kraft der Urbilder mit Klängen und gesungenem Wort so, daß archetypische Seelenvorgänge zur Darstellung kommen. Gerade die Schule der Stimmenthüllung konnte in dieser Oper das Wesen des Gesangs urbildhaft zur Aufführung bringen.

Ein Wort von Frau Werbeck charakterisiert die wesensverwandelnde, gesundende Kraft wahren Gesangs: » Schon der Volksmund deutet darauf hin, daß er um diese Wahrheit weiß, indem er das geflügelte Wort prägte:

Wo man singt, da laß dich ruhig nieder,
böse Menschen haben keine Lieder.

Das will nichts anderes heißen, als daß Gesang, dort wo er seinen Namen wirklich verdient, der Ausdruck einer gewissen erreichten seelischen Entwicklungsstufe ist.« (1969, S. 137).

Literatur

DESCARTES, René: Meditationes de prima philosophia, dt. Mannheim 1863

GOLLWITZER, Gerhard: Zeichenschule für begabte Leute, Ravensburg 1964

GOETHE, Johann Wolfgang v.: Werke, Hamburger Ausgabe, Bd. I, München [12]1981

GOETHE, Johann Wolfgang v.: Sämtliche Werke, Bd. II, Zürich 1979

HAUSCHKA, Margarethe: Zur künstlerischen Therapie, Boll 1971

HEITLER, Walter: Das Bild des Menschen als Objekt der Naturwissenschaft, in: Menschliche Existenz und moderne Welt, Berlin 1967

HENSEL, Herbert: Allgemeine Sinnesphysiologie, Hautsinne, Geschmack, Geruch, Berlin 1966

HILDEBRANDT, Gunther: Zur Physiologie des rhythmischen Systems, in: Beiträge zu einer Erweiterung der Heilkunst 39 (1, 1986), S. 8

HUSEMANN, Armin: Der musikalische Bau des Menschen, Stuttgart 1982

JENNY, Hans: Kymatik, Bd. I und II, Basel 1967 und 1972

LEHRS, Ernst: Mensch und Materie, Frankfurt 1953

SCHEURLE, Hans Jürgen: Die Gesamtsinnesorganisation, Überwindung der Subjekt-Objekt-Spaltung in der Sinneslehre, Stuttgart 1984

SCHULZE, F. E. Otto: Einige Hauptgesichtspunkte der Beschreibung in der Elementarpsychologie, I: Erscheinungen und Gedanken, Diss. Leipzig 1906

STEINER, Rudolf: Die Philosophie der Freiheit, GA 4

TREICHLER, Rudolf: Die Entwicklung der Seele im Lebenslauf, Stuttgart 1981

WEIZSÄCKER, Victor v.: Der Gestaltkreis, Stuttgart [4]1950

WERBECK-SVÄRDSTRÖM, Valborg: Die Schule der Stimmenthüllung, Dornach 1969

URSULA ESCHENBACH

Zur Symbolik des Auges

Ich möchte versuchen, einerseits zu vermitteln, was man in der analytischen Psychologie unter Symbol-Dynamik versteht, andererseits etwas vom praktischen Umgang mit der Symbolsprache des einzelnen im therapeutischen Beziehungsraum.

Wie bereits in meinem Beitrag »Zum Sehen geboren – das innere Auge« erwähnt, enthält das Wort Symbol – im griechischen Sprachraum »to symbolon« und im lateinischen Sprachgebrauch »symbolum« – als dynamischen Bedeutungsinhalt den Vorgang des Zusammenfügens. Letztlich verbirgt sich hier ein mythologisches Urbild, ein Archetyp also, in dem es vom Urmenschen Adam heißt, daß er ein »Androgyn« gewesen sei, also in sich doppelgeschlechtlich und damit eine Ganzheit, wie die Götter selber. Dieser aber empörte sich gegen die Götter, da er sich ihnen an Kraft gleich erlebte, und wurde darum vom Gottvater Zeus auseinandergeschnitten, in zwei Hälften geteilt. Hierdurch wurde die Sehnsucht und die Liebe geboren mit der lebenslangen Suche nach dem getrennten anderen Teil.

Hiermit begann aber auch die lange Geschichte des Symbols mit immer wieder wechselnden Definitionen und Deutungen, mit Besitzergreifungen aller geisteswissenschaftlichen Disziplinen – und auch der Streit darüber, was es bedeutet. Es ist verstehbar, wenn C. G. Jung, der sich viele Jahre intensiv mit der dynamischen Symbolik der Psyche befaßte, formuliert: »Ob es ein Symbol sei oder nicht, hängt zunächst von der Einstellung des betrachtenden Bewußtseins ab.« (1968) Der Umgang mit dem Symbol ist die älteste geistige Tätigkeit des Menschen überhaupt. Denn das Symbol enthält das Formprinzip für die psychischen Energien des Unbewußten. Aus der autonomen, d. h. eigenständigen Dynamik der unbewußten Psyche ereignet sich – rational oft nicht leicht verstehbar – die schöpferische Wirklichkeit sichtbarer Symbolmanifestationen im Bild. Der Kulturraum der ganzen Welt steht hier Pate und überläßt der individuellen Psyche die freie Wahl, den symbolischen Schlüssel zu finden für die eigene Aktualität. Hierin liegt bereits bewußtseinserweiternde Tätigkeit: ein zeitloses Symbol einzuordnen in die eigenen psychischen Seinsbezüge und zeitlos Gültiges zu erfahren im zeitlich begrenzten eigenen Leben.

Ein Symbol ist der Ausdruck des dialogischen Prozesses nach innen. Es wird ermöglicht durch die spezifisch menschliche Fähigkeit, Wahrgenommenes gestalterisch bildhaft wiederzugeben. Das Symbol im psychotherapeutischen Prozeß ist aber auch bereits autonome Therapie. In diesem Zusammenhang ist es sehr interessant, wenn der Physiker Fritjof Capra in seinem Buch »Wendezeit« unter dem Thema »Die neue Sicht der Wirklichkeit« von der »Selbstorganisation« der Psyche schreibt, daß diese die Psyche nicht nur befähigt, »psychische Erkrankung zu bewirken, sondern sich auch selbst zu heilen«.

90

Das Symbol bewirkt gerade über seine kollektiv gültige Chiffre den Weg zu den archetypischen Tiefenschichten. Die dadurch aktivierten Inhalte einschließlich aller Stolpersteine der eigenen Lebensgeschichte enthalten die verschlüsselte Aufforderung zur stetigen Wandlung erstarrter neurotischer Positionen, die erst im therapeutischen Schutzraum aufgeschlüsselt werden können und dürfen. Das Auge ist nur eines von den zahlreichen Symbolen, die das Unbewußte produziert. Bäume, Tiere, Häuser, Zahlen, Wasser, Erde und Himmel, alle sichtbaren Objekte der Welt und der Phantasie können zum Wegweiser werden für die innere Symboldynamik. Jedes Sinnesorgan ist in seiner psychischen Funktion quasi ein Tor zur Seele des Menschen. Das ist natürlich ganz besonders augenfällig beim Auge. Ungehindert und zunächst auch meist unverändert können Bildeindrücke eindringen, wenn das Auge offen ist. Das einstige Sehen in die Ferne hat heute im Zeichen des Fernsehens seine ehemalige Bedeutung vollständig verwandelt. Die freie Wahl und Aktivität im Objektbezug, im Verweilen oder Verändern, ist dem passiv und wehrlos ausgesetzten Bildstrom und der Suggestion von Inhalt und Ton gewichen.

Das Auge ist das Fenster zur Welt – und dabei denkt man ganz allgemein zunächst an die Außenwelt. Aber es ist eben auch gleichzeitig der Spiegel der Seele, in dem man sich selber erkennen kann.

Dazu fällt mir ein Erleben ein, das mir vor vielen Jahren einmal in einer Behandlungssituation begegnet ist. Es war eine der Begebenheiten, die man um ihrer menschlichen Tiefe willen nicht vergißt, die voller Schicksal sind und als kostbares Geschenk im ärztlichen Lebensbuch stehenbleiben. Mein Dialogpartner war ein junger Pfarrer, der wegen einer ihn sehr bedrängenden Symptomatik ratsuchend zu mir gekommen war. Immer, wenn er die Kanzel betrat, um zu seiner Gemeinde zu sprechen, hatte er das Gefühl, er würde erblinden und dann in die Tiefe stürzen. Aus dieser Vorstellung hatte sich eine ganze Reihe anderer Symptome entwickelt und ihn auf einen langen Leidensweg vergeblicher Heilbemühungen geschickt. Der junge Mann wurde ganz beherrscht von seiner stark introvertierten Wesensseite, die ihn durch die bedrängende Symptomatik so eingeengt hatte, daß es schon äußerlich geradezu ins Auge sprang. Er wagte nur noch zu denken, von seinem Gefühl wußte er so gut wie gar nichts, er hatte diese Möglichkeit an den christlichen Befehlsraum »Du sollst Deinen Nächsten lieben wie Dich selbst« delegiert. Da er sich selbst in keiner Weise akzeptieren und schon gar nicht lieben konnte, sah es in der Praxis mit dieser Delegation auf Befehl des Höchsten eben doch recht ärmlich aus. Es sprach daher sehr für die Integrität und innere Wahrhaftigkeit dieses jungen Pfarrers, daß gerade dieses Versagen im menschlichen Bezug ihn auf den Weg geschickt hatte und er sich, entgegen dem sehr engen und pharisäerhaften Umfeld, auf den Weg der Selbstsuche im therapeutischen Dialog begab. Und gerade dieser junge Mensch, der seit seiner frühesten Kindheit in strengster Diszipliniertheit gelebt hatte, brach in dieser Stunde wie ein Tornado in seinen Gefühlsraum ein.

Schon zu Beginn der Stunde war eine aggressive Untertönung bemerkbar, die sich allerdings auch schon längere Zeit in den Träumen annonciert hatte. Der sonst eher zurückhaltende und gehemmte Analysand sprang plötzlich auf, begann heftig gestikulierend zu reden, bis es schließlich schreiend aus ihm herausbrach: »Ich kann sie nicht mehr sehen...« Und er lief zum Regal, wo sie lag, die Bibel nämlich, riß sie heraus und begann sie mit erstaunlicher Kraft zu zerreißen, ließ einzelne Seiten durch den Raum fliegen und trampelte schließlich auf den Blättern herum. Dazu rief er immer wieder: »Ich hasse Dich, ich hasse Dich...«, und brach schließlich in einen erschütternden Weinkrampf aus.

Trotz der dramatischen Zuspitzung war mir etwas aufgefallen – und das ist auch der Grund, weshalb ich die Tür der inneren Werkstatt des therapeutischen Raumes zu diesem Erlebnis geöffnet habe –: Kurz bevor der junge Mann nach der Bibel griff und trotz des mächtigen Erregungssturmes, schaute er mich kurz an. Diese Augenbegegnung hatte für mich – und wohl auch für ihn – einen ungewöhnlich intensiven Charakter. Es war wie eine stumme Frage, wie eine letzte Kontrolle vor dem Abtauchen in die Tiefe. (Nicht zufällig spricht man wohl vom Auge des Zyklons, der sich mit seinen gefährlichen Wirbeln immer um dieses Zentrum dreht.) Dieser Blick bewirkte jedenfalls bei mir eine abwartende Distanz und gleichzeitig eine gefühlsmäßige Protektion, ein befreiendes Zulassen-Können dieser Komplexentladung ins Bewußtsein des erregten Mannes. Es war ganz einfach die innere Wahrheit als aktuelles Lebensereignis, und ich wurde davon ebenso erfaßt wie mein Gegenüber. Der Mut, den der junge Mensch sich selbst zeigte, indem er den Lebensvorhang zerriß, wie einst Jesus von Nazareth den Tempelvorhang, bedeutete für ihn tatsächlich ein Hellwerden im eigenen Lebensraum. Es war, als hätte der Gott des Augenblickes – »Kairos« – selber im Raum gestanden. Wir haben auch über diesen Blickkontakt sprechen können, und es war gerade für diesen Menschen von wesentlicher Bedeutung, auf der Blickebene standgehalten zu haben und seinen Gefühlssturm zulassen zu können.

Der Symbolreichtum um das Auge ist sehr umfänglich. Moderne Verhaltensforscher entdeckten interessante Zusammenhänge zwischen Kunst, Kultur und der Magie des Auges. Augenmuster sind im Tierreich weit verbreitet und dienen sowohl der Abschreckung und Abwehr wie aber auch der Anziehung, z. B. der weiblichen Tiere. Die Symbolik des Symptoms ist ebenfalls recht umfänglich und kann nur – besonders bei Kindern mit Augenticks – mit Behutsamkeit aufgelöst werden. Darüber hinaus aber spielt die Augensymbolik auch im mythologisch-religiösen Bereich eine nicht unwesentliche Rolle, wobei die astrale Symbolik, einschließlich aller rhythmischen Vorgänge von Tag-Nacht, Licht-Finsternis, Sonne-Mond-Kreislauf, in die Symboldynamik einbezogen wird. Als Erlebnisengramme sind sie im archetypischen Kernelement des kollektiven Unbewußten eingespeichert. Von der psychischen Dynamik her signalisiert die Augensymbolik schlechthin Bewußtwerdungsvorgänge im Zusammenhang mit dem Integrationsimpuls schöpferischer Energien für das Ich. Unter der Chiffre des Auges handelt es sich dabei häufiger um weitreichende Erkenntnisprozesse, geistige oder intellektuelle Erweiterungen, um Wissen und Weisheit, die besonders dann, wenn ein mythologisches Hintergrundmotiv auftaucht, intensiv dazu auffordern, dem Sinn des jeweiligen Augenmotivs nachzuforschen.

Im Zusammenhang mit diesem Teilaspekt möchte ich von den vielen mythologischen Bildfacetten, die ich gesammelt habe, ein besonders schönes und eindrucksvolles Mythologem in den Blickpunkt holen, um den geistigen Hintergrund für das erste Bild aus einem therapeutischen Prozeß zu konstellieren, das ich Ihnen zeigen möchte. Im germanischen Mythos wird der Einweihungsweg des Hochgottes Odin beschrieben, der so begierig nach Wissen war – was für eine sympathische und menschliche Eigenschaft bei einem Gott –, dieses aber nicht bei der Wissenschaft suchte, sondern bei den Wurzeln des Lebensbaumes, der Weltenesche Yggdrasil. Am Beginn dieses Einweihungsweges stand – auch für den Gott – das Opfer. Denn am Beginn des Weges steht der gewaltige Riese Imir als Wächter und fordert des Gottes eine Auge. Damit beginnt der Einstieg in die Tiefe. Sieben Tage und Nächte hängt der Gott mit dem Kopf nach unten am Weltenbaum und holt das Heil aus der untersten Erdenwelt, den Wurzeln der Tiefe. Er findet die Ur-sache der verborgenen Welt und das Geheimnis der Runen, der symbolisch verschlüsselten Signaturen um die Ganzheit des Weltendaseins. Auf diese Weise wurde der Gott allwissend, denn er sah nun nicht nur aus dem Raum seines allsehenden und erkennenden Himmelsauges, sondern er hatte auch Einblick in die Tiefen, in die Dunkelheiten und Unbewußtheiten des Erdschoßes und seiner kostbaren Schätze gewonnen.

Dieser im mythologischen Bild dargestellte Einweihungsweg entspricht dem psychischen Individuationsweg einer psychotherapeutischen Selbsterfahrung. Für jeden Menschen, der so etwas mit sich und in sich erlebt, ist es eine schöpferische Offenbarung. Symbol-Prozeß ist immer Wandlungs-Prozeß. Und Prozeß heißt immer Weg. Jeder Mensch besitzt eine schöpferische Potenz, die wohl auch zu dem Begriff der Ebenbildlichkeit Gottes geführt hat. Das Schöpferische hat immer Offenbarungscharakter, steht aber auch immer in engstem Zusammenhang mit der Psyche.

E. Neumann sagt in seinem schönen Buch » Der schöpferische Mensch «: » Es kann nicht nachdrücklich genug betont werden, daß in dem Verständnis des Zusammenhanges des Schöpferischen mit der symbolischen Wirklichkeit der Schlüssel für die Einsicht in das Wesen nicht nur des Menschen, sondern auch der Welt liegt. Erst, wenn erkannt wird, daß sich im Symbol eine umfänglichere Wirklichkeit abbildet als die, welche in der nur rationalen Begrifflichkeit des Bewußtseins erfaßt werden kann, wird der symbolschaffenden Kraft der Menschheit der Ort eingeräumt werden, der ihr zukommt. « Im Allgemeinen ist man ja geneigt, das Schöpferische sozusagen als Vorrecht des Künstlers anzusehen. Damit verbindet sich aber auch gleichzeitig ein mehr oder weniger deutlicher Wertakzent von » richtig « und » falsch «, wenn es sich z. B. um Stilrichtungen handelt, oder von » echt « und » unecht «. Hieraus resultiert aber auch das so häufig zu hörende, quasi als psychische Erbschaft aus Schulerlebnissen und schlechten Zeugnissen: » Das kann ich nicht, da bin ich nicht begabt. Da habe ich immer nur ungenügend gehabt. « Im therapeutischen Beziehungsfeld dagegen wird, auch beim sogenannten » unbewußten Malen «, das Schöpferische als kollektive psychische und bei jedem vorhandene Energie betrachtet, die jeden geistigen Einfall zur Gestaltung führen kann, da ja das Leben selber ein dynamisch-schöpferischer Prozeß ist. Überall da, wo dieser energetische Vorgang gestört oder gebremst

93

oder sogar zum Stillstand gebracht wird, indem diese Energien verdrängt werden, kann man seelische oder körperliche Symptome beobachten, die in sich Signale darstellen und in ihrem symbolischen Sinn entschlüsselt werden sollten, um dadurch neurotische Sperren zu beseitigen.

Jeder Mensch kennt die Not und oft Qual einer stummen Phase, in der »nichts läuft«, »nichts kommt«, wenn man sich wie ausgebrannt fühlt, leer und tot. Und nicht jeder kann mit dem Dichter Torquato Tasso sagen: »Und wenn ein Mensch in seiner Qual verstummt, gab mir ein Gott zu sagen, was ich leide.« Aber wenn jemand da ist, der zuhören kann, wird jeder Traum und jede andere Bildaussage aus dem unbewußten Seelengrund zu einem solchen erlösenden »Sagen-Können«.

Bei der Erforschung dieser dynamischen Innenprozesse stößt man früher oder später auf die ältesten geistig-schöpferischen Urbilder, und das sind die Schöpfungsmythen in ihren zahlreichen Variationen in der Menschheitsgeschichte. Im Zusammenhang mit der Symbolik des Auges ist das Urbild des Genius aus unserem eigenen christlichen Weltschöpfungsprozeß besonders interessant. Da heißt es: »Im Anfang schuf Gott Himmel und Erde. Die Erde aber war wüst und leer, und Finsternis lag auf der Urflut, und der Geist Gottes schwebte über den Wassern.« Hier sieht man die schöpferischen Energien sozusagen im Urzustand. Der Himmel, die Erde und die Urflut, also das Wasser, oder um es ein wenig anders auszudrücken: das Urelternpaar Himmel und Erde, und sie beide dynamisch verbindend die Flut, die im Kommen und Gehen eben Ebbe und Flut, den kosmischen Rhythmus symbolisiert. Darüber hinausreichend wird der alles enthaltende Ewigkeitsaspekt des Geistes als Ganzheit ins Bild geschickt.

Es sind nur wenige Zeilen, die das folgende Tun beschreiben, und die Worte sind bescheiden genug: »Und Gott sprach: Es werde Licht. Und es ward Licht. Und Gott sah, daß das Licht gut war. Und Gott schied das Licht von der Finsternis, und Gott nannte das Licht Tag und die Finsternis nannte er Nacht. Und es ward Abend und Morgen: ein erster Tag.« So vollkommen leicht und selbstverständlich mutet es demjenigen an, der das fertige Werk betrachtet. Und doch brauchte auch der Gott einen ganzen Tg, um Licht und Finsternis zu trennen – und nicht nur den Augenblick eines Atemzuges. Das Gottwerk enthält also als Verheißung die Zeit und damit den Raum, den Zeit-Raum, in dem sich für jedes lebendige Wesen das Schöpferische vollziehen kann. In diesem Urbild der Weltschöpfung zeigt sich aber auch der Werdeprozeß einer Bewußtwerdung, einer Lichtwerdung, wie man es bei jedem Kind als Ichentwicklungsprozeß und bei jedem Menschen als aktuelle Bewußtseinserweiterung erleben kann. Schon in dem wohl ältesten Weisheitsbuch der Welt, dem von Richard Wilhelm so genial übersetzten chinesischen »Buch der Wandlungen I Ging«, stehen am Anfang die Zeichen des Schöpferischen und des Empfangenden, des Himmels und der Erde.

Ich möchte zu diesen historischen Urbildern aus den Weltschöpfungsmythen nun vergleichend ein unbewußtes Bild eines Menschen aus unserer Zeit und unserem Kulturraum zeigen, auf dem in erstaunlicher Weise die gleichen archetypischen Inhalte dargestellt sind: Das Schöpfungsauge (Abb. 17).

94

Es handelt sich um ein Spontanprodukt innerhalb einer analytischen Selbsterfahrung. Das Bild leitete bei der betreffenden Analysandin eine ungewöhnlich schöpferische Phase ein, so daß dieses Bild seinerzeit fast etwas unterging in dem Strom hervorbrechenden Materials. Erst viel später, bei einem gelegentlichen Rückblick, geriet das Bild wieder in den »Blickpunkt« – es kam uns wieder vor Augen –, und erst jetzt offenbarte es seinen tieferen Inhalt. Es hatte sich für sie das ereignet, was wir in Behandlungssituationen des öfteren beobachten können, wenn das innere Bild wie eine Ahnung, und das heißt meist: ein über die Intuitionsfunktion erfaßter Inhalt, dem Ich-Bewußtsein vorsignalisiert (antizipiert) wird. Vision und Ahnung führen zu Unbekanntem und Verborgenem, an geistige Inhalte, die von Natur aus geheim sind. Sie wurden früher nur auf den einzelnen Stufen von Einweihungsmysterien erfahren.

Die zunehmende Entwicklung und Differenzierung des Ich-Bewußtseins hat aber dazu geführt, daß die Mysterienstätten aufgebrochen wurden, damit jeder ihre Geheimnisse erfahren könne. Aber niemand erfährt geistige Geheimnisse ohne das notwendige Opfer. Die religiösen Wissensbereiche haben sich bis auf wenige verborgene Stätten in das Unbewußte des einzelnen Menschen zurückgezogen. Es gibt zwar in der ganzen Welt noch Bücher der Lehre und des Wissens, aber meist versteht man ihre Sprache nicht mehr. Jeder muß sich selber auf die Suche begeben, und gelegentlich begegnet man dann auch noch einem Lehrer.

Auf dem unbewußten Bild dieser Analysandin kann man ebenfalls eine Flut sehen, man könnte auch sagen eine Ur-Flut, die hier gleichsam durch den Himmel hindurch erkennbar wird. Im Gegensatz zu der Ruhe des biblischen Schöpfungsbildes ist diese Malerei von einer dramatischen Unruhe beherrscht. In dem ockergelben Grund könnte man ein Eiland entdecken, das vielleicht erst im Entstehen, aber als inneres Motiv bereits vorhanden und im schöpferischen Impuls noch gehalten ist. So etwa bilden sich die ersten Inseln des Bewußtseins aus dem Meer des Unbewußten, wenn das Ich des kleinen Kindes sich allmählich aus einer psychischen Einheitswirklichkeit zu entwickeln beginnt. Man sieht die mächtigen Flügel im kosmischen Raum, wie zu einem Vogel gehörend und damit ein geistiges Symbol darstellend. Auf diesem Bild können sie ebenso eine Muschel oder aber einen Uterus (Gebärmutter) darstellen – tragend und schwebend zugleich, und damit den polaren Gegensatz von Himmel und Erde enthaltend. Es mutet so an, als träte Blut von innen nach außen, vielleicht wie bei einer weiblichen Monatsblutung, aber auch wie das Fruchtwasser, das den Muttermund öffnet beim Beginn eines Geburtsvorgangs. Im Zentrum des Bildes aber sieht man das leuchtende und schauende Auge, das das ganze Bild zu beherrschen scheint. Es ist innerster Keim, aber es kann symbolisch von der Form her auch potentielles Sperma sein, womit schöpferisches Zeugen und Gebären wiederum in einem gemeinsamen Symbol auftauchen.

Der ganze hier dargestellte Vorgang ist ein Ein- und Ausbruch zugleich, ein Ereignis, das zwar darstellbar ist (wie man sieht), auch beschreibbar ist (wie man lesen kann), dessen Erlebnisqualität aber eigentlich nur nachempfunden werden kann, wenn ein Mensch sich zu seiner eigenen Erlebnisquelle auf den Weg macht. Sonst bleibt man leicht im Raum der Kritik oder eben der Deutung stehen und erfährt möglicherweise richtiges, aber nicht den Sinn. Das emotionale Erlebnis eilt aber häufiger dem Verstehen voraus und läßt das Ich-Bewußtsein mit der offenbleibenden Frage weiter auf die Suche gehen. Aber die spontane Kraft des Energiezstroms aus dem Unbewußten ist auch da, wo seine Bedeutung erst später verstanden werden kann, sehr wirksam. Die kontinuierliche Integrationsarbeit unterstützt und fördert in entscheidender Weise den progressiven und finalen Charakter der Träume, Visionen und unbewußten Bilder. Solche inneren Aufbruchsituationen mit dem nachfolgenden Wandlungsgeschehen spielen in den psychotherapeutischen Behandlungsprozessen eine bedeutende Rolle. Das Traum- und Bildmaterial ist sehr vielfältig und macht bei den Mythen und Märchen der ganzen Welt Anleihen für die unbewußten Projektionen. Dabei sind die Zusammenhänge bei den oft weit über das Bewußtsein des Betreffenden hinausreichenden archetypischen Aussagen nicht immer leicht zu erfassen. Aber gerade die emotionale und energetische Ladung eines Symbols bewirkt Wandlungsvorgänge und Einstellungsänderungen des Bewußtseins in der Richtung auf eine individuelle Persönlichkeit hin. Die Erkennung der Symboldynamik verhindert die nur formale Anpassung an äußere Normen oder Gesellschaftsformen und zeigt den Weg zur Selbstwerdung.

Ergänzend zu diesen eher theoretischen Überlegungen zur Symboldynamik möchte ich anhand einiger Beispiele noch etwas vom praktischen Umgang im Raum der Augensymbolik vermitteln. Ich habe dafür gerade Beispiele aus dem Bereich des zweiäugigen Sehens herausgegriffen, weil er Elemente sichtbar werden läßt, die jedem Menschen täglich begegnen können, also eigentlich in den »Normbereich« zu gehören scheinen. Das zweiäugige Sehen, optisch vor allen Dingen das räumliche Sehen, kann sowohl funktionell-organisch wie aber auch psychologisch verstanden werden. Besonders bei Störbereichen in der Bewußtseinsebene ergeben sich interessante Ergänzungen zur Organdiagnose aus den psychologischen Beobachtungen. So ist es z. B. eine interessante Tatsache, daß fast alle Menschen zwei verschiedene Augen haben und daß diese Rechts-Links-Unterschiedenheit oft relevante Aussagen zu machen vermag über die Objektbeziehung des betreffenden Menschen. Man kann dies sowohl auf künstlerischen Porträts, die von einem Maler angefertigt wurden, ebenso auf Porträt-Fotografien oder aber auch auf unbewußt gemalten Bildern wahrnehmen. Von Kokoschka wird z. B. behauptet, daß er eine eigene, möglicherweise komplexhaft besetzte »Augenthematik« in die Porträt-Bilder seiner Modelle hineinmalte.

Zur Interpretation dieses Themas möchte ich das Bild eines Patienten zeigen, für den diese Darstellung zu einem ganz besonderen Evidenzerlebnis wurde, da er seit seiner Schulzeit durch das ganz feststehende Urteil: »Da bin ich total unbegabt, das kann ich überhaupt nicht...«, auf diesem kreativen Sektor vollkommen blockiert war. Dabei waren sowohl seine Vorlesungshefte als auch seine Berufsakten fast durchgängig mit originellen und psychosymbolischen Zeichnungen und Kritzeleien versehen. Die lebendige, großzügige und humorvolle Farbkomposition seines Porträts zeigt die oben erwähnte Unterschiedlichkeit der Augen in geradezu drastischer

Weise. Er selber konnte dies zunächst nur auf sein Unvermögen beziehen. Als wir aber im Dialog auf die Möglichkeit zu sprechen kamen, daß sich in diesen Augen vielleicht bestimmte Wesenszüge – wie z. B. Extraversion und Introversion – ausdrücken könnten, war er zutiefst überrascht, daß sein eigenes Malen überhaupt zum Ausdruck fähig sein könnte (Abb. 18).

Besonders interessant sind Augenbilder, auf denen die Augenachse in Bewegung gerät, wie man es heute besonders in der modernen Malerei auch häufiger antrifft. Diese eigentümliche Dynamik kann man auch immer wieder einmal bei unbewußten psychischen Prozeßverläufen beobachten. Einige Bilder sollen versuchen, einen Einblick in solch ein individuelles inneres Geschehen sichtbar werden zu lassen. Das erste Bild mit deutlich verschobenen Augenachsen wirkt drastisch, ungestüm und urhaft, mit einer elementaren Wahrnehmungsbereitschaft bis hin zu dem offenen Mund. Es ist ein Bild, bei dem man fast noch den Entstehungsvorgang erkennen kann, indem das Gesicht aus dem Hinter- oder Untergrund aufzusteigen scheint. Die erdhafte Farbe, die an chthonische Bereiche erinnert, die aber gleichzeitig von dem Sonnengelb des Hintergrunds durchleuchtet zu sein scheint, unterstreicht die Kühnheit dieses unbewußten Entwurfs und die Kraft der Konfrontation (Abb. 19). Welche innere Thematik bedurfte der Zuwendung durch das Bewußtsein und ließ die Augen aus der Horizontebene gleiten? Es handelt sich um eine junge berufstätige Frau, die sich – wie heute ja meist üblich – ganz wesentlich um die Entwicklung und Differenzierung ihrer intellektuellen und geistigen Möglichkeiten gekümmert hatte. Sie war berufstätig, sehr ausgefüllt, existentiell recht gut gestellt und, zumindest von außen her gesehen, recht anerkannt. Die Intensität ihrer vitalen Energien war ihr mehr oder weniger unbewußt geblieben und rumorte nur gelegentlich als vegetatives Störsymptom.

Das symbolische Signal in den verschobenen Augenebenen enthielt in seiner Zielbedeutung den Hinweis, daß eine vergleichbare Ebenenverschiebung in ihrer bewußten Haltung und Verhaltensweise angezeigt wäre, zugunsten einer bewußteren Zuwendung auch zu ihren körperlichen Bedürfnissen. Sie stand z. B. im Grenzbereich einer Magersucht. In sehr origineller Weise wird das Thema auf einem späteren Bild erneut über das Augenthema aufgegriffen. Das Bedürfnis selber meldete sich spontan. Sie hatte aber inzwischen gelernt, einem solchen inneren Bedürfnis einfach nachzugeben. Als Beginn bot sich ihr – wie ein unbewußtes Konzentrationssignal – der Kreis an. Die gelbe Halbkreiskontur in der Diagonale rechts oben mit der Ergänzung eines blauen Halbkreises links unten fügte sich eher spielerisch oder mit einem »ach ich weiß auch nicht...« hinzu. Dann aber entstanden die beiden Augen in einer seltsamen »Oben-unten-Thematik«, diesmal ohne daß die Patientin noch merkte, daß sie sich in die Halbkreisdiagonale einfügten. Es wurde ihr erst beim Dialog über das Bild ganz bewußt. Sie selber hatte dann noch den Einfall: »Die hängen ja wie in einer Lemniskate. Aber was hat das mit Ewigkeit zu tun?« Gerade diese Frage war es wohl auch, die so sehr aus ihrem eigenen Inneren aufgestiegen war und so wenig mit ihrer rationalen Bewußtheit zu tun hatte, die sie weiter auf die Wegsuche nach innen begleitete (Abb. 20).

97

Auch das nächste Bild gehört mit seiner in ihm wohnenden Dramatik in ein Er-lebnisfeld, das das Ich-Bewußtsein der Patientin stark beschäftigte. Das Bild war so sehr vom Unbewußten her motiviert, daß ihr zunächst sogar die einzelnen Bildde-tails fremd geblieben waren. (Sie hatte alle Bilder zu Hause gemalt.) Bei der ge-meinsamen Betrachtung war ihr erster Kommentar sehr lapidar und sparsam: »Die sind in Not.« Nach einer Weile fügte sie dann hinzu: »Das muß auch sehr gefährlich sein, denn das ist ja ein Flammenmeer.« Beim allmählichen Einstieg in den In-halts-Raum des Bildes fielen ihr langsam und mosaikhaft andere Wahrneh-mungen ins Wort: »Die Augen« – sie meinte die beiden großen, wieder in der Dia-gonale stehenden Augen – »haben ja eigentlich kein Gesicht, komisch wie ich das sage. Eigentlich hat doch das Gesicht Augen und nicht die Augen ein Gesicht. Das Boot könnte ja auch der Mund sein. Die (Augen) scheinen wegzuschwimmen. Ob die wohl die Augen festhalten wollen? (Die Figuren im Boot.) Aber eher sehen sie so aus, als wollten sie etwas empfangen.« Nach einer kurzen Seh-Pause fuhr sie lebhaft fort: »Ach, das habe ich ja überhaupt noch nicht gesehen, da ist ja links ein Mond und rechts eine Sonne in den Augen. Das sieht ja fast so aus, als wären das Himmelsaugen. Aber dann könnten es ja auch Gottesaugen sein. Ja, wenn man es sich einmal ganz konkret vorstellt – so am unsichtbaren Gott! Merkwürdige Vor-stellung, daß Gott Augen haben soll – das allessehende Gottesauge –, aber das ist ja doch immer nur ein Auge. Früher dachte ich manchmal, daß es schön sein müßte, wenn Gott alles sehen würde, besonders im Dunkeln, wenn ich mich fürchtete. Aber noch lieber habe ich es gehabt, wenn das Licht brannte. Es war mir sicherer.«

Unversehens hatte sie das Bild in ihre eigene Vergangenheit und damit in den Regressionsraum der Kindheit geführt. Und ganz naiv stellte sie sich selber plötz-lich die Frage: »Warum habe ich das denn da reingemalt? Vielleicht ist das ja auch gar nicht die Sonne (im rechten Auge). Es könnte ja auch der Mond sein, dann wäre es einmal der Halbmond und einmal der Vollmond. Aber da sind die Strahlen. Der Mond hat immer eine Grenze, die Sonne reicht unendlich weit.« (Abb. 21)

Die Patientin hatte in diesem sehr konzentrierten Wortdialog mit dem Bild sehr viele Worte formuliert, die in sich einen ganzen Bedeutungskatalog anboten. Das Bild hatte sich über die Wortschwelle intensiv der Bewußtwerdung angenähert. Unversehens hatte sich die kosmische Thematik in ihre Worte gedrängt, die in der archetypischen Chiffre des Mondes in die Augensymbolik des unbewußten Bildes transzendiert worden war.

In überraschender Weise bietet sich ein Vergleichsbild, das uns aus einem frem-den Mythos erhalten geblieben ist, als Amplifikation an. Es stammt aus dem alten ägyptischen Kulturraum und gehört in den faszinierenden Forschungsraum der Mondsymbolik. Auf dem hier gezeigten Bild sieht man die Mondbarke, die sich »selbständig« vorwärts bewegt, in der der Mond ruht. Es ist ein Sichelmond, der den Vollmond umschließt. Rechts und links stehen wachend die beiden Horus-Augen, die die Bewegung des Mondes über den Himmel begleiten – wie die Augen die Barke auf dem Feuermeer. Auf die Mondsymbolik soll hier nicht weiter einge-gangen werden. Sie umfaßt den gesamten Bereich weiblichen Wesens, weiblicher

Geistigkeit und weiblichen Seins, einschließlich der Lebens- und Todesrhythmik (Abb. 22).

Es ist in diesem Zusammenhang aber besonders interessant, die aktuelle Symptomatik der Patientin in den Dialog mit einzubeziehen. Es handelte sich bei ihr tatsächlich um ein wesentliches Problem der Lebensrhythmik, um eine Entwicklungsphase, die sich nicht allzu selten mit den psychologischen Bildern des Todes, des Untergangs oder der Sinnlosigkeit koppeln. Sie hatte die Lebensphase erreicht, wo Älter-Werden viel bewußter Trennung bedeutet als wenn man noch sehr jung ist, auch Trennung von den eigenen, reif gewordenen Lebensfrüchten – nicht nur von den Kindern. Es ist eine Übergangsphase, in der sich oft alles bisher voll Erlebte zu banalisieren beginnt, und erst aus einer bewußt akzeptierten Introversion in den eigenen schöpferischen Bereich ein Wechsel und das heißt auch eine Wandlung in eine neue entwicklungsträchtige Phase einsetzen kann.

Das Bild von dem Feuermeer deutet also mit seiner Symboldynamik auf einen therapeutischen Regressionsvorgang hin, der die in äußere Objekte investierte Libido zurückzieht und für den aktuell notwendigen inneren Prozeß zur Verfügung stellt. An die Stelle der Abwehr, der Sinnlosigkeit und der Verzweiflung tritt dann die Trauer, die nicht mehr nein sagt, sondern einschwingen läßt in eines der großen Lebensthemen überhaupt: Abschied nehmen zu können, sich abscheiden können vom Alten, vom Gestern, vom Gewesenen, damit Neues geboren werden kann. In dieser Phase entstand das nächste Bild (Abb. 23), das sehr eindrucksvoll etwas von der abgründigen Traurigkeit vermittelt, in der das Augenlicht nach außen zu verlöschen und das Leiden selber sich als Gesicht zu gestalten scheint. Es mutet daher fast wie eine tröstliche Verheißung an, sowohl für die Patientin, aber natürlich in solch einem Fall auch für den Therapeuten, daß dieses abgründige Gesicht Lichthaare trägt und damit auch gleichzeitig das erreichbare Oben des Bewußtseins gegenüber dem bedrängenden Unten des Unbewußten anzeigt. Der enge Kontakt zum unbewußten Geschehen der eigenen Psyche wie aber auch natürlich der enge Kontakt im dialogischen Prozeß, wie er sich gerade in der gemeinsamen Arbeit an Traum und Bild kontinuierlich vertieft, bewirkt ebenso kontinuierlich das Wachstum zwischen dem Ich und dem schöpferischen Bereich der unbewußten Psyche.

Literatur

ELIADE, Mircea: Ewige Bilder und Sinnbilder, Olten/Freiburg 1952
ESCHENBACH, Ursula: Therapeutische Konzepte der analytischen Psychologie, Bd. 1, Stuttgart 1978
JUNG, Carl Gustav: Der Mensch und seine Symbole, Olten/Freiburg 1968
KÖNIG, Otto: Urmotiv Auge, München/Zürich 1975
WILHELM, Richard: Das Geheimnis der Goldenen Blüte, Zürich 1929
WILHELM, Richard: Mythen und Symbole, Zürich 1951

KARL-HEINZ MENZEN

Ansätze der Kunsttherapie

1. Was ist Kunsttherapie?

Der kunsttherapeutische Vorgang lebt wie der künstlerische von den drei Schritten des Projizierens, Integrierens und Introjizierens. Das will erklärt sein: Anton Ehrenzweig, einer der Begründer der heutigen Kunsttherapien, führt in seinem Buch »Ordnung und Chaos« (1974) aus: Wie der Kunstschaffende eine Idee formhaftästhetisch auf die Leinwand abbildet (Projektion); wie dieser Abbildungsvorgang Unterschiedliches enthält: Unvergorenes und Ausgereiftes, Vorstellungsbilder, die das wache Bewußtsein nicht scheuen, aber auch solche Imaginationen, die sich – Freud sagt 1908: ›aus Scham‹ – verkleiden (Integration); letztlich wie all dies auf die Leinwand Gebannte, im Anschluß an den bildnerischen Prozeß erkannt, durchschaut und als Eigenes identifiziert wird (Re-Introjektion).

Was in diesem bildnerischen Prozeß geschieht, können wir in jedem seriösen kunsttherapeutischen Vorgang gleichermaßen entdecken: Werden doch auch hier innere Bilder gestalterisch, bildnerisch, d.h. mittels eines ästhetischen Mediums nach außen projiziert; wird doch auch hier all die Ungereimtheit erlebt, ästhetisch Gelungenes, Eindeutiges neben ästhetischen Mischformen, Mehrdeutigkeiten, Mehrschichtigem plaziert zu sehen; und geschieht auch hier jene Versöhnung, die um die Abwege weiß, um die Manifestationen des Unbewußten, des Nicht-Rationalen, das als das meinige erkannt und reflektiert wird.

Kunsttherapie ist vor allem ein *Formbildungsvorgang*, in dem die mir eigene Struktur ästhetisch objektiviert, erkannt, neu geordnet, neu erlebt wird. Unerkannte, dennoch hochwirksame Vorstellungsinhalte kommen zu Gesicht, begeben sich ihrer Masken, wollen im weitergehenden ästhetischen Prozeß expliziert sein.

Kunsttherapie sucht das ästhetische Reflexionsmedium, Sand, Ton, Stein, Stoff, Styropor, Holz, Leinwand, Farbe, die Druckerplatte, um einen zwar sichtbaren, aber unexplizierten Tatbestand zu zitieren. Jean Tardieu dazu: »Ich habe mir oft gedacht, daß die sichtbare Welt eine vergessene Sprache sei, ein ›Kode‹, zu dem wir den Schlüssel verloren haben.« (1965, Einleitung) Kunsttherapie kann ein Schlüssel zu diesen Ausdrucksformen sein. Tardieu: »Jede dieser Formen war uns ins Blickfeld gerückt, um etwas zu bedeuten – aber die Bedeutung kannten wir nicht...« (ebd., S.8)

2. Ansätze der Kunsttherapie – allgemein

»Ich muß Mischungen bekannter Gewürze im Munde zerkauen, um vielleicht das Aroma zu finden, das ich suche.« (ebd., S. 16) Was heißt, die ineinander verschobenen Ebenen von Bedeutungsgeschichten zu entzerren. Was heißt, Sinn zu finden, indem ich Bedeutungsgeschichten neu schöpfe, neu zentriere, so Anna Freud. Das umschreibt die Aufgabe »zur Ästhetik der Grenzüberschreitung« (P. Gorsen, 1980), der »Kunsttherapie als grenzüberschreitend…« (P. Rech, 1982): Einer Aufgabe, die, bildnerisch inszeniert, Auflösungsprozesse in Gang setzt, um neue Konturen zu finden. »Mischungen bekannter Gewürze zerkauen, um vielleicht das Aroma zu finden…«

Adorno hat diesen Satz geprägt, im Schein meines Anders-Seins auch dessen Möglichkeit zu zeigen. Was er andeutet, heißt den eigenen Ausdruck zu transzendieren, ihn zu extrapolieren, das zu ermöglichen, wovon dieser Ausdruck noch nichts weiß. Was heißt, die erstarrten Bilder – und das ist vor allem ›Krankheit‹ – flüssig zu machen.

Erwin Reisners Hinweis, daß der Mensch von seinen Ebenbildern, von seinen fixen Selbstentwürfen unterlaufen worden ist in dem Maße, wie er seine göttlichen Fixpunkte in wohlproportionierten Formen als seinesgleichen präsentierte (vgl. 1947, S. 8), heißt übersetzt: Wo wir einerseits die erstarrten, überhöhten Selbstbilder nicht fortschreiben, nicht brechen, wo wir andererseits Transzendenz des eigenen Ausdrucks, die Möglichkeiten unseres Anders-Seins nicht mehr zulassen, beginnt die eigentliche, ewig-tödliche Krankheit.

»Ich muß Mischungen bekannter Gewürze im Munde zerkauen« (Tardieu) – das ist vornehmlich Auftrag der Kunst. Wo das Leiden an der erstarrten Form zerstörerisch wird, beginnt der Auftrag der Kunsttherapie.

Kunsttherapeutisch arbeiten bedeutet *im Ansatz*, »Dreck (zu) wälzen und äußerste Anstrengung der Sinne, um nicht zu verklumpen«. Was hier Rainer G. Schmidt (1979, S. 66) über die aufzulösenden rituellen Bilder aussagt, die die Dinge des Lebens ›verpuppen‹, versucht in den Worten Arthur Rimbauds, zunächst »die Geheimnisse der Übergänge« kennenzulernen (1979, S. 44), um das leidende Bewußtsein in die Lage zu versetzen, sich wieder zu erfahren; um in der Begleitung des Therapeuten und in dessen Mit-Sein die Beziehung zum Nicht-Erklärbaren wieder herzustellen.

»Mischungen bekannter Gewürze im Munde zerkauen…«

3. Ansätze der Kunsttherapie – konkret

Gegen das ständige Weg-Gleiten des Sinns (Rainer G. Schmidt), gegen die nicht mehr greifbaren Verschiebungen, Überlagerungen, die Überlappungen, aber auch gegen die Einfrierungen der Sinn-Bilder ›unter der Hand‹ geht die kunsttherapeutische Absicht.

Mimmo Paladino, der Maler, beschreibt den Weg des Bild-Entwurfs: »Ein Bild herzustellen heißt, die Verbindung vom Menschlichen zum Anderen zu schaffen...; meistens entwickeln sich die Bilder, indem ich eines über das andere schichte... aus der Idee heraus, ... diese Formen eine aus der anderen wachsen zu lassen, wie... eine Andacht.« (1985, S. 102–103) Fragen wir uns, was dies für den *Bild-Rezipienten* heißt, den *Bild-Betrachter*, denjenigen, der wie der Künstler-Therapeut Bilder zu entschlüsseln hat? Wie muß gerade er, der mit seinem Klienten darauf aus ist, Vorstellungsbilder und deren Bild-Sinn zu ›entregeln‹ (Rimbaud) –, wie muß gerade er bereit sein, das ›Übereinander der Bilder‹ noch einmal auseinanderzurollen, ohne ›Abziehbilder‹, Klischees therapeutischer Denkart darzutun.

Unterschiedlichste konkrete Ansätze von Kunsttherapie zeichnen den Weg Paladinos nach: Bilder zu entwickeln, eines über das andere – nachträglich – zu schichten –, »aus der Idee heraus...«

a) *Die Kunsttherapeutik aneignungstheoretischer Art*, die die Entwicklungsschritte ästhetischer Darstellungsweisen eines Menschen nachzieht von der Kindheit bis ins Erwachsenenalter, sie sucht den Leidensausdruck eines Menschen da, wo es diesem möglich ist, ästhetisch zu ›reflektieren‹. Sie fragt danach, auf welchem Stand der Entwicklung die Zeichnung, die plastische Gestalt, der szenische Ausdruck eines ›Klienten‹ ist. Um im therapeutischen Miteinander an das Leid, das sich mittels dieses Ausdrucks ›intermediär‹ (Winnicott) zeigt, zu rühren.

In der Tradition der Verhaltensforschung und deren Analyse von *Verhaltensmustern* haben Kunsttherapien hier ihren Ansatz. Sie vermögen überzeugend darauf hinzuweisen, daß sich Muster weiterentwickeln, daß diese gelernt sind. Besonders *Didaktiker*, die sich der Lernschritte von Muster-Aneignung angenommen haben, wissen um den Verlauf der *ästhetischen Sozialisation*.

So nimmt es nicht Wunder, daß eine *Kunstdidaktik*, der es gerade um die Frage geht, wie Bilder entstehen, nicht nur im Malatelier, sondern in den Köpfen der Schüler, der es darum geht, welche Bedingungen den bildnerischen Ausdruck, weiter noch: jede ästhetische Darstellung verantworten – so nimmt es nicht Wunder, daß *Kunstdidaktik* sich mit *Kunsttherapie* liiert: Beide fragen, wie es zu dieser oder jener ästhetischen Selbstdarstellung kommt. Beiden geht es um den Beweggrund, warum sich evtl. ein Ausdruck nicht fortschreibt. Die kunsttherapeutischen Ansätze, die grundsätzlich fragen, wie sich ein Mensch diese und keine andere ästhetische Präsenz angeeignet hat, die sich fragen, warum sich ein Mensch symbolisch nur so und nicht anders ausdrückt – sie recherchieren die Schichten, die aufeinandergelagerten Ausdrucksweisen, von denen Mimmo Paladino spricht.

Thema dieses *kunsterzieherischen, -analytischen, -didaktischen Ansatzes* ist die ständige Frage danach, welche kulturspezifischen Muster des Verhaltens uns bestimmen, wie wir diese Muster gelernt haben und welche individuell ausgeprägten Fixierungen vorhanden sind. Thema dieses Ansatzes ist, danach zu fragen, ob die Fixierungen kultureller, ästhetischer Art den Leidensausdruck eines Klienten spiegeln. Der Entwicklungsstand der entäußerten Zeichnung, plastischen Gestalt, Szene mag die Dynamik des Leidens spiegeln. Die Art der Bild-, Figur-, Szenenherstellung mag über das Verhältnis von Dynamik des Leidens und Dynamik der ästhetischen Produktion etwas auszusagen.

Letztes Vorbild dieses Ansatzes ist die amerikanische »image communication«, die allein vom *Bildprozeß* ausgeht, in ihm alle Leidensform, Arbeit am Leid gespiegelt sieht. »The client reveals himself« (T. Maaskant, 1985, S. 22), heißt hier: Im nicht-verbal orientierten Medium gegenseitigen Ausdrucks *entrollt* der Klient angesichts des Therapeuten seine *Vorstellungsbilder*, »to listen with his eyes« (H. Wadeson, 1980), also: um sie der Sprachregel, dem Sprachduktus zu entziehen, bevor ›diese Bilder in Worte übersetzt‹ werden (S. Freud, 1963). Er entrollt diese Schritt für Schritt, *Schicht für Schicht*, so wie es die Beziehung des therapeutischen Settings und die Form seines Widerstandes zulassen. ›Listen with his eyes‹ heißt hierbei: Der Klient verzichtet auf die weitentwickelste Form kulturellen Ausdrucks, er regrediert auf die frühesten, sinnlich-elementarsten Äußerungsweisen. Was auf Seiten des Therapeuten verlangt, sich in rituell-schematische und archetypische Verhaltensweisen einzufühlen.

Tatsächlich ist von den *behavioristischen* Analysen der menschlichen, *verhaltensschematischen, rituellen* Muster bis zu denjenigen des *psychoanalytischen, archetypischen* Denkens wissenschaftsgeschichtlich kein weiter Weg. Dennoch liegen sie, zeitlich zwar nah (Anfang des 20. Jahrhunderts), gerade deshalb sich aufeinander beziehend, in ihren Bezügen wie Mechanismus und Vitalismus weit auseinander. Ihre Verstehensweisen greifen unterschiedlich weit zurück. Grenzten sich bislang aus. Kommen aber derzeit zusammen: Die jeweils kulturspezifische *Entwicklungs-, Schichtanalyse kunsttherapeutisch-aneignungstheoretischer Art* ist inzwischen abseits des Streits von Psychoanalyse und Verhaltensforschung in einer *heilpädagogisch orientierten Kunsttherapie* zuhause:

Die bekannte *Didaktik der sogenannten ›Berliner Schule‹* von P. Heimann (1962), G. Otto und W. Schulz (1977), die sich darum bemüht hat, wie die Inhalte des schulisch Anzueignenden in gut lernbare, griffige Zielvorgaben umzusetzen seien –, diese Didaktik hat in der neueren ›*Pädagogischen Kunsttherapie*‹ (H.-G. Richter, 1984) einen wichtigen Platz. Hier vor allem in der Entwicklung *heilpädagogischer Fördersequenzen* (H.-G. Richter, 1984, S. 135): In therapeutischer Absicht werden hier Ziel-Inhalt-Verbindungen so strukturiert, daß *die Entwicklungsdynamik eines z. B. behinderten Ausdrucks* (Frage: In welchen Schritten hat sich die Behinderung entwickelt?) sich in der *Formdynamik eines ästhetischen Mediums* spiegelt (Frage: Welches Medium entspricht am ehesten dem augenblicklichen Behinderungsstand, und wie komplex muß dieses Medium organisiert sein?).

Der Aufbau ›*kunsttherapeutischer Fördersequenzen*‹ hat sich im Feld von Behinderung und Verhaltensauffälligkeit inzwischen bewährt. Was hier in der Kürze sehr kompliziert scheint, hat der Heilpädagoge E. E. Kobi für den ›klinischen Unterricht‹ sehr einprägsam formuliert: »Ein klinischer Unterricht *geht* also primär *von den gestörten Fähigkeitsbereichen* ... und nicht nur von einem vorbestimmten Lehrplan oder einem Curriculum ... *aus. Der (Schul-)Stoff ist* nicht Zweck, sondern *Mittel* ..., *um Fähigkeiten zu entwickeln* und die Koordination und die notwendigen Umsetzungen

103

zwischen den einzelnen Bereichen – Sprache, Motilität, Perzeption, Kognition, So-ziabilität – zu fördern und zu entstören...« Kobi stellt die *» Frage, welche Stoffe (Mate-rialien, Unternehmungen etc.) geeignet sind,* einem behinderten Kind zu einer besseren Lernbasis zu verhelfen. Durchgehende, d. h. nicht mehr nach Fachprinzipien geord-nete Aktivitäten wie: ›Soziale Interaktionen‹, ›Transferieren‹, ›Motivationen verfol-gen‹, ›Visualisierung und Verbalisierung von Wahrnehmungen und Vorstellungen‹ usf. nehmen einen zentralen Platz ein. Sie lösen die dem lernbehinderten Kind nicht (oder noch nicht) einsichtige Fachsystematik auf und führen dadurch u. U. auch zu einer ungewohnten Hierarchie im Stoffangebot: Zeichnen, Erzählen, Gebärden, Spiel etc. erhalten eine Vorrangstellung gegenüber den traditionellerweise als wich-tig erachteten Schulfächern –: so lange und so weit mindestens, *bis jene Beziehungen zwischen Stoff und Basisfunktionen entwickelt sind...* (E. E. Kobi, 1975, S. 181f.).

Die heilpädagogisch-didaktisch orientierte Kunsttherapie versucht, das physische/psy-chische Leiden, das sich sozial störend bemerkbar macht, wieder sozial tragfähig zu machen. Der (künstlerisch angeleitete) ästhetische Ausdruck ist die Ebene, auf der Entwicklungsrückstände nicht nur kompensiert, sondern aufgeholt und soziale Be-ziehungen neu aufgebaut werden können.

Die Gruppenmalprozesse Manfred Henkels (1970–1973) und seine wie Klaus Holzkamps Interpretation (1972) mit verhaltensauffälligen Jugendlichen in Berlin haben gezeigt, wie künstlerisch angeleitete Aktionen die Konfliktsituationen von Menschen (hier: die umkämpfte Intimsphäre jugendlicher Heimbewohner) ästhe-tisch abbilden, bewußtmachen und verändern können. Manfred Henkel bezieht sich in seiner künstlerisch-therapeutischen Arbeit auf *das › Vorbild‹ künstlerischer Pro-duktion*: » Der Maler, der mit einer Bildvorstellung oder Planung beginnt, zerstört sie bei der ›Materialdiskussion‹ durch Gegenpositionen und durch Zufall, beides wird aufgegriffen und der Synthese einverleibt, bis man sich mit dem fertigen Werk iden-tifizieren kann.«

Ähnlich wie der von Anton Ehrenzweig geschilderte künstlerische / kunstthe-rapeutische Dreierschritt ›Projektion–Integration / Dedifferenzierung–Introjek-tion‹ zielt die Vorgehensweise Manfred Henkels auf »Identifikation ... als Anspruch im wiederholten Versuch und ... als Prozeß«. Ähnlich wie in den von H.-G. Richter vorgeschlagenen ›Fördersequenzen‹ » wird in der geplanten Malaktion ein Zeitge-rüst vorgegeben, in dem jeder den individuellen Arbeits- und Erlebnisrhythmus ausprobieren, verändern kann« (M. Henkel und K. Holzkamp, 1972, S. 75).

Die »gewonnene Fähigkeit, sich ... zu orientieren« (M. Henkel), ist das Ziel aller kunsttherapeutischen Bemühungen bei der ›Konstruktion von Fördersequenzen mit ästhetischen Mitteln‹ (H.-G. Richter).

Bleibt nachzutragen, daß sich der kunstdidaktisch-aneignungstheoretische An-satz vor allem im Schul-, Sonderschul-, Rehabilitationsbereich durchgesetzt hat. Der *Adressatenkreis* sind insbesondere verhaltensauffällige sowie lern-, geistig- und kör-perbehinderte Menschen.

b) Eine » Rückverwandlung der Symbolik von Malereien in die Erfahrung von Subjekten« fordert Helmut Hartwig (1984, S. 4) für das symbolisch-aneignungstheoretische Vorgehen der Kunsttherapie. *Die erlebnis- und gefühlsprozeßorientierte Kunsttherapie* praktiziert diese Forderung anscheinend seit mehreren Jahrzehnten. Dabei bleibt aber das diesem Anspruch wichtige Anliegen, auf die Herkunft, die Geschichte jeden ästhetischen Ausdrucks zu achten, in der Regel auf der Strecke.

Die *Kunsttherapeutik erlebnis- und gefühlsprozeßorientierter Art* bestimmt seit der Blüte der Erlebnispädagogik der Kunsterzieherbewegung besonders der zwanziger Jahre, der Ausdruckstherapien, der ›Themenzentrierten Interaktion‹ Ruth Cohns (TZI) in den letzten zwei Jahrzehnten, den Facetten der Bemächtigungstherapien unterschiedlichster Prägung, den Ansätzen der Primärprozeßtherapien (Janow), den Richtungen kunsttherapeutisch einsetzbarer ›Transpersonaler Psychologie‹ (Maslow), der Initiatischen Therapie (Graf Dürckheim) und vor allem der neueren gestaltungstherapeutischen Verfahren (Petzold, Schottenloher, Wellendorf) immer mehr die therapeutische Praxis des hier Besprochenen. Diese Ansätze auf einen Nenner zu bringen heißt, im einzelnen ihnen Gewalt anzutun. Dennoch soll es gewagt sein: für die Ansätze von Ausdrucks-, Erlebnis- und Gestaltungstherapie.

Die Entwicklung der *Erlebnis-, Ausdrucks- und Gestaltungstherapie*, die pars pro toto in ihren Protagonisten G. R. Heyer (1929), L. Paneth (1929), M. Schultze (1938), R. Cohn (1970), Graf Dürckheim, M. Naumburg (1966), E. Franzke (1977), G. Schottenloher (1983), E. Wellendorf (1984) u. a. hier erwähnt wird, hat durchgehend folgendes Ziel: Im gestalterischen Prozeß produktive Kräfte freizusetzen, die die regressiven Ausdrücke zu integrieren vermögen und dadurch die Ich-Funktionen des Gestaltenden stärken (vgl. H.-G. Richter und R. Limberg, 1984, S. 195).

Die therapeutische Wirkung von Erlebnis-, Ausdrucks- und Gestaltungstherapie zielt u. U. auf eine ›*Katharsis*‹, d. h. auf die Abführung, Entladung gehemmter, unerlaubter oder verdrängter Strebungen, auf eine ›*Sublimierung*‹, d. h. eine Verschiebung aggressiver und/oder sexueller Triebregungen im Hinblick auf deren Ziel, wie auf ›*Bewußtmachung*‹ und Einsichtsvermittlung dieses Prozesses (vgl. M. Schuster 1979, S. 46 f.).

M. Schuster (1979) erwähnt unter *lerntheoretischer* Sicht als Möglichkeit der Gestaltungstherapie die *unsystematische Desensibilisierung von angsterzeugenden Reizen* durch die Koppelung von Gestaltung/Entspannung und Angst (Wolpe, 1972). Vor allem aber scheint geradezu in dieser Hinsicht »*die reparative Funktion der ästhetischen Produktion*« (Niederland, 1978) bemerkenswert: Unter künstlerischer Anleitung erfährt der den gesellschaftlich-ästhetischen Klischees nicht entsprechende körperlich / geistig Behinderte die Möglichkeiten seines gestalterischen Ausdrucks, die auf anderen Ebenen als der ästhetischen begrenzt sind und leicht ausgegrenzt werden. Erlebnis-, Ausdrucks- und Gestaltungstherapien sind allgemein *psychoanalytisch orientiert*. Diese Therapieformen ermutigen den Klienten, seine nicht-verbalen, erlebnismäßig abgespaltenen Vorstellungsbilder im assoziativen (Freud) oder amplifikatorischen (Jung) Prozeß wieder in seine Wahrnehmungs-, Gefühls-, Vorstellungswelt zu integrieren.

Ruth Cohn, die Begründerin des *themenzentrierten interaktionellen Verfahrens (TZI)*, weist als Erlebnis- und Gestaltungstherapeutin allerdings auf einen Unterschied zum psychoanalytischen Verfahren hin: In ihrem Buch »Von der Psychoanalyse zur themenzentrierten Interaktion« (1975) schreibt sie über den Erlebnis- und Gestaltungstherapeuten: »(er) interessiert… sich primär für unmittelbare Verhaltensweisen und Gefühle und erst sekundär für psychodynamische Zusammenhänge und Deutungen. Er beschäftigt sich mehr mit dem Wie… als mit dem Warum« (R. Cohn, 1975, S. 68).

Die Erlebnistherapie nennt es »das unerledigte Geschäft« (ebd., S. 72), dessen sie sich als eines Konfliktpunktes im Leben eines Klienten annimmt. Unter dem Begriff der ›Erlebnistherapie‹ versammeln sich inzwischen verschiedenste humanistisch-psychologische Bestrebungen, die teilweise psychoanalytische, gestaltpsychologische und existenzial-philosophische Ansätze gemein haben.

Unter der Betonung des ›Hier-und-jetzt‹ (Existenzialismus), der ›persönlichen Autonomie‹ (amerikanisch-protestantische Ethik) wie der ›Interdependenz‹ (politisch-demokratisches Prinzip als moralische Form) versucht die ›Erlebnistherapie‹ in der Organisiertheit der ›Themenzentrierten Interaktion‹ (TZI) ihre Prinzipien weltweit anzubieten (seit Januar 1986: Workshops for Living Learning / WILL International). Sie hat zunehmend Einfluß im Fortbildungsbereich von Kunsttherapie.

W. L. Furrers Buch »Neue Wege zum Unbewußten« (1970) hat die Frage um die Grenzen der sich ausbreitenden ›Gestaltungstherapie‹ zu dem hin, was ›Kunsttherapie‹ sein will, neu formuliert. Wie in dem noch zu erwähnenden Vorgehen Jolande Jacobis werden künstlerische Hinsichten wie ›Farbe, Form, Raum, Bewegung, Proportion, Perspektive‹ wesentlich: sie bezeichnen eine Tendenz gestaltungstherapeutischen Vorgehens, spezifisch künstlerische Kompetenz auf seiten des Therapeuten zu integrieren. Sie bezeichnen die Auseinandersetzung um ›Kunst-‹ oder ›Gestaltungstherapie‹ als einem Mehr oder Weniger in der Differenziertheit und Betonung des medialen Ausdrucks. Der Konflikt beider Richtungen ist inzwischen funktionalisiert: Da wo eher *pädagogisches* Vorgehen angebracht ist (wie in den heilpädagogisch-kunstdidaktischen Ansätzen), da wo also die herkömmlich therapeutische Intervention, Distanz, Arbeit mit Übertragung und Gegenübertragung eher zurücksteht, setzt sich zunehmend ›Kunsttherapie‹ definitorisch durch. Da wo eher *therapeutisches* Vorgehen am Platz ist (wie bisher in den erlebnis- und ausdruckstherapeutischen Ansätzen diskutiert), da wo also das ›päd-agogein‹, die erzieherische Ziel-/Fähigkeitsbestimmung zurücksteht, setzt sich ›Gestaltungstherapie‹ definitorisch durch.

G. Schottenloher hat in ihrem Buch »Kunst- und Gestaltungstherapie in der pädagogischen Praxis« (1982) versucht, die Grenzen beider Zugriffsweisen zu ziehen. H.-G. Richter und R. Limberg (1984) kommentieren: »Im schöpferischen Prozeß soll der Mensch seine Autonomie, seine Ganzheit wiederfinden, die durch die rational-analytisch determinierten Vorgänge zerstört worden ist. In der Kombination von bildhaften Gestaltungen geleiteten Phantasien, Bewegung, Bioenergetik, Yoga und Rollenspiel versucht Schottenloher den Menschen zu einer ›Ganzheit‹ des Erlebens zurückzuführen und über den Weg des Selbst-Verständnisses die Selbst-Heilung zu ermöglichen. Als therapeutisch wirksam wird daher zunächst der gestalterische Prozeß angesehen, die Ergebnisse dieses Prozesses werden aber als Visualisierung der ›Innenwelt‹, d.h. auch als Sichtbarmachen psychischer Konflikte bearbeitet und damit dem Produzenten bewußt und für andere verstehbar.« (H.-G. Richter und R. Limberg, 1984, S. 197–198)

Auf der *Grenze zwischen therapeutischem und pädagogischem Verfahren* sind den Erlebnis-, Ausdrucks-, Gestaltungstherapien folgende Aspekte wichtig: Die Thematik von schöpferischer, kreativer Produktion; die ›Assoziation‹ bzw. ›Amplifikation‹ von bedrängenden, momentan erlebten Vorstellungselementen, -komplexen; die Regressions-, Ausdrucksmöglichkeit, die auf Problem-, Konfliktlösung drängt; die Aufarbeitung, Wiederholung, Neuinszenierung akut erlebter, gehemmter Triebregung; die Psychodynamik der ›hier-und-jetzt‹ dokumentierten Ausdrucksform, die auf Ganzheit, Autonomie, Interdependenz drängt.

Der *Adressatenkreis* der Ausdrucks-, Erlebnis-, Gestaltungstherapie findet sich zunehmend in kultur- und verhaltensspezifisch mittelschichtsorientierten Kreisen; der psychosomatisch-neurotisch Erkrankte steht im Mittelpunkt dieses therapeutischen Bezugsinteresses. Wie erwähnt, hat sich besonders die humanistische Psychologie dieser Ansätze bedient.

c) Im Anschluß an die Diskussion der aneignungstheoretisch-kunstdidaktischen (a) wie der erlebnis-, ausdrucks- und gestaltungsorientierten Ansätze (b) von Kunsttherapie sei hier die *bildvorstellungs- und deutungsorientierte Kunsttherapeutik* skizziert: Anthroposophische (M. Hauschka), katathyme (H. Leuner), ausdrucks- und kontaktzeichnerische (E. Graetz), besonders aber tiefenpsychologisch-freudianische (G. Benedetti) wie -jungianische Richtungen (J. Jacobi) sollen unter dieser Vorgabe zusammengedacht sein.

Was zunächst gewagt erscheint, klärt sich auf, wenn wir sagen, daß die geschilderten Ansätze eines gemeinsam haben: Sie gehen von inneren Bildproduktionen aus. Messen diese an den Vorstellungen, die mit dem jeweiligen Entwicklungsstand korrelieren. Fixierungen, Verschiebungen, Verkehrungen, krankmachende, störende (Bild-)Vorstellungs-/Verhaltensausdrücke gelten als das bearbeitbare Material: ›Stimmigkeit‹ des inneren Ausdrucks (in der Anthroposophie), ›Einstellung‹ der inneren szenischen Situation (in der Katathymie), ›Projektion‹ eines inneren Zustandes (in der Tiefenpsychologie) –, die hier subsumierten Verfahrensansätze haben gemein, an der Kongruenz des inneren und äußeren (Natur-)Ausdrucks zu laborieren, insofern ein jahrhundertealtes Thema spezifisch europäischer Erfahrung auf jeweils individuellem Stand anzugehen, bearbeitbar zu machen.

Den bildvorstellungs-, deutungsorientierten Ansätzen der Kunsttherapie ist eigen, sich um die Psychodynamik unbewußter Äußerungen in Spiel, Traum und Bild zu drehen; unbewußte affektive Strukturen – überlagert von bewußteren – einem Transformationsprozeß zu öffnen.

›Transzendente Funktion des Symbolischen‹ nannte C. G. Jung (1916) das, was hier nachvollzogen wird: Wandlungsformen, Metamorphosen zu begleiten, formdynamische Aufweichungen archetypischer Verfaßtheit, Triebschicksale, die sich objektiv festtun, dann auflösen; wie in Kreativität alte Denk-, Form-, Erlebnisklischees aufbrechen, Persönliches labilisieren, Ich-Funktionen schließlich aufleben lassen; Regression im Dienste des Ichs, in der sich das Individuum diesen unbewußten Bewegungen anheimgibt (E. Kris, 1952, vgl. H. Müller-Braunschweig, 1977, S. 821 f.).

In den hier angeschnittenen Prozeß unbewußter Natur, die triebhaft zur Abfuhr, zur Entladung drängt, das ästhetische Medium benutzt, es in den ›Umformungsprozeß‹ einbeziehend, greift der Therapeut ein – hier vor allem der *analytische*, auch der *katathyme* Inszenator, der das Archetypische, Ausgangspunkt aller Entladung, Brechung, zu Beginn installiert: »Stellen sie ein: Haus/Baum/Fluß/Berg…« Der Klient, Bilder produzierend, assoziiert (Freud), amplifiziert (Jung), d. h. er spinnt jene Bilder weiter. Setzt sich von archetypischen Mustern, Bildern, Entwürfen ab, gibt sich in Differenz preis. Und erlebt »Autarkie im Umgang mit den selbstgeschaffenen Objekten« (H. Müller-Braunschweig, 1977, S. 833).

Nicht so tut der *Anthroposoph*: Auch er spricht tiefer liegende Schichten an, auch er sucht starren Ausdruck flexibler zu machen, zieht Verbindungen zwischen Innen und Außen. Allerdings nimmt er die ›Stimmung der Natur‹ hinein (vgl. M. Hauschka, 1978). Bringt auf gleichen Stand, ›stimmt‹ eben ein. Sucht die angemessene Schraffur, Farbe, Form der Natur, die dem Inneren ein Gesicht gibt. Das ›Gesicht der Natur‹ spiegelt deren Form, drückt Mineralisches (physisch), Vegetatives (ätherisch), Animalisches (astralisch) auch Menschliches (ichhaft) aus, das geistvoll sich zeigt und sich wesentlich von Materiellem unterscheidet. (vgl. J. Hemleben, 1963, S. 91–92). Die Vorgaben, die in Natur sich finden, sind komplex, hierarchisch angeordnet, trennen ›Naturreiche‹, ›Daseinsbezirke‹ – so der Anthroposoph.

Sprechen wir von bildvorstellungs-, deutungsorientierter Kunsttherapeutik, ist spezifisch in Bezug auf kunsttherapeutische Anthroposophie gemeint: Sie sucht Vorgaben von Natur. Sucht Bilder, die – einstimmend – zu wandeln vermögen. Sucht das Heilsame natürlicher Vorbildhaftigkeit in den Ausdrücken der Patienten zu explizieren.

Auf Natur, menschliche, kehrgesichtige, läßt sich auch der *analytische Kunsttherapeut* ein. Gaetano Benedetti (1982, S. 32 f.) demonstriert: »Angst vor den… Zuständen, die aus den alten heraussteigen« – so seine Patientin, die dichtet, malt, ihre Zerrissenheit nicht nur per Gegenübertragung auf Seiten des Therapeuten verstehbar macht. Wo die psychische Krankheit die inneren Objekte der Patientin zerstört, spaltet, ist der Therapeut, der gerade diese, wie dokumentiert, aushält, »Liebenswertes« findet, »damit (sie) den Selbsthaß in Schmerzen verwandeln« kann. Sie, die in den eigenen Äußerungen »völlig überrumpelt, wenn etwas Ich-haftes entsteht, am Rande der Einschlagkraft ihrer Worte«, findet einen Therapeuten, Menschen, der mit den ästhetisch dokumentierten, fürchterlich erlebten Selbstanteilen nicht nur als Betrachter, als Rezipient umgeht. Sie, die »ihre Hoffnung, die in ihren Worten fehlte, nur im Malen, durch ihre Bilder ausdrücken konnte«, findet ein formbares, mitleidendes Gegenüber, das »vom Leiden der Patientin bis zu dessen Übernahme weiß«, das »solche Symbole des Gebens und Nehmens, des mitmenschlichen Austauschs, der therapeutischen Symbiose [ermöglicht]«. Benedetti: »Ich kommentierte die Bilder der Patientin, die sie mir alle schenkte, in der Weise, daß ich nicht nur… die Tiefe der Einfälle anerkannte, sondern auf ihre Bilder auch eigene Gedanken und Phantasien projizierte; ich malte in Worten ihre Bilder weiter, indem ich die unbewußten Intentionen der Patientin, die verborgenen Bedeutungen, die Visionen ihres Leidens formulierte.« So weit, daß »sie… sich mit den Augen des Therapeuten [sah]«, so weit, daß er bereit war, »in ihre Hölle mitzugehen« und »in die Widersprüchlichkeit der Gegensätze trat« (G. Benedetti, 1982, S. 39–43).

Benedetti verdeutlicht andernorts, »daß der Psychotherapeut bereit sein muß…, daß er sich vom Patienten vorübergehend nicht ganz unterscheiden kann«; jedoch, so an dieser Stelle gesagt, »[weiß] der therapierte Patient… in der Tiefe, daß sein Psychotherapeut mehr ist als die Leinwand einer Projektion, daß er offen und bereit ist, diese zu ertragen« (G. Benedetti, 1984, S. 44).

Die ausführlichere Replik auf das psychoanalytische, kunsttherapeutische Handeln demonstriert das von Patient und Therapeut, also beiderseitig gestalthafte Erfassen von Leid, demonstriert diesen Ansatz von Kunsttherapeutik *nicht als eine Art eingeübter Deutung, sondern als ›Einmischung‹ im Prozeß von Bildern*, bildnerische Mitgestaltung (Benedetti, 1982), die Beziehung, gemeinsames Leid wie gemeinsame Erlösung schafft.

In den bildvorstellungs- und deutungsorientierten Ansätzen sind die folgenden Aspekte von Belang: »Spontanmanifestationen innerer Vorgänge« (J. Jacobi, 1969, S. 35), die sich in »Bildern aus dem Unbewußten« ausdrücken (ebd.); die Regression zu vorsprachlichen, vorbegrifflichen Produktionen; die Neuverteilung psychischer Energie im bildnerischen Vorgang; die unbewußten affektiven Strukturen, die präverbal sind und im Verlauf von Abwehrprozessen von ihrer eigentlichen Ausrichtung um- bzw. abgelenkt werden; die Überlagerung/Übersetzung von Bewußtseinsstrukturen durch unterschiedlich komplexe Zeichen; die Sublimierung, Uminterpretation von Intentionen; die Transformation von symbolischen Ausdrücken; phantasievoll ›niedergeschlagene‹, bildnerisch festgehaltene, repräsentierende Triebschicksale z.T. archetypischer Natur; Entdifferenzierungen der ichhaften Denk- und Bewußtseinsstrukturen; Rückgriff auf unzensierte, emotionale Stufen.

Die eher psychoanalytischen Aspekte spielen auch in dem projektiven katathymen Bilderleben eine Rolle (vgl. H. Leuner, 1977). Auch hier ist die psychoanalytische Symboltheorie gegenwärtig. Methodische Momente von gelenkter Tagtraumtechnik, von induzierter Bildvorstellung, von ›Symbolkonfrontation‹ (vgl. H.-G. Richter, 1984, S. 124–125) werden verwandt. Und auch in diesem stetig weiterentwickelten Verfahren geht es letztlich um ein dialektisches Verhältnis von Lust und Realität, um Homöostase, um ein Trieb-Regel-Modell.

Die *Ansätze bildvorstellungs- und deutungsorientierter Kunsttherapeutik* werden im klinisch-psychoanalytischen/-psychiatrischen und im Einzelpraxis-Bereich *angewandt*.

4. Schluß

Die vorgestellten Ansätze kunstdidaktisch-aneignungstheoretischer, erlebnis- und gestaltungstherapeutischer wie bildvorstellungs- und deutungsorientierter Herkunft setzen Schwerpunkte methodischer Art. Hierin unterscheiden sie sich.

Sie sind eins, wo sie mitgestalten, Möglichkeiten eröffnen: »Ganz in meinem Sinn handelte ja auch die Künstlerin Kramer [Edith Kramer, die New Yorker Kunsttherapeutin, K.-H. M.], als sie aus einem Bild ihres kleinen Patienten, der in destruktiver Weise das Gesicht der ambivalent erlebten Mutter als formlosen Teufel malte, ohne das Bild je vollenden zu können, die Hörner wegnahm – worauf das Chaos endete und die Gestalt vollendet werden konnte.« (Benedetti, 1984, S. 57)

Gegen alle therapeutisch Versierten, die an dieser Stelle protestieren möchten, sagt Benedetti: »In solchen Fällen… griff ich ein, um positive Aspekte des Gefühlslebens zu betonen.«

Literatur:

BENEDETTI, Gaetano: Über die Kreativität des schizophrenen Leidenden, in: Psychologie Heute 6 (1982), S. 32f.

BENEDETTI, Gaetano: Die Symbolik des schizophrenen Patienten und das Verstehen des Therapeuten, in: Helmut Hartwig und Karl-Heinz Menzen (Hrsg.): Kunst-Therapie, Berlin 1984

COHN, Ruth: Von der Psychoanalyse zur Themenzentrierten Interaktion, Stuttgart 1975

EHRENZWEIG, Anton: Ordnung und Chaos. Das Unbewußte in der Kunst, München 1974

FREUD, Sigmund: New Introductory Lecture in Psychoanalysis, Part II: Dreams, Vol. XV, London 1963

FURRER, W. L.: Neue Wege zum Unbewußten, Bern 1970

GORSEN, Peter: Kunst und Krankheit. Metamorphosen der ästhetischen Einbildungskraft, Frankfurt/ M. 1980

HARTWIG, Helmut: Kunstbegriffe im Bezugsfeld des therapeutischen Interesses, Vortrag an der Universität Mainz, Februar 1984

HARTWIG Helmut und Karl-Heinz MENZEN (Hrsg.): Kunst-Therapie, Berlin 1984

HAUSCHKA, Margarethe: Zur künstlerischen Therapie. Wesen und Aufgabe der Maltherapie. Schule für Kunsttherapie und Massage, Boll über Göppingen 1978, 2 Bde.

HEMLEBEN, Johannes: Rudolf Steiner, Reinbek 1963

HENKEL, Manfred u. G.: Wandmalerei im Gruppenmalprozeß mit Jugendlichen in Heimen, in: Kulturpolitik 7/8 (1973)

HENKEL, Manfred und Klaus HOLZKAMP: Der Mensch im Raum – Therapie durch Malerei, unveröffentlichtes Manuskript, Berlin 1972

JACOBI, Jolande: Vom Bilderreich der Seele, Olten 1969

KOBI, E. E.: Die Rehabilitation der Lernbehinderten, München/Basel 1975

LEUNER, Hanscarl u.a.: Katathymes Bilderleben mit Kindern und Jugendlichen, München/Basel 1977

MAASKANT, Trudy: Therapy with Pictures: The Healing Arts and ›The Arts‹, in: Organorama 2 (1985)

MENZEN, Karl-Heinz: Tendenzen der Kunsttherapie – Das Bild als therapeutisches Medium, in: Fragmente. Schriftenreihe zur Psychoanalyse 20 (1986)

MENZEN, Karl-Heinz: Kunsttherapeutische Ausbildung im Vergleich. Eine kritische Bestandsaufnahme, in: Kunst + Unterricht 99 (1986), S. 6f.

MÜLLER-BRAUNSCHWEIG, H.: Aspekte einer psychoanalytischen Kreativitätstheorie, in: Psyche 9 (1977), S. 821f.

PALADINO, Mimmo, in: H. Friedel (Hrsg.): Arbeiten von 1977 bis 1985, Ausstellungskatalog München 1985

RECH, Peter: Philosophie der Kunsttherapie, in: Kunst und Therapie 1 (1982), S. 13–21

REISNER, Erwin: Der Dämon und sein Bild, Berlin 1947

RICHTER, H.-G.: Pädagogische Kunsttherapie, Düsseldorf 1984

RICHTER, H.-G. und R. LIMBERG: Spieltherapie – Gestaltungstherapie – Pädagogische Kunsttherapie, in: K. J. Kreuzer (Hrsg.): Handbuch der Spielpädagogik, Düsseldorf 1984

RIMBAUD, Arthur: Eine Zeit in der Hölle. Licht-Spuren, übersetzt und begleitet von H. Therre und R. G. Schmidt, München 1979, Bd. 1

SCHOTTERLOHER, G.: Kunst- und Gestaltungstherapie in der pädagogischen Praxis, München 1982

SCHUSTER, Martin: Kunst und Therapie, in: Zeitschrift für Kunstpädagogik 2 (1979), S. 46f.

TARDIEU, Jean: Mein imaginäres Museum, Frankfurt/M. 1965

WADESON, H.: Art Psychotherapy, New York 1980

WELLENDORF, E.: Ästhetische Produktivität und Therapie, in: Helmut Hartwig und Karl-Heinz Menzen (Hrsg.): Kunst-Therapie, Berlin 1984

ERFAHRUNGEN

K. H. TÜRK
Manuelle Bereiche in der Kunsttherapie

Die rein manuelle Tätigkeit im Bereich der Kunsttherapie wird heute vornehmlich durch den Beschäftigungstherapeuten abgedeckt. Der Beruf des Beschäftigungstherapeuten gehört in vielen Kliniken bereits zum festen Bestandteil der sogenannten Heilhilfsberufe und erfüllt dort eine besondere Funktion. Sein Aufgabenbereich besteht vor allem – wie schon der Name sagt – in einer »Beschäftigung« des Patienten durch manuelle Tätigkeit. Zu dieser manuellen Tätigkeit gehören vor allen Dingen angewandte Bereiche rein handwerklicher sowie auch kunsthandwerklicher Ausübung. So z. B. Stricken, Nähen, Häkeln, Weben, Stoffdruck, Arbeiten mit Papier und Stroh, Makramé, Arbeiten im Breich der angewandten Keramik, gelegentlich auch Batik, Flechten, Mosaik, Scherenschnitt, Gipsschnitt usw. Kurz: der Beschäftigungstherapeut benutzt die Mittel und Möglichkeiten, die bisher mit dem generellen Begriff des »Werkens« bezeichnet wurden, und er unterscheidet sich in dieser Hinsicht wiederum wesentlich vom Arbeitstherapeuten.

In vielen Werkstätten für Behinderte werden Patienten, die dazu in der Lage sind, zur Ausführung einfacher Arbeitsvorgänge herangezogen, die vornehmlich darin bestehen, serielle Produktion mit Hilfe maschineller Werkzeuge durchzuführen. Auf diese Weise wird der Patient zwar kontinuierlich und dauerhaft »beschäftigt«, er führt in diesem Sinn auch rein utilitaristische Arbeit aus, deren Ergebnisse in industriellen Zusammenhängen tatsächlich auch gebraucht und verwendet werden, aber er unterliegt andererseits den rein maschinellen Zwangsmechanismen, die ihm durch die Gesetzmäßigkeiten der seriellen Produktion sozusagen von außen aufoktroyiert werden.

Gewiß kann diese Arbeit, also die ständige Wiederholung ein und derselben Handgriffe und Bewegungen und der damit verbundene Gewöhnungseffekt, auf den Patienten durchaus auch positive Wirkung haben. Der Mensch wird in seinen Willensregungen durch eine außerhalb seiner selbst liegende Gesetzmäßigkeit gesteuert und hat seine manuellen Bewegungsabläufe in diese Gesetzmäßigkeit einzufügen. Man kann darin eine gewisse »Entpersönlichung des Willens« sehen, die ja z. B. auch in den alten Kulturen und durch die dort ebenfalls schon unter dem Diktat der priesterlichen Herrschaft stehende, rein mechanistische Willenstätigkeit vorhanden war. Die Pyramiden z. B. hätten ohne das gleichförmige und in diesem Sinn dann auch mechanistische und exakt handwerkliche Bearbeiten von Millionen gleicher Steine nie errichtet werden können, und der Mensch als Einzelindividuum mußte sich auch hier in diese, ihm vorgegebene Willenstätigkeit ein- bzw. unterordnen.

So verlangt auch die maschinelle Tätigkeit heute eine Zurückstellung und Unterordnung individueller Handlungen, und der menschliche Wille wird hier ebenso kollektiviert. Menschen, deren Willenstätigkeit gegebenenfalls ohnehin schwach entwickelt ist, könnten unter Umständen durch Maßnahmen der Arbeitstherapie und somit auch durch wiederholte mechanische Ausführung der gleichen Bewegungen in den rein physiologischen Abläufen ihrer Willenstätigkeit gestärkt werden.

Andererseits – und das sind eben wiederum die Nachteile der Arbeitstherapie, sofern diese nur einseitig betrieben wird – kann durch die Verlagerung der Willenstätigkeit auf deren Außensteuerung die Entwicklung eigenschöpferischer und damit individueller Willensleistung auch behindert werden. Und an diesem Punkt setzt nun die Arbeit des Beschäftigungstherapeuten ein. Gewiß – auch der Beschäftigungstherapeut will den Patienten zunächst einmal manuell beschäftigen, allerdings mit dem Unterschied, daß die Art der Beschäftigung keine mechanistisch gleichförmige und in diesem Sinn dann auch keine durch äußere Gesetzmäßigkeiten gegebene ist. Der Patient ist genötigt, zunächst die Idee dessen, was er verwirklichen will, aus seinem eigenen Vorstellungs- und Willensleben heraus zu entwickeln, ehe er mit der manuellen Verwirklichung beginnt. Er sieht bereits das fertige Produkt, und sei es nur eine einfache Schale, ein Krug oder ein Handschuh, den er oder sie stricken will, innerlich vor sich, und er betrachtet sich selbst als den eigentlichen Urheber, als den Kreator dieses Produkts. Wenn auf dem Weg der manuellen Verwirklichung dieses Produkt dann nicht seiner inneren Vorstellung entspricht, so kann er niemand anderes als sich selbst dafür verantwortlich machen. Umgekehrt kann auf dem Weg der äußerlichen Realisierung auch die ursprüngliche Idee selbst verändert werden. Ein Patient, der einen Weinkrug anfertigen wollte und der als Ergebnis eine mißratene Kaffeetasse in den Händen hält, wird die Diskrepanz zwischen Vorstellung und Ausführung erfahren und wird dann unter Umständen geltend machen, daß er ja ohnehin nur eine Kaffeetasse ausführen wollte. Die primäre Vorstellung ist also dann durch das sekundäre Ergebnis verändert worden.

Das zeigt, daß wir es innerhalb der Beschäftigungstherapie mit einer vollständig anderen Motivation zu tun haben als bei der Arbeitstherapie. Hier liegt das Ergebnis von vornherein bereits fest, und daran kann nicht gerüttelt werden, weil die äußere Gesetzmäßigkeit nicht nur den Arbeitsprozeß selbst, sondern auch dessen Produkt vorherbestimmt. Dort, bei der Beschäftigungstherapie, liegt die Vorherbestimmung des Ergebnisses im Patienten selbst und wird von dem Einsatz seiner individuellen Möglichkeiten, seines Vermögens, seiner manuellen Fähigkeit mitbestimmt. Das Produkt ist also nicht Ergebnis kollektiver Vorbestimmung, sondern Ausdruck der persönlichen Fähigkeitsgestalt. Es ist etwas, was rein persönlich zu ihm – dem Patienten – gehört und letztlich auch aus ihm heraus entstanden ist. Insofern entwickelt der Beschäftigungstherapeut durch manuelle Arbeit im Patienten eine Ebene, die durch reine Arbeitstherapie – die ja letztlich auch manuelle Tätigkeit bedeutet – nicht erreicht werden kann. Arbeits- und Beschäftigungstherapie gehen zwar vom gleichen Ansatz, nämlich der manuellen Tätigkeit, aus, führen aber in ihren Endprodukten zu durchaus unterschiedlichen Ergebnissen und sind in diesem Sinn kaum miteinander zu vergleichen.

Es erhebt sich nun die Frage, in welcher Form der Kunsttherapeut die Arbeit des Beschäftigungstherapeuten noch erweitern und ergänzen kann. Der Kunsttherapeut erweitert die Arbeit des Beschäftigungstherapeuten um die Komponente der Kunst und fügt so den Erkenntnis- und Erfahrungsmöglichkeiten durch rein manuelle Mittel einen weiteren Bereich hinzu, der zwar auch in vielen Formen auf manueller Tätigkeit beruht, sich aber in dieser nicht erschöpft. Manuelle Tätigkeit liegt — generell gesehen — auch der Kunst zugrunde, aber die Kunst erst verleiht den manuell gefertigten Produkten einen inneren Ausdruckswert, und *diesen Ausdruckswert im Patienten sozusagen hervorzulocken, ist die Aufgabe des Kunsttherapeuten.*

Nicht, daß der Patient dazu veranlaßt wird, in diesem Sinn dann sozusagen »Kunstwerke« zu produzieren ist das Primäre, sondern *der Kunsttherapeut möchte die in den Arbeiten vorhandenen künstlerischen Ausdruckswerte als ein Erkenntnisinstrument für die psychische, gegebenenfalls auch geistige und körperliche Situation des Patienten benutzen.*

Rein künstlerische Tätigkeit in bezug auf bildende Kunst — also Zeichnen, Malen, Plastizieren — unterscheidet sich von der »werkenden Tätigkeit« dadurch, daß der Patient hier wesentlich mehr von einer inneren Motivation stimuliert wird, d. h., daß seine persönliche innere Bild- und Formgestalt wesentlich mehr zur Erscheinung kommt. Wenn die Motivation im Rahmen der Beschäftigungstherapie doch noch mehr äußerlich gegeben ist, z. B. in Anfertigung von Gebrauchsgegenständen, Herstellen von Objekten, die zweckbestimmt sind, so haben wir es bei der Kunsttherapie mit Darstellungen innerer Komplexität zu tun, die in bezug auf die tatsächliche innere Zuständlichkeit des Patienten gewiß mehr Aufschlüsse zulassen. Beides wird allerdings nötig sein.

Nicht jeder Patient wird von sich aus malen, zeichnen und plastizieren wollen; es wird sicher leichter sein, ihn zum Stricken, Häkeln, Werken oder Basteln anzuhalten, weil er für gewöhnlich geltend macht: er sei kein Künstler; aber sofern er sich einmal auf das Medium Kunst eingelassen hat, werden eben möglicherweise durch dieses Medium Kunst weit mehr Erfahrungswerte sichtbar werden, als der Bereich der Beschäftigungstherapie allein sie ermöglicht.

Sicher werden wir auch hier um eine Motivierung des Patienten von außen nicht ganz herumkommen. Man wird schließlich dem Patienten nicht sagen können, er solle doch einmal ein abstraktes archetypisches Urbild seiner inneren Vergangenheit im Jungschen Sinne zu Papier bringen, sondern man wird ihm sagen, er solle einen Baum, ein Haus, einen Vogel, einen Menschen malen oder eine ihm erinnerliche Situation darstellen, also etwas, zu dem er auch innerlich Beziehung hat, und wenn dann etwas Urbildhaftes oder Archetypisches herauskommt, so hat es der Patient jedenfalls unbewußt hervorgebracht, und gerade diese unbewußte Hervorbringung ist es ja, durch die der Kunsttherapeut Erkenntnisse gewinnen will.

Es kommt also hier keinesfalls auf den Zustand einer sogenannten künstlerischen Begabung an, sondern vornehmlich auf die Sichtbarmachung unbewußter Werte, die der Patient durch verbale Äußerungen allein nicht zur Kenntnis bringen kann. Was seelisch verborgen ist, kann — unter Umständen — durch Kunst erfahrbar werden, weil durch Kunst ein unmittelbarer Zugang zu unterbewußten Ebenen der menschlichen Natur erschlossen werden kann.

So wie durch Zeichnen und Malen unmittelbare Einblicke in Zonen des Unbewußten vermittelt werden können, so ermöglicht auch der Umgang mit der dritten Dimension spezifische Aspekte kunsttherapeutischer Erkenntnis. Malerei und Graphik – also die ausgesprochenen Flächentechniken – sind ihrer Natur nach eigentlich von mehr »abstrakter Art« als Skulptur und Plastik. Malerei und Graphik vollziehen sich auf und in einer Ebene, auf und in einer Fläche von zweidimensionaler Ausdehnung. Eine solche Fläche ist von sich aus schon eine Abstraktion, denn in der dreidimensionalen Dingwelt tauchen Flächen nur an Körpern auf. Die »Fläche an sich« gibt es imgrunde gar nicht. Auch ein Papier ist – genau besehen – ein Körper, wenn auch ein Körper, bei dem die Flächenhaftigkeit extrem dominiert. Als das Papier noch nicht erfunden war, ritzte, zeichnete und malte der Mensch auf Felswände, in Sand oder auf Erdflächen. Die Fläche, auf der Farben, zweidimensionale Formen, eindimensionale Linien zum Ausdruck kommen, bedeutet also im Gegensatz zum Raum eine Reduzierung, ein Weglassen, das Weglassen der einen Dimension, und dadurch gleichzeitig eine Abstrahierung. Sich auf einer Fläche mit Hilfe von Malerei und Graphik zu äußern, bedeutet also – rein objektiv gesehen – durchaus etwas anderes, als sich im Raum mit Hilfe von Skulptur und Plastik zu äußern.

Ein Patient drückte das einmal so aus (vgl. E. Franzke, [2]1983, S. 86): »Wenn ich etwas zeichne, dann habe ich ein anschauliches Bild von einer Sache, das ist lebendiger als eine Beschreibung in Worten. Aber wenn ich etwas forme, da ist es, als hätte ich das Ding selbst in meinen Händen.«

Das ist außerordentlich präzise charakterisiert. Die Flächenhaftigkeit ist ihrer Natur nach »geistiger«, die Dreidimensionalität ist ihrer Natur nach »wesenhafter«. Schließlich geben wir ja einem Kind auch nicht die Zeichnung einer Puppe oder deren Fotografie in die Hand, sondern die Puppe selbst – also den dreidimensionalen Gegenstand –, damit es mit ihr spielen kann.

Dreidimensionalität eröffnet also – therapeutisch gesehen – eine weitere Dimension, die Dimension der Ding- oder Körperhaftigkeit, die als Erkenntnismedium sich von besonderer Bedeutung erweisen kann. Auch die Beschäftigungstherapie wird sich, wie die manuelle Tätigkeit überhaupt, im wesentlichen mit der Dreidimensionalität beschäftigen. Darüber hinaus geschieht hier die Auseinandersetzung mit konkreter Stofflichkeit, im weitesten Sinne die Auseinandersetzung mit der Materie selbst. Ton, Holz, Stoff, Stein, Stroh, Glas usw. als »Werkstoffe« im ursprünglichen Sinn, sie verlangen eine wesentlich andere Auseinandersetzung mit der Materie als etwa die mit Farbe, Zeichenkohle und Stift.

So erfordert z. B. der Umgang mit Holz, den wir hier in Nürtingen in das Unterrichtsprogramm der Ausbildung zum Kunsttherapeuten mit aufgenommen haben, vom Patienten willentliche Anstrengung, Konzentration, Ausdauer und, wenn nötig, Genauigkeit. Holzarbeit bedeutet: Überwindung von Widerstand. Manuelle Tätigkeit auf diesem Gebiet ist nicht »einseitig« ausführbar, d. h. linke und rechte Körper- bzw. Gliedmaßenhälfte werden zusammengeführt und gegenseitig aktiviert.

Die »Hand« des Menschen besteht tatsächlich aus zwei Händen, die spiegelbildlich angeordnet und deshalb einander ergänzend verfügbar sind. Malen und Zeichnen werden für gewöhnlich nur durch eine Hand ausgeführt. Entsprechend wirken bei manueller Tätigkeit rechte und linke Gehirnhälfte reziprok zusammen. Durch manuelle Tätigkeit wird der Mensch ganzheitlich motiviert.

Statistisch gesehen – und das sei hier nur nebenbei bemerkt – ist der »Handwerker« gegenüber anderen Berufsgruppen in bezug auf Krankheitsanfälligkeit im psychischen und psychosomatischen Bereich relativ »stabil«. So dürfte handwerklich-manuelle Tätigkeit und die damit verbundene handwerklich-künstlerische Tätigkeit im dreidimensionalen Bereich auch therapeutische Wirkung haben.

Die Hand ist darüber hinaus das universale »Ursprungswerkzeug« des Menschen, aus dem sich die Urwerkzeuge – Hammer, Zange, Schere, Schaufel, Bohrer, Greif- und Trennwerkzeuge – entwickelt haben. Manuelle Tätigkeit ist – sofern sie sich auf reines Handwerk bezieht – zielgerichtet, zweckgebunden und vorbestimmt. Durch manuelle Tätigkeit werden Funktionsabläufe zwischen Gehirn und Gliedmaßen kontrolliert erfaßbar und sind begrenzt zu steuern. Was »falsch« ist, wird erkannt.

Das alles kommt im wesentlichen nur durch die Auseinandersetzung mit der dritten Dimension zustande, mit der sich der Beschäftigungstherapeut und im erweiterten Sinn auch der Kunsttherapeut befaßt. Den Patienten mit der Dingwelt in dem hier gemeinten Sinn zu konfrontieren, wird darüber hinaus seine Realitätsbezogenheit vertiefen und ordnen helfen. Die objektive Gesetzmäßigkeit der Materie selbst wird erzieherische und möglicherweise auch heilende Wirkung haben. Der Mensch wird sich mit einem, durch ihn selbst geschaffenen »Ding« in anderer Weise verbinden als mit dem »Bild von einem Ding«. Kinder – wie schon erwähnt – spielen vornehmlich mit konkreten Dingen, deren Wesenhaftigkeit sie anregt, eigene innere Wesenhaftigkeit zu erzeugen. Ein Stück Stoff kann zu einem König werden.

So wird auch der Umgang des Patienten mit materieller Dinghaftigkeit phantasieanregend wirken. In dieser Hinsicht wird sich deshalb das Arbeiten mit Ton als fruchtbar erweisen. Ton besitzt keine Eigengestalt und ist von der materiellen Struktur her gesehen weniger verfestigt als Holz und Stein. Er setzt dem Menschen – äußerlich gesehen – weniger Widerstand entgegen. Andererseits ist der Ton als Werkstoff relativ »charakterlos«, d. h. er besitzt wenig Eigenwillen. Daher erfordert der Umgang mit Ton zwar weniger an äußerer, dafür aber mehr an innerer Willensanstrengung. Wir können hier von keiner gegebenen oder vorhandenen Gestalt oder Form ausgehen, sondern müssen die Form, ähnlich wie bei der Farbe, von Grund auf erwerben. Da Ton geschmeidig und unmittelbar verformbar ist, wird er eine Fülle von Gestaltungsmöglichkeiten zulassen. Er wird bei dem Patienten inneren und äußeren Verkrampfungen entgegenarbeiten und lösende Wirkung haben. Wie bei der Holzarbeit werden auch hier rechte und linke Gliedmaßenhälfte zusammengeführt. Das Arbeiten mit Ton ermöglicht spontane Ausdruckskraft.

So wie die Hand Urwerkzeug des Menschen ist, so gehört der Werkstoff Ton oder Erde zu den Ursprungsmaterialien, mit denen die Hand anfänglich umgegangen ist. Der Ton ist seinem Wesen nach amorph. Im Umgang mit Ton greift der Mensch unmittelbar in die Materie, deren Dinghaftigkeit und Gesetzmäßigkeit – Schwerkraft, Dreidimensionalität – ein. Das biblische Bild vom Kreator, vom Schöpfer, der den ersten Menschen aus Ton bildete, weist auf die Unmittelbarkeit dieses Eingreifens in die Materie hin. Auch im Bereich ägyptischer Weltentstehungsmythen gibt es den Töpfergott, der den Menschen auf der Töpferscheibe schuf. Vorstellungen, die gewiß damit zusammenhängen, daß dieser Urstoff Ton letztlich eine Zusammenfassung der ursprünglichen vier Elemente – Erde, Wasser, Luft und Feuer – bedeutet. Erde muß mit Wasser vermengt werden, um formbar zu sein, Luft muß die geformte Erde trocknen, und durch das Feuer kann sie gebrannt und damit verfestigt werden.

Unbewußt geht also der Mensch, indem er mit Ton umgeht, auch mit den vier Elementen um, und dieses Elementare in bezug auf spontane Schöpferkraft und impulsiven Ausdruck wird durch Ton erfahrbar sein.

Wir möchten uns hier in Nürtingen im wesentlichen auf diese zwei bildhauerischen Materialien konzentrieren: Holz und Ton, weil in diesen beiden Materialien auch die Gegensätzlichkeit von bildhauerischem und plastischem Schaffen zum Ausdruck kommt, die Methode des Wegnehmens und die des Antragens. Bei Holz, und natürlich auch bei Stein, geht der Bildhauer vom sogenannten Rohling aus, d. h., er findet bereits ein Stück vorgeformten und harten Werkstoff vor, den er mit Hammer und Meißel oder mit Schnitzeisen und Schlegel bearbeitet. Natürlich gibt es große technische Unterschiede in der Bearbeitung von Holz und Stein, und es wäre sicher auch empfehlenswert, bei bestimmten Patienten, die rein physiologisch dazu in der Lage sind, die Steinarbeit anzuwenden. Ich verweise in diesem Zusammenhang auf das Bildhauerprojekt, das Siegfried Neuenhausen mit Strafgefangenen und Patienten in Wunstorf und Ochsenzoll durchgeführt hat. Was da zu Tage trat, wird selbst routinierte Steinbildhauer in Erstaunen setzen.

Der Widerstand, den die eigentlichen bildhauerischen Materialien dem Menschen entgegensetzen, kann nur durch kontrollierte Rhythmisierung überwunden werden. Holz und Stein haben sozusagen Geduld. Sie lassen sich eigentlich nicht »vergewaltigen«, sondern erfordern vom Patienten Einfühlung in Zeitprozesse. Der Mensch wird durch die Gesetzmäßigkeiten des Materials in seinen Willenshandlungen gezügelt. Er muß lernen, mit seinen Kräften sparsam und gleichmäßig umzugehen. Jedes wilde und ungezügelte Drauflosschlagen führt zu nichts. Stein und Holz zu bearbeiten, ist daher das wohl wirksamste Mittel gegen Hektik und Nervosität. Die Hand, die das Werkzeug führt, und diejenige, die mit dem Hammer schlägt, müssen zusammenwirken. Das Verhältnis zwischen Führung und Schlag muß abgewogen werden. Der Schlag muß in seiner Kraft dosiert werden usw. Es geschieht hier immer auch eine Charakterauseinandersetzung, denn Holz und Stein sind im Grunde genommen Charaktere. Dabei ist zwischen Holz und Holz und Stein und Stein nochmals zu unterscheiden. Es gibt weiches und hartes Holz, und ebenso ist der Stein in seiner Dichtigkeit stark differenziert. Das Holz »flieht«, d. h. es wird durch das Bearbeiten eigentlich gehöhlt – Schale, Mulde, Durchbruch. Es neigt durch seinen organischen Ursprung auch zu organischen, d. h. lebendigen Formen. Die Blüte der Holzbildhauerei während des Mittelalters weist darauf hin. Stein dagegen – als anorganische Materie – kommt dem Menschen, trotz allem Wegschlagen, immer entgegen. Der Stein »steht da«, er verkörpert das konvexe, Holz im Gegensatz dazu das konkave Element.

Und ebenso wie sich diese Materialien in ihren verschiedenen Charaktereigenschaften zeigen, ebenso wirken sie durch ihre Ausstrahlung, durch die »Atmosphäre«, die sie verbreiten. Wer je eine Schreinerwerkstatt betreten hat, wird – abgesehen vom Lärm der Maschinen – von ihrer Atmosphäre beeindruckt sein. Da ist vor allen Dingen der Geruch des Holzes, der aus den verschiedenen ätherischen Ölen resultiert, die in ihm vorhanden sind. Da ist die innere und äußere Wärme, die Holz verbreitet. Da gibt es die Lebendigkeit der Maserung, die verschiedene Farbigkeit, die unterschiedliche Struktur usw. Ein Baum ist der durch Wachstum verdichtete Umkreis. Je nach Standort wird dieser Umkreis anders sein, und so erfahren wir im Umgang mit dem Holz gewissermaßen unbewußt auch verdichtete Umkreiskräfte aus unterschiedlichen Landschaften. Ein Aphzeliaholz aus den Tropen Afrikas wird einen anderen »Leib« besitzen als eine nordische Kiefer. Holz ist in diesem Sinn »verdichtete Leiblichkeit landschaftlicher Atmosphäre«, und dadurch ist ein Baum weit mehr als nur ein Symbol, ein Typus, er ist Zeuge *der großartigen Differenzierung, die die gesamte Erde als Organismus auszeichnet.*

Diese Kräfte werden, indem der Mensch das Holz nicht nur anschaut, sondern mit ihm auch umgeht – gestalterisch umgeht –, in ihn übergehen. Die Arbeit mit Holz entwickelt tragende Kraft. Nicht umsonst haben alte Kulturen von der Seele der Bäume gesprochen, und diese Seele existiert heute immer noch und wird auch einen Einfluß auf die menschliche Seele haben. Unnötig zu betonen, welche Bedeutung der Wald im weitesten Sinn des Wortes heute gewinnt.

Um auf praktische Beispiele zu verweisen, sind im Anhang einige von Studierenden der Freien Kunstschule ausgeführte Holzarbeiten abgebildet, die einerseits auf das imaginative Element hinweisen (Masken, Abb. 24–27), andererseits auch das strenge Formprinzip andeuten, das Holz zu eigen sein kann.

Es wurde hier die Aufgabe gestellt, zwei gleiche vorgefertigte Hölzer im Sinn einer Gegenkörperlichkeit miteinander zu verbinden. Dabei ergaben sich die unterschiedlichsten Möglichkeiten, die von einer »Verklammerung« (Abb. 28, 29) über ein gegenseitiges »An- und Ineinanderschmiegen« (Abb. 30, 31) bis hin zu freien Formspielen gegenseitiger Ergänzung reichen (Abb. 32–35).

Das Prinzip der Gegenkörperlichkeit sehe ich in diesem Zusammenhang als therapeutisch besonders wirksam, da einerseits eine bereits gegebene Form vorhanden ist, andererseits der Patient eigene Phantasie und räumliche Vorstellungskraft entwickeln muß, um die gegebene Situation im Sinn einer dualen Ergänzung zu einer neuen Einheit zu gestalten.

Und was hier für das Holz gesagt worden ist, gilt im übertragenen Sinn auch für den Stein. Stein besitzt Strahlung, er verarbeitet Strahlung in dosierten Mengen, er ist verdichtete Energie. Wer je einen durch die Sonne erwärmten Stein berührt hat, nachdem die Sonne schon lange untergegangen ist, wird sich von dem Energiespeicher Stein überzeugen können. Alte Kulturen haben dieser Energie heilende Wirkung zugeschrieben. Kultsteine waren Zeugen kosmischer Kräfte, die der Stein in sich trägt. Goethe spricht vom Granit als von »dem ältesten Sohn der Erde«. Menschen, die über Granit wandern oder an Felsabhängen klettern, nehmen die Strahlung des Steins in sich auf. Durch Bearbeitung von Stein wird kosmische Strahlung frei. Rudolf Steiner spricht in diesem Zusammenhang vom Freiwerden des Elementarwesens. Der Bildhauer erfährt also unterschwellig in der Auseinandersetzung mit dem Material noch ganz andere Kräfte, als wir gewöhnlich meinen. Und hier – so meine ich – liegt der therapeutische Ansatz, denn psychische, geistige und leibliche Gesundheit wird durch eine Vielzahl von Kräften bewirkt, und nicht zuletzt auch durch feinstoffliche Spurenelemente im homöopathischen Sinn, die wir überall aufnehmen. Wir verbrauchen also, wenn wir bildhauerisch arbeiten, nicht nur Energie, wir werden sie auch empfangen.

Nun, im Unterschied zu diesen gleichsam charaktervollen Materialien Holz und Stein, besitzt dagegen der Ton – wie schon erwähnt – nur wenig Eigenwillen. Ton ist kein gewordenes, sondern ein noch werdendes Material. Durch Ablagerung von Ton kann Stein entstehen. Die Schieferarten, u. a. Tonschiefer, sind Sedimentgestein. Schiefer ist spaltbar, leicht zu bearbeiten, er kann nicht abgesprengt, sondern er muß geschnitten werden. Er bedeutet sozusagen ein Zwischenstadium zwischen dem noch bildsamen, weichen, geschmeidigen, gleichsam noch jungfräulichen Ton und dem zu einem Charakter erstarrten Stein. Ton ist – bildhauerisch gesehen – lediglich ein Hilfsmaterial. Er dient der Formfindung, nicht der Formbewahrung. Die eigentliche Formbewahrung erfährt der Ton nur in seiner Anwendung als keramisches Material und die damit verbundene »Läuterung im Feuerprozeß«. Was in der Natur die über lange Zeiten dauernde Ablagerung bewirkt, wird durch das Feuer beschleunigt. Gebrannter Ton bleibt über Jahrtausende haltbar.

Ton regt gerade, weil er ungeformt ist, Formkräfte an. Jahrtausendelang hat der Mensch in den alten Kulturen den Ton zu Gefäßen, Symbolen, zu Zeichen und Skulpturen geformt, und diese Formkräfte, die der Mensch entwickeln mußte, werden gleichzeitig auch seine eigene Gestalt entwickelt haben. Nicht ein Zuschauer seiner eigenen Entwicklung ist der Mensch, sondern deren Mitgestalter. Die Wölbung des Schädels geht mit der Wölbung der Gefäße parallel.

Plastizieren erweckt im Menschen Bildekräfte, und Bildekräfte erwachsen aus Strömungen, und Strömungen wiederum resultieren aus Musikalität. Strömende Formen zu entwickeln, organische Formen, schwingende Formen, rhythmische Formen, zu denen sich der Ton besonders eignet, wird so auch das Strömende im eigenen Organismus beeinflussen – verdichtet Strömendes wie in den Verdauungsvorgängen, in der Peristaltik, erleichtert Strömendes wie in Atmung und Blutkreislauf. Form ist gefrorene Musik. Der Zusammenhang zwischen Form und Klang kann durch die Kladdnischen Klangfiguren verdeutlicht werden. Wenn wir also Strömendes, Musikalisches zur Form verdichten, aktivieren wir Prozeßhaftes, bringen Stockendes in Bewegung, lösen Verhärtendes.

Das gilt gleichermaßen im psychischen wie im physischen Bereich. Neurosen sind seelische Verkrampfungen, die durch das Plastizieren von Strömungsformen gleichsam wieder »flottgemacht«, entkrampft werden können. Verkrampfungen im rhythmischen System, z.B. Asthma, können durch *Harmonisierungs*formen gelindert werden. Stoffwechselstörungen verlangen *Gleichgewichts*formen usw. Der Zusammenhang zwischen Bewegung und Sprache ist ebenso offensichtlich. Der Kehlkopf ist ja im Grunde genommen eine Art zusätzliches Gliedmaß im Menschen. So werden manuelle Bewegungsabläufe auch auf Sprachstörungen Einfluß haben.

Ich möchte es mit diesen Andeutungen für therapeutische Maßnahmen durch manuelle Tätigkeit im Bereich des Plastischen hier bewenden lassen, zum Schluß jedoch noch auf die hier bei uns in Nürtingen praktizierte dritte Form der manuellen Tätigkeit, das Weben, etwas näher eingehen.

Das Weben ist vornehmlich ein Ordnungsprinzip. Es hat mit der Ordnung zu tun, genauer gesagt, mit der Raumordnung. Das Gewebe ist ein Gefüge, ein Zusammengefügtes aus den drei Raumrichtungen. Der Faden als Linie wird durch den Weber aus dem Raum zur Fläche gewoben. Wir haben zunächst die Richtung vorne-hinten, indem wir die Fäden in dieser Richtung auf den Webrahmen aufspannen. Wir haben als zweites die Richtung rechts-links, indem wir den Faden in der Waagerechten von rechts nach links und wieder zurück »durchschießen«, und wir haben drittens die Richtung oben-unten, indem wir das Fach entstehen lassen, d.h. die mit dem Schaft verbundenen Fäden anheben bzw. senken. Auf diese Weise flechten wir die Fäden ineinander.

Nun, diese drei Ebenen der Raumwesenheit, oben-unten, rechts-links, hinten-vorn, haben einen konkreten Bezug auch zu den drei Ebenen des Seelischen. Die Ebene des Oben-Unten ist die »Denkebene«. Die Ebene des Rechts-Links ist die »Gefühlsebene«, und die Ebene des Vorne-Hinten ist die »Willensebene«.

Indem also der Mensch in diesen Ebenen in einer bestimmten Weise manuell durch die Tätigkeit des Webens hantiert, betätigt er gleichzeitig auch Denken, Fühlen, Wollen in bestimmter Ordnung. Bei dem Hin und Her des Schiffchens in der Gefühlsebene können wir uns eigentlich dem Träumen überlassen. Wir brauchen hier in gewisser Weise nicht besonders aufzupassen. Denken dagegen müssen wir vor allem bei der Betätigung der Schäfte, woraus dann ja auch das eventuell vorgesehene Webmuster entstehen soll, also in dem Auf und Ab der Denkebene; und das Wollen erfahren wir, indem wir den Kamm zu uns heranziehen und indem wir sehen, wie das Gewebe wächst, wie weit wir sind, ohne einen Fehler zu begehen. So wirken beim Weben die drei Seelenkräfte in geordneter Art und Weise zusammen.

Beim Weben werden Hände und Füße des Menschen in zeitlich gleichmäßig bestimmten rhythmischen Abläufen wechselseitig betätigt. Wir weben also mit dem ganzen Menschen, und die Bewegungen dieses ganzen Menschen können hier keine chaotischen sein, sondern werden sich in eine vorgegebene Ordnung einzufügen haben. Es ist die Ordnung des rechten Winkels und damit der drei aufeinander senkrecht stehenden Ebenen. Dem Weben haftet daher eine gewisse Strenge und Gesetzmäßigkeit an, auch eine gewisse Beschränkung, die aber andererseits gerade außerordentlich harmonisierend wirken wird.

K. H. Türk

Es ist eine Erfahrung aus der Praxis, daß nervös gestörte Patienten, daß Maniakaliker, Legastheniker, daß auch gewisse leichte Fälle von Spastikern durch die Tätigkeit des Webens Besserung erfahren haben. Auch dieses Gebiet der manuellen Tätigkeit gehört mit zu den »Urbeschäftigungen« der Menschheit, und auch hier: Was die Glieder tun, wird auf die Seele übertragen.

Durch manuelle Arbeit erzeugt der Mensch nicht nur Güter des täglichen Gebrauchs, sondern die manuelle Tätigkeit ist es auch, die reziprok auf den Menschen in seiner Gesamtwesenheit zurückwirken wird. Wenn wir heute im Zeitalter computergesteuerter Mechanisierung diese Handarbeit mehr und mehr vernachlässigen, so eröffnet sich andererseits durch sie ein weites Feld, die immer mehr zunehmenden zivilisatorischen Schäden an der leiblichen und seelischen Konstitution des Menschen wieder auszugleichen. Manuelle Arbeit wird letztlich nicht mehr dazu benötigt, im utilitaristischen Sinn die sogenannten Bedarfs- und Gebrauchsgüter herzustellen – das besorgen heute vielerorts die Maschinen und Roboter –, aber sie wird dafür benötigt, dem Menschen seine verlorengegangene Ganzheit wiederzugeben. In einem Zeitalter, in dem der Mensch den Sinn des Lebens selbst erfinden muß, in diesem Zeitalter werden ehemalige Nützlichkeitstätigkeiten zu therapeutischen Tätigkeiten umgewandelt.

Der Beruf des Kunsttherapeuten möchte dazu einen Beitrag leisten.

Literatur

FRANZKE, Erich: Der Mensch und sein Gestaltungserleben, München ²1983
NEUENHAUSEN, Siegfried: Zwischen Kunst und Psychiatrie, Kunstverein Hannover
TÜRK, K. H.: Was will uns das Weben sagen? in: Die Kommenden (Oktober 1956)

REINHOLD PELZER

Kunsttherapie und Selbsterfahrung

Als ein der Kunst und der Therapie Gemeinsames läßt sich das Prinzip der Selbsterfahrung erkennen. Sowohl bei der künstlerischen als auch bei der therapeutischen Ausbildung ist dieses Prinzip geradezu als zentral anzusehen. Eine bildnerisch künstlerische Ausbildung ohne die ständigen praktischen Eigenversuche des Lernenden ist undenkbar, und therapeutische Ausbildungsgänge ohne die Erfahrung »am eigenen Leib« können schwerlich auf die Begegnung mit Patienten in der therapeutischen Praxis vorbereiten.

Selbsterfahrung in der therapeutischen Ausbildung wird allerdings nicht nur im Sinn von Eigenerfahrung verstanden, sondern auch im Sinn der Tiefenpsychologie Carl Gustav Jungs als Erfahrung des Selbst.

Im Rahmen der hier vertretenen kunsttherapeutischen Ausbildung möchte ich Selbsterfahrung außerdem im Sinn einer spezifischen Erkenntnisweise verstanden wissen, wie sie Karlfried Graf Dürckheim in seinem Buch »Im Zeichen der Großen Erfahrung« wie folgt kennzeichnet (1974, S. 27): »Es gibt aber auch noch eine andere Art von Erkenntnissen über den Menschen. Auch sie sind der Ertrag einer Verarbeitung unbezweifelbarer Erfahrung. Sie vollzieht sich auf einem Weg der Erkenntnis, den jeder Mensch, auch der wissenschaftlich ungeschulte, unbewußt geht, insofern er das, was er erlebt, innerlich verarbeitet. Tut er das, so entsteht in ihm, im Laufe seines Lebens, Erkenntnis in Gestalt eines ›Lebenswissens‹. Dieser Weg geht vor allem aus von den Glücks- und Leidenserfahrungen des Menschen und zielt nicht auf ein gegenständlich geordnetes, auch für andere gültiges Wissen oder auf ein System von Begriffen, sondern mündet, wenn er erfolgreich beschritten wird, in sich fortschreitend vertiefender Lebensweisheit, die sich dann im rechten Verhalten erweist. Er mündet also in die Wirklichkeit des praktischen Lebens.«

Das hier Gesagte kann gleicherweise für den Weg des Künstlers wie des Therapeuten gelten. Im Hinblick auf die Ausbildung von Kunsttherapeuten ist dieser Weg des »Erfahrungswissens« vorrangig mit dem Begriff Selbsterfahrung gemeint.

Auf dem Hintergrund dieses Verständnisses von Selbsterfahrung geht es im Fach »Selbsterfahrung für Kunsttherapeuten« zunächst darum, bildnerische Elemente und bildnerische Verfahren hinsichtlich ihrer therapeutischen Aussage- und Wirkfunktion erlebbar und einsichtig zu machen, unabhängig davon, ob nun der künstlerische Ausbildungsteil dem therapeutischen vor- oder parallelgeschaltet ist. Die vorliegende Darstellung selbsterfahrerischer Kursangebote bezieht sich auf Studiengegebenheiten, bei denen ein viersemestriges Kunststudium einem viersemestrigen kunsttherapeutischen Studium vorgeordnet ist.

Reinhold Pelzer

Der katalytische Selbsterfahrungsansatz in der Ausbildung für Kunsttherapeuten – aufgezeigt am Beipiel meditativen Malens

Meditatives Malen ist ein Naß-in-Naß-Malverfahren mit Wasserfarben auf stark saugendem Papier. Methodisch handelt es sich überwiegend um praktische Einzelarbeit in der Gruppe mit anchließendem Auswertungsgespräch. Ziel der Übung ist es, hinsichtlich der Ausdrucks- und Wirkfunktion des bildnerischen Elements Farbe Erfahrungen zu sammeln. Ausdrucks- und Wirkfunktion ist hier nicht nur verstanden im farbspezifisch-bildnerischen sondern zugleich im diagnostisch-therapeutischen Sinn. Hinsichtlich des Übungsverlaufs lassen sich zwei Phasen unterscheiden. Im ersten Übungsabschnitt (Entspannungs- oder Wahrnehmungsphase) wird eine gegebene, meist horizontale Pinselbewegung bei einfachstem Kompositionsprinzip (Schichtung, Zeilenordnung) so lange wiederholt, bis das Übungsblatt mindestens einmal farbig ganz überarbeitet ist (vgl. Abb. 36, 39). Dabei liegt das ganze Augenmerk des Übenden auf der Wahl bzw. Mischung der für die jeweilige Zeile stimmigen Farbe aus einem offenen Wasserfarbkasten. Im zweiten Übungsabschnitt (Impulsoder Handlungsphase) geht es darum, auf dem Hintergrund der jeweils erreichten Entspannung und Gestimmtheit einen spontan aufkommenden Farb- und/oder Bewegungsimpuls auf einem weiteren, bereits vorbereiteten Übungsblatt freizusetzen (Abb. 38, 40, 41). Beide Übungsaspekte können auch auf einem Blatt erscheinen (Abb. 41) oder über drei bis fünf Blätter Ausdruck gewinnen.

Warum nenne ich diese Übung Meditatives Malen? Für die äußere und innere Übungshaltung gelten Regeln, wie sie bei den meisten Meditationsarten im Sitzen üblich sind, wobei auf einem Stuhl sitzend vor einer Tischstaffelei geübt wird. Die Wiederholung, hier einer bestimmten Pinselbewegung in Verbindung mit dem Atem, kann als ein weiteres Merkmal meditativer Praxis angesehen werden.

Übungshaltung und wiederholende Bewegung sollen die Bedingungen schaffen für das, was sich im Wort Meditation andeutet, nämlich die Übung der »Mitteerfahrung«, des »In-die-Mitte-gegangen-Werdens«. Gemeint ist hier die Personmitte, die plötzlich angerührt werden kann durch das Auftauchen einer bestimmten Farbe oder Farbstellung, die, obwohl und gerade weil sie ganz individuell und einmalig ist, transparent wird zur Totalität der Farben oder zur »Nichtfarbe«. Dieser Moment des Berührtwerdens geht einher mit besonderer Wachheit und Offensein beim Übenden, wird begleitet von angenehmen Leibempfindungen der Wärme und Helligkeit. In diesem »fruchtbaren Moment« liegt der Keim zum Neuen, sowohl im Sinn des bildnerisch Schöpferischen als auch im Sinn des heilsam Verändernden, d. h. des therapeutischen Prozesses. Bildnerische und therapeutische Erfahrung sind in diesem Augenblick »synchron«.

Auf dieser »Mitteerfahrung« durch Farben beruht letztlich mein selbsterfahrerischer Ansatz im Rahmen kunsttherapeutischer Ausbildung. Solche Selbsterfahrung schließt sehr wohl konkrete, von außen bemerkbare, ja überprüfbare Veränderungen beim Übenden auf der Ebene des Leibes und der Psyche ein. Eine Studierende, die darunter leidet, daß sie ständig kalte Füße hat, bemerkt im Zuge des meditativen

Malens, daß sie warm sind. Das ist eine therapeutische Eigenerfahrung auf der Erlebnisebene des Leibes. Und wenn eine Auszubildende im Verlauf eines Farbdurchgangs zu einem starken, vielleicht bislang nur selten oder vermeintlich nie wahrgenommenen Gefühl durchstößt – z. B. der Trauer oder der Freude –, dann erlebt und verwirklicht sie Farben auf der psychischen Ebene. Und was wäre geeigneter, die Fühl-Funktion zu beleben, als die Farben!

Die Abbildungen 36–38 zeigen den Übungsdurchgang einer 24jährigen Kunsttherapiestudentin. Hinsichtlich ihrer Selbstwahrnehmung bei Abbildung 38 gebraucht die Übende Worte wie »angenehm«, »leicht«, »Wärme im ganzen Körper«. Nach Abschluß des ersten Übungsblattes war das Leibgefühl »Wärme im Bauch« und »Atem im Bauch, aber wie nach oben und unten geteilt« (Entsprechungen im Bild: die orangefarbene und grüne Zone im unteren Bilddrittel, Abb. 36). Die »unangenehmere« Wahrnehmung der »festeren« Pinselspuren im obersten Bildteil sei ihr bei früheren Übungen des meditativen Malens schon wiederholt störend begegnet. Die »angenehme« Wahrnehmung des »gelösteren« Spurcharakters im unteren Bildteil (orange/grün) wird ausschlaggebend für die Gestaltung des zweiten Übungsblattes (Abb. 37). Hier wird der Versuch der Übenden spürbar, die Erfahrungsqualität von »Wärme und Lebendigkeit« nach »oben« auszuweiten, was offenbar gelingt, wie das dritte Blatt weiterführend bestätigt. Das hat für die Übende u. a. die Wirkung, daß ihre Fähigkeit, »Worte zu finden«, spontan verbessert ist, eine Fähigkeit, die die Studierende insgesamt, besonders aber in Situationen psychischer Anstrengung, schmerzlich vermißt. Das vermehrte Auftreten der Farbe Gelb im oberen Teil des dritten Übungsblattes (Abb. 38) kann die diesbezüglichen Aussagen der Studierenden nur bestätigen.

Die Abbildungen 39 und 40 zeigen aufeinanderfolgende Farbübungen eines 44jährigen depressiv-neurotischen Klienten. Seine bislang eher »farblose« und »starre« Ausdrucksweise in Übungen des meditativen Malens wird erstmals tiefgreifend durchbrochen. Dabei wird der Anschluß an die Ausdruckskraft und die vitalen Energien der Kleinkindzeit im Bildtitel der Abb. 40 deutlich: »Kinderklekkerland«. Abbildung 41 zeigt ein Übungsblatt eben dieses Klienten nach drei Jahren, wo jene aufbrechenden Triebenergien der früheren Bilder im Sinn größerer Farbdifferenzierung und größerer Formprägnanz wirksam werden. Die gleichzeitige ärztlich geleitete Psychotherapie bestätigt diese Veränderungen. Sie zeigen sich in einer Entwicklung der Fühlfunktion und einer zunehmenden Identitätsfindung.

Wie komme ich zu dieser Übung des meditativen Malens? Während einer zweijährigen Therapie- und Ausbildungszeit in der Schule für Initiatische Therapie in Todtmoos-Rütte hatte ich diese Übung zunächst als Selbsterfahrungsmethode für mich entwickelt und angewendet. Zuletzt konnte ich das Verfahren unter Supervision bei Klienten der Initiatischen Therapie erproben und dabei weitere Erfahrungen sammeln. Seit ein paar Jahren biete ich diese Übung als Möglichkeit zur Selbsterfahrung in der Ausbildung von Kunsttherapeuten an.

Was hat diese Übung mit Künstlerischem zu tun? Gestalterisch bestimmend bei dieser Übung ist das bildnerische Element Farbe. Das bildnerische Verfahren Naß-in-

Naß-Malen ermöglicht und fördert schöpferische Impulse, ja kann spezifisch bildnerisch-schöpferische Prozesse ingang setzen. Deshalb setze ich diese Übung auch neuerdings als impulsgebende Übung zur Farbgestaltung in einer Fachklasse für meditatives Gestalten ein.

Prozeßhaft-schöpferischen Charakter hat aber vor allem die therapeutische bzw. pädagogische Beziehung zwischen Übendem und Begleiter, da im voraus niemals festliegt, wie das Ergebnis einer solchen Übung aussehen wird. Der Übungsleiter bzw. Initiator, als selber im bildnerischen und therapeutischen Prozeß Geschulter und ständig weiter Übender, bleibt offen für das Einmalige, Neue jeder Begegnung mit dem Übenden. In einer therapeutischen Beziehung begegnet der Therapeut nicht einer Krankheit, sondern einem kranken Menschen. Dieser Mensch ist immer einmalig, wie auch die therapeutische Beziehung. Deshalb helfen dem zukünftigen Kunsttherapeuten weniger irgendwelche »Konzepte« oder gar »Strategien«, ja diese sind in einem so verstandenen therapeutisch-schöpferischen Prozeß sogar hinderlich.

Wichtiger für die Ausbildung halte ich die Einübung des Gegenteils: Das ständige Loslassen jeder Vorstellung von Therapie. Deshalb zielt eine Übung wie das meditative Malen auf das Verstärken von Prozeß- und Beziehungsfähigkeit, von Intuition und der Haltung liebevoller Offenheit.

Weitere Kursangebote im Übungsbereich Selbsterfahrung für Kunsttherapeuten

Meditatives Zeichnen

Das Meditative Zeichnen ist eine auf die Belange von Ausbildungsgruppen zugeschnittene Form des »Geführten Zeichnens«. Das »Geführte Zeichnen« ist eine zentrale Übungsform im Rahmen der Initiatischen Therapie und wurde für die Einzeltherapie von Frau Dr. Maria Hippius-Dürckheim (vgl. R. Müller, 1981; G. Schoeller, 1983) entwickelt. Gezeichnet wird mit Zeichenkreiden auf Papierbögen etwa der Größe DIN A 2, mit geschlossenen Augen.

Ich nenne die abgewandelte Form »meditatives Zeichnen«, weil die meditativen Elemente wie Sitzhaltung und das Prinzip der Wiederholung in der Gruppenübung akzentuiert werden. Auch ist das Übungsziel ein anderes.

Wiederholt werden Übungsformeln, die hier zugleich bildnerisch den elementaren Zeichen entsprechen, wie beispielsweise Kreis, Spirale, Schale, Dreieck, Quadrat. Anfang und Schluß der Übung in der Gruppe sind gemeinsam und werden durch ein Glockenzeichen signalisiert. Das unterschiedliche Übungstempo der einzelnen wird dadurch ausgeglichen, daß diejenigen, die vor dem Glockenzeichen abgeschlossen haben, bereits ihre Augen öffnen und mit der betrachtenden und schriftlichen Auswertung ihrer Zeichnung beginnen können. Nach Abschluß einer Zeichenrunde beginnt die wichtige Phase des gemeinsamen gesprächsweisen Austausches von Erfahrungen während des Zeichnens und beim Anschauen der Ergebnisse. Hinsichtlich ihrer symbolischen Bedeutung und ihrer diagnostisch-therapeutischen Wirkungsbreite können auf diese Weise elementare Bildzeichen bzw. Bewegungsformeln erkundet werden. In einer einzigen Sitzung können so viele Bedeutungen zu einem einzigen Zeichen gefunden und gespiegelt werden. Dabei tritt die »Vieldeutigkeit« von Signaturen im therapeutischen Feld deutlich hervor. Denn im gleichen Übungsgang kann z. B. bei der Übung des Kreises das »Endlose« desselben als »quälend«, »langweilig« oder als Anschluß an die numinose Qualität des »Unendlichen, Zeitlosen« erlebt werden. Die sich rundend wiederholende Bewegung kann ein Gefühl des »Gefangen« oder »Geborgen« auslösen.

Da durch das Zeichnen mit geschlossenen Augen das kontrollierende Bewußtsein weitgehend ausgeschaltet ist, erleben die Übenden beim Öffnen derselben häufig eine »Überraschung«, das »Unerwartete« des Ausdrucks der Zeichenspuren, der Größe und der Plazierung des Zeichens auf dem Untergrund. Sie werden mit der Unbestechlichkeit der Aussagetendenzen aus dem »Unbewußten« konfrontiert, und zum vergleichenden Schauen bei den anderen motiviert. Antworten kommen zum Teil aus der Eigenerfahrung, z. B. wenn sich eine unangenehme Ausdrucksgegebenheit im weiteren Übungsverlauf verliert bzw. in eine angenehme »verwandelt«, manchmal aus den Erfahrungen eines anderen in der Übungsgruppe. Es erwächst eine vertiefte Fragehaltung und die Motivation, in entsprechenden Veröffentlichungen mehr zu dem Erlebten zu erfahren. Hier liegt die Nahtstelle zur Angliederung theoretischer Arbeit in der Ausbildung von Kunsttherapeuten.

Gestaltungsübungen am Tonkasten

Dieses Verfahren wird als interaktive Gruppenübung zur Selbsterfahrung mit Tonerde angeboten. Es geht zurück auf eine entsprechende Übungsform, die Heinz Deuser in die Initiatische Therapie mit seinen »Gestalt- und Tastübungen am Tonfeld« eingebracht hat (vgl. R. Müller, 1981; G. Schoeller, 1983). Bei der hier für die Ausbildungsbelange abgewandelten Übung steht ein 8 cm hoher quadratischer Tonkasten (50 cm × 50 cm) in der Mitte der Gruppe, wenn stehend gearbeitet wird, oder vor dem Halbrund der Teilnehmer, wenn sitzend geübt wird. Der einzelne, der an den Kasten herantritt, tastet und/oder gestaltet mit geschlossenen Augen. Die übrigen Teilnehmer nehmen den Herausgetretenen mit offenen Augen wahr. Die Reihenfolge des Heraustretens soll sich frei ergeben. Bildnerisch handelt es sich um plastisches Gestalten, wobei neben der Oberflächengestaltung – plastische Qualitäten der Wölbung oder der Höhlung – räumlichen Aspekten der Position im Kastenfeld, auch dem Hell-Dunkel als Gestaltungsmittel, eine wichtige Rolle zukommt. Es ist eine Übung, die über das Tasten und Begreifen beider Hände besonders direkt auf den Leib des Agierenden zurückwirkt.

Selbsterfahrerisch ist der Übende zudem ständig zur Impulswahrnehmung und -umsetzung herausgefordert, und zwar im ständigen Wechsel von Impulsumsetzungen durch die verschiedenen Übungsteilnehmer. Er kann sich aufgerufen fühlen, an einer durch einen Vorgänger gesetzten Gestalt weiterzuformen, sie zu verändern oder sie zu zerstören. Er kann Impulse aus verschiedensten Gründen zurückhalten, z. B. aus Angst vor den anderen, und er wird erfahren, welche Folgen das für ihn selbst und für den Gestaltungsfluß in der Gruppe hat. Für das auswertende Gespräch bieten sich bei der Fülle der sich formenden und ständig wandelnden Bildmotive und der sichtbar werdenden Verhaltens- und Ausdrucksweisen Ansätze auf allen selbsterfahrerischen Ebenen.

Knoten und Bänder-Spielaktionen

Das Knoten bzw. Knüpfen gehört wie das Flechten, Weben und Töpfern zu den ältesten manuellen Verfahren der Menschen. Bänder und Knoten bieten Anreiz zum »Handeln«, zum Erleben von »Lösen und Binden«. Über die Hände können bildnerische Impulse ausgelöst und Gestaltungen freigesetzt werden. Bei Herbert Read (1955, S. 44) erweist sich handwerkliche Urerfahrung nicht nur als Schlüssel zur Kunstentwicklung, sondern zugleich als Motor menschheitlicher Bewußtseinsentfaltung überhaupt, wenn er sagt: »Das Gefühl für die Form gelangte über die Finger in das menschliche Bewußtsein, und was die Finger gefühlsmäßig gestaltet hatten, wurde von den Augen wahrgenommen und gutgeheißen… Die erste Wissenschaft bestand in einem Festhalten der Entdeckungen des Künstlers.« Um »Entdeckungen« geht es bei diesen Spielaktionen. Spielregeln sollen aus der Übungsgruppe erwachsen, bzw. von einzelnen Teilnehmern gefunden, vorgestellt und von den Mitspielenden aufgenommen werden. Gruppenkonsens wird zur Voraussetzung für das Gelingen, bzw. es spiegelt das »Werk« die Konstellation der gestalterischen Kräfte in der Gruppe. Übungsmaterial sind Bindfäden und Schnüre in verschiedenen Stärken und Farben. Der Schlingknoten bietet ein einfaches Knotenverfahren. Wickeln, Spannen, Verknüpfen in Fläche und Raum bieten eine Fülle gestalterischer Möglichkeiten. Hauptziel dieser interaktiven Gruppenübung ist es, Kreativität als gemeinsames Merkmal von bildnerischen und therapeutischen Prozessen einsichtig zu machen. Als Teilziele dieses Angebots lassen sich formulieren: Knoten und Bänder als gestalterisches Medium kennenlernen, kommunikative Aspekte der Übungsform einschätzen lernen, die Spielgruppe als kreativen Organismus erleben, Impulswahrnehmung und -umsetzung trainieren, die Fähigkeit zum Rollenwechsel (Spielinitiator, Mitspieler) einüben.

Dieses Angebot fordert Flexibilität und Offenheit und provoziert das Zulassen des Nichtvorhersehbaren. Es repräsentiert gewissermaßen das »Prinzip des Antikonzepts« im Rahmen kunsttherapeutischer Ausbildung. Dabei trifft sich das Antikonzeptionelle, das in der Kunst selbst liegt, offenbar mit einem entsprechenden Prinzip in Selbsterfahrungstechniken der Therapie. Stanislav Grof schreibt in seinem Buch »Geburt, Tod und Transzendenz« (1985, S. 346): »Die Anwendung der neuen Selbsterfahrungstechniken erfordert deshalb eine Ausbildung, in der man selber Zustände erlebt, die man mit diesen Techniken fördern will. Außerdem ist ein solcher Prozeß niemals abgeschlossen. Die therapeutische Arbeit mit anderen oder sogar das

Alltagsleben wird den Therapeuten immer mit neuen Fragen konfrontieren. Aus dem gleichen Grund wird der Therapeut nie zur Autorität, die dem Klienten erklärt, was dessen Erlebnisse bedeuten. Selbst mit viel klinischer Erfahrung läßt sich nicht immer richtig vorhersagen, welches Motiv hinter einem bestimmten Symptom steckt. Diese Entdeckung verdanken wir Carl Gustv Jung, der als erster erkannte, daß der Prozeß der Selbsterforschung eine Reise in das Unbekannte ist, die ständig neues Leben beinhaltet.«

Zusammenfassung

Was kann Selbsterfahrung in bezug auf die Verbindung von Kunst und Therapie im Rahmen der Ausbildung von Kunsttherapeuten erschließen? Diesbezügliche Erfahrungen lassen sich wie folgt zusammenfassen:

— Sie kann die Prozeßhaftigkeit des Bildnerischen in therapeutischen Prozessen wiederfinden lassen;
— sie kann das Schöpferische (Kreativität) in beiden Feldern erlebbar machen;
— sie kann den Ganzheitsaspekt (Prinzip der Komplementarität bzw. der Ausgewogenheit) in beiden Bereichen auffindbar machen;
— sie kann schließlich deutlich machen, daß künstlerische Gestaltung und gesundheitlicher Zustand Bewußtseinspositionen des Künstlers bzw. Patienten spiegeln, und daß Kunst und Therapie nicht möglich sind ohne Wandlung des Bewußtseins.

Aus diesem selbsterfahrerischen Verständnis von Kunst und Therapie gelange ich zu einer Auffassung von Kunsttherapie, die ich als »katalytisch« bezeichnen möchte. Indem bildnerische Prozesse angestoßen und aktiviert werden, kommt gleichzeitig ein therapeutischer Prozeß ingang, der ohne diese Katalysatorfunktion der Kunst nicht, sehr schwer oder nur unter für den Patienten bedrohlichen Umständen verlaufen kann. Dabei können sowohl die therapeutischen Mittel (hier: die bildnerischen Mittel) als auch der Therapeut, der die Wirkung der Mittel aus Erfahrung kennt und setzt, als katalytische Elemente im therapeutischen Prozeß verstanden werden.

Literatur

Capra, Fritjof: Wendezeit, München 1983
Copei, Friedrich: Der fruchtbare Moment im Bildungsprozeß, Heidelberg 1966
Dürckheim, Karlfried Graf: Im Zeichen der Großen Erfahrung, München 1974
Gebser, Jean: Ursprung und Gegenwart, Stuttgart 1949
Grof, Stanislav: Geburt, Tod und Transzendenz, München 1985
Itten, Johannes: Kunst der Farbe, Ravensburg 1961

131

JACOBI, Jolande: Vom Bilderreich der Seele, Freiburg 1977

JUNG, Carl Gustav: Der Mensch und seine Symbole, Freiburg 1968

KANDINSKY, Wassily: Über das Geistige in der Kunst, München 1911

KLEE, Paul: Das bildnerische Denken, Stuttgart 1964

KÜCKELHAUS, Hugo: Fassen, Fühlen, Bilden, Köln 1978

LÜSCHER, Max: Der 4-Farben-Mensch, Stuttgart 1977

LÜSCHER, Max: Farb-Form-Text, Luzern 1979

MÜLLER, Rüdiger: Wandlung zur Ganzheit, Freiburg 1981

NEUMANN, Erich: Kunst und schöpferisches Unbewußtes, Zürich 1980

READ, Herbert: Bild und Idee, Köln 1955

RIEDEL, Ingrid: Farben, Stuttgart 1984

SCHOELLER, Gisela: Heilung aus dem Ursprung, München 1983

SECKEL, Curt: Maßstäbe der Kunst im 20. Jahrhundert, Düsseldorf 1967

WEINREB, Friedrich: Schule als Quelle der Inspiration, München 1978

OTTO K. HANUS

Farbeninteraktion –
Selbsterfahrung und Prozeßhaftigkeit in der Gruppe

Ich beschreibe eine Methode, in der bildnerische und gruppendynamische Elemente zusammenwirken. Diese Methode wird »Farbeninteraktion« genannt. Zweck der Darstellung ist die Vermittlung eines Überblicks über die Grundlagen der theoretischen und praktischen Voraussetzungen.

Knapp formuliert kann man sagen: Die Farbeninteraktion ist eine therapeutisch-analytische Psychopädie. Sie wird angeregt durch ungegenständliches Malen in einer strukturierten Gruppensituation. Die Ergebnisse und Prozesse werden phänomenologisch-analytisch bearbeitet.

Das ungegenständlich Bildnerische als Medium für unmittelbare seelische (psychodynamische) Äußerung unbewußter Komplexionen hat sich für mich in den Jahren 1959 bis 1968 durch Experimente mit »autogenem Zeichnen« und graphisch meditativen Übungen ergeben, die – wie ich erfahren konnte – auf das Ich-Wachbewußtsein einen nachhaltigen Einfluß ausüben können.

Allgemeine Beschreibung

Farbeninteraktion ist eine Methode therapeutisch nutzbarer Selbsterfahrung in der Gruppe. Die Ich-Selbst-Erfahrung wird durch Prozesse ungegenständlichen bildnerischen Ausdrucks im Feld einer Gemeinschaft ermöglicht.

Alle bildnerischen Merkmale, die beim ungegenständlichen Malen entstehen (alle Formvarianten von Punkten, Linien und Flächen), sind dann ungegenständlich, wenn damit keine gegenständlichen Gebilde dargestellt werden – z.B. Gesichter, Häuser, Bäume, Landschaften usw. W. Kandinsky beschreibt ungegenständliche bildnerische Merkmale in seinem Buch »Punkt und Linie zur Fläche« (1926) und in: »Über das Geistige in der Kunst« (1911); auch K. Malewitsch hat in seinem Werk »Die gegenstandslose Welt« (1926) Grundlegendes dazu dargestellt.

Farbeninteraktion ist ein Agieren mit Farben zwischen Menschen (gruppendynamische bildnerische Interaktion). Dieses Agieren ist durch strukturierte Bedingungen wie einleitende Instruktion, begrenzter Zeitraum, gemeinsame Farben, Malfläche und ungegenständliches Malen reduziert (Methodenreduktion). Die Voraussetzungen sind für alle Teilnehmer einer Gruppe verbindlich und werden in jedem Fall eingehalten. Das bedeutet: Jeder Teilnehmer artikuliert sich (bildnerisch) innerhalb des Rahmens dieser strukturierten Situation und ihrer damit verbundenen Möglichkeiten.

Der solcherart initiierte bildnerische Interaktionsverlauf einer Sitzung ist zunächst weitgehend unbewußt und primär erlebnisbezogen, deshalb bedarf es einer verbalen Bearbeitung, die die Aufmerksamkeit und das Bewußtsein darauf lenkt, sich genau anzusehen, *was* und *wie* etwas geschehen ist und geschieht, so daß aus den Erlebnissen auch Erkenntnisse destilliert werden können. Das erfolgt im Gespräch; hier wird darauf geachtet: Stimmen die Aussagen über das bildnerische Geschehen mit den sichtbaren bildnerischen Merkmalen überein.

Eine wesentliche Annahme der Farbeninteraktion ist, daß jede bildnerische Handlung direkt oder indirekt auf die bereits gemalten Äußerungen der anderen bezogen ist. Dementsprechend gibt es Vermeiden oder Annehmen, Weiterführen oder Abbrechen, Integrieren oder Neuanfangen, Ignorieren oder Unterstützen. Das bedeutet, daß der einzelne mit seinen Interessen in einer dichotomen Auseinandersetzung mit dem kreativen Sich-Verhalten der anderen Teilnehmer und deren Interessen steht und dadurch zum seelisch-geistigen Mitvollziehen des »Gestaltwandels« durch den Verlauf des Geschehens aufgefordert ist.

Natürlich impliziert eine solche Situation Interessenkonflikte, die nur im prozessualen Erwachsen zum Interessenkonsens führen können. Die persönlichen, für das Ich-Wachbewußtsein unterschwelligen Interessen der einzelnen werden im Verlauf der Arbeit zugunsten einer integrierten Ganzheit, die als Bildgestalt repräsentiert ist, transzendiert. Dem Haften an einseitig ich-bezogenen Interessen folgt das Loslassen und damit das Offensein für das Zulassen des Interesses an der Gesamtheit. Das erfordert natürlich seine Zeit.

Denn das Mitgehen bzw. Sich-für-Neues-Öffnen und darauf Einlassen-Können verlangt danach, Gefühle zuzulassen, geschehen zu lassen, was an spontanem Ausdruck sein will, sich in seiner Interessenfixierung loszulassen und sich für die kreative Teilhabe frei zu machen. All das ist mit kleinen Schritten der Ich-Selbst-Erfahrung, Erkenntnis und des alternativen Ich-Selbst-Ausdrucks verbunden und macht einen Großteil der bildnerisch-analytischen Arbeit aus.

In einer Gruppe mit Teilnehmern ohne kunsttherapeutische Vorerfahrung wurde auf die Frage: »Was hat mir diese Farbeninteraktion gegeben?«, folgendes geantwortet: »Ich habe ein konstantes Gefühl der Kraft gespürt.« »Ich habe gemerkt, wie ich mich bis zur Gewalttätigkeit dominant verhalte.« »Jetzt habe ich Punkte kennengelernt, wo ich hintreten kann, wo ich festen Boden unter den Füßen spüre.« »Ich habe gemerkt, daß ich selbst leben kann, daß ich nicht gelebt werde.« »Ich empfinde eine neue Art von Offenheit, meinen immer wieder zugedeckten Problemen gegenüber.« »Ich konnte von meinen Vorstellungen lassen und besser nehmen, was da ist.« »Ich habe das Gefühl gehabt, daß ich für kurze Zeit zu mir selber gefunden habe.« »Es wurde mir deutlich, wie ich mich von unausgesprochenen Gemeinschaftstendenzen beeinflussen lasse.«

Trotz vielfältiger unterschiedlicher Voraussetzungen, Erwartungen, Bedürfnisse und Möglichkeiten ist manchmal das bildnerische Ergebnis überraschend. Ohne beabsichtigte Zielsetzung oder gewollte Komposition finden oft sehr heterogene Strebungen und Ausdrucksformen im Prozeß der Interaktion zu einer geschlossenen

Bildgestalt, einer Integration zusammen. Diese entspricht dann oftmals künstlerisch qualitativen Kriterien und zeigt formale Kohärenz, die auch ästhetischen Ansprüchen genügt. Das ist interessant, gerade deshalb, weil es nicht vordergründig beabsichtigt, sondern aus einem wechselseitigen Beziehungsgeschehen heraus, das vielfältige Interessen umfaßt, erwachsen ist.

In der kunsttherapeutischen Farbeninteraktion werden also die Interessen der daran beteiligten Menschen sichtbar. Die Vielfalt der Interessen kann zu Konflikten führen, vor allem dann, wenn gegensätzliche bildnerische Merkmale schroff aufeinanderprallen (Abb. 42).

Im Verlauf der Auseinandersetzung mit dem »Wie ist es?« besteht die Möglichkeit, zu einer bildnerischen Einung zu gelangen. Sie zeigt sich dann als ausgeglichene (integrierte) Bildgestaltung (Abb. 43, 44) und verweist auf die Transzendierung der »nur« persönlichen Interessen.

Das »setting« der Farbeninteraktion ist gruppendynamisch ausgerichtet; deshalb stehen vor allem die Interaktionen und die mit ihnen verbundene Psychodynamik im Vordergrund der Auseinandersetzung. Das bedeutet, daß die ungegenständlichen bildnerischen Merkmale hinsichtlich ihrer psychodynamischen Äquivalenz betrachtet und bearbeitet werden. Hierzu F. Varela: »Wie etwas sich äußert, ist nicht verschieden von dem, wie etwas seinem Wesen nach ist.«

Bei aller notwendigen Spontaneität des emotionalen Zulassens geht es im Prozeß einer Farbeninteraktion nicht um ein bloßes Sich-Austoben und persönliches Sich-Abreagieren, sondern darüber hinaus darum, Ordnungsgefüge und Strukturen, die in der bildnerischen Arbeit freigesetzt werden (können), lebendig zu erfahren und zu erkennen. Die schönste Ordnung nützt nichts, wenn man sie nicht als solche erkennt.

Ich arbeite in der Farbeninteraktion mit der Einstellung, daß das, was man als ästhetische oder harmonische Ordnung bezeichnen könnte, keine Sache des »Wissens« im üblichen Sinne ist, das man sich von »außen« aneignen kann. Vielmehr beruht sie auf seelisch immanenten Mustern des Fühlens, die erweckt und zum Ausdruck gebracht werden können.

Zweck

Es gibt viele Formen methodenvariabler Kunsttherapie (vgl. E. Adamson, 1984; R. Dobeneck, 1983; E. Franzke, 1983; E. Kramer, 1983; H. Landgarten, 1976; G. Schottenloher, 1983). Die vorliegende Arbeit ist ein theoretischer Entwurf und die Darstellung einer methodenreduzierten bildnerisch-analytischen Arbeitsweise. Diese Arbeitsweise ermöglicht als gestaltete Struktur in einem Kontext von Beziehungen (Interdependenz) ein systematisches Arbeiten mit definierbaren bildnerischen Ausdruckshandlungen, Interaktionen und Ergebnissen.

Ziel dieser Arbeit ist es, zu zeigen, daß ungegenständlicher bildnerischer Ausdruck innerhalb der Feldbedingungen (vgl. K. Levin, 1982) einer Gruppe ein differenziertes Mittel zur Übertragung averbaler Botschaften ist, das eigengesetzlichen Bedingungen unterliegt; diese sind wegen ihrer besonderen Gesetzmäßigkeiten für die Erkenntnis und Entwicklung alternativer Möglichkeiten des Ich-Selbst-Ausdrucks und seelischen Seins von Bedeutung.

Damit ist gesagt, daß ein Mensch auch anders denken, vorstellen, fühlen und sich verhalten kann, als es seinen Gewohnheiten nach geschieht. Diese Möglichkeiten, anders zu handeln, anders zu sein, hängen ab von der Einsicht und der Erfahrung der Aktualität des Handelns und Soseins, das man ist, ohne es zu ändern; von da aus führt der Weg zu einer möglichen seelischen Verwirklichung, zum Potential der seelischen Kreativität und persönlichen Gestaltungsfähigkeit, die sowohl bildnerisch wie im Denken, Vorstellen und Fühlen zur Wirkung gebracht werden kann.

Ich möchte deutlich machen, daß ungegenständliche bildnerische Merkmale psychodynamisch determiniert sind und von daher ihre Bedeutung erhalten (sollen).

Hypothesen

Der Farbeninteraktion liegen folgende Hypothesen zugrunde:

— Die verfügbaren Materialien (bildnerische Mittel), die Größe der Gruppe und der festgelegte Zeitraum üben einen (tendenziell) unbewußten, direktiven und strukturierenden Einfluß auf die Teilnehmer aus. Sie beeinflussen die Verhaltensweisen der Teilnehmer.

— Alles, was von einem Beteiligten gemalt wird (bildnerische Merkmale), ist Ausdruck psychodynamischer Eigenschaften zum Zeitpunkt des aktualen Geschehens seiner Ausdruckshandlung.

— Bildnerische Merkmale repräsentieren psychodynamische Eigenschaften und Verhaltensweisen, die durch eine phänomenologische Analyse aus diesen Merkmalen selbst erschlossen werden können. Die Begriffe Ausdruck, Merkmal, Eindruck und Eigenschaft sind synonym.

— Die Arbeit an alternativen psychodynamischen Verhaltensweisen und Eigenschaften des Ausdrucks ist mit Änderungen des Ich-Selbst-Seins und des Ich-Wachbewußtseins verbunden.

— Eine phänomenologische Betrachtungsweise und Analyse ist diesen Gegebenheiten adäquat und diesen am besten adaptierbar. Das Medium selbst ist die Botschaft. Die Translation des Mediums (bildnerisches Merkmal oder Bildgestalt) zur Botschaft muß gelernt werden.

— Die Farbeninteraktion ist eine » Situation «, die von vier wechselwirkenden Realitäten (Interdependenzen) bestimmt wird: a) Der individuellen Psychodynamik, b) der Gruppendynamik, c) des bildnerischen Geschehens und d) der Gruppenleiterpräsenz.

– Es ist für die Gruppe nicht möglich, die Präsenz des Gruppenleiters aus ihrer Gesamtsituation auszuschließen. Deshalb wird sie sich in jedem Fall induzierend auf das Geschehen auswirken.

Diese Hypothesen deuten die Voraussetzungen an, mit denen ich eine Farbeninteraktion bearbeite. Sie verweisen in ihren existentiellen und phänomenologischen Ansätzen auf die direkte Bezugnahme zur Aktualität des seelischen Seins.

Phänomenologie

Mein theoretisches Modell der phänomenologischen Kunsttherapie basiert auf der Beobachtung, daß jede ungegenständliche bildnerische Äußerung in ihrer Aktualität des Geschehens von der psychodynamischen Präsenz der Handelnden geprägt ist und daß sich, vice versa, jede bildnerische Handlungsweise als aktualer psychodynamischer Ausdruck in Form eines dadurch charakterisierten (ungegenständlichen) bildnerischen Merkmals darstellt.

Für dieses theoretische Modell gebe ich nun das visuelle Beispiel einer Handlungs- und Bewegungsspur mit einer anschließenden phänomenologischen Analyse:

Beispiel a)

Phänoanalyse
Beschreibung der visuellen Fakten:

Pinsel-Bewegungsmerkmal mit mehrmals gebogenem und organisch gerundetem Richtungswechsel; variierend anschwellende und abschwellende Strichdicke.

Beschreibung der Ausdruckseigenschaften:

Diese Bewegungsspur erscheint geschwungen, gebogen, locker bewegt, fließend, weich, sicher und zügig. Der Gesamteindruck ist harmonisch.

Beschreibung der zugrundeliegenden Verhaltensweisen:

Im Moment dieser Ausdruckshandlung hat der Handelnde das Malgerät locker, sicher und kontrolliert gehandhabt. Er malte zügig und sensibel eine rhythmische,

137

mehrfach gebogene und schwingende Linie. Das läßt darauf schließen, daß der Betreffende im Moment seiner Handlung in Kontakt mit sich selbst und den gehandhabten Materialien war.

Folgerichtige Konsequenz:

Im Moment dieser Malhandlung kann sich der Beteiligte nicht verkrampft, stokkend, gehemmt, zögernd oder ängstlich verhalten und gemalt haben.

Beispiel b)

Phänoanalyse
Beschreibung der visuellen Fakten:

Pinsel-Bewegungsmerkmal mit mehrfach abruptem Richtungswechsel, gleichbleibend fest aufgedrückter Strichführung, geradlinigen und eckigen Formen. Infolge der gleichbleibenden Druck-Stärke ist der Farbauftrag ab etwa der Hälfte der Bewegungsspur nicht mehr so deckend wie zu Beginn.

Beschreibung der Ausdruckseigenschaften:

Diese Bewegungsspur erscheint sehr energisch, fest und zielstrebig. Der Gesamteindruck ist kraftvoll. Obwohl der Bewegungsverlauf dreimal seine Richtung ändert, ist die Kraft »ungebrochen«.

Beschreibung der zugrundeliegenden Verhaltensweisen:

Im Moment dieser Ausdruckshandlung hat der Handelnde das Malgerät fest, energisch und zielstrebig geführt. Er malte damit kraftvoll und mit starkem Druck. Das läßt darauf schließen, daß der Betreffende im Moment seiner Handlung voller Energie war, die er einerseits zulassen und andererseits auch kontrollieren konnte.

Folgerichtige Konsequenz:

Im Moment dieser Malhandlung kann sich der Beteiligte nicht sensibel, zärtlich, zurückhaltend oder träge verhalten und gemalt haben.

Wie man aus beiden Beispielen ersehen kann, ist der ungegenständliche bildnerische Ausdruck das Resultat von Verhaltensweisen, die ihrerseits Ergebnisse psychodynamischer Funktionen (Denken, Fühlen, Empfinden, Wollen, Vorstellen usw.) sind. Es erschließt sich daraus die therapeutisch bedeutsame Tatsache, daß sich in jeder ungegenständlichen Ausdruckshandlung die aktuale Präsenz (nicht generelle!) des Menschen präsentiert. Also: Jede ungegenständliche Ausdruckshandlung ist psychodynamisch determiniert. Aktualität, Verhalten und Ausdruck können nur fiktiv voneinander getrennt werden.

Nun wollen wir diesen Zusammenhang anhand der Beispiele noch theoretisch untersuchen. Dazu folgen wir der Definition von »Theorie«, wie ich sie schon zu Beginn angedeutet habe:

— Wir sehen uns die Beschreibung des an der Wirklichkeit Wahrgenommenen an.

— Wir stellen fest, ob diese Beschreibung an das beschriebene Wirkliche adaptierbar ist.

— Können wir eventuelle abgeleitete Generalisierungen an die beiden vorhergehenden Bedingungen koppeln und durch sie überprüfen?

Beschreibung des an der Wirklichkeit Wahrnehmbaren:

Die zugrundeliegende Wirklichkeit ist das bildnerische Merkmal, die für uns alle sichtbare Bewegungsspur. Die Beschreibung des Wahrnehmbaren ist demzufolge eine Beschreibung des visuell Vorhandenen.

Daß man es beschreiben kann, setzt voraus, daß man es sich aufmerksam anschaut. Die Beschreibung des an der Wirklichkeit beobachteten Wahrnehmbaren ist um so genauer und zutreffender, je mehr man sich an diese zugrundeliegende Wirklichkeit hält.

Eine Beschreibung (Beispiel a) wie »ich sehe eine Schlange« oder »das ist eine schöne Welle« und (Beispiel b) »da hat jemand einen Blitz gemacht«, »das ist eine aggressive Linie« wäre im Sinn unserer Kriterien völlig unzutreffend, weil nicht der Wirklichkeit entsprechend.

Wenn wir also die Beschreibung des an der Wirklichkeit Wahrnehmbaren ernst nehmen wollen, dann ist sie eine Beschreibung visueller Fakten; eine solche müßte so beschaffen sein, daß sie von jedem anderen, nicht sensorisch gestörten Betrachter überprüft und genauso vorgenommen werden kann. Die Beschreibung des real visuell Gegebenen kann somit am Konsens orientiert werden und hat intersubjektiven (und das bedeutet hier »objektiven«) Wert.

139

Die Beschreibung muß an das beschriebene Wirkliche adaptierbar sein:

Wollen wir nun die Beschreibung des an der Wirklichkeit Wahrgenommenen auf ihre Richtigkeit (Stimmigkeit) hin überprüfen, dann müssen wir feststellen, ob die Beschreibung an die Wirklichkeit zu adaptieren ist. Unter Adaption ist hier, im Zusammenhang mit unserem Beispiel, das möglichst deckungsgleiche »In-Übereinstimmung-Bringen-Können« von Inhalten (Aussagen) der Beschreibung und dem visuell Vorhandenen der sichtbaren Pinselspur zu verstehen – aber das läßt sich natürlich auch auf andere Bereiche übertragen und anwenden.

Es geht somit um die Frage: Ist die Beschreibung des visuell Wahrnehmbaren bei Beispiel a), »mehrmals gebogener und organisch gerundeter Richtungswechsel mit variierend an- und abschwellender Strichdicke«, mit der visuellen Wirklichkeit deckungsgleich in Übereinstimmung zu bringen? Wie können wir das feststellen?

Dazu müssen wir natürlich wissen, was diese Worte, aus denen diese Beschreibung besteht, bedeuten, und zweitens müssen wir wissen – die Erfahrung gemacht haben –, wie eine derartige Pinsel-Bewegungsspur zustandekommt, bzw. wie sie zustandekommen kann. Bei einem relativ einfachen und unkomplizierten Beispiel, wie dem vorliegenden, ist das allerdings nicht unbedingt notwendig; hier genügt es, wenn man das bildnerische Merkmal mit seinem Blick abtastet, darüberhingleitet und dabei gleichzeitig die Beschreibung »über das, was man visuell wahrnimmt, legt«. Auf diese Weise läßt sich ziemlich genau, und zwar für jeden, der sich darauf einläßt, feststellen, ob die Beschreibung mit dem Beschriebenen übereinstimmt. Man kann auch den interessanten Versuch machen und, genauso wie ich es vorgeschlagen habe, die Beschreibung von Beispiel b) nehmen und sie »über das visuell Wahrgenommene legen«. Was kommt dabei heraus?

Aus der Beschreibung von Wirklichkeiten abgeleitete Generalisierungen müssen an die Bechreibung des Wirklichen und deren Adaption gekoppelt und dadurch überprüfbar sein.

Wenn wir festgestellt haben, daß die diversen Beschreibungen von bildnerischen Merkmalen und deren Eigenschaften der Tendenz nach an deren visuelle Wirklichkeit adaptierbar sind, dann können wir daraus eine generalisierte Aussage ableiten: Jede bildnerische Ausdruckshandlung ist das Resultat eines Verhaltens, das sich am bildnerischen Merkmal selbst zeigt.

Angewendet auf Beispiel a) wollen wir diese Aussage untersuchen und sagen deshalb: Dieser – genauso wie jeder andere – Malvorgang ist das Ergebnis eines bestimmten Verhaltens; die Art und Weise, das Wie dieses Sich-Verhaltens zeigt sich uns an dem, was wir sehen.

Stimmt das? Kann jemand etwas malen, ohne sich dabei (malend) zu verhalten? Es ist naheliegend, daß so etwas nicht möglich ist; und wenn sich jemand malend verhält, dann muß er sich »irgendwie« verhalten, er kann sich dabei nicht nicht irgendwie verhalten.

Jedes Sich-Verhalten ist demnach mit einem Wie (die Art und Weise) verbunden. Nun wird gesagt, daß sich uns dieses Wie in dem zeigt und aus dem erschließen läßt, was wir sehen. Und wir sehen der Tendenz nach eine organisch gerundete, an- und abschwellende Linie, die uns geschwungen, gebogen, fließend, weich, sicher und zügig gemalt erscheint. Diese Aussage ist die Beschreibung einer wahrnehmbaren Wirklichkeit und sie ist zudem an diese (visuelle) Wirklichkeit adaptierbar. Die davon abgeleitete Aussage, daß dieses bildnerische Merkmal das Resultat eines sicheren, kontrollierten, mit fließenden und organischen Bewegungen wechselnder Druckstärke verbundenen Malverhaltens ist, kann demnach als an die vorhin genannten Bedingungen gekoppelt und durch sie überprüft gelten.

Mit dieser kurzen Darstellung eines wichtigen Aspekts im theoretischen Modell der phänomenologischen Kunsttherapie, wie es in der Farbeninteraktion verwirklicht wird, ist die theoretische Beschreibung dieser Methode keinesfalls erschöpft. Es ist im Rahmen dieser Veröffentlichung lediglich eine Perspektive im Gesamtbereich unterschiedlicher theoretischer Ansätze angedeutet.

Selbsterfahrung

Bei einer Farbeninteraktion wird die Selbsterfahrung durch individuell psychodynamische, gruppendynamische und bildnerische Handlungen ermöglicht. Die bildnerischen Handlungen erfolgen ungegenständlich. Wie können solche ungegenständliche bildnerische Handlungen Selbsterfahrung ermöglichen?

Ungegenständliche Ausdrucksmerkmale haben keine abbildende Funktion in dem Sinn, daß sie etwas Bestimmtes, gegenständlich Bekanntes oder Vorstellbares darstellen. Sie stehen also gewissermaßen für sich selbst und sie zeigen auch nichts, außer sich selbst.

Ungegenständliche Ausdrucksmerkmale repräsentieren als Spur ein aktuales Geschehen; sie repräsentieren das der Malhandlung zugrundeliegende Verhalten des Handelnden. Und wenn ich hier von Verhalten rede, dann meine ich damit in diesem Zusammenhang die Art und Weise des Gegenwärtigseins in der Malhandlung, das Wie der psychomentalen Präsenz des Menschen.

Das Ungegenständliche repräsentiert also die »innere« Wirklichkeit und damit die Wirklichkeit seelischer Dynamik. Was dabei herauskommt, ist wie eine Art seelischer Schrift, die ihre eigenen Ausdrucksmerkmale und eigene spezielle graphische Semantik hat.

So wie die Schrift – die wir von Hand schreiben – einen zweifachen Aspekt zeigt: den inhaltlichen (gegenständlichen) und dynamischen (ungegenständlichen), und einmal die Bedeutung des Wortes im Vordergrund stehen und abgerufen werden kann, andererseits – nur weniger üblich – aber auch die Dynamik des Schreibvorgangs betrachtet werden kann, so läßt sich in ähnlicher Weise ein Unterschied machen zwischen einer gegenständlichen Zeichnung (Wortbedeutung), bei der mehr die inhaltliche und assoziative Aussage relevant ist, und einer ungegenständlichen

Zeichnung (Schriftbild), bei der durch den » Verlust « der Abbildfunktion die Eigen-schaften der Ausdrucksdynamik übrigbleiben.

Man kann den ungegenständlichen Ich-Selbst-Ausdruck in diesem Sinn analog zur Schrift verstehen. Das unmittelbare und wahrnehmende Erleben der Aus-druckshandlungen selbst und die damit verbundene phänomenologisch analytische Aufarbeitung ist die » Selbsterfahrung «, die in einer Farbeninteraktion möglich ist.

Prozeßhaftigkeit

Damit ist jetzt der Bereich psychodynamischer Ereignisse angedeutet, die sich in der Malhandlung als ungegenständliches bildnerisches Merkmal darstellen.

Psycho-Dynamik, seelisches Bewegtsein, nenne ich die sozusagen hintergründige Voraussetzung allen vordergründigen menschlichen Verhaltens. Würden wir aber im Zusammenhang mit dem ungegenständlichen Ausdruck nur davon sprechen wollen, daß ihm irgendein Verhalten zugrundeliegt, dann wäre damit nicht genug gesagt und begriffen.

Denn das Sich-Verhalten in der Malhandlung, die individuelle Verhaltensweise, ist ja selbst der Ausdruck von etwas Tieferem, eines Eingestelltseins, eines Insge-samt-Zustands, einer seelischen Haltung, einer Gestimmtheit, einer gewissermaßen inneren Bewegtheit des subjektiven seelischen Seins.

Die Ich-Selbst-Äußerungen erfolgen im Kontext der Gruppe. Deshalb hat man es mit unzähligen heterogenen und z. T. äußerst gegensätzlichen bildnerischen Merk-malen und Verhaltensweisen zu tun, die sich zeitlich nacheinander ereignen. Und hier kommt die Gruppendynamik, es kommen die Gruppeninteraktionen ins Spiel.

Sie können als ein Ausdruck des mehr oder weniger Bezugnehmens verstanden werden, als ein Ausdruck des Sich-in-Beziehung-Setzens zu dem, was da ist. Was da ist und worauf sich jeder in der Gruppe beziehen kann, sind sichtbare Ergeb-nisse vielfältiger bildnerischer Handlungen aus dem Verlauf des Gruppengesche-hens. Worauf man sich beziehen kann, das sind all die bildnerischen Merkmale, die gemalt worden sind und zu jedem Zeitpunkt des Geschehens die Bildgestalt kon-stellieren.

Die Art und Weise, wie sich die Gruppe auf ihre bildnerischen Äußerungen be-zieht, wie sie darauf eingeht und damit umgeht, das ist die Form ihrer Interaktionen.

Diese, die Gruppendynamik bestimmenden Interaktionsmodalitäten sind keines-wegs beliebig. Im Rahmen ihres bildnerischen Kontextes finden sie ihren Ausdruck innerhalb der Pole von Annehmen oder Ablehnen, Beachten oder Ignorieren, Be-zugnehmen oder Vermeiden, Zuwenden oder Abwenden, Einlassen oder Zurück-halten, Mitgehen oder Widerstehen. Die Interaktionen sind zusammen mit dem individuellen bildnerischen Ausdruck und der damit zusammenhängenden Psycho-dynamik interdependent. Sie sind ein zusammenhängendes Ganzes. Dieses Ganze, das sich stets als bildnerisches Ganzes zeigt, wirkt in jeder Phase seines Werdeprozes-ses auf die Beteiligten ein. Diese Einwirkung wandelt sich immer wieder. Man wird mit neuen Situationen konfrontiert. Deshalb muß man das Loslassen lernen, wenn man weiterhin im Geschehen bleiben und mitmachen will. Es zeigt sich, daß Loslassen und Festhalten, Sichverschließen und Sichöffnen die Pole sind, zwischen denen sich der Bogen der Prozeßhaftigkeit einer Farbeninteraktion spannt.

Literatur

ADAMSON, E.: Kunst als Heilungsprozeß, Paderborn 1984

DOBENECK, R.: Gebundenes Malen mit geistig behinderten Kindern, München 1983

FRANZKE, Erich: Der Mensch und sein Gestaltungserleben, Bern 1983

KANDINSKY, Wassily: Über das Geistige in der Kunst, München 1911

KANDINSKY, Wassily: Punkt und Linie zur Fläche, München 1926

KRAMER, E.: Art Therapy with Children, Chicago 1983

LANDGARTEN, H.: Clinical Art Therapy, Chicago 1976

LEVIN, K.: Feldtheorie, Werkausgabe Bd. 4, Bern/Stuttgart 1982

MALEWITSCH, Kasimir: Die gegenstandslose Welt, Mainz 1926

SCHOTTENLOHER, G.: Kunst und Gestaltungstherapie in der pädagogischen Praxis, München 1983

GABRIELE v. ENGELHARDT-BARGSTEN

Über gestalterisch kreative Selbsterfahrung

Wenn im Bereich der Kunsttherapie, aber auch wenn ganz allgemein von Selbsterfahrung die Rede ist, wird darunter meist gruppendynamische Erfahrung oder therapeutische Erfahrung verstanden. Ob es sich dabei wirklich um Selbsterfahrung
handelt, ist für mich ein Problem. Denn in gruppendynamischen Situationen erfahre ich mich im wesentlichen durch die Wirkungen meines Verhaltens auf die
Gruppenmitglieder und den Trainer und durch die Reaktion dieser Personen auf
mein Verhalten. Und in therapeutischen Situationen erfahre ich mich auch indirekt
durch die Reaktionen des Therapeuten auf meine Äußerungen und mein Verhalten,
selbst wenn er sich sehr zurückhält.

Diese beiden Formen von Erfahrung über mich kommen nicht aus mir selbst,
sondern vermitteln mir, wie mich andere erleben, wie ich auf andere wirke. In beiden Fällen erfahre ich im Spiegel anderer Menschen etwas »über mich«, nicht so
sehr mich selbst. Deshalb spreche ich lieber zunächst von gruppenbezogener und
von therapiebezogener Erfahrung.

Mit dem Ausdruck Selbsterfahrung macht man in der Literatur eine merkwürdige
Erfahrung. Zunächst ist in der Gruppendynamik und Gruppentherapie von Selbst-
erfahrung gar nicht die Rede, sondern z. B. von »Erfahrungen in Gruppen« (vgl.
W. R. Bion, 1971). Im ersten Band des Werkes von Raymond Battegay: »Der
Mensch in der Gruppe« (1967) kommt Selbsterfahrung nur im Vorwort von P. Kiep-
holz, seinem Klinikchef, vor. Aber in der 4. Auflage des zweiten Bandes (1973) ist
Selbsterfahrung auf einmal einer der beherrschenden Begriffe des Sachregisters.

Ich unterstelle der Benennung von Erfahrungen in Gruppen und in Therapien als
Selbsterfahrung keine Absicht. Aber ich vermute, daß von Benennungen Wirkungen ausgehen. Peter R. Hofstätter weist darauf hin, »daß die Termini, deren sich eine
wissenschaftliche Auseinandersetzung bedient, dieser bereits im voraus feste Bah-
nen zuweisen« (1957, S. 13). Das dürfte auch für soziale Angebote gelten. Es ist
sicher etwas anderes, ob mir »Selbsterfahrung« oder »Erfahrung in Gruppen« angeboten wird.

Vielleicht hat der Umstand, daß Erfahrung in Gruppen und in Therapien neuer-
dings Selbsterfahrung genannt wird, auch etwas damit zu tun, daß »Gruppen« und
»Therapien« kaum noch hinterfragt werden. Das gehört eben heute zum Leben.
Zum Leben? Was nicht mehr hinterfragt wird, könnte gerade das Fragwürdige sein.

Aber gibt es denn überhaupt ursprünglichere, natürlichere Formen der Selbsterfahrung? Auf welche Weise erfahre ich mich normalerweise im Leben »selbst«?

Normalerweise erfahre ich mich selbst beim Lösen von Problemen, im Umgang
mit Menschen und Sachen, in allen meinen Lebensvollzügen. Selbsterfahrung

144

scheint ein Aspekt des ganzen, vollen Lebens, aller meiner Erlebens- und Handlungsmöglichkeiten zu sein. Es ist also zu vermuten, daß mir mein Selbst am ehesten in der Realität meines Lebens zugänglich wird.

Geplante, veranstaltete Selbsterfahrungen sollten also wohl den natürlichen Selbsterfahrungssituationen so weit wie möglich ähneln, damit das in ihnen Erfahrene ins Leben hinübergenommen werden kann. Je weniger natürlich, je künstlicher und je weiter entfernt von natürlichen Lebenssituationen geplante Selbsterfahrung angesetzt wird, um so mehr scheint mir die Gefahr von Fremdsteuerung, Manipulation und Unwirksamkeit für das Leben anzuwachsen.

Ich befürchte, daß ausdrücklich arrangierte Gruppen- und Therapieerfahrung auch nur arrangierte und künstliche Selbst-Aspekte zugänglich machen kann. Weshalb soll ich mich mit zunächst Unbekannten, mit denen ich weder zusammenlebe, noch zusammen arbeite, zusammentun, um so angeblich mich selbst zu erfahren? Vielleicht bin ich das gar nicht so sehr, was ich dort von mir gebe und über mich erfahre, vielleicht handelt es sich um meine gruppen- oder therapeutenbezogenen Selbst-Aspekte. Vielleicht bin ich in solchen Situationen viel weniger so, wie ich sein möchte, und viel mehr dazu veranlaßt mich anzupassen als sonst in meinem realen Leben.

Auch diese meine Befürchtung scheint nicht unbegründet zu sein. Die einschlägige Literatur belehrt mich darüber, daß meine Befürchtungen längst als Realitäten bekannt sind. So wird z. B. die Angleichung der Gruppenmitglieder an den Gruppendurchschnitt als »Tendenz zur Konvergenz der Ansichten und Haltungen« beschrieben (vgl. R. Battegay, 1967, S. 42 ff.). Mir liegt aber gar nicht daran, so zu denken, wie »man« denkt, mich so zu verhalten, wie sich alle verhalten, so zu empfinden, wie alle empfinden. Wo bliebe da mein Selbst?

Aber gibt es denn überhaupt natürlichere, unmittelbarere Erfahrungen, die als Selbsterfahrungen gelten können? Ich beschreibe im folgenden Erfahrungen, von denen ich das annehme, Erfahrungen, die ich im Zuammenhang mit gestalterischen Prozessen und Aktivitäten gemacht habe und die ich einmal probeweise »gestalterische Selbsterfahrungen« nenne.

Als erstes beschreibe ich Erfahrungen beim Weben als künstlerisches Fach. Eigentlich war ich gegen dieses Erfahrungsangebot negativ voreingenommen. Gegen »Handarbeit« hatte ich in der Schule immer eine starke Aversion. Zunächst wollte ich das für mich undurchschaubare Geduldspiel des Webens mit endlosen Fäden, verzwickten Berechnungen und altertümlichen Geräten imgrunde nur rasch und hoffentlich nicht mit zu vielen entmutigenden Ergebnissen belastet hinter mich bringen.

Mein negatives Vorurteil wurde bald abgebaut durch die Art der fachkundigen Anleitungen und Unterweisungen, durch die Ruhe und Gelassenheit, in der sie gegeben wurden. Bei gestalterisch orientierten Prozessen hat der Kursleiter ja auch eine ganz andere Rolle. Er hat zwar den Gruppenmitgliedern gegenüber sein Können und seine Erfahrungen voraus, aber er steht nicht herausgehoben über ihnen wie der Trainer über die Gruppe oder der Therapeut über den Klienten, sondern er

ist zunächst einmal im ursprünglichen Wortsinn » Vor-Arbeiter «. Und indem er vor-
arbeitet, arbeitet er zugleich auch » mit «.

Außer dem Weben als künstlerisches Fach habe ich auch einmal an einem therapeutischen Web-Wochenende teilgenommen. Dort wurde nicht vor- und mitgear-
beitet. Die Kursleiterin sprach zwar davon, wieviel ihr das Weben selbst bedeute,
sagte aber auch, daß sie seit zwei Jahren nicht mehr selbst gewebt habe. In dieser
Veranstaltung entstanden freie Webbilder, die man auch als Bilder aus dem Unbewußten bezeichnen könnte. Die Webbilder waren auch nicht einfach Ergebnisse
gestalterischer Aktivität, sondern wurden als Anlässe für therapeutische Gespräche
genutzt. Vielleicht vertrug sich das Mittun hier nicht mit der herkömmlichen Thera-
peutenrolle.

Bei gestalterischen Prozessen spielt dies offensichtlich keine besondere Rolle. Der
Kursleiter bezieht seine Autorität auf natürliche Weise aus seinem Könnens- und
Erfahrungsvorsprung, nicht aus irgendeinem davon unabhängigen » An-Spruch «,
der möglicherweise eine gewisse Abgehobenheit braucht, um aufrechterhalten
werden zu können. Wo die einzelnen Arbeitsschritte folgerichtig und einsichtig erklärt werden, wo so lange vor-gearbeitet wird, bis die Teilnehmer selbst Schritt für
Schritt in die Tätigkeit hineinwachsen, dort ergeben sich sehr persönliche Gespräche
bei-läufig, ohne jeden besonderen An-Spruch, dort wird auch die Vielfalt individueller Begabungen und Geschmacksrichtungen selbstverständlich beachtet und respektiert, und jeder darf er selbst sein. Ist dies vielleicht die eigentliche Selbst-Erfahrung: Erfahrung im Problemlösen an sinnvollen Aufgaben, Erfahrung von Vor-Bild
und Vor-Arbeit, Erfahrung von gegenseitiger Hilfeleistung, Erfahrung, daß darin ein
jeder er selbst ist?

Für mich war und ist dies jedenfalls ursprüngliche und unmittelbare Selbsterfahrung, gestalterisch kreative Selbsterfahrung. Ich erfahre mich beim Spinnen und
Spulen, bei der Vorbereitung des Webstuhls, beim Weben von Hand, mit der Nadel
und im Umgang mit dieser altertümlichen großen Maschine, für deren Bedienung
ich mit Händen und Füßen arbeite und mich dabei fühle wie auf der Brücke eines
Schiffes. Mit einem Mal entsteht das Bewußtsein: *ich kann es*, und dieses Bewußtsein
des Könnens ist Balsam für Enttäuschungen und Erfahrungen des Mißlingens.

Dieses Bewußtsein des Könnens spornt an und ermutigt. So habe ich mich nach
einem kleinen Teppich und Shawls daran gemacht, auch eine große Stoffbahn mit
Farben und Mustern meiner Wahl auf einem großen Flachwebstuhl zu weben. Hier
konnte ich wesentliche Selbsterfahrungen machen: die Selbständigkeit und mein
Alleinsein gegenüber auftretenden Problemen, ebenso aber auch Kooperation und
Hilfsbereitschaft in der Webgruppe als Wir-Erfahrung und nicht zuletzt die Selbst-
verständlichkeit qualifizierter Anleitung und Vor-Arbeit als Lehr-Lernerfahrung.
Gestalterische Selbsterfahrung, Wir-Erfahrung und Lehr-Lernerfahrung bildeten in
einer natürlichen Situation eine wohlabgewogene Einheit.

Die Bearbeitung persönlicher Belastungen erfolgte gewissermaßen beiläufig,
darum aber nicht weniger intensiv. Ich befand mich zu der Zeit persönlich in einer
angespannten und schwierigen Lage. Aber ich mußte auf die anderen Teilnehmer

der Webgruppe Rücksicht nehmen, weil es nicht beliebig viele Arbeitsplätze gab und die anderen auch weben wollten. Obwohl ich mich gern geschont hätte, mußte ich mich also zusammennehmen und überwinden, um in einer geschwächten Situation die begonnene Arbeit ohne Zeitaufschub zu vollenden. Es entstand das Gefühl, allein ein Schiff durch die Stoffwellen zu steuern. Wie die Fäden eine Ordnung haben und diese Ordnung auch an mich vermittelten, begannen sich während der Arbeit des Webens auch meine Gedanken und Gefühle zu ordnen. Ich gewann Freude an der anstrengenden körperlichen Arbeit, an den Details der genauen Muster. Ich habe den Stoff ohne Verzögerung zu Ende gewebt, und ich mag ihn sehr, auch wegen seiner Webfehler, die ihn imgrunde nur noch schöner machen (Abb. 45).

Und ich erhielt dabei eine Reihe neuer Lehrmeister. Zunächst den Webstuhl, dieses ungefüge Gerät, dessen Eigenarten ich zu beachten lernen mußte, weil sonst gar nichts ging, die verschiedenfarbigen Fäden, deren unterschiedliche Haltbarkeit und Festigkeit ich keinen Augenblick außer acht lassen durfte, weil sie sonst reißen. Die Materialien im weitesten Sinn verlangten von mir Durchhaltevermögen und die Entwicklung einer neuen Sensibilität für das entstehende Webstück. Diese meine neuen Lehrmeister beanspruchten mich kompromißlos und ohne jede Rücksicht auf meinen jeweiligen Zustand; sie verlangten von mir die Anerkennung und Berücksichtigung einer Realität außer mir. Aber sie vermittelten mir gleichzeitig von Grund auf ein Stück neues Selbstvertrauen, wie es durch Verständnis und Bestätigung durch andere Menschen, zu zweien oder in der Gruppe, nicht zu erhalten ist: Denn Leben ist auch und nicht zuletzt Bewältigung von Aufgaben in der Welt, und in einer sinnerschließenden Weise. Solche gestalterische Selbsterfahrung ist primär zukunftsorientiert, ein Stück gelebtes Prinzip Hoffnung, durch das belastende Vergangenheit sozusagen nebenher, eher beiläufig als direkt, mit bearbeitet und bewältigt wird.

Es ist ein grobes Mißverständnis, wenn diese Art von Selbsterfahrung als irgendetwas »Volkshochschulmäßiges« abgewertet wird. Selbst wenn derartige Tätigkeiten in Form von Volkshochschulkursen abgehalten werden, ist bei qualifizierter Kursleitung durchaus anzunehmen, daß sie wünschenswerte »kunsttherapeutische« Effekte nach sich ziehen. Davon muß gar nicht gesprochen werden. Kunsttherapie ist vielleicht auch, je kunstnäher um so mehr, vorbeugende, prophylaktische Therapie. Wo wäre aber Vorbeugung nicht besser als Heilen?!

In ähnlicher Weise hat mich die Einführung in die Holzarbeit beeindruckt. Auch hier entstand durch Anleitung, Vormachen und Erklären ein entspanntes freundliches Klima, konnten Bloßstellungsängste gar nicht aufkommen. Wieder wurden zugleich die Materialien, das verschiedenartige Holz, und die Werkzeuge zu wichtigen Lehrmeistern. Das Material verlangte hier auf ganz andere Weise als beim Weben ebensoviel Genauigkeit und Geduld, aber auch das Vorausphantasieren der im Holz noch verborgenen Form und Gestalt.

Eine völlig neue Art von Erfahrung stellte die Aufgabe, aus zwei gleichen Holzstücken »Gegenkörper« herzustellen, für mich dar. Die Notwendigkeit, zu einer Figur eine Gegenfigur in Passung herzustellen, führte zu einem neuen Gefühl für

Figuren. Auch das, was ursprünglich nur » Gegenstück « zu sein schien, überraschte durch sein figurales Eigenleben. Vielleicht ist das ein ganz entscheidender Zugang zur dreidimensionalen künstlerischen Seh- und Empfindungsweise, eine neue Erfahrung von Körperlichkeit (vgl. Abb. 47).

Ganz ähnliche Erfahrungen mit mir selbst, mit Menschen und Materialien ergeben sich für mich beim Herstellen von Bildern aus Sand und Steinen (vgl. Abb. 46), bei Objekten aus Naturmaterialien (vgl. Abb. 48), beim Maskenbau (vgl. Abb. 49, 50) und beim Herstellen von Collagen (vgl. Abb. 51, 52). Solche gestalterischen Selbst-, Wir- und Lehr-Lernerfahrungen kann der Kunsttherapeut auch selbständig und eigenverantwortlich weitergeben. Wo ihm die Erfahrung fehlt, wird er dies durch Engagement und besonders sorgfältige Vorbereitung ausgleichen. Er wird hier nicht in einem Heil-Hilfszusammenhang tätig, sondern ist zu selbständiger Berufsausübung befugt, wo es auf die Wirksamkeit des Künstlerischen ankommt, auf Anleitung zur Findung von Lebenssinn durch künstlerisches Gestalten.

Gestalterische Arbeit wirkte auf mich jeweils am meisten aufbauend, unterstützt durch die gleichartige Tätigkeit der Kursleiter, für die jeder Teilnehmer und jedes neue gestalterische Werkstück ja auch eine neue Herausforderung darstellen, so daß sich Routine erst gar nicht einstellen kann. Dabei üben geeignete, künstlerisch produktive Personen durchaus auch therapeutische Funktionen aus. Da sie sich beim Gestalten aber mir in gleichartiger Weise zeigen müssen, wie ich mich ihnen beim Erlernen gestalterischer Tätigkeiten auch notwendigerweise zeigen muß, entsteht eine angenehme Ausgewogenheit von Nähe und Distanz, die mit herbeizuführen, mir für die eigene kunsttherapeutische Tätigkeit besonders wichtig erscheint.

An einer Kunstschule scheint mir die einzigartige Chance gegeben zu sein, die Einheit von Selbst-, Wir- und Gestaltungserfahrung im Lehr-Lernprozeß in natürlichen Situationen selbst zu erfahren und diese Selbsterfahrung auch wieder weiterzugeben. Kunsttherapie sollte meiner Meinung nach stets Achtung bewahren vor dem Geheimnis menschlicher Individualität und nicht immer alles ergründen, aufdecken und aufarbeiten *wollen*. Ohne diese Scheu vor dem Zugriff auf das Innerste eines Menschen könnte Selbsterfahrung mehr zur Entindividualisierung als zur Ichstärkung beitragen, eher Abhängigkeiten produzieren als vorübergehender Beistand für ein sinnerfülltes Leben selbständiger Individuen in sozialen Bezügen sein.

Diese Befürchtungen sind nicht ganz unbegründet. Die Sozialpsychologie kennt durchaus das Risiko besonders enger Gruppierung, den möglichen Verlust an Selbstwahrnehmung und Selbststeuerung und als Folge eine Entindividualisierung (vgl. R. L. Atkinson, R. C. Atkinson und E. R. Hilgard, 1981, S. 564 ff.). Kunsttherapie sollte dazu anleiten, die mit Freiheit verbundene Einsamkeit aushalten zu lernen, ohne die ein autonomes Leben unmöglich ist.

Kunst und auch mit weniger hohem Anspruch verbundene gestalterische Tätigkeit, mit dem Bemühen um Qualität , hat möglicherweise gar nicht die Aufgabe, das Leben leichter zu machen, einen höheren Anpassungsgrad zu erreichen. Kreative Menschen leben sehr wahrscheinlich nicht einfacher als andere, vielleicht sogar notwendig schwieriger. Lebenssinn kann nur in lebenslangem Ringen verwirklicht werden. Kunsttherapie sollte das bejahen. Andernfalls geriete sie in Gefahr, das wegzutherapieren, um was es ihr geht: das künstlerische Gestalten.

Vielleicht erscheinen solche Aussagen etwas extrem oder einseitig. Sehr bestärkt in meiner Auffassung hat mich der Vortrag von Udo Scheel, Professor an der Staatlichen Kunstakademie Düsseldorf, Abteilung Münster, gehalten auf dem Symposium »Musik-, Tanz-, Kunsttherapie« an der Universität Münster im September 1985. Udo Scheel ist damit einverstanden, daß hier aus seinem Vortragsmanuskript ausführlicher zitiert wird. Er stellte eingangs die Frage: »Kann bildende Kunst in therapeutischen Zusammenhängen sinnvoll sein«, und nicht: »Wie und zu welchem Zweck können Aspekte der Kunst für Therapie eingesetzt werden«. Für ihn besteht die »soziale Funktion der Kunst nicht in ihrer Indienstnahme – sondern in ihrer Inanspruchnahme«.

Genau dies ist für Udo Scheel Therapie durch Kunst: »Wollen wir das Sinnvolle mit dem Nützlichen, das Sinnvoll-Künstlerische mit dem Nützlich-Therapeutischen verbinden, genügt es, allein das Sinnvolle zu fördern, der Nutzen ergibt sich von selbst.« Und weiter: »Eine Gärtnerei, in der Patienten arbeiten, ist eine Gärtnerei und keine therapeutische Gärtnerei...; im besonderen Maße gilt dies für die Kunst, die eine sehr freie und feinfühlige, aber auch sehr deutliche und definierte Tätigkeit des Menschen ist.« Demzufolge betreibt Udo Scheel nicht Maltherapie, sondern hat in einer psychiatrischen Klinik ein freies Malatelier eingerichtet, in dem er selbst gemeinsam mit Patienten malt. Freies Malatelier bedeutet: »Jeder kann mitmachen, auch Ärzte, Pfleger, Pastoren, Freunde... Die offene Werkstatt ist ein behandlungsfreier Raum.«

Und wer kann so etwas leiten? »Nur eine künstlerisch entfaltete Person kann sich offen, sensibel und sicher in den komplexen Zusammenhängen einer künstlerischen Werkstatt bewegen... Der Leiter der Werkstatt muß befähigt sein, Malereien der Patienten einfühlsam zu begleiten, Hilfen und Anregungen zu geben, der Intuition des Patienten Rechnung zu tragen, ihn seinen Weg gehen zu helfen. Das kann er am besten, wenn er künstlerisch einen eigenen Weg gegangen ist und weiter geht.«

Daraus folgt für Udo Scheel: »Themen und Anregungen trage ich bei Studenten wie Patienten in Frageform vor.« Das geht also auch in der Psychiatrie.

Werden demgegenüber kreative Arbeitsweisen psychotherapeutisch genutzt – wie Erich Franzke dies schon im Untertitel seines Buches (1977) für sich festschreibt –, so wäre dies ja wohl Indienstnahme von Kunst, also genau das, was Udo Scheel nicht will.

Dies ist kein Plädoyer gegen eine solche Indienstnahme des Gestalterischen im Rahmen von Therapien im engeren Sinn. Aber Kunsttherapie sollte andererseits auch nicht eingeengt werden allein auf diese Heil-Hilfsfunktion. Denn Therapie durch künstlerisches Gestalten ist auch ein Weg kunst-therapeutischen Handelns.

Gabriele v. Engelhardt-Bargsten

Literatur:

ATKINSON, Rita L., Richard C. ATKINSON, Ernest R. HILGARD: Introduction to Psychology, New York, [8]1981

BATTEGAY, Raymond: Der Mensch in der Gruppe, Band I: Sozialpsychologische und dynamische Aspekte, Bern 1967

BATTEGAY, Raymond: Der Mensch in der Gruppe, Band II: Allgemeine und spezielle gruppenpsychotherapeutische Aspekte, Bern [4]1973

BION, W. R.: Erfahrungen in Gruppen und andere Schriften (Originaltitel: Experiences in Groups and Other Papers, London 1961), dt. Stuttgart 1971

FRANZKE, Erich: Der Mensch und sein Gestaltungserleben, Psychotherapeutische Nutzung kreativer Arbeitsweisen, Bern 1977

HOFSTÄTTER, Peter R.: Gruppendynamik. Kritik der Massenpsychologie, Hamburg 1957

150

CLAUDIA GÖHRING

Sinn- und Selbsterfahrung in der Kunsttherapie

Eine Frage, die mich in meinem Leben sehr häufig beschäftigt, ist die nach dem Wesen des Menschen; nachspüren wollte ich diesem Wesen, eine Brücke schlagen vom Ich zur Welt, dem Sinn der Existenz ein Stück näher kommen. Ich schlug unterschiedliche Wege ein, um meiner Fragestellung nachzugehen, und entschied mich zunächst für das Studium philosophischer Modelle, die Welt und Mensch auf ihre je eigene Weise zu erklären suchen.

Diesem sehr rationalen Näherungsversuch setzte ich nach einigen Jahren einen wesentlich unmittelbareren entgegen: die Malerei. Dies bedeutete, daß ich von meiner eigenen Wahrnehmung ausgehen mußte und von dem eigenen Empfinden, dem ich dann mit gestalterischen Mitteln Ausdruck verlieh. Auf mich selbst verwiesen und mit allmählich zunehmender Stärkung meines sinnlichen Vermögens, begann ich, den Pulsschlag und die Buntheit des Lebens zu fühlen. Sinn begann sich mir durch meine Sinne zu erschließen. Dieser Sinn lag darin, daß ich das Leben als das meine erkannte, daß ich ein Zentrum hatte, aus dem heraus ich aktiv sein konnte, schöpfen konnte. Dies war für mich im wahrsten Sinn Selbsterfahrung, nämlich als Erfahrung des Selbst. Ich selbst konnte sein, war rezeptiv und produktiv zugleich.

Diese Erfahrung anderen Menschen zu schenken, das Vermögen zum Selbstsein zu vermitteln, Subjekt zu sein, frei zu sein, darin liegt für mich der Sinn von Kunsttherapie, wobei Kunsttherapie zunächst so viel bedeutet wie Therapie durch künstlerisches Gestalten. Hierbei sollen weder für mich noch für den Patienten primär Kunstwerke entstehen, es soll vielmehr mit künstlerischen Mitteln gestaltet werden; das dabei Entstehende hat seinen Sinn in sich selbst und ist nicht zweckdienlich auf etwas außer ihm selbst Liegendes gerichtet. Das heißt, daß man den Gesetzen des eigenen Gestaltens folgt. Hier geht es endlich einmal um das Nichtfunktionierenmüssen, darum, daß man sich nicht nach Erwartungen und Normen anderer zu richten hat. Dies fremden Werten Folgen führt immer schon vom eigenen Selbst weg, ja verdeckt dieses möglicherweise, so daß der Mensch sich in unterschiedlichem Grad als fremdbestimmt erfährt, was zu entsprechenden psychischen Begleiterscheinungen führen kann.

Selbsterfahrung in diesem Sinn boten mir Übungsangebote entsprechend der von Betty Edwards entwickelten Methode, auf den Kopf gestellte Bilder nachzumalen oder nachzuzeichnen, d. h. aber von dem konkreten Gegenstand und dessen festgesetztem Kontext abzusehen und sich allein auf die Farben und Formen zu konzentrieren.

Es galt zu überprüfen, inwieweit die Konzentration auf bedeutungsfreie Formen und Farben das Denken des Malenden ändere, da hierbei der analysierende Verstand außer Kraft gesetzt ist und es keine vorgegebenen Gegenstände mehr gibt, auf die er sich richten kann, inwieweit dadurch das sinnlich-künstlerische Denken angeregt werde. Betty Edwards erklärt das Umschalten vom analysierenden Denken zum nonverbalen, synthesebildenden Denken in ihrem Buch »Drawing on the Right Side of the Brain« (1979) mit dem Modell zweier verschiedener Hirnfunktionen, die sie in der rechten und linken Gehirnhälfte lokalisiert. Durch diese Methode der Wahrnehmungsumkehrung wird der Denkmodus der linken Hemisphäre (L-Modus) außer Kraft gesetzt. An seine Stelle tritt der R-Modus, d.h., das rationale, analysierende Denken weicht dem ganzheitlichen, synthetischen Denken. Dieser Vorgang müßte also eine Freisetzung der künstlerischen Kreativität und eine Entlastung vom festgefahrenen, streng analysierenden Denken bewirken und den Menschen instand setzen, seine Probleme spielerischer und gelöster anzugehen. Mit dieser neuen Wahrnehmung könnte ein neues, freieres Auffassen möglich werden.

Bei Betty Edwards handelt es sich um eine Anleitung zum Zeichnenlernen, nicht um Malerei. Ich referiere zunächst die einzelnen, dort angegebenen Arbeitsschritte (S. 67 ff.).

Es soll in einem störungsfreien Umfeld – eventuell bei angenehmer Musik – eine auf den Kopf gestellte Zeichnung kopiert werden. Dabei wird die auf dem Kopf stehende Zeichnung eine Minute lang genau betrachtet, und zwar im Hinblick auf das Zusammentreffen von Linien, ihrer Winkel und mit besonderer Beachtung von Leerräumen. Beim Zeichnen werden die Bedeutungen des zu Zeichnenden *nicht* beachtet. Gezeichnet wird vom einzelnen Detail zum nächsten. Je mehr der Zeichner sich in diesen Prozeß versenkt – so Betty Edwards –, um so größer ist die Chance, daß sich der »R-Modus«, die Tätigkeit der rechten Gehirnhälfte, einschaltet.

Betty Edwards erklärt den Umstand, daß diese Kopien auf den Kopf gestellter Zeichnungen erstaunlich gut gelingen, durch den Umschalt-Effekt von der linken auf die rechte Gehirnhemisphäre. Sie meint, daß wir zwar nicht in der Lage sind, »den Augenblick des Überwechselns von einem Bewußtseinszustand in den anderen wahrzunehmen«, wohl aber die »Unterschiede zwischen den beiden Bewußtseinszuständen... sehr wohl erkennen [können], nachdem wir sie selbst erlebt haben« (S. 71). D. h. also, diese Übung könnte dazu dienen, diesen Umschaltprozeß zu »erlernen«, so daß man ihn allmählich willentlich herbeiführen kann.

Im Unterschied zu dem Edwardschen Zeichenkurs wollte ich erproben, wie sich dieser Umschaltprozeß beim Malen auswirkt. Darin liegt gegenüber der Anwendung bei Betty Edwards auf das Zeichnen eine Weiterführung, denn die malerische Sehweise entspricht m. E. in stärkerem Maß dem R-Modus als das Zeichnen und das graphische Element beim Zeichnen repräsentiert stärker die abgrenzende und identifizierende Funktion des Verstands. Ich malte eine Reihe Arbeiten, um selbst Erfahrungen zu sammeln, zunächst noch nicht in kunsttherapeutischem Zusammenhang, sondern als künstlerische Selbsterfahrung.

Ich stellte Bilder von August Macke, »*Markt in Tunis I*« von 1914 (vgl. Abb. 53) und »*Modes, Frau vor dem Hutladen*« von 1914 (vgl. Abb. 54), und Amedeo Modigliani, »*Jeanne Hebuterne*« von 1920 (vgl. Abb. 55), und etliche andere mehr auf den

Kopf. Natürlich wählte ich figurative Kompositionen, um den Entlastungscharakter abspüren zu können, da ein abstraktes Bild, von einer anderen Seite besehen, im Betrachter längst nicht solch intensive Widerstände auslöst wie dies bei gegenständlichen Bildern der Fall ist. Nachdem ich die von Modigliani gemalte Dame auf den Kopf gestellt und mein eingrenzendes Identifizieren vergessen hatte, begann ich eine wohltuende Kraft in mir zu spüren, die mich zu mir selbst zurückholte. Ich folgte der Bewegung der Farbe, die Leuchtkraft war, und den Formen, die voller Plastizität wie von selbst entstanden. Loslassen, endlich Lösung, und dabei entdeckte ich nicht zuletzt eine fast diebische Freude daran, Dinge wie selbstverständlich herumzudrehen, die »Welt« einfach auf den Kopf zu stellen. Das war etwas, was ich mir in meinem Leben niemals zugestanden hatte, denn ernst muß »man« in allen Lebenslagen große und kleine Probleme nehmen, die letztlich z. T. gerade deshalb zu Problemen geraten, weil man unter einer sehr eindimensionalen Sichtweise leidet. Situationen jedoch haben unterschiedliche Aspekte, die dann leider gar nicht mehr wahrgenommen werden können, wenn man sich nur gründlich genug auf ein bestimmtes Ziel hin ver-sieht.

Diese Wahrnehmungsumkehrung ist ein Beitrag, dem Menschen ein bißchen mehr Mut zum Spiel zu geben – was nicht zu verwechseln ist mit verantwortungsunbewußtem Handeln –, ein bißchen mehr Mut zum Leben, das gerade so bunt ist aufgrund der zahlreichen Möglichkeiten, es zu leben, d. h. es zu gestalten und es darin als das unsrige, das eigene zu begreifen.

Der Prozeß des Umdenkens wird durch völlig unmittelbares Erleben ingang gesetzt, statt eines Problematisierens auf verbaler Ebene. Spreche ich z. B. darüber, nicht ich selbst sein zu können, erlebe ich niemals wie es ist, selbst zu sein, Ursprung zu sein von Handlungen, zu denen mich niemand »zwingt«, Handlungen, die auf eigener Entscheidung beruhen. Eine konflikthafte Lebensweise bis zu ihrem Ursprung oder bis zu den, diese bedingenden Faktoren zurückzuverfolgen, zu analysieren und durch das Auflösen des Rätsels der Persönlichkeit diese schließlich damit therapiert zu haben, scheint ein Weg zu sein, der viel Zeit und Schmerzen kostet, mit ungewissen Aussichten auf Befreiung. Dagegen soll nicht ein Konzept gestellt werden, das den Menschen ungeachtet seiner Persönlichkeitsstruktur auf ein bestimmtes Handeln hin konditioniert, im Sinn eines allgemeinen Rezepts wie etwa: »Malen Sie täglich ein auf den Kopf gestelltes Bild, und Ihr Leben wird sich ändern!« Eher sollte eine Synthese stattfinden, die es möglich macht, daß der Patient einerseits die eigene Schöpferkraft und Macht erfährt, andererseits, und dies ist die zweite Bedeutung und der zweite Sinn von Selbsterfahrung, sich im Selbstausdruck selbst begegnet.

Aus dieser Selbst-Erfahrung könnte eine Hypothese für die anschließende kunsttherapeutische Arbeit erwachsen.

Die beschriebene Selbsterfahrung deutet darauf hin, daß Verfestigungen persönlicher und sozialer Art sich bereits im Wahrnehmungsbereich und dann im künstlerischen Gestalten wieder auflösen können und daß der nuancenreiche und differenzierende Blick künstlerischer Weltauffassung auf diese Weise geschult werden kann.

Vielleicht können solche Aktivitäten sowohl Störungen vorbeugen – also prophylaktisch wirksam sein – wie bereits vorhandene Störungen therapeutisch überwinden helfen.

Auch im unmittelbaren Umgang mit Materialien unterschiedlicher Art, wie Wolle, Holz, Ton, Farbe, die sämtlich anfänglich amorph sind und erst im Gestalten Form annehmen, entsteht unter den eigenen Händen etwas, das wir im doppelten Sinn des Wortes begreifen können, da wir Urheber sind und den Prozeß von der Entstehung bis zur Vollendung selbst verfolgen. In diesem Tun machen wir Erfahrungen, die unser Selbstgefühl stärken, die unsere Persönlichkeit wachsen lassen, denn wir wachsen an unserem eigenen Vermögen. Diese Erfahrung ist ein wichtiger Bestandteil der Therapie, da der Ursprung vieler psychischer Defekte in einer, aus welchen Gründen auch immer hervorgerufenen Schwächung des eigenen Ich liegt, einem zumeist unverschuldeten Unvermögen.

Die zweite Komponente der genannten Synthese ist die Selbsterfahrung im Sinn der Selbstbegegnung im Gestalten. Sie ist wichtig, denn eine wirkliche Ich-Stärke ist verbunden mit dem Erkennen und Kennen der eigenen Person. Sich selbst gegenüberzutreten und annehmen zu können, ist Bedingung für einen bewußten Umgang mit Konflikten, die an den Knotenpunkten in der Struktur der Persönlichkeit entbrennen. Doch diese Bewußtwerdung soll nicht so vonstatten gehen, daß dem Patienten der Boden unter den Füßen fortgezogen wird und neue Abhängigkeiten geschaffen werden, nämlich die vom Therapeuten, der seinerseits abhängig ist von der Abhängigkeit des Patienten – das sogenannte Helfersyndrom, das in Wolfgang Schmidbauers Buch »Die hilflosen Helfer« (1977) ausführlich besprochen ist.

Meine Gestalt finde ich im Gestalten. Indem ich ein Material forme, sei es zu einem abstrakten Gebilde, sei es, daß ich etwas ganz Bestimmtes darstellen möchte, bringe ich Persönliches mit hervor, was meist auf unbewußte Weise geschieht. Der Formungsprozeß scheint einer inneren Notwendigkeit zu folgen, durch die die Gestalt das Gepräge ihres Urhebers erhält. Bereits die Art und Weise, Widerstände zu bewältigen, die im Umgang mit dem Material auftauchen, die Art und Weise, das Material selbst zu behandeln, gibt mir, wenn ich mich aufmerksam beobachte, allerlei Hinweise auf meine viel allgemeineren Reaktionsweisen, die die Auseinandersetzung mit Situationen im Alltag meines Lebens bestimmen. Diese im kunsttherapeutischen Prozeß zu erleben, sich ihnen bewußt zu konfrontieren, vor allem wenn sie einem gelösten Umgang mit Menschen und Dingen hinderlich sind, ist ein wichtiger Bestandteil der Selbsterfahrung.

Habe ich schließlich den Sieg der gelungenen Form über die Ungestalt errungen, unter Bewältigung aller Hindernisse mit vielen, diese begleitenden Gefühlen der Wut, der Gelassenheit, der Geduld oder Liebe, halte ich ein Stück meiner selbst in den Händen, in dem sich Teile meiner Persönlichkeit in Form von Ideen, Konflikten, Zielen, Anliegen reflektieren. Und je weniger bestimmt das Thema gestellt, vielmehr eher lediglich ein Rahmen gegeben wird, desto größer der Spielraum und die Möglichkeit, wirklich eigenes zu gestalten.

Wenn beim Gestalten solche Hinweise auf Problemkomplexe sichtbar werden, so ist das eine Chance, diese produktiv aufzuarbeiten, wobei es niemals bei einer einzelnen Arbeit stehen bleiben darf; eine solche Arbeit kann einen Einstieg in ein Thema bieten, der viele weitere folgen müssen, damit ein Problem ein stückweit im und mit dem Material verarbeitet werden kann; damit wir es vor uns hinstellen können, um mit ihm in ein Zwiegespräch zu treten, es als Gegenüber erfahren und eben damit auch als Veräußerbares erkennen.

Beide Aspekte, das gestalterische Tun, das die Kraft und das Vermögen erleben läßt, selbst sein zu können, das Leben gestalten zu können, sowie die Konfrontation mit der je eigenen, ganz spezifischen Problematik im künstlerischen Gestalten, gehören zusammen und können längerfristig zu einem gesunden Selbstwertgefühl und zur Ichstärke führen.

Literatur:

EDWARDS, Betty: Drawing on the Right Side of the Brain, Los Angeles, Cal. 1979
SCHMIDBAUER, Wolfgang: Die hilflosen Helfer, Reinbek 1977

SABINE BELZ – HERMANN LIEBENOW – KARIN WÖRTHLE

Spurensicherung – innere und äußere Lebensbilder

*Eine Selbsterfahrung mit katathymen Bilderleben und bildhaftem Gestalten
mit Farbe und Ton in der Gruppe*

»Das Leben jedes Menschen ist ein Weg zu sich selbst hin, der Versuch eines Weges,
die Andeutung eines Pfades. Kein Mensch ist jemals ganz und gar er selber gewesen;
jeder strebt dennoch, es zu werden. Wir können einander verstehen; aber deuten
kann jeder nur sich selbst.« (Hermann Hesse, »Demian«)
Berichtet wird über ein Seminar mit Jugendgruppenleitern, in dem verschiedene
Methoden zur Förderung der Selbsterfahrung kombiniert wurden.

I. Kontext

I.1. Seminarkonzeption

In unserer schnellebigen Konsum- und Medienwelt haben nur noch wenige Menschen eine Vorstellung von Selbstfindung in Muße, Besinnung, Kontemplation. Desto verführerischer und exklusiver müssen denjenigen, die dennoch auf die Suche
danach gehen, die Meditations- und Selbsterfahrungs-Angebote des ›Psycho-Marktes‹ erscheinen.

Die Kreisjugendpfleger des Landkreises Reutlingen, die insbesondere auch die
örtlichen offenen Jugendhäuser, -Clubs und -Initiativen beratend betreuen, sahen
es daher als ihre Aufgabe an, eine entsprechende nicht-kommerzielle, sektenunab-
hängige, seriöse Alternative zum ›Kennenlernen‹ anzubieten. Gleichzeitig sollte
mit diesem Angebot in ›präventiver‹ Absicht so viel ›Beurteilungssicherheit‹ vermittelt werden, daß die jungen Leute einerseits die ihr Leben bereichernden Angebote herausfinden, andererseits die sie vereinnahmenden Gruppierungen erkennen können.

Und aus der Ansicht, daß offensichtlich vielen Jugendlichen und Heranwachsen-
den die ›Selbstfindung‹ zwischen den bisher verinnerlichten Lebensbildern und den
verwirrend vielen gesellschaftlich vermittelten äußeren Lebensbildern höchst problematisch ist, wurde auch ein ›Bedarf‹ für ein entsprechendes Angebot abgeleitet.
So entstand unter der Thematik »Spurensicherung – innere und äußere Lebensbilder« das Konzept des hier vorgestellten Seminars.

Es bot sich an, ein erstes Seminar mit Jugendgruppenleitern durchzuführen, da
diese eine nicht zu unterschätzende Leitbildfunktion für ihre Gruppe erfüllen und
sicher leichter ansprechbar sind als die üblichen Jugendhausbesucher.

156

I.2. Rahmenbedingungen

Die Planung und Durchführung des Seminars ging vom organisierenden Kreisjugendpfleger aus, der Psychologe einer kommunalen Erziehungsberatungsstelle führte das ›Katathyme Bilderleben in Gruppen‹ durch, und zwei Studentinnen der Fachklasse Kunsttherapie der Freien Kunstschule Nürtingen boten ›Bildnerisches Gestalten‹ mit Ton und Farbe an.

Die teilnehmenden 23 Jugendgruppenleiter aus der offenen Jugendarbeit der Region, nur zum Teil untereinander bekannt und vom Kreisjugendpfleger persönlich auf das Angebot angesprochen und dann ausgewählt, wurden an einem Vorabend ausführlich mit der Thematik und Arbeitsweise des Seminars vertraut gemacht und auf die möglichen persönlichen Prozesse hingewiesen. Eine Anmeldung wurde dann noch kurzfristig zurückgenommen. Subventionierungen aus verschiedenen Fördertöpfen machten dieses Seminar im südlichen Ausland finanziell attraktiv; auch dieser Aspekt verlangte eine ausdrücklich inhaltsbezogene Teilnehmerauswahl.

Das Seminar selbst fand in einem Evangelischen Zentrum am Luganer See an 5 Tagen (ohne Reisetage) über Pfingsten 1986 statt. Das Zentrum bot ausreichende Räumlichkeiten, auch für sportliche Aktivitäten (incl. Surfen), viel Ruhe und Spazierwege im grünen Akademiegelände. Die Entfernung von zu Hause war so groß gewählt, daß gefühlsmäßig eine deutliche Distanz zum Alltag entstehen konnte und spontane Besuche höchst unwahrscheinlich waren.

II. Medien

Die Vorgespräche ergaben, daß vor allem die Erkundung der ›inneren‹ Lebensbilder, das Auffinden der individuellen, sehr persönlichen Prägungen methodisch-medial gefördert werden müßte; hierfür bot sich inhaltlich und personell ein modifiziertes ›Katathymes Bilderleben in Gruppen‹ an (H. Leuner, 1985, S. 460 f.) – eine Methode, die auch eine Vorstellung von manchen erlebnisevozierenden Techniken des Psycho-Marktes vermittelt und als gelenkte Gruppenmeditation verstanden werden kann. Die ›äußeren‹ Lebensbilder jedoch, die in Medien, Werbung, Alltag vermittelt werden, beurteilten wir als ausreichend bekannt und diskussionsfähig. Wir entschieden uns daher, sie nicht explizit zu erarbeiten, sondern bei Gelegenheit anzusprechen und auf die erkundeten ›inneren‹ Lebensbilder zu beziehen.

In einem meditativen Seminar über mehrere Tage hinweg gibt es ungewohnt wenig Anlässe und Möglichkeiten zur alltagsmäßigen Bewältigung und Integration des Erlebten, so daß spezielle Hilfen angeboten werden sollten. Wir entschieden uns unter den verschiedenen Möglichkeiten (z. B. Theaterspielen, Musizieren, Holzarbeiten) für das vertrautere ›bildnerische Gestalten‹ in Form von Malen und Plastizieren. Im Verlauf des Seminars zeigte sich sehr deutlich, daß das Umgehen mit den bildnerischen Mitteln für viele mehr war als nur ein Weg der Bewältigung. Der kreative Teil wurde zu einer eigenständigen Einheit und je nach Persönlichkeit für manchen zum zentralen Inhalt der Selbsterfahrung.

Die so gestaltend ›veräußerlichten‹ Vorstellungen können als eine weitere Ebene ›äußerer Lebensbilder‹ verstanden werden.

II.1. Katathymes Bilderleben

Das ›katathyme Bilderleben‹, auch ›Symboldrama‹ genannt, ist eine seit 1955 durch Hanscarl Leuner erarbeitete und verbreitete Methode des geführten Tagtraums: Der Therapeut regt mit einer Reihe hierfür bewährter Imaginations-Motive zu bildsymbolischen Projektionen des Innenlebens an; die so induzierten Imaginationen der Klienten entwickeln sich meist spontan weiter und ermöglichen es so, noch nicht sprachlich faßbare Gefühle, Stimmungen, Erlebensgestalten prägnanter als bisher wahrzunehmen; im begleitenden Dialog kann der Klient sein Erleben entlastend ›weitergeben‹, der Therapeut ›lenkend‹ einwirken und der Klient einem sprachlich vermittelten Verständnis näherkommen.

Therapeutisch ist die Methode besonders zur Förderung der Selbstfindung, Selbstentfaltung, Selbstbildmodifikation indiziert, da die angeregten bildsymbolischen Imaginationen als Themen und Chance der Selbsterkenntnis aufgefaßt werden können. Das ›katathyme Bilderleben‹ wird psychoanalytisch konzeptualisiert. Die Durchführung eines ›katathymen Bilderlebens‹ bewirkt eine kontrollierte Ichregression, so daß die in den Symboldramen auftretenden Konflikte als Dynamik zwischen den Vitalimpulsen und den Abwehr-Mechanismen zu verstehen sind. Der Tagtraum selbst ereignet sich auf zwei Bewußtseinsebenen gleichzeitig: sowohl im vorbewußten Bildbewußtsein als auch im kontrollierenden Realbewußtsein. Zwar kann es zu tiefen Regressionen, starken Affekten und Somatisierungen kommen, doch kann der Therapeut, insbesondere bei nur weniger problematischen Erlebnistendenzen, weitgehend auf die kontrollierenden, steuernden Ich-Kräfte des Klienten vertrauen und das Verfahren vornehmlich als Angebot einer ›gelenkten Selbsterfahrung‹ verstehen.

Bei der Gruppendurchführung entfällt, sofern die Gruppe nicht andauernd verbalisiert, die Möglichkeit des begleitenden und lenkenden Dialogs. Dennoch kann das ›katathyme Bilderleben‹ in Gruppen durchgeführt werden, sofern die Personen die angebotenen Imaginationsmotive als Ich-gesteuerte ›Selbsterfahrung‹ annehmen und bewältigen können. Dies kann in Vorgesprächen und im Rundgespräch nach den Gruppensitzungen erkundet werden. Als direkte Bewältigungshilfe wollten wir zum Skizzieren und Aufschreiben bedeutsamer Elemente aus der jeweiligen Übung ermuntern.

Die therapeutischen Grundstufentechniken des ›Anreicherns‹ und ›Versöhnens‹ lassen sich in der Gruppendurchführung behutsam in die Imaginationsinstruktionen einbinden, sollten aber die Ich-Kontrolle nicht einschränken. Leuner gliedert das ›katathyme Bilderleben‹ nach der Komplexität verschiedener Dimensionen in

158

Grund-, Mittel- und Oberstufe; und er beurteilt aus seiner Liste von 12 ›Standard-
motiven‹ acht Motive der Grund- und Mittelstufe als in der Gruppendurchführung
möglich (H. Leuner, 1985, S. 64).

II.2. Bildnerisches Gestalten

Das ›Werk‹ als Ergebnis des Gestaltungsprozesses beinhaltet verschiedene Aspekte.
In der Übertragung auf ein gewähltes Material, im bewußten Formen und in der
Übersetzung in die Gestalt erhält das ursprünglich innere Bild eine eigene Wesenhaftigkeit und tritt seinem Schöpfer, derart ›objektiviert‹, neu, auf ihn zurückwir-
kend entgegen. Solche Dialektik ist der zentrale Prozeß sowohl des Gestaltens als
auch der Selbsterfahrung.
    Sodann ist ein Werk im wahrsten Sinn des Wortes ›Ausdruck‹. Es ist bildgewor-
dene Innerlichkeit, es materialisiert subjektive Bilder eines Menschen und gestattet
ihm, ein Thema – ›es‹ – ins Bild zu setzen und sich so in gewisser Weise davon zu
befreien. Ein weiterer Aspekt des Werkes ist die ›Selbstdarstellung‹ im und durch das
Werk. Sie eröffnet dem einzelnen vielfältige Möglichkeiten, sich non-verbal und –
soweit technisch möglich – selbstbestimmt in den Zusammenhang der Gruppe zu
stellen. Das Gestalten in der Gruppe schließlich impliziert ›Selbstoffenbarung‹, z. B.
in der Auswahl der Themen, im Durchbrechen der Rollenkonformität, beim Entdecken und Zeigen neuer, ungeahnter Fähigkeiten oder auch im Akzeptieren bzw.
Ignorieren eigener Grenzen. Solches ›Sich-Zeigen‹ in der Gruppe ist intim und erfordert eine behutsame und vertrauensbildende Vorarbeit, wenn unnötig schmerzliche
Erfahrungen, wie sie häufig im kunstpädagogischen Bereich der Schule gemacht
werden, vermieden werden sollen.

II.2.1. Bildnerisches Gestalten mit Farbe

Da von den Seminarteilnehmern keine Voraussetzungen gefordert waren und somit
die unterschiedlichsten Voraussetzungen und Vorkenntnisse im Umgang mit Farbe
und Pinsel erwartet werden mußten, erschien es sinnvoll, das relativ einfache und –
meist aus Kindertagen – vertraute Medium der Wasserfarbe einzusetzen. Die Aqua-
rellfarbe bietet auch im Hinblick auf ihre Verwendung eine große Variationsbreite
und unterstützt dadurch die Suche nach der persönlichen Ausdrucksweise. So entstanden auch tatsächlich die unterschiedlichsten Bilder, von wäßrig-fließenden
Kompositionen bis zu fast pastosem Farbauftrag.
    Die Technik des Naß-in-Naß-Malens (A. U. Clausen und M. Riedel, 1977, S. 61),
wie sie auch in der anthroposophischen Kunsttherapie und der Waldorfpädagogik
eine große Rolle spielt, sollte ein zügiges Arbeiten ermöglichen und durch häufig fast
klecksographische Zufälligkeiten Phantasie und Spontaneität anregen. Darüber hinaus wollten wir auch der Prozeßhaftigkeit des bildnerischen Gestaltens und dem

Verlaufscharakter der Imaginationen im Fließend-Bewegten des Materials Spiegelung und Unterstützung schaffen. In der Beschränkung auf die Grundfarben und die ›unbunten Farben‹ Weiß und Schwarz schien eine weitere Möglichkeit gegeben, die meditative Konzentration des ›katathymen Bilderlebens in Gruppen‹ wieder aufzunehmen und so ein Anknüpfen an das dort Erlebte zu erleichtern.

Schließlich sollte eine intensivere Auseinandersetzung mit der ›Farbe an sich‹ notwendig werden. Der Umgang mit der Farbe sollte kein automatisch-manueller Vorgang sein, sondern ein echtes Erleben von differenzierten Qualitäten. So erforderte das Ausmischen einzelner Farbtöne genaue Beobachtung von Farbabstufungen und ihren Wirkungen. Dies sollte zur Schaffung einer ›handwerklichen‹ Basis und ›sinnlichen Sensibilität‹ für das Auffinden der individuellen Farbigkeit beitragen.

II.2.2. Bildnerisches Gestalten mit Ton

Als weitere und andersartige Ausdrucksmöglichkeit wurde das Arbeitsmaterial Ton angeboten. Sein erdiger, ursprünglicher Charakter und seine leichte Modellierbarkeit ermöglichen auch dem Ungeübten das Finden eigener Formen. Feuchter Ton ist immer gefügig, alles Verlorene kann neu entstehen, und das Entstandene kann abermals verschwinden. Im Umgang mit dem Ton kann sich der Gestaltende zwischen Anpassung und Widerstand erleben. Die Plastizität erlaubt eine rasche Arbeitsweise. Unbestimmte Andeutungen sind ebenso möglich wie klare, endgültige Formen und feinste Ausdifferenzierungen. Das Spüren und Erspüren der räumlichen Ausdehnung macht Auseinandersetzung nötig und kann zur Erlebnisidentität beitragen.

II.3. Seminaraufbau

Für jeden Tag wurde je eines der anfänglichen Standardmotive des ›katathymen Bilderlebens in Gruppen‹ ausgewählt. Das ›Bach-Motiv‹ wurde, um die Imagination zu erleichtern und stärker leiten zu können, in einen ›Quellweg‹ und einen ›Meerweg‹ geteilt, wobei das letztere, bestens geeignet, eine optimistischere Zukunftsperspektive zu induzieren, für die letzte Übung vorgesehen wurde. Das ›Wiesen-Motiv‹ wurde, wie auch in der therapeutischen Durchführung des ›katathymen Bilderlebens‹, als Ausgangsbild an den Anfang gestellt. Die Reihenfolge der weiteren Motive wurde mit dem thematischen Aufbau des künstlerischen Gestaltens abgestimmt. Daraus ergab sich folgende Struktur:

Tag Thematik	›katath. Bilderl.‹	Tonen	Malen
1. Kennenlernen Annäherung	Wiese		Kontaktmalen auf Plastikfolie mit Fingerfarben

Ziele: Mit einem Material vertraut machen, Kontakte erleichtern, Gruppenklima fördern

2. Werden	Quellweg	Ausgehend v. Kugel gemeinsames Relief auf Tonplatte	

Ziele: Weitere Materialeinführung, Individualität und Gruppe

3. Lebensstil Leistung	Berg	individuelles Relief	subjektive Farben

Ziel: Das Eigene finden

4. Begegnung	Waldrand	Maske	Experimentieren mit Farbklängen

Ziel: Inneres wahrnehmen und ausdrücken

5. Zukunft	Meerweg	Formen und Umformen einer Kugel	mit den entdeckten Farben neue Bilder malen

Ziel: Sich auf Neues einlassen

Für das ›katathyme Bilderleben in Gruppen‹ mit anschließendem Rundgespräch wurden 2½ Vormittagsstunden geplant und dann auch gebraucht. Für das Malen / Plastizieren wurden nach der Mittagspause ebenfalls 2½ Stunden angesetzt und tatsächlich mindestens benötigt. Wir hielten uns den ganzen Tag über persönlich ansprechbar.

III. Prozesse

III.1. Kennenlernen

Die Befindlichkeit des Individuums in der Gruppe sollte in den ersten beiden Tagen zum Anlaß genommen werden, ›Spuren‹ zum anderen zu legen bzw. zu finden, um so eine vertrautere, verläßlichere Gruppensituation zu schaffen, die ein Weitergehen und Vertiefen des Prozesses hin zum Erleben und Gestalten der individuellen Spuren ermöglichen sollte. Diese gruppendynamischen Überlegungen ließen es sinnvoll erscheinen, die erste Gestaltungseinheit mit der Gesamtgruppe durchzuführen, wobei das Materialangebot variiert wurde. Die Annäherung an das Material entwickelte sich so auf eine spielerische, ungezwungene Art. Jeder Teilnehmer konnte die Gelegenheit nutzen, seiner persönlichen Neigung und Ausdrucksweise (Ton oder Farbe, plastisch oder flächig) auf die Spur zu kommen. Der einzelne sollte so in die Lage versetzt werden, seinen gestalterischen Schwerpunkt für die weiteren Tage festzulegen.

Im ersten ›katathymen Bilderleben in Gruppen‹ stand die Vorstellung des Verfahrens im Vordergrund:

— das ›katathyme Bilderleben in Gruppen‹ wurde als eine, von einer Therapiemethode abgeleitete, ›sichere‹ Meditations-Technik erläutert;
— die einleitende Entspannung wurde besonders langsam gegeben und wiederholt;
— die erste Imaginationsinstruktion führte, stark gelenkt, langsam aus dem gemeinsamen Gruppenraum hinaus auf die ›Wiese‹ und von dort auch wieder in die Gruppe zurück;
— das ›Zurücknehmen‹ aus der Entspannung wurde besprochen und geübt;
— ein erstes ›Rundgespräch‹ nach der Entspannung vermittelte die Sicherheit der Aussprache.

Etliche Teilnehmer berichteten von Schwierigkeiten mit der körperlichen Entspannung, nicht aufkommenden Vorstellungen oder der lediglich guten Stimmung auf der Wiese. Bei den anderen führte das ›Wiesen-Motiv‹ bereits am ersten Tag intentionsgemäß etwas an die derzeitige Hintergrundstimmung und Thematik heran.

Die Einführung ins Malen stand zu Beginn der gemeinsamen gestalterischen Arbeit und hatte somit die Aufgabe, die ›Fremdheit‹ der Situation, des Materials und der Gruppe zu überbrücken und persönliche Annäherungen zu erleichtern. Wir wählten als Medium die Fingerfarbe, die durch ihre Materialbeschaffenheit und die betont expressive Farbigkeit den spielerisch-spontanen Zugang fördert und dem kontrollierten, realitätsbezogenen und leistungsorientierten Gestalten entgegensteht. Das gemeinsame Tun, die Annäherung an den Prozeß – auch in der Gruppe – sollte im Mittelpunkt stehen.

So hatten wir die Idee geboren, eine Art ›Kontaktmalen‹, eine Kommunikation über Farben und Formen auf einer durchsichtigen Fläche zu veranstalten. Wir realisierten dies mit einer Plastikfolie von 6 × 1,5 m, die, zwischen zwei Bäume gespannt, von beiden Seiten zugänglich war (Abb. 56). Diese gemeinsame Aktion bot die unterschiedlichsten Möglichkeiten einer primär non-verbalen ›sinnlichen‹ Kontaktaufnahme:

— Blickkontakt durch die Folie hindurch und Spüren des anderen in Druck und Gegendruck;
— Malen des Gegenüberstehenden;
— gemeinsames beidseitiges Gestalten;
— Erleben von Gegenüber, Nebeneinander und eigenem Gestalten als verschiedenen Ebenen der Kommunikation;
— Erfahrung von Nähe und Distanz, Kooperation und Behinderung, Begegnung und Unverbundenheit.

Diese erste Übung (Abb. 57) wurde noch mehrheitlich in Distanz und verhaltenem Miteinander ›absolviert‹ und ließ dennoch bereits die unterschiedlichsten Zugänge sichtbar werden.

Mit dem ›Berg‹ wurde am zweiten Tag ein Bild induziert, das mit den eher vertrauten Lebensaspekten Leistung, Stolz, Erschwernis verbunden ist. Viele Teilnehmer nahmen am ›Rundgespräch‹ aktiv teil, einige berichteten lebhafte Visualisationen, etliche Phasen starker Affekte, manche deutliche Körpersensationen. Andere fanden sich in Grüppchen zusammen und tauschten sich dort aus. Allseits wurde erzählt und interpretiert; der Hinweis, nicht zu bewerten, wurde angenommen, war anfänglich aber schwer umzusetzen.

Nachmittags bekam jeder ein Stück Ton mit der Instruktion, es zu einer Kugel zu formen. Die Kugel gilt als ein Symbol für etwas Umgreifendes, das das in ihm Enthaltene birgt und schützt, es aber zugleich in einen größeren Zusammenhang stellt. Die Kugel sollte der Ausgangspunkt einer Interaktion auf der 2 × 4 m großen ›Tonplatte‹ sein (Abb. 58). Um die Vielfalt der Formen spürbar zu machen, kreisten die Kugeln zu Beginn unter den Teilnehmern, doch nicht jeder fand ›seine‹ wieder. Anschließend wurde aufgefordert, eigene ›Spuren zu setzen‹, die Kugeln durch eigene Ideen umzuformen, sich auszudrücken, ›innere Vorstellungen im Ton äußerlich zu gestalten‹. Schließlich wuchsen die individuellen Gestaltungen zusammen; das Einzelne wurde Teil eines Ganzen.

Es war ein starkes Gruppengefühl spürbar, und es entstand ein beachtlich verbunden wirkendes Gesamtwerk (z. B. eine ›Kugelbahn‹, die im ›Garten‹ des Nachbarn auslief). Während dieser Arbeit wurde noch viel gesprochen, es gab Vorschläge, Hinweise und Kritik, es ging noch eher um Leistung als um persönlichen Ausdruck. Dennoch war ein Einstieg gefunden, kamen Besinnung auf, Betrachten und Nachdenklichkeit.

III.2. Vertiefungen

In der dreitägigen zweiten Gestaltungseinheit sollte nun jeder Teilnehmer den Freiraum haben, seine ganz ›persönliche Spur‹ zu finden und mit Hilfe des von ihm selbst gewählten Mediums bildnerisch zu ›formulieren‹ beginnen. »Das Finden der subjektiven Farben und Formen heißt: sich selbst finden« (J. Itten, 1961, S. 26).

Da genau das Finden dieser Spur ein explizites Ziel der Tage war, ließ sich die Hinführung, das ›Auf-den-Weg-Bringen‹ nur skizzenhaft planen und mußte unbedingt offen bleiben für die Erfordernisse des Augenblicks. Demgemäß zog sich nun auch parallel zu den Imaginationen des Vormittags eine Art ›Entwicklungsweg‹ durch die Anregungen zur Gestaltung, wobei sich im Lauf des Prozesses und mit stärkerem Hervortreten der individuellen Themen die vorher konzipierten allgemeinen Impulse als zunehmend unpassend erwiesen.

Der persönliche Ausdruck in visueller Phantasie, Tonen und Malen war weithin ungewohnt, aber die meisten Teilnehmer wurden durch das Seminarklima, die Ver-

163

suche der anderen und die Medien zu eigenem Experimentieren angeregt. Wir erfuhren wiederholt von einzelnen, daß sie nicht nur erstmals überhaupt ein Empfinden für künstlerischen Ausdruck wahrgenommen, sondern auch eigene Vorlieben des Ausdrucks entdeckt hätten. Etliche Teilnehmer fanden im Verlauf des Seminars ›ihre‹ Farbe oder Form, die ›ihre‹ derzeitige Stimmung symbolisierte, und sie wurden sich im Prozeß dieser Selbst-Objektivierung in den Werken auch begrifflich klarer über diese Stimmung und wodurch sie geprägt sein mochte.

Beispiel: Ein junger Mann stieß im ›katathymen Bilderleben in Gruppen‹ auf seine Ohnmacht und Schuldgefühle gegenüber dem Drogentod seines Freundes; beim Malen rang er mit den schulisch vermittelten Techniken. Nachdem ihm am Folgetag im ›katathymen Bilderleben in Gruppen‹ ein Grab, an dem er zuwartete und das sich allmählich in einen Rastplatz wandelte, erschienen war, legte er beim Malen die schulische Technik ab und experimentierte mit der Beschränkung auf das ihm Wesentliche. Am dritten Tag dann erkannte er im ›katathymen Bilderleben in Gruppen‹ die Trauer als *seine* gute Anteilnahme, ohne zugeschriebene Schuld; und er malte nachmittags *sein* Bild, *nur für sich selbst.* So hat er wohl ein unabhängigeres Verhältnis zu äußeren Bewertungen und Normen entwickeln können.

III.3. Grenzen

Nicht immer verliefen die Prozesse parallel. Wir konnten z. B. beobachten, wie sich im bildnerischen Gestalten ein Selbsterfahrungsprozeß entfaltete, während sich im ›katathymen Bilderleben in Gruppen‹ keine Imagination einstellte. Darüber wurde eine Grenze des Sich-Einlassens zum persönlichen Thema.

Beispiel: Eine junge Frau, die ihre Entscheidungsschwäche im Alltag beklagte, fand in keine Imagination hinein. Sie befolgte die Empfehlung, es weiterhin mit An- und Entspannungsübungen zu versuchen und gegebenenfalls dabei zu belassen. Auch nachdem sie vom Malen zum Tonen gewechselt hatte, bemängelte sie an ihren Werken, daß sie gar nicht das ausdrückten, was sie ausdrücken wollte. Am letzten Tag dann lehnte sie ihre unscheinbare, hockende Tonfigur an den großen, kräftigen Baum eines anderen. In der an diesem Symbol erlebten Zufriedenheit schien sich uns eine Lösungsrichtung anzudeuten (Abb. 60). Es bleibt offen, inwieweit diese Entwicklung auch anhand anderer Medien möglich gewesen wäre.

Wir beobachteten auch Ansätze der Auseinandersetzung mit zurückgedrängten Themen, abgelehnten Formen, ungeliebten Farben. Beispiel: Ein junger Vertreter, der häufig durch provokante gegensätzliche Äußerungen Konflikte offenlegte, blieb beim Tonen an Äußerlichkeiten hängen, z. B. einem ›Herzchen‹ für die Übungsleiterin. Am Seminarende erklärte er, erkannt zu haben, daß er sich im Alltag auf diese Weise vor persönlicher Betroffenheit schütze und die jetzt begonnene Selbst-Erfahrung fortsetzen wolle.

IV. Nachbetrachtungen

Gespräche nahmen viel Raum ein. Das ›Rundgespräch‹ im Anschluß an jedes ›katathyme Bilderleben in Gruppen‹ wurde von den jeweils gleichen 6−8 Teilnehmern aufgesucht; sie berichteten in der Gruppe von ihren Imaginationen und versuchten, ihr interpretatives Verständnis zu fördern.

Informelle Zwiegespräche wurden wiederholt von weiteren etwa 8 Personen gesucht und leiteten auch einzelne Beratungsgespräche nach der Heimkehr ein. Eines dieser Zwiegespräche war in einer aktuellen persönlichen Krise, die jetzt durch das ›katathyme Bilderleben in Gruppen‹ verstärkt zu werden schien, begründet und bewirkte eine erstaunliche Integration des Teilnehmers in das weitere Seminargeschehen. Mit zwei Personen suchten die Übungsleiter von sich aus wiederholt den Austausch, um die aktuelle persönliche Situation abschätzen zu können; Krisen wurden nicht ersichtlich. Informelle Gespräche ergaben sich mit nahezu allen Teilnehmern.

Mit den mehrheitlich in therapeutischen und meditativen Verfahren ungeübten Teilnehmern legten wir besonderes Gewicht auf die entspannende Einstimmung der Übungen. Als förderlich für das ›katathyme Bilderleben in Gruppen‹ erwiesen sich die Arbeit in einem geschlossenen Raum, die Einführung mittels einiger Instruktionen aus dem ›Autogenen Training‹ und eine begleitende, vertiefende und Umgebungsgeräusche maskierende Musik (J. Pachelbel, Kanon D-Dur). Als förderlich für das Malen und Tonen erwiesen sich das selbstbestimmte Arbeiten im Freien, die freilassende Begleitung und die allgemeine Experimentierfreude.

Wir beobachteten eine von Tag zu Tag wachsende Ausdauer in der Arbeit mit den angebotenen Medien und in den Gesprächen. Wir waren überrascht, wie schnell das anfänglich offensichtlich befremdliche Gesamt aus Stille, Zeit-Haben, Selbsterfahrung und Ausdruck angenommen und nach wenigen Tagen selbsttätig fortgeführt wurde; man verzichtete auf die üblichen Alltagsstimulantien (z. B. übermäßigen Alkoholkonsum) und genoß die Stille (es gab keine Radiorecorder auf dem Gelände).

Der vierte Tag hob sich von den anderen durch seine besonders nachdenklich-besinnliche Stimmung ab. Nach dem ›katathymen Bilderleben in Gruppen‹ mit der Instruktion ›Waldrand‹ zur Anregung von Begegnungen mit Bezugspersonen kam kaum jemand zum ›Rundgespräch‹. Beim Plastizieren der Masken wurde alleine gearbeitet, konzentriert und ruhig. Auch beim Malen blieb jeder für sich, und die Bilder spiegelten in ihren meist erdig-gebrochenen Tönen das Atmosphärische des Tages wider.

Dieser Tag ließ uns die Wechselwirkung zwischen den Bildern der Imagination und den Gestaltungsarbeiten besonders deutlich werden. Daher taucht für unsere weiterführenden Überlegungen auch die Frage nach noch intensiverer Abstimmung zwischen den Imaginationsmotiven und dem Gestaltungsmaterial auf, als eine Möglichkeit, die individuellen thematischen Prozesse (z. B. innere Bilder / äußere Bildwirklichkeit, Entscheidungsfindung) möglicherweise in der bildhaften Auseinandersetzung noch spezifischer zu katalysieren.

Den Abschluß im ›katathymen Bilderleben in Gruppen‹ bildete das Meerweg-Motiv, das den Blick auf die persönliche Zukunft richten sollte. Es gelang den Teilnehmern auch am Nachmittag im Gestalterischen, etwas Neues wachsen zu lassen und in lockerer, positiver Atmosphäre persönliche Anregungen mit nach Hause zu nehmen.

Zwei Monate nach dem Seminar wissen wir vom Kreisjugendpfleger: Einige haben das Malen in ihren Alltag übernommen, und andere wünschen eine Fortsetzung der begonnenen Selbsterfahrung.

Literatur

CLAUSEN, A. und M. RIEDEL: Schöpferisches Gestalten mit Farben, Stuttgart 1977

ITTEN, JOHANNES: Die Kunst der Farbe, Ravensburg 1961

LEUNER, HANSCARL: Lehrbuch des Katathymen Bilderlebens, Bern 1985

RAPHAELA PÜTZ

Farbe in therapeutischer Sicht

In der Anthroposophie wird die Farbe in ihrer Gesamtheit gesehen, d.h. der ganze Farbkreis gewinnt in der therapeutischen Arbeit entscheidende Bedeutung, nicht nur die einzelne Farbe. »Selbst in der Farbe sein«, als eine Identifikation durch eigenes Tun, ist Anliegen der Maltherapie. Es sollen

keine psychoanalytischen Rückschlüsse,
keine Manipulation,
keine Fremdbeeinflussung,
kein neues Über-Ich,
keine Verbalisierung der negativen Komplexe

angestrebt werden, sondern ein

freilassendes,
anregendes,
begleitendes,
mittätiges Hinführen

zu positiven Gestaltungskräften.

Diese Grundtendenzen geben der Maltherapie einen Charakter, der die Unantastbarkeit der Persönlichkeit als Freiheit des einzelnen Menschen wirklich werden läßt. Das Freiwerden über das kreative Tun ermöglicht dem Menschen, sich selbst wieder im Zusammenhang mit der Welt zu erleben.

Aus einem Aufsatz von Dr. Margarethe Hauschka (1976): »Nicht aus Seelenanalyse, sondern aus dem Seelen-Aufbau schöpfen wir die heilende Kraft. In diesem Sinne ist die künstlerische Therapie ein Gegenpol zur Psychoanalyse. Alles geschieht durch das Medium des Künstlerischen, so daß niemals die Persönlichkeit des Kranken angetastet wird...«

Die Maltherapie ist eine Psychotherapie, denn »das Malen ergreift unmittelbar das Seelische, es ordnet und impulsiert das Empfindungsleben, es wirkt lösend, befreiend und gesundend auch auf Schäden, Störungen und Erkrankungen, die als organische ihre tiefere Ursache im Seelischen haben« (Ottersberger Studienmaterial, 1975).

Was nun durch das künstlerische Tun in den seelischen Prozessen angeregt werden kann, das sind:

a) belebendes und ordnendes Intensivieren und Harmonisieren des Fühlens,
b) unegoistisches und befreiendes Aktivieren des Wollens,
c) Gesunden und Stärken der Sinne, Individualisieren des Urteilens und Denkens.

167

Diese drei grundsätzlichen Wirkungsbereiche gelten nun allerdings für die gesamte Kunsttherapie, die aus drei zusammenhängenden Bereichen besteht: dem Malen, Plastizieren und Zeichnen. Diese Bereiche können sich in der Praxis in ihrer sich ergänzenden Art immer wieder durchdringen.

Das wesentliche Element dieser drei künstlerischen Gestaltungsprozesse liegt im Schöpferischen – dem »Urheber-Trieb« (Martin Buber) –, dem ureigensten persönlichen Schöpfungstrieb. Wichtig ist, daß durch die eigene Handlung etwas entsteht, was es vorher nicht gegeben hat. Sie muß immer wieder eine neue Entdeckung bleiben, sie wird zu einer Metamorphose im Tätigsein: Eine neue Schöpfung entsteht.

Der englische Kunstwissenschaftler Herbert Read hat in seinen Untersuchungen »Erziehung zur Kunst« alles Zerstörerische im Menschen als Folge derjenigen Stauungen und Verkrampfungen nachgewiesen, die durch die »Unterdrückung der spontanen, schöpferischen Fähigkeiten« eintreten: »Der Mangel an Spontaneität in der Erziehung wie in der Gesellschaftsordnung geht auf jene Desintegration der Persönlichkeit zurück, die das fatale Ergebnis der wirtschaftlichen, industriellen und kulturellen Entwicklung... ist. Die Persönlichkeit zerfällt, weil ihr das natürliche Wachstum unmöglich gemacht worden ist...« (H. Read)

Obwohl der Freizeit-Raum größer wird, ist der Mensch immer weniger dazu in der Lage, zu sich selbst zu finden. Leistungszwang, Prestige-Trend, Massenmedien, Pseudo-Hobbies ermöglichen kaum die notwendige Regeneration im Sinn einer Harmonisierung. Die seelische Anspannung bleibt. Freizeit und Ferien sind auf Konsum eingestellt, und nur noch wenige Menschen finden eine echte Befriedigung und Entspannung vom Arbeitsalltag. So besteht für immer mehr Menschen die permanente Gefahr des Erkrankens aus einer latenten seelischen Disharmonie.

Hier will die Maltherapie Selbstfindung ermöglichen. Mit Hilfe des Therapeuten kann sich der kranke Mensch ein Bild schaffen, das eigene Wesen zur Erscheinung bringen.

Dabei ist das schöpferische Sehen ebenso mitbestimmend wie das Tun der Hand, wenn ein Bild entstehen soll. Voraussetzung dafür ist jedoch, daß man frei bleibt von festgelegten Vorstellungen. Wenn gemalt wird, muß man nicht vorher »wissen«, wie das Bild am Ende aussehen soll. Der Malende muß sehen können, was auf dem Malgrund entstehen will und wie er es weiterführen kann.

Wie weit nun das, was beim Malen erlebt worden ist, übertragen wird in andere Bereiche des Lebens, ist abhängig von der Flexibilität und der Bereitschaft des einzelnen und auch von weiterführenden Gesprächen. Solche Lern-Erlebnisse nachträglich ins Bewußtsein zu rufen, ist jedoch keineswegs immer notwendig, denn die befreiende Wirkung kann sich auch ohne Interpretation einstellen. Oft ist es der Patient selbst, der eine Antwort oder Fragestellung zu einen beim Malen gefundenen Erlebnis findet, und daran anknüpfend kann es zu sehr persönlichen Gesprächen zwischen dem Patienten und dem Therapeuten kommen.

Die Maltherapie – eine künstlerische Therapie

Die künstlerische Therapie kann man als eine auf geisteswissenschaftlichen Erkenntnissen basierende Erweiterung der Beschäftigungstherapie auffassen. Diese therapeutische Arbeit wurde vor vierzig Jahren im Klinisch-Therapeutischen Institut in Arlesheim bei Basel begonnen. Die Leiterin dieses Instituts, Frau Dr. Ita Wegmann, war ganz besonders an der Ausarbeitung der künstlerischen Therapie interessiert und konnte diese aus den Anregungen Rudolf Steiners erstmalig an ihrem Institut in aufbauender Weise langjährig erforschen.

Das geisteswissenschaftliche Menschenbild Rudolf Steiners – das ja auch hinter den künstlerisch-pädagogischen Bestrebungen der Waldorfschulen steht – ermöglicht es, die innere Natur der Künste viel näher im Zusammenhang mit den Vorgängen im Menschen zu betrachten, als es die bisherigen Erkenntnisse erlaubten. Die Art, wie man an den Waldorfschulen künstlerisch arbeitet, hat neben dem pädagogischen Wert eine unschätzbare prophylaktisch-therapeutische Bedeutung. Denn jede der künstlerischen Betätigungen läßt spezielle Kräfte im Menschen aktiv werden, die individuell auf den Ausübenden zurückwirken. Diese Zusammenhänge umfassend zu studieren, ist Aufgabe des Therapeuten. Er muß dazu künstlerischen Sinn, Einfühlungsgabe und eine solide menschenkundliche Grundlage mitbringen. Zu den Erwartungen, die ein Kunsttherapeut an sich stellen muß, gehört es, daß er sich unablässig selbst beobachten muß, um mit Nüchternheit seine Stimmungen produktiv umwandeln zu können und sich dann auf das Wesentliche der Arbeit zu konzentrieren:

»In der Kunsttherapie … wirkt man als Künstler in erster Linie mit dem, was man als Mensch ist, in zweiter Hinsicht mit dem, was man kann, und schließlich noch mit dem, was man auch noch als Wissen hat« (Ottersberger Studienmaterial, 1975). Letzteres – »das Wissen« – ist auch nur dann auswertbar, wenn es über ein reines Faktenwissen hinausgeht.

Innerhalb des Künstlerischen zu bleiben, also nicht erkenntnistheoretisch, sondern erlebnismäßig vorzugehen, ist Teil der Grundhaltung eines Therapeuten. Er muß die Fähigkeit erwerben, in dem bildenden Prozeß selbst den psychischen Verlauf ablesen zu können. Dies erwächst aus dem intensiven Umgehen mit den »Phänomenen des Qualitativen«, welches sich wiederum aus einem kontinuierlichen Wahrnehmungsprozeß, der konsequent und ohne Spekulationen geführt werden muß, ergibt. Aus einer Menge von verschiedenen Arbeiten läßt sich dann der einzelne erkennen. Die Frage, warum Herr X und Frau Y eine Thematik unterschiedlich lösen, führt zu der Erfahrung, die sich anhand der Äußerungen des inneren Wesens und der sinnlich-wahrnehmbaren äußeren Erscheinung des Menschen ergibt. Diese beiden Bereiche verbindend, wird das wirksam, was Rudolf Steiner in einem Vortrag (in Kristiania am 18.5.1923) beschreibt: »Die Kunst ist eine Art von Erkenntnis, weil die andere Erkenntnis keine vollständige Erkenntnis ist. Kunst muß erst hinzutreten zu dem abstrakt Erkannten, wenn wirkliche Welterkenntnis eintreten soll. Es bleibt doch wahr, daß dann, wenn solche Erkenntnis eintritt, die bis zum Gestalten vordringt, auch das so tief in die Menschenseele hereingeht, daß diese Vereinigung von Kunst und Wissenschaft auch die religiöse Stimmung abgibt.«

Dieser Gedanke weist auf etwas hin, was zum tiefsten Inhalt der künstlerischen Therapie gehört und aus dem das Künstlerische seine therapeutische Kraft gewinnt. Es ist die religiöse Haltung, die individuell immer sehr verschieden sein wird. Ohne sie ist ein therapeutisches Wirken aus der Kunst kaum möglich. Denn wie sollte aus einer materialistischen Gesinnung ein Heilen im Künstlerischen denkbar sein, da doch gerade die Erkenntnisse dahin gehen, daß der Materialismus ein krankhaftes und krankmachendes Phänomen darstellt, dem die manigfaltigsten seelischen Degenerationen entspringen. Ein Zitat von Schiller aus seinen »Ästhetischen Briefen« charakterisiert bereits das gerade auch in unserer Gegenwart aktuelle Problem: »Ewig nur an ein einzelnes kleines Bruchstück des Ganzen gefesselt, bildet sich der Mensch selbst nur als Bruchstück aus; ewig nur das eintönige Geräusch des Rades, daß es umtreibt, im Ohre, entwickelt er nie die Harmonie seines Wesens, und anstatt die Menschheit in seiner Natur auszuprägen, wird er bloß zu einem Abdruck seines Geschäfts, seiner Wissenschaft.«

Diese totale Beanspruchung, die die Tagesanforderungen besonders des heutigen Berufslebens mit sich bringt, die aber auch in der Freizeitgestaltung keine Regeneration im Sinn einer Harmonisierung zuläßt, führt dann zu Stauungen und Verkrampfungen, die sich in Frustration äußern, aber auch schwerwiegendere Formen annehmen können. Angst und Aggression, zwei weitere Urachen für seelische Stauungen, können dann oft zu Erkrankungen neurotischer oder auch organischer Art führen.

Die Maltherapie kann, wenn sie kontinuierlich und in entsprechenden Zeiträumen durchgeführt wird, durch »die Wirkungen des seelischen Prozesses, der mit dem künstlerischen Tun in Gang gebracht wird«,

a) das Fühlen beleben, ordnen und harmonisieren,
b) den Willen unegoistisch befreiend aktivieren,
c) das Denken gesunden und stärken, indem es das Urteilen individualisiert.

Damit sind die in der Menschenkunde Rudolf Steiners in der Dreigliederung enthaltenen drei Bereiche des menschlichen Organismus angesprochen:

Denken – Nerven-Sinnes-System,
Fühlen – rhythmisches System (Atmung und Blutzirkulation),
Wollen – Stoffwechsel- und Gliedmaßen-System.

»Obwohl das aus dem Vorhergehenden bereits deutlich wird, ist noch besonders zu betonen, daß das Einleiten und Durchführen des kunsttherapeutischen Prozesses nicht mit einem Beschäftigen oder Ausfüllen von ›Freizeiten‹ – die sonst unausgefüllt blieben – oder ähnlichem verwechselt werden darf. Die Kunst-Therapie, ... die zu sehr persönlichen Gesprächen zwischen dem Patienten und dem Kunsttherapeuten führt, ist eine über den praktischen Gestaltungsprozeß ausgeübte Psychotherapie. Sie wendet sich an die Seele und beobachtet, was in diesem Zusammenhang sich klärt, löst, umwandelt und entsprechendes mehr.« (Ottersberger Studienmaterial, 1975)

Um hier den Zugang zur praktischen Anwendung zu finden, ist es vielleicht angebracht, aus der Kriminal-Therapie zu berichten. In den Mitteilungen der »Vereinigung für Kriminal-Pädagogik und -Therapie e.V.« (1970) schreibt Herbert Flieger in seinem Aufsatz über Kunst und Mittel der Kriminaltherapie: »Kunst bewirkt Heilung, wenn man sie vorurteilsfrei auf sich wirken läßt. Wird sie als therapeutisches Mittel angewandt, dann muß von der gleichen Grundvoraussetzung ausgegangen werden, wie sie der Arzt gegenüber dem Erkrankten einnimmt. Er geht von der Frage aus: Was liegt vor? – und wenn ich ein Heilmittel verordne: Was bewirke ich? Welche Gesetzmäßigkeiten liegen der Krankheit zugrunde und welche löse ich aus, wenn das verabreichte Heilmittel zu wirken beginnt? – So wie der Arzt von Wesensbildern der Krankheiten ausgeht, von der sicheren Kenntnis der Heilmittel als Wirkmittel, muß der Kunsttherapeut, wenn er die Kunst als Mittel der Kriminaltherapie einsetzt, von Wesensbildern der einzelnen kriminalistischen Verhaltensstile ausgehen, und er muß voraussehen, was er durch den Einsatz dieser oder jener künstlerischen Tätigkeit im Mencheninneren bewirkt.«

In den gleichen Mitteilungen äußert sich ein Fürsorger über die kunsttherapeutische Arbeit mit den Strafgefangenen und berichtet, daß er in den allwöchentlichen 1½ Stunden beobachten konnte, wie sich der einzelne im Malen (und Plastizieren) »aus seiner Verkrampfung löste, wie er sich öffnete und das Erlebnis dieses Tuns ihn zum Nachdenken und Verarbeiten brachte. Es floß in seine Gespräche ein und in seine Haltung...«

Ganz sicher hat die maltherapeutische Arbeit einen unauslöschlichen Niederschlag gerade in solchen Situationen wie der Gefangenschaft. Man sollte mehr und mehr abkommen von Veranstaltungen, an denen der therapiebedürftige Mensch nur passiv teilnehmen kann. Die Unverbindlichkeit des passiven Teilnehmens ist in keiner Weise dazu in der Lage, einen Menschen zu motivieren oder zu fördern. Ein Strafgefangener äußerte sich über die erfahrene kunsttherapeutische Arbeit u.a. folgendermaßen: »Von Mal zu Mal machte mir die Arbeit mehr Spaß, meine Vorurteile bauten sich ab; denn ich erkannte, daß mir hier eine echte Aufgabe zuteil wurde. Es machte mir nicht nur Spaß, sondern regte mich an, mich in der Freizeit anders mit den Farben, mit Formen und mit dem Material auseinanderzusetzen. Spannungen lösten sich während der Arbeit, und es gab Momente, wo sich alle Probleme lösten, hingegeben in der Arbeit. Zur Farbe und zur Harmonie habe ich ein neues Verhältnis gewinnen können. Wir wurden echt unterrichtet, ohne es zu merken. Wenn ich heute bedenke, wie viele Dinge aus diesem Kursus entstanden sind, nicht zuletzt durch die oftmals tiefgehenden Gespräche, so kann ich nur sagen: der Unterricht hat mir sehr viel gegeben. Er hat mich in trüben Tagen emporgehoben und hat mich geformt. Durch den Unterricht selbst, durch das Hantieren mit Formen und Farbe haben sich Verkrampfungen gelöst. Erst spät habe ich vom Anliegen der Förderer dieser Arbeit erfahren, was mit der Kunst hier in der Anstalt eigentlich bezweckt werden soll. Diese Behandlungen, die ich in den Stunden er-

171

hielt, waren für mich wirksamer als viele Sitzungen bei einem Psychotherapeuten, dem es innerhalb eines Jahres nicht gelungen ist, Komplexe und Spannungen zu lösen.«

Da die Maltherapie ihre Anwendung auch in Krankenhäusern findet, habe ich einige Wochen bei den maltherapeutischen Stunden in dem Gemeinschaftskrankenhaus in Herdecke/Ruhr hospitiert. Aus der direkten Anschauung konnte ich Eindrücke sammeln, die mir am einzelnen Patienten und auch am Patienten in der Gruppe zeigten, wie direkt die Maltherapie zu wirken vermag, wie sehr sie dazu in der Lage ist, im Menschen das Interesse für sich und die Vielfalt der Welt wieder zu erwecken. Der Mensch wird sichtbar aus seiner speziellen Isolation in ein Welterleben hineingeführt, was ihm ohne die Farben nicht möglich wäre. Der moderne Mensch lebt zu oft fast ohne inneres Farberleben und muß die Farbempfindung und -wahrnehmung ganz neu lernen. Und trotzdem, es war erstaunlich zu sehen, mit welcher Anteilnahme die Patienten ins Malen hereinkamen und oft mit Begeisterung dabei blieben.

> Farbe ist Seele der Natur
> und des ganzen Kosmos,
> und wir nehmen Anteil
> an dieser Seele, indem wir
> das Farbige miterleben. (Rudolf Steiner)

Farbreiztherapie in der Heilpädagogik (nach Görsdorf)

In der engeren heilpädagogischen Praxis gehört der Umgang mit Farbe zu dem Tätigkeitsfeld eines Heilpädagogen. Jeder Heilpädagoge malt mit seinen Patienten oder zeigt ihnen farbige Bilder. Aber auch aus diesem Bereich gibt es so gut wie keine stichhaltigen Forschungsergebnisse; die Farbe wird überwiegend in ihrer expressiven und symbolischen Funktion verwendet, und der ihr eigene sensorische Reizfaktor wird dabei kaum berücksichtigt. Aber gerade dieser spielt in der Heilpädagogik eine ausschlaggebende Rolle. Die meisten heilpädagogisch relevanten Behinderungen sind als Störungen im Sinnes-Nervensystem anzusehen. Aus diesem Grund läßt sich gerade an der Heilpädagogik der Nachweis führen, »daß es eine vom Erleben unabhängige, spezifisch psycho-physische Wirkung der Farbe gibt und diese von kurativer Bedeutung ist« (K. Görsdorf, S. 112). Heilpädagogisch zu behandelnde Menschen, die hirnorganisch oder nervlich behindert sind, haben meist auch eine chronische Störung im Emotionalen. Das bedeutet, daß Kinder und Erwachsene mit erworbenen oder angeborenen, überwiegend körperlich bedingten, seelisch-geistigen Entwicklungsstörungen in ihrer Beziehung zur Umwelt dergestalt gestört sind, daß sie deren Qualitäten nicht erleben können. Obwohl der Spielraum im psychischen oder physischen Kommunikationsfeld äußerst eingeengt ist, können diese Menschen aber Reize bzw. Reizgestalten wahrnehmen.

Die beschriebene Behinderung hat zur Folge, daß die Motorik und die nichtautonomen Nerven (Zentralnervensystem) vom Ich nicht reguliert werden. »Man kann daher sagen, um einen anschaulichen Begriff aus der anthroposophischen Menschenkunde zu verwenden, diese Menschen sind zu stark oder zu schwach verkörpert.« (K. Görsdorf, S. 112) Von außen kommende Sinneseindrücke hinterlassen in ihrem Gedächtnis und Bewußtsein keine psychischen Spuren. Diesen sinnespsychologischen Funktionsschwierigkeiten kann mit Hilfe der Farbe ein Zufluß an psycho-physischer Energie geboten werden. Als belebender Impuls soll die Farbe durch Deutlichkeit, Klarheit und Reinheit eine spezifische Reizenergie vermitteln.

Damit das Wahrnehmen und Erkennen der Farben möglich ist, müssen die Farben aber benannt werden können. Auf dem Weg der Nachahmung übernimmt das behinderte Kind allmählich die mit einfachen, einsilbigen Namen – Schwarz, Weiß, Grau, Braun, Gelb, Orange, Rot, Blau, Grün – bezeichneten Farbbegriffe. Dadurch lernt es, Wort und Gegenstand miteinander zu verbinden. Mit diesem Vorgang – dem Lernen von Farbwörtern – wird die optische Wahrnehmung spezifisch belebt. Bildhafte Beispiele, die die Charakteristik einer Farbe verdeutlichen, wie z.B. das »blaue Meer«, tragen dann mehr dazu bei, die »Bläue« zu vermitteln, als über das Meer etwas auszusagen.

Der zusätzliche Umgang mit Farbtafeln und die Verwendung typisch farbiger Objekte kann dann dazu verhelfen, daß die Gegenstandswelt differenzierter wahrgenommen wird. Durch Benennen und Differenzieren wird bei fortgeschrittenem Lernprozeß ein Abhebungsvorgang der farbigen Eigenschaft vom Gegenstand erreicht. »Diesen Vorgang der Objektivierung braucht der behinderte Mensch zunächst mehr als den der Sozialisation, denn er regt die Vorstellungsfähigkeit an, mit der er sich in der Außenwelt orientieren lernen kann.« (K. Görsdorf, S. 114)

Die Frage der Dosierung spielt bei einer Reihe weiterer Übungen zur Farbwahrnehmung eine Rolle. Welche Reizmenge kommt aus optisch-psychologischen Gründen in Frage? Die Farben mit einem mittleren, ausgeglichenen Reizwert und die mit hohem oder maximalem Reizwert bieten bei einer ausreichenden Kenntnis des Farbreizes und seiner Wirkung die Möglichkeit, den Behinderten in seiner Fähigkeit des Erlebens anzuregen. Es können Aufmerksamkeit, Freude und andere Gefühle aus dem allmählichen Erfassen solcher Anstöße hervorgehen. Die vermittelten (Farb-)Eindrücke müssen aber kräftig sein, damit sie zum intensiven Hineinleben in die Farben auffordern können.

Der Begriff des Farbreizwertes kann mit seinen Eigenschaften mit »Dichte« oder »Mächtigkeit« (Raumbeherrschung, Aktivität, Wärme usw.) definiert werden. Diese Begriffe sind mehr kompositorischer Natur, weil sie innere und äußere Gesten bzw. Reaktionsformen veranlassen und »in ihrer Doppelfunktion des Optisch-Wahrnehmungsmäßigen und des Bild-Gestalthaften« praktisch im menschlichen Lebensraum Verwendung finden.

Eine Berechnung des Farbreizwertes sieht nun folgendermaßen aus: »Zunächst ist der Quotient aus dem Verhältnis von Sättigung und Hellbezugswert etwa nach den DIN-Farbzahlen oder durch ein anderes Farbsystem zu ermitteln, der sodann mit einem Faktor multipliziert wird, welcher die virtuellen Abstände zum Weiß und Schwarz des Farbtons bewertet. Maßgebend ist die Distanzbewertung im prismatischen Versuch mit einem weißen und einem schwarzen Spalt. Zum Sättigungsgrad als Abstand des Farbtons zum gleichhellen Grau erfolgt auf diese Weise eine erforderliche Korrektur. Grün, Gelb, Orange und Rot einerseits, Purpur, Violett, Blau und Türkis andererseits erhalten so die Korrekturwerte 2, 3, 4 und 5. Aus dem Produkt wird die geometrische Mitte gebildet.« (K. Görsdorf, S. 114)

In den Beispielen von Görsdorf beträgt der Farbreizwert für Rot 5, für Orange 4,5, für Gelb und Türkis etwa 4, für Blau und Grün etwa 3, für Purpur 2 und für Violett 1,5. Werden zwei Farben mit der gleichen Wertigkeit verglichen, z.B. Gelb und Türkis, so fällt auf, daß beide Farben unterschiedlich wirken. Das Gelb erscheint dichter, leichter und hervortretender, also mächtiger, während das Türkis transparenter bzw. tiefer wirkt. »Der Erscheinungsunterschied ist hier ein qualitativer wie der von Plus und Minus.« (K. Görsdorf, S. 114) Um aber die Eindrucksqualitäten wahrnehmbar zu machen, müssen Beleuchtung und Farbzusammenstellung optimal berücksichtigt werden. Der Blickwinkel muß so sein, daß die Fläche dem Auge gegenübersteht. In der heilpädagogischen Anwendung kann die farbige Fläche als Stell- oder Wandflächenteil in der Größe von ca. DIN A 1, eingerahmt von einem 15–20 cm breiten, gegenfarbigen Streifen, dargeboten werden. »Die Hauptfarbe sollte einen hohen bis maximalen Farbreizwert aufweisen, die polare Rahmenfarbe kann schwächer sein...« (K. Görsdorf, S. 113). Eine zweifache Beleuchtung kann sowohl die Dichte oder auch die Tiefenwirkung betonen, indem sie entweder diffus, indirekt oder aber direkt die Farben anstrahlt. Eine mattglänzende Farboberfläche ist zu dieser Anwendung am besten geeignet. »Die genannte Farbreiztechnik ermöglicht auch Wertigkeiten, die wir nur empfinden, die uns aber nicht bewußt sind, in anderen Bereichen einzusetzen.« (K. Görsdorf, S. 115)

Da die Farbe in der Heilpädagogik als eine Kraft anerkannt, angewendet und wahrnehmbar gemacht wird, gehen auch bei gestalterischen Aufgaben und Übungen Kräfte über auf Nervensystem, Motorik und Rhythmus der organischen Abläufe. Behinderte werden bei reinen Farben angeregt, auf diesen Eindruck psychophysiologisch zu reagieren. In diesem Sinn können Menschen, die z.B. depressiv sind oder die sich aus Schwäche auf sich selbst zurückziehen, durch die belebende Kraft der Farben zu einer Anregung ihrer versiegten Initiativkräfte gelangen.

Mit gezielter Farbtherapie in einem farbig variabel ausgestatteten Raum, in dem sich der Behinderte eine begrenzte Zeit aufhalten soll, lassen sich dann auch bei unruhigen Epileptoiden und anderen leicht reizbaren Kranken psychophysische Umstimmungen erreichen. Diese Form der Farbtherapie läßt sich entweder mit farbigen Bildern, aber auch mit den Möglichkeiten farbiger Vorgänge und in Form von Farblichtbestrahlungen erreichen. Nur kommt es hier besonders darauf an, einen sinnvollen Farbwechsel zu organisieren, daß z.B. eine Beruhigung des Menschen ermöglicht wird. Durch kurzzeitige Behandlung mit gesättigtem Purpur und Blau in Form einer »Raum«-Bestrahlung kann dies erreicht werden. Das Pupur kann durch seine ausfüllenden und wärmenden Kräfte vom Menschen viel schneller aufgenommen und verarbeitet werden, während die raumhaften Wirkungen der blauen Farbe in ihrer eigentümlichen, geheimnisvollen Art erst nach und nach ein Gefühl der Geborgenheit zu geben vermögen.

Ich selbst erlebte die Anwendung der Farblichtbehandlung in einer Tagesstätte für Behinderte in Wuppertal. Blau- und Rotlicht erfüllten aufeinanderfolgend in etwa 4–5minütiger Dauer den Raum, in dem sich das behinderte Kind aufhielt. Auf längere Sicht gesehen hat diese Farbtherapie einen sicheren Erfolg, was aus der Praxis bestätigt wird.

Daß die gezielte Farblichtbestrahlung auch medizinisch, d.h. in einer Therapie, die direkt auf die kranken Prozesse des Körpers gerichtet ist, wirkungsvoll ist, wird aus den Berichten von Wohlfarth, Ernst, Güthenke und Haesebrock ersichtlich (vgl. H. Frieling, 1968). Diese haben in den verschiedensten Krankheitsfällen mit gezielter Farbbestrahlung eine direkte Beeinflussung der Heilungsprozesse erreichen können.

Durch Bestrahlung mit Rot-Infrarot auf den Hinterkopf wurden z. B. Heilungen arterieller Hypertensionen (erhöhter Blutdruck) oder zerebraler (das Gehirn betreffender) Gefäßschwäche erzielt. Hierzu muß erwähnt werden, daß sich Infrarot keineswegs wie gesteigertes Rot, sondern mehr antagonistisch (komplementär-gegensätzlich), mit einer Ähnlichkeit zur Grünbestrahlung, verhält. Migräne und klimakterische Beschwerden können durch tägliche Kopfbestrahlungen mit Blau-Infrarot gebessert werden. Kinderlähmung wurde von Levick mit Rotlicht (Kohlebogenlampe mit rotgefärbten Natriumglasscheiben) erfolgreich behandelt. Auch tuberkulöse Geschwürbildungen wurden erfolgreich mit Rotlicht behandelt. Allgemein kann man vielleicht sagen, daß gerade das Rotlicht auch einen günstigen Einfluß auf Eiterungen und Vernarbungen hat. In einem Fall (nach Widmann) wurde dreimal eine Stunde lang eine Hauttuberkulose (Lupus) mit Rot- und Gelblicht bestrahlt. Nach sechs Tagen zeigte sich (mikroskopisch) bereits eine erhebliche Zerstörung des kranken Epithels. Mit täglicher, jeweils sehr kurzer Blaulichtbestrahlung konnte von Jasionek ein sehr schwerwiegender Blasenausschlag geheilt werden (vgl. H. Frieling, 1968, S. 186). Außerdem ist die Blaulichtbestrahlung als entzündungshemmende Therapie auch dem Zahnarzt bekannt. Grünlicht erzielt noch ähnliche, aber nicht so durchschlagende Erfolge.

Weil die richtige Dosierung der Farblichtbestrahlung eine Grundvoraussetzung zur positiven Wirkung darstellt, kann diese Art der Therapie nur von erfahrenen Chromotherapeuten ausgeführt werden; sonst kann es durch Unvorsichtigkeit leicht zu Verbrennungen kommen. Es ist auch oft erforderlich, daß in der Behandlung ein Wechsel des farbigen Lichts, z. B. von Rotlicht zu Blaulicht, durchgeführt wird. Dies zu beurteilen bedarf es intensiver Erfahrung.

Um das Farblicht auch allgemein zu charakterisieren und die generellen Eigenschaften desselben beobachten zu können, machte H. Frieling Versuche, in denen er Versuchspersonen in das verschiedenfarbige Licht hineinschauen ließ. Die speziellen Wirkungen und Anmutungen der Farben kommen in den Reaktionen auf die Farblichtwirkung zum Ausdruck.

Bei der Behandlung mit Farblicht muß allerdings berücksichtigt werden, daß die Phänomene der Adaption und der Nachbildschau eine sehr große Rolle spielen. Beim Schauen in ein, durch einen roten Filter gefärbtes Licht wurde festgestellt: Das Rotlicht stimuliert und erhöht den Pulsschlag. Es verengt die Blutgefäße und hat einen Einfluß auf das hormonale Geschehen, was besonders in der Tierzucht ausgenützt wird. Die Betrachtung orangegelben Lichts führt zu ambivalenten Wirkungen. Es löst und spannt zugleich und erhöht die Motorik.

Das zum Gelb komplementäre Filterlicht, Violettblau, wurde als angenehm beruhigend empfunden. Es erhöht die innere Reaktivität und führt zu konzentrierter Ruhe. In ihren grundsätzlichen Eigenschaften verhalten sich Blau- und Blauviolett-Licht gegensätzlich zum Rot. Nach Goetz Neuke hat die Einwirkung von Blaulicht eine Erweiterung der Blutgefäße zur Folge. In Mäuseversuchen stellte Barbanti fest, daß bei Blaubestrahlung mehr Männchen in den Würfen auftraten; »ähnlich auch bei Grün, wogegen Rot mehr weibliche Geburten bedingte« (H. Frieling, 1968, S. 189). Was den Menschen betrifft, ist man sich ziemlich sicher, daß Blau ekzematöse Prozesse günstig beeinflußt. Die Beobachtungen zum blaugrünen, einem Rot komplementären Filterlicht erbrachten folgende Aussagen: Eine etwas zwingende sympathische und weite Ausstrahlung, die ausgleichende Tendenzen hat. Akopenko beobachtete die psychischen Funktionen und stellte fest, daß der durch Rotlicht beschleunigte Verlauf derselben bei Grünlicht etwas gehemmt wird. Diese Wirkung dehnte sich auch auf die Motorik aus. Der anfangs immer als angenehm empfundene Aufenthalt im Grünlicht wirkt nach Akopenko auf die Dauer deprimierend.

Zusammenfassend kann man sagen:

Rot   stimuliert, erregt, beschleunigt,
Gelb steigert die Motorik,
Grün gleicht aus,
Blau konzentriert.

Wie intensiv der Körper auf Farben ansprechen und reagieren kann, zeigt der Fall einer jungen Russin, die in einer Blindenschule arbeitete und fähig war, mittels ihrer Tastsinne Farben zu erkennen. Mit verbundenen Augen konnte sie ohne jeden Oberflächenreiz, der durch über die Farben ausgebreitetes Zellophan verhindert wurde, den Farbkreis genau »erkennen«. Daß die Haut der Fingerbeere hier licht- und farbempfindlich reagierte, bezeugt, »daß Farben auch ohne ein optisches System wahrgenommen werden können, weil sie offenbar verschiedene Ausstrahlungen und Formtendenzen haben« (H. Frieling, 1968, S. 195).

In der allgemeinen Psychologie und Psychiatrie werden die heilenden (Wesens-) Kräfte der Farben nicht berücksichtigt. Die Farben werden lediglich im Zusammenhang mit dem Ausdruck einer psychischen Situation des Patienten gesehen.

Insbesondere die Farbtests dienen analytischen und nicht heilenden Zwecken. Eine standardisierte Auswahl von bestimmten Farben gibt dem Psychologen in den verschiedensten Tests die Möglichkeit, auf indirektem Wege über die Psyche und den Charakter eines Menschen Informationen zu erhalten. Dies geschieht, indem der Klient eine Anzahl fertiger Farbtafeln nach Sympathie und Antipathie kombiniert und anordnet. Die jeweiligen Farben und ihre Kombinationen sind an eine ganz bestimmte und festgelegte Wertigkeit und Interpretation gebunden. Die Farbnuancen weichen aber in den verschiedenen Tests voneinander ab und werden auch in ihren Auswertungen sehr unterschiedlich gedeutet.

»Die 24 Farben des Pfister-Heiss-Pyramidentests, des Ostwald-Kreises und die 23 Farben des Frieling-Tests (Farbenspiegel) stimmen in keiner Weise überein und lassen sich nur schwer mit den 8 Befunden des Lüschertests in Einklang bringen. Es fehlt also den Tests eine allgemeingültige Farbenerkenntnis. Die Unterschiede in der Bewertung der Farben macht eine Farbenstatistik unmöglich. Der wissenschaftliche Anspruch der Tests bleibt damit fragwürdig; auch weil die persönliche Beziehung der Probanden zu den Farben zu wenig berücksichtigt werden kann.« (H. Frieling, 1968, S. 123)

In der Gestalttherapie, einer Therapie, die in ihren Grundzügen mehr von der Zeichnung und der Darstellungsform des Malens ausgeht, wird zwar die besondere individuelle Situation des Patienten berücksichtigt, aber es geht auch hier mehr um die analytische Verwertbarkeit des Bildmaterials als um die therapeutische Wirksamkeit des Malens. Die Gestalttherapie ist eine Darstellungsform, die es dem Kranken ermöglicht, auch Unsagbares auszudrücken. Die in ihrer malerischen Darstellung unbeeinflußte Erlebniswelt gewährt »dem Betrachter Einblicke in die Grundbefindlichkeiten der Gefühls- und Triebwelt und in das Denken des Kranken; daneben aber auch in die Struktur seiner Erkrankungen... Für den Kranken selbst kann diese schöpferische Tätigkeit Hilfe bei der Bewältigung seines Daseins sein...« (v. d. Mühlen, S. 4) Es liegt in der schöpferisch-produktiven Betätigung des Malens selbst, daß diese helfen kann, die inneren Spannungen zu lösen. Über das Bild und die in ihm enthaltenen formalen Elemente kann dann durch die Deutung eine Aussage über die inneren Zustände des Kranken gewonnen werden. Die »Bilder und Zeichnungen sind Übergangsprodukte und Darstellungen des Augenblicks. Es sind Versuche, die zur Stabilisierung der Persönlichkeit beitragen können und ihm (dem Patienten) dadurch ein gewisses Mindestmaß an Kontakt mit seiner Umwelt ermöglichen.« (v. d. Mühlen, S. 5)

Ganz deutlich spielen hier soziale, analytische und formale Prozesse eine weitaus größere Rolle als die zur Anwendung kommenden Farben. Es führt zu Irrtümern, wenn die Gestalttherapie als Maltherapie bezeichnet wird. Gestalttherapie ist besonders für den psychischen Kranken ein Medium, das ihm die oft auf verbalem Weg nicht zu erreichende Mitteilung an Dritte mit Hilfe eines Bildes und der in der Zeichnung enthaltenen Symbolik ermöglicht.

Farbbilder und ihre Interpretation aufgrund von Eigenerlebnissen

Ganz im Gegensatz zu Ernst Wilhelm Nay, der sagt, die Malerei sei a-human (E. W. Nay, 1955), möchte ich behaupten, daß gerade die Malerei dazu in der Lage ist, »das Menschliche« im Menschen anzusprechen und es zu wecken. Appelliert nicht die Farbe besonders an die sensible Wahrnehmung eines Menschen? Ist nicht die Farbe Ausdruck unserer innersten Vorgänge? Farbe ist Kraft – sie ist Ausdruck des Lebens und damit auch der seelischen Schwingungen des Menschen. Aus der spezifischen Eigenart einer jeden Farbe lassen sich Strömungen und Gebärden bzw. Gestaltungen finden, die die psychischen Zustände im Menschen ansprechen. Damit aber die besonderen Qualitäten der Farbe zum Ausdruck kommen, bedarf es einer Transparenz, die mit deckenden Farbmitteln nicht zu erreichen ist. Ist die Farbe erstarrte Fläche (wie z. B. im Plakat), so ist es dem Betrachter nicht möglich, in sie einzusteigen. Diese farbige Folie ermöglicht es nicht, den Betrachter miteinzubeziehen. Nein, er wird draußen gelassen und kann sich nur mit dem Dekorativen der Farben (Farbformen) befassen.

»Der Betrachter schlägt auf die Fläche als Ebene auf, und dieser Schock verwandelt sich in die Illusion eines Gegenstandes, der durch das Plakat angepriesen wird.« (E. W. Nay, 1955) So wirkt im Grunde jede farbig angestrichene Fläche. Sie ist Mittel zum Zweck. Daß aber Farbe eine eigene Sprache hat, und diese Sprache vom Gestalter gelernt sein will, haben wohl alle Maler erkannt, die sich mit der Farbe auseinandergesetzt haben. Aber die Farbe verfügt über viele Sprachen – sie ist auf sehr verschiedene Weise zugänglich und erlebbar. Delaunay hat die Farbe in Bezug zur Musik gesetzt, Ernst Wilhelm Nay vergleicht die Verbindung von Farbe und Fläche mit einer Art Grammatik, deren Syntax auf die Fläche führt.

Und doch, auch Nay sieht in der Farbe ein geistiges Element, das sich dort zeigt, »wo die Gestaltung und das Universum in Übereinstimmung sind. Raum als bildnerischer Gedanke ist die geistige Projektion des Universums als Reales« (E. W. Nay, 1955). Es ist durch die Farbe auf übersinnlichem Weg möglich, die Seele anzusprechen, sie etwas Geistiges, Kosmisches aufnehmen zu lassen. Wenn mit der Farbe als Farbe umgegangen wird, und sie nicht für den Ausdruck einer figürlichen oder objektbezogenen Gestaltung benützt wird, dann »muß« sie frei bleiben von umweltbezogenen Assoziationen. Die Frage ist daher:

1. Wie komme ich zu einer farbgerechten Flächen-, ja Raumgestaltung?
2. Wie halte ich die Farbe im flächigen Gleichgewicht, so daß der entstehende Bildraum sich möglichst nur noch aus der Farbe selbst ergibt?
3. Wie komme ich zu einem »seelischen« Ausdruck durch die Farbe? Ja, kann ich überhaupt von meiner subjektiven Empfindung ausgehend die Farbe objektiv behandeln?

Hierzu hat Rudolf Steiner in seinen Vorträgen über das Wesen der Farben folgendes gesagt: »... Und man muß, gerade wenn man in das Objektive der Farben hineinkommen will, versuchen, sich an die Welt der Farben selbst zu halten. Man muß versuchen, nicht herauszugehen aus der Welt des Farbigen. Dann kann man hoffen, einzudringen in dasjenige, was eigentlich das Wesen der Farbe ist.« (R. Steiner, GA 291) Oder mit den Worten Kandinskys, die sich mehr auf die Gesamtheitlichkeit der Kunst beziehen: »Kurz gesagt ist die Wirkung der inneren Notwendigkeit und also die Entwicklung der Kunst eine fortschreitende Äußerung des Ewig-Objektiven und Zeitlich-Subjektiven. Und also andrerseits das Bekämpfen des Subjektiven durch das Objektive.« (W. Kandinsky, 1911)

Aus einem Vertrauen in meine Fähigkeit, etwas von dem Wesensmäßigen der Farbe erfassen und erarbeiten zu können, habe ich begonnen, mich mit Farbe in ihrer objektivsten Gestalt auseinanderzusetzen. Das heißt für das Gebiet des Malerischen: Jede Grundfarbe wird monochrom behandelt. Damit nun aber kein graphisches Element sich in den Farbauftrag und die Pinselführung hineinschleicht, habe ich bewußt eine Tupftechnik gewählt, die durch einen leichten Pinselschlag entsteht.

Diese Art des Farbauftrags ermöglicht zudem in den größeren Formaten eine intensive Farbwirkung. Die Farbe wird quasi lebendig – sie vibriert in ihren verschieden stark aneinander und aufeinandergesetzten Tupfen. An dieser Stelle verlangt sie auch nach fließenden Grenzen, nach weichen Übergängen. Meine eigenen Beobachtungen anhand der monochromen Farbstudien sind aus einem fast meditativ ablaufenden Malprozeß hervorgegangen.

Das Grün, so empfinde ich es, will flächige, erdgebundenere Strukturen bilden als die anderen Farben. So sehr es nach unten drängt – es öffnet sich dennoch nach oben. Der spezifische Farbcharakter von Grün offenbart sich in der Ambivalenz dieses gemischten Farbtons. Es ergibt sich die Schwierigkeit, einerseits nicht zu sehr ins Gelbe, andererseits nicht ins Blaue des Grüns sich zu verlieren. Grün ist die am stärksten materielle Farbe.

Blau: Vertiefung und Hohlraum bildende Farbe. Es wäre ihr fremd, sie z.B. wie das Gelb oder Orange zu strukturieren. Der Drang nach einer Form, Hülle, Mantel ist spürbar, schon wenn kaum eine Nuancierung der Farbtupfen entstanden ist.

Das Violett wird durch das Mitwirken des Weißen wie silbrig. Das Orange ist ein materiell bzw. stofflich gewordenes Gelb, das sich in schwingender Bewegung, etwas vibrierend und flatternd, »davonmacht«.

Das Violett dagegen mag am Ort bleiben, will sich zu einer konzentrierten Form bilden.

Das Grün machte mir besondere Schwierigkeiten, als ich es wiederholt in getupfter Technik malte: Schwere und Trägheit, undynamische Stimmung und für mich uninteressante Farbwirkung. Diese Empfindung resultierte aus einem eigenen erschöpften, depressiven Zustand. Auch das Blau war mir aus meiner nach Innen tendierenden Stimmung kein Bedürfnis, weil es selbst diese Eigenschaft in sich birgt.

Begegnen sich nun verschiedene Farbflächen im Bild, stellt sich die Frage nach der Abgrenzung. Die »Farbe an sich« schafft, wenn sie gegen eine andere gesetzt wird, bereits schon durch ihre eigene Kraft eine Abgrenzung. Hier stellt sich aber die Frage nach der gestalterischen Lösung und dem gesuchten Ausdruck im Bild. Auch hier

179

läßt sich Kandinsky zitieren, der das Verhältnis zwischen Farben und Formen untersuchte: »Wenn aber dieses Rot in materieller Form gegeben werden muß (wie in der Malerei), so muß es 1.) einen bestimmten Ton haben, aus der unendlichen Reihe der verschiedenen Rot gewählt, also sozusagen subjektiv charakterisiert werden, und 2.) muß es auf der Fläche abgegrenzt werden, von anderen Farben abgegrenzt, die unbedingt da sind, die man in keinem Falle vermeiden kann und wodurch (durch Abgrenzung und Nachbarschaft) die subjektive Charakteristik sich verändert (eine objektive Hülse erhält): hier spricht der objektive Dreiklang mit. Dieses unvermeidliche Verhältnis zwischen Farbe und Form bringt uns zu Beobachtungen der Wirkungen, welche die Form und die Farbe ausübt.« (W. Kandinsky, 1911) Da für mein Empfinden das Verlangen der Farbe nach einer Form sehr stark in der Farbe selbst lebt, bin ich durch die Vorstellung des Ausdrucks und besonders durch die Intuition zu Farbflächen gekommen, die sich einerseits kantig gegeneinander abgrenzen, andererseits mehr fließenden Charakter haben. Die Aussage und Wirkung kantiger (gerader, winkliger) Farbflächen wirkt provokativ und anregend, während die geschwungenen einen sanft aufnehmenden und lösenden Charakter haben. Wie ich in der monochromen Darstellung der Farbe ganz auf eine Flächengestaltung verzichten konnte, da sich die Farbe sozusagen unbegrenzt über den Bildraum ausdehnen konnte, so ist es bei einem »Farbengespräch«, d. h. bei einer mehrfarbigen Gestaltung, unvermeidlich, den einzelnen Farben eine Form zu geben.

Aus dem Gedanken, in einer Darstellung den ganzen Farbkreis zu berücksichtigen und die Gegensätzlichkeiten der Farben zum Ausdruck kommen zu lassen, entstand das fast landschaftlich wirkende Bild *The Contrast* (Abb. 61). Die Gegensätzlichkeiten des Warmen und Kalten, des Ausströmenden und Einströmenden werden verbunden durch den Bereich des Grünen, welcher die neutrale Mitte hält. Der Vergleich mit dem chinesischen Ying-Yang-Zeichen kann die Thematik zeichnerisch und auch vom Sinngehalt her verdeutlichen. Die Ausstülpung oder Ausstrahlung führt in ihrer Wendung und Rückkehr in die Innenform, in das einstrahlende, einsaugende Element. Durch die harmonische Verbindung von Außen und Innen verwirklicht sich die allem innewohnende Einheit. Eine verhaltene, tiefe Farbe wird durch die Durchdringung mit einer aktiven und mächtigen zu einem Kraftstrom, der, wenn er wieder abgefangen und gebremst wird, wieder in den ursprünglichen Zustand zurückkehrt. Der Verbrennungsprozeß hinterläßt seine Spur im Schwarzen, die gänzliche Abkühlung des Stoffes kommt im farblosen Weiß zum Ausdruck. Luft und Erde, Feuer und Wasser, die Gegensätzlichkeit der vier Elemente kann, in Farbe umgesetzt, zu einer bildlichen Darstellung kommen, die das ineinander Übergehende der Bereiche in der Mischung und Verbindung der Farben auszudrücken versucht. Diesen Wechsel und die fließende Spannung der Gegensätze habe ich in meinem Bild *The Contrast* (im Sinne von sich in seiner Gegensätzlichkeit Ergänzen) ausdrücken wollen. Der Betrachter soll in seiner ganzen Vielschichtigkeit angesprochen werden und kann dies durch eine landschaftliche Assoziation, die sich fast ins Gegenständliche hineinbegibt, (vielleicht) leichter empfinden als durch eine völlig abstrakte Darstellung der Farben.

Von seinem Ich ausgehend kann der Mensch zum Blau finden. Die Unendlichkeit wird im Blau zur »Form« gebracht. Der ewige Raum wird zum Erlebnisraum des Ich, welches in positiver Weise sich anderem zuwendet. Es werden soziale Fähigkeiten im Menschen durch dieses Ich-Bewußtsein im Blau angesprochen. Die weiche, schwingende Flächengliederung (die intuitiv entstand) hat eine aufnehmende, hebende, ja auch Zutrauen gebende Wirkung. Das Bild, das man »*Ich im Blau*« (Abb. 62) nennen könnte, macht in vorsichtiger Weise den Betrachter mit dem Blau vertraut. Die Helligkeit des fast vernebelt wirkenden Flecks gibt die Möglichkeit, sich im Bild selbst von der saugenden Tiefenwirkung des Blaus zu erholen. Wie der Aufblick des Tauchers aus dem Meer hin zu der hellen, sonnengespiegelten Oberfläche des Wassers ist es ein »Ausblick« aus dem Bild, der aber zugleich wieder in es hineinführt.

Es ist sicher interessant, darauf hinzuweisen, daß das Blau nervlich verspannte und verfestigte Menschen zu lockern und zu weiten vermag. »Das Blau verwandelt die bildschaffenden Kräfte, klärt die Selbstbewußtheit und ordnet die leibliche Eigenwahrnehmung.« (vgl. Ottersberger Studienmaterial, 1975.)

»*Bestehen gegen Bedrängnis*« (Abb. 63): Ich verteidige mein individuelles Dasein gegen eine (Über-)Macht. Ich finde diese Kraft durch meinen Willen. Ich bin in dieser Aktion in Bewegung; auch aggressive Stimmungen brechen in dieser Anstrengung hervor. Es entspricht die rote Flächenform dem auffordernden Charakter der Farbsituation. Die beiden Farben erringen gleichzeitig aber eine bildliche Balance – die der Betrachter in den Wirkungen der beiden Farben bis in sein Auge hinein spürt. Weil die Wirkung des Roten auf die Nerven und Adern im Auge zerstörend wirkt und sich eine innerliche Erregung einstellen kann, ist das Ausruhen auf den blauen Flächen ein angenehmer Ausgleich.

»*Behauptung*« (Abb. 64): Die (eigene) Mächtigkeit, Selbstbewußtheit, Ruhe und ausstrahlende Wärme behauptet sich in einer Umgebung des Orangen und Violett durch eine purpur-rote, majestätische Fläche. Ein freies Gespräch der Farben und deren Wesenseigenschaften kann beginnen. Die Idee, die Initiative gewinnt an Kraft und kann mit Hilfe des Willens zur Verwirklichung kommen.

Ich bin und ich will, mich in die eigene Innerlichkeit versenkend, zur Erkenntnis gelangen. Diese Impulse treffen sich in meinem Inneren. Aber die Kräfte können nicht ungehindert in mich eindringen, denn ich bin Herr meiner selbst.

Die Flächengestik wird zur Ausdrucksform der Farbe. Aussagekraft und Wirkung entstehen durch das Zusammenspiel von Flächengestaltung und Farbkomposition.

In seiner psychophysischen Wirkung erregt das Purpur-Rot das Blut und greift in das Stoffwechselsystem ein. Sich in Lethargie und Gleichgültigkeit befindende Menschen können durch Rot reaktiviert werden. Geht das Rot mehr ins Zinnober, wird die Wirkung aggressiv und selbstherrlich.

Den Kreis schließend komme ich im nächsten Bild (Abb. 65) zu Gelb und Grün: »*Lebendige Heiterkeit*«. Die Gegenwart gibt mir Raum für meine gelöste Heiterkeit. Ich ströme in den dynamischen Prozessen und finde zurück zu meinem Ursprung, der sich mit und durch die Welt begründet. Helligkeit erfüllt mich mit

Freude und weitet mich im Raum meines Inneren. Hierin werde ich getragen durch irdische Sicherheit im Grünen. Ich finde eine Verbindung zwischen Festem und Formlosem, Stofflichem und Stofflosem. Aus der Kraft des Vertrauens werde ich gesund. Das Gelb hilft jenen Menschen, die seelisch eng und arm sind, die im Psychischen sich nicht entfalten können; denn das Herz wird dabei ausgedehnt und das Gemüt erweitert.

In diesen fünf Arbeiten habe ich eine Art Eigentherapie praktiziert. Dadurch, daß ich in schöpferischer Weise tätig war und in der Kraft der Farben lebte, haben sich in mir durch diese Erfahrung Prozesse stabilisieren können, was dazu führte, daß ich mich in der Arbeit und auch sonst zunehmend konzentrierter betätigen konnte. Ich vermittle nicht angehäuftes Wissen und perfekte Technik, sondern demonstriere eine Schwelle meiner persönlichen Weiterentwicklung, die in diesem Sinn im Abschluß einen Neu-Anfang gefunden hat. In der Suche nach Neuem und Zukünftigem sammle ich in den Erkenntnissen anderer das Arbeitsmaterial, das mir den gedanklichen Rückhalt zu den Farbbildern gibt. Die Technik des Farbauftrags konnte deshalb nicht gleich stark durchgeführt werden, weil auch hier ein neuer Lernprozeß zu bewältigen war.

Von der Theorie ausgehend, finde ich den Abschluß meiner Arbeit in den eigenen praktischen Erfahrungen. Theorie und angewandte Praxis führen zu den speziellen malerischen Ergebnissen, die das Eigenerlebnis der Farben in einen Bezug zu deren Wirkung und Anwendung in der Therapie berücksichtigen. Mit der Kraft der intuitiven Objektivität ließen sich Gestaltungen der Farbbilder finden, die in allgemeiner Form die Psyche anzusprechen vermögen. Da ein Bewußtmachen der Mißstände und Disharmonien zu einer zusätzlichen Schwächung des Kranken führt, ist es angebracht, die positive Kraft im Menschen zu beleben. Dann erst kann er sich auch wieder mit dem Disharmonischen und Krankhaften seines Zustands auseinandersetzen. Dies ist eine grundsätzliche Haltung aller Therapien. Die vorhandenen Anlagen bekräftigend einen neuen Ansatz zur Erweiterung der Ich-Kräfte zu finden, ist auch Bemühung der Maltherapie. Das Bild schafft die fordernde Ausgangsbasis zu einer im Bildhaften stattfindenden Selbsterkenntnis.

Alle fünf Bilder berücksichtigend, schließt sich der Farbenkreis. Von der Harmonie und Ganzheit der Farben, die die Geschlossenheit des menschlichen Organismus zum Ausdruck bringen können, finde ich zu Gestaltungen, in denen das Ich des Menschen angesprochen wird. In der Behauptung des eigenständigen Daseins in Blau und Rot finde ich zu meinem Selbst als einer auch im Abstrakten lebenden Kraft (Rot, Violett, Orange) und kann mich durch diese Bestärkung auch wieder der diesseitigen Heiterkeit zuwenden und die realen Grenzen meiner Existenz erfahren (Gelb und Grün).

Welten   – Harmonie und Gegensätzlichkeit,
Ich   – Erfahrung und Gespräch des Inneren mit den Willenskräften,
Vertrauen   – als gelöster Zustand des Ich in der Heiterkeit des gefestigten Daseins, führt mich zurück zum Einklang mit der Welt.

Dieses Vertrauen und das Erkennen der Existenz des Persönlich-Individuellen im Menschen ist notwendig, um in aktiver Weise sich wieder mit der Welt auseinandersetzen zu können.

Literatur

Diesem Aufsatz liegen Auszüge aus einer unveröffentlichten Arbeit aus dem Jahr 1976 zugrunde.

FLIEGER, Herbert: Kunst und Mittel der Kriminaltherapie, in: Mitteilungen der Vereinigung für Kriminal-Pädagogik und -Therapie e.V. (1970)

FRIELING, H.: Das Gesetz der Farbe, Göttingen 1968

FRIELING, H., E. L. BROWERS und S. KNECHT: Lebendige Farben, von dem Umgang mit Farben und ihrer Macht, Göttingen 1974

GÖRSDORF, Kurt: Farbreiztherapie in der Heilpädagogik, in: Farbenforum

KANDINSKY, Wassily: Über das Geistige in der Kunst, München 1911

HAUSCHKA-STAVENHAGEN, Margarethe: Zur künstlerischen Therapie, Boll 1976

NAY, Ernst Wilhelm: Vom Gestaltwert der Farbe, München 1955

READ, Herbert: Erziehung durch Kunst, Köln 1962

STEINER, Rudolf: Menschenwesen, Menschenschicksal und Welt-Entwickelung, 6 Vorträge in Kristiania (Oslo) vom 16.–21.5.1923, GA 226

STEINER, Rudolf: Das Wesen der Farben, 12 Vorträge in Dornach zwischen 26.7.1914 und 4.1.1924, GA 291

Studienmaterial der Freien Kunststätte Ottersberg: »Zur Kunsttherapie«, 1975

ANSÄTZE

CHRISTIAN-RAINER WEISBACH

Das Gespräch in der Kunsttherapie

*In Goethes Märchen fragt der goldene König:
»Was ist herrlicher als Gold?«, und die grüne
Schlange antwortet: »Das Licht«. Erneut wird
gefragt: »Was ist erquicklicher als Licht?«, und
Goethe läßt die Schlange antworten: »Das Ge-
spräch«.*

Im Gegensatz zu rein verbal ausgerichteten Therapieformen, bei denen das Sprechen nicht selten den Charakter einer Ersatzhandlung einnimmt, ist das Medium
der Kunsttherapie das gestalterische Handeln selbst. Die Entfaltung der schöpferischen Kräfte im Menschen ist Gegenstand dieses therapeutischen Handelns.

›Schöpfer‹ war lange Zeit die Bezeichnung Gottes, lateinisch: creator. Erst im 18.
Jahrhundert wird das Wort auch auf den Menschen angewandt. Schöpfung und
Geschöpfe waren einst die Werke Gottes. Das Schöpfertum war der göttliche Anruf
an das im Nichtsein verborgene Wesen, wie es uns am eindrücklichsten in der Gene-
sis berichtet wird. Heute verwenden wir diese Wörter für künstlerisches Schaffen
und dessen Produkte. Erschaffen und Schöpfen sind Kräfte, die jedoch allen Menschen innewohnen. In diesem Zusammenhang spricht Martin Buber von der Existenz eines selbständigen Triebes, der von anderen Trieben nicht weiter ableitbar sei.
Er spricht vom »Urhebertrieb« (M. Buber, 1964, S. 14). Der Mensch will Dinge machen, will Anteil am Werden der Dinge haben, will Subjekt des Produktionsvorgangs
sein. Im Prozeß des Schöpfens erlebt der Mensch, daß seine eigene Handlung zu
etwas führt, was es zuvor noch nicht gegeben hat. In der Polarität von Haben oder
Sein neigt sich unsere Welt immer stärker der Haben-Haltung zu. Der »Urheber-
trieb« äußert sich jedoch nicht in einer Gebärde des Haben-Wollens, sondern im
Tun. Erschaffen ist nicht, eine Welt an sich zu raffen, sondern ein sich ihr Äußern.
Doch Martin Buber gibt zu bedenken, daß werkhaftes Tun ein »einseitiger« Vorgang
sei. Gestalten und Bilden des Werkes verläuft vom Herzen in die Welt. Im Prozeß des
Erschaffens entgegnet der Mensch der Welt, aber er be-gegnet ihr nicht. Denn mit
dem Werk kann die Gegenseitigkeit nicht gepflegt werden. In Anlehnung an Martin
Buber, für den der Mensch als Urheber einsam ist, glaube ich, daß eine Kunsttherapie, die sich ausschließlich auf die Entfaltung der schöpferischen Kräfte im Menschen gründen würde, eine weitere, schmerzliche Vereinsamung des Menschen mit
sich brächte. Im Gestalten lernen wir das Objektsein der Welt. Im Gestalten von
etwas erfahren wir dessen Möglichkeiten, dessen Entstehung, dessen Bau und Zusammenhang auf eine Weise, wie dies die Anschauung allein kaum zu vermitteln

vermag. Aber das Subjektsein der Welt läßt sich so nicht lernen. Hier führt Martin Buber den »Trieb der Verbundenheit« (1964, S. 18) ein, der uns zur Erfahrung des Du-Sagens bringt. Buber betont, daß sich das Leben nur in der Gemeinschaft entfalten könne. Um die außerhalb des Ich gelegene Wirklichkeit in ihrem eigenständigen Charakter hervorzuheben, wird der Begriff des DU eingeführt. »Das Du begegnet mir«, mit diesem Satz läßt sich der Begriff des Lebens aus der Begegnung heraus erklären. Folglich postuliert Buber: »Alles wirkliche Leben ist Begegnung.« (1973, S. 15) Otto Friedrich Bollnow interpretiert diesen Satz als die Unmöglichkeit, das Leben aus der Isoliertheit heraus zu begreifen. Im wechselseitigen Sich-Begegnen besteht das Leben, »denn indem mir ein Du begegnet, begegne ich zugleich einem Du als dessen Du« (O. F. Bollnow, 1968, S. 88). Bei Buber wird zwischen der Welt des Du und der Welt des Es unterschieden, worunter die mehr dinghaften und sachlichen Zusammenhänge zu sehen sind. »Die Welt der Erfahrung gehört dem Grundwort Ich-Es zu. Das Grundwort Ich-Du stiftet die Welt der Beziehung.« (M. Buber, 1973, S. 10) Hiermit sind die beiden Grundverhältnisse des Menschen zur Welt gekennzeichnet. Im Ich-Es-Verhältnis wird ein anderer oder ein anderes, das sogenannte Es, den eigenen Zwecken unterworfen, es wird erfahren, in der Erfahrung verstehend angeeignet, besessen.

Im Ich-Du-Verhältnis wird die »Beziehung« erfahren, aber nicht im Sinn des Sich-Aneignens, denn das Mitwirken des Du liegt außerhalb der eigenen Initiative, sondern mehr im Sinn des Sich-Erschließens. Kurz: Das Erfahren ist ein einseitiger Prozeß, geht vom Ich aus und bleibt »in ihm«, die Beziehung ist dagegen ein zweiseitiger, reversibler Prozeß, denn es ist ein Vorgang zwischen Ich und Du. Das Ich wird durch das Sein von Dingen und Mitmenschen begrenzt, indem das Ich auf diese stößt, erfährt es die anderen, das Du und zugleich sich selbst. Das Individuum kommt zum Bewußtsein der anderen und zum Bewußtsein seiner selbst (vgl. St. Strasser, 1959, S. 73).

Es geht also um die Erfahrung und Entwicklung des Selbst, die das Ich und damit das Du-Sagen ausmacht.

Worin aber liegt das »Sich-Selbst-Erfahren«? George Herbert Mead setzt den Punkt, da ein Individuum ein soziales Objekt wird, da das Selbst im Verhalten hervortritt, dort an, wo das Individuum die Haltung oder Gesten eines anderen Menschen annimmt und auch selbst darauf reagiert. »Das Kind wird allmählich in seiner eigenen Erfahrung ein soziales Wesen, und sich selbst gegenüber verhält es sich auf eine ähnliche Weise, wie es sich anderen gegenüber verhält.« (G. H. Mead, 1922, S. 100) Für Mead hat das Selbst seinen Ursprung in der Kommunikation und Rollenübernahme, wörtlich führt er aus: »Wir sehen uns mehr oder weniger unbewußt so, wie andere uns sehen. Wir wenden uns unbewußt so an uns, wie sich andere an uns wenden.« (1973, S. 108) Aber nicht nur der Interaktionismus baut seine Hauptaussagen auf die Ich-Du-Beziehung auf.

Bei Sigmund Freud entwickelt sich das Selbst über den Prozeß der personalen Identifikation, d.h. der Angleichung des Ich an ein fremdes, in deren Folge dieses erste Ich sich in bestimmter Hinsicht so benimmt wie das andere, das vorangehende, das es sozusagen nachahmt, gewissermaßen in sich aufnimmt (vgl. S. Freud, 1952, S. 69).

Bei Erik Erikson, der auch psychoanalytisch argumentiert, entwickelt sich das Selbst in vier Stufen: »Ich bin, was man mir gibt. Ich bin, was ich will. Ich bin, was zu werden ich mir vorstellen kann. Ich bin, was ich lerne.« (E. Erikson, 1966, S. 87) Auf dieser letzten Stufe tritt die Auseinandersetzung mit der Umwelt ein, die Wechselbeziehung Ich-Du, aber auch die Welt der Ich-Es-Verhältnisse.

Unter Rückgriff auf Interaktionismus und Psychoanalyse wird also davon ausgegangen, daß sich das Selbst aus dem Du heraus entwickelt, daß das Du existenzbedingend ist für die Entwicklung des Bewußtseins. Modern ausgedrückt: Das Bewußtsein, der Geist, entwickelt sich aus der Kommunikation, und diese setzt immer mindestens einen anderen voraus. Für unser Thema: »Das Gespräch in der Kunsttherapie«, mag der Versuch von Eric Berne weiterhelfen, der eine psychodynamisch orientierte Sozialpsychologie der zwischenmenschlichen Kommunikation formuliert hat. Die von ihm begründete Transaktionsanalyse lehnt sich stark an die Einteilung der Persönlichkeit nach Auffassung der Psychoanalyse an. Die drei Schichten, aus denen menschliche Reaktionen stammen, sind das Eltern-Ich, das dem Freudschen Über-Ich entspricht, das Erwachsenen-Ich, das dem Ich entspricht, und schließlich das Kind-Ich, das dem Es der Psychoanalyse entspricht. Die Zerlegung der Persönlichkeit in derlei Zustände wird in unserem Zusammenhang zur Illustration herangezogen, sie mag plausibel sein, ist aber keineswegs als eine richtig nachgewiesene Beschreibung der menschlichen Psyche anzusehen. Für das Verständnis dessen, was in einem Gespräch neben dem rein Inhaltlichen abläuft, soll auf die Annahme Eric Bernes zurückgegriffen werden, daß sich die Alternativen, die wir haben, um auf einen Gesprächspartner bzw. einen Mitmenschen zu reagieren, unter drei Obergesichtspunkten zusammenfassen lassen. Das ist elternhaftes Verhalten, erwachsenes Verhalten und kindliches Verhalten (vgl. E. Berne, 1970, S. 25 ff.). So kann ich auf einen Satz, der heutigentags nicht selten zu hören ist, ganz verschieden reagieren: »Die Studenten von heute bringen keinerlei Engagement mehr mit.« Auf diese elternhafte Bemerkung kann ich ebenso elternhaftherablassend erwidern: »Ja, sie sind angepaßt und faul, das ist ein Zeichen unserer Zeit.« Ich hätte jedoch auch antworten können: »Sie sind ganz schön borniert und halten sich wohl für etwas Besseres.« In diesem Fall hätte ich auf den elterlichen Reiz der Eingangsäußerung kindlich-trotzig reagiert. Aber eine dritte Reaktion wäre ebenso denkbar: »Ich glaube auch, daß die Studenten von heute anders sind als früher, doch woran das liegt, scheint mir komplizierter zu sein, als man auf die schnelle annehmen möchte.« In diesem Fall hätte ich weder elternhaft noch kindlich reagiert, sondern in sachlicher Weise wie ein Erwachsener meine Sicht des Problems mitgeteilt.

Im Rahmen seiner Strukturanalyse differenziert Eric Berne diese drei Ich-Zustände weiter:

Das Eltern-Ich verkörpert Werte, Normen, Gebote, Verbote und »soziale Gefühle« und wird in dieser Verhaltensausprägung als kritisches Eltern-Ich bezeichnet. Das Eltern-Ich verkörpert aber manchmal auch Wohlwollen, Trost, Wärme und Nährendes und wird in dieser Verhaltensausprägung als stützendes Eltern-Ich bezeichnet.

Das Erwachsenen-Ich betont die Rationalität: Es ist kalkulierend, abwägend, nach den Erfordernissen der Realität und nicht nach unkontrollierten, sondern nach überprüften und integrierten Gefühlen entscheidend. Es verkörpert die rationale Autonomie der Person.

Das Kind-Ich enthält drei Aspekte: Das spontane Kind-Ich geht natürlich und unbefangen an die Dinge heran, ohne auf die Konsequenzen seines Verhaltens zu achten. Das angepaßte Kind-Ich ist gehorsam und folgsam. Das trotzige Kind-Ich will sich nicht einordnen, rebelliert und widersetzt sich vorgegebenen Normen. Das trotzige Kind-Ich ist Ausdruck einer negativen Form von Anpassung.

Die einzelnen Ich-Zustände mit ihren verschiedenen Aspekten lassen sich an Worten, Gesten, Tonfall, Haltung und Handlungen erkennen. Dabei tritt der Inhalt in seiner Bedeutung gegenüber dem Ausdruck zurück.

Auf einen kurzen Nenner zusammengefaßt: Wer denkt, handelt und fühlt, wie er es an seinen Eltern beobachtet hat, befindet sich in seinem Eltern-Ich-Zustand. Wer sich mit der gegenwärtigen Realität auseinandersetzt, Tatsachen sammelt und sie objektiv verarbeitet, befindet sich in seinem Erwachsenen-Ich-Zustand. Wer fühlt und handelt wie damals, als er ein Kind war, befindet sich in seinem Kindheits-Ich-Zustand.

Es handelt sich in diesem Modell um drei Haltungen, die jeder Mensch in unterschiedlichen Situationen einnehmen kann. Es mag der Eindruck entstehen, als ob es erstrebenswerte und weniger erstrebenswerte Ich-Zustände gibt, doch ist keiner dieser Zustände für sich genommen schlecht oder gut. Ob ein Ich-Zustand problematisch ist, erweist sich erst im Kontext der Ich-Zustände eines Gegenüber, also in der realen Auseinandersetzung; Eric Berne spricht von Transaktionen. Dennoch ist nicht von der Hand zu weisen, daß die integrierte Persönlichkeit, die also über alle Ich-Zustände gleichermaßen verfügt und lebt, nicht die Norm ist. Man spricht in diesem Zusammenhang von Befangenheit, wenn einer dieser Ich-Zustände besonders ausgeprägt ist. Das Vorherrschen des Eltern-Ichs findet sich bei vielen typischen Lehrern oder Pastoren, das Vorherrschen des Erwachsenen-Ichs läßt sich beim typischen Manager oder Wissenschaftler beobachten. Dem Künstler läßt sich das bevorzugte Ausleben des spontanen Kind-Ichs zuordnen, während man bei vielen psychiatrischen Patienten ein Vorherrschen des angepaßten bzw. trotzigen Kind-Ichs beobachten kann.

Völlig unproblematisch verläuft die Kommunikation, wenn das Gegenüber auf den gleichen Ich-Zustand hin angesprochen wird, auf dem die Interaktion beginnt.

Das spontane Ausleben meiner Zuneigung im Liebesspiel und die entsprechende Erwiderung wären im Sinne Bernes Transaktionen zwischen spontanem Kind-Ich und spontanem Kind-Ich. Menschen, die miteinander arbeiten und Informationen austauschen, agieren und reagieren jeweils aus dem Zustand ihres Erwachsenen-Ichs heraus.

Der Austausch auf der Eltern-Ich-Ebene ist eine beliebte Form der Auseinandersetzung, z.B. in Form von gegenseitigem Klagen, sich wiederholenden Werturteilen, unerfüllbaren Forderungen usw. Oft läßt sich beobachten, wie die Aufzählung von Widrigkeiten Genuß zu verschaffen scheint. Thomas Harris vermutet, daß der Grund dafür in dem guten Gefühl liegt, das aus Tadeln und Anschuldigen entsteht. »Wenn wir tadeln und anschuldigen, spielen wir das frühe Tadeln und Nach-einem-Schuldigen-Suchen wieder durch, das in unserem Eltern-Ich aufgezeichnet ist, und dabei empfinden wir uns o.k., weil das Eltern-Ich o.k. ist und wir uns auf seine Seite stellen. Jemanden zu finden, der mit einem übereinstimmt und mitspielt, erzeugt nahezu ein Gefühl der Omnipotenz.« (T. Harris, 1975, S. 90)

Probleme treten auf, wenn aus dem Eltern-Ich-Zustand heraus der Gesprächspartner in seinem Kind-Ich angesprochen wird, gemeint ist hier jener Teil des Kind-Ichs, der dann angepaßt oder trotzig reagiert. Warum ist das so?

Es sind die ungezählten Erfahrungen der tatsächlichen Kindheit, in der Eltern und vergleichbar starke Bezugspersonen wie Verwandte, Lehrer, aber auch deutlich ältere Geschwister das Sagen hatten. Erfahrungen, die sich aus einer einfach gelenkten Phantasie hervorholen lassen: Auf die Anweisung, sich typischer Sätze aus der Zeit um das 6. und das 16. Lebensjahr zu entsinnen, fallen in der Regel kritische Bemerkungen der Eltern ein, die vielfach ein »sollte« oder »müßte« enthalten und im Kind ein Gefühl der Unterlegenheit und der Ohnmacht hinterlassen haben. Je intensiver eine derartig gelenkte Phantasie durchgeführt wird, um so stärker werden jene Emotionen wieder wach, die damals aktuell waren und seitdem unterdrückt oder heruntergeschluckt wurden und noch werden. Was wir während unserer Kindheit rasch gelernt haben, nämlich auf elterliche Anforderungen angepaßt oder trotzig zu reagieren, ist auch heute noch – da wir längst den Kinderschuhen entwachsen sind – ein wichtiger Bestandteil unserer Umgangsformen. Die durchaus unangenehmen Gefühle, die mit Unterlegenheit und Ohnmacht einhergehen, sind auch beim erwachsenen Menschen Begleitgefühle, wenn er ungewollt in seinem Kind-Ich angesprochen wird (vgl. Ch.-R. Weisbach und S. Ehresmann, 1985, S. 991 ff.).

Je nach dem Gegenüber fällt die Reaktion aus; nicht unwesentlich sind hier jedoch die Vorerfahrungen, die ein Mensch in seinem bisherigen Leben gemacht hat.

A_1: »Bevor Sie nicht Ihren Arbeitsplatz aufgeräumt haben, läuft hier gar nichts. Also los!«

B_1: »Ich möchte einmal nicht bevormundet werden, herrje!«
(Dies entspricht dem rebellischen Kind-Ich.)

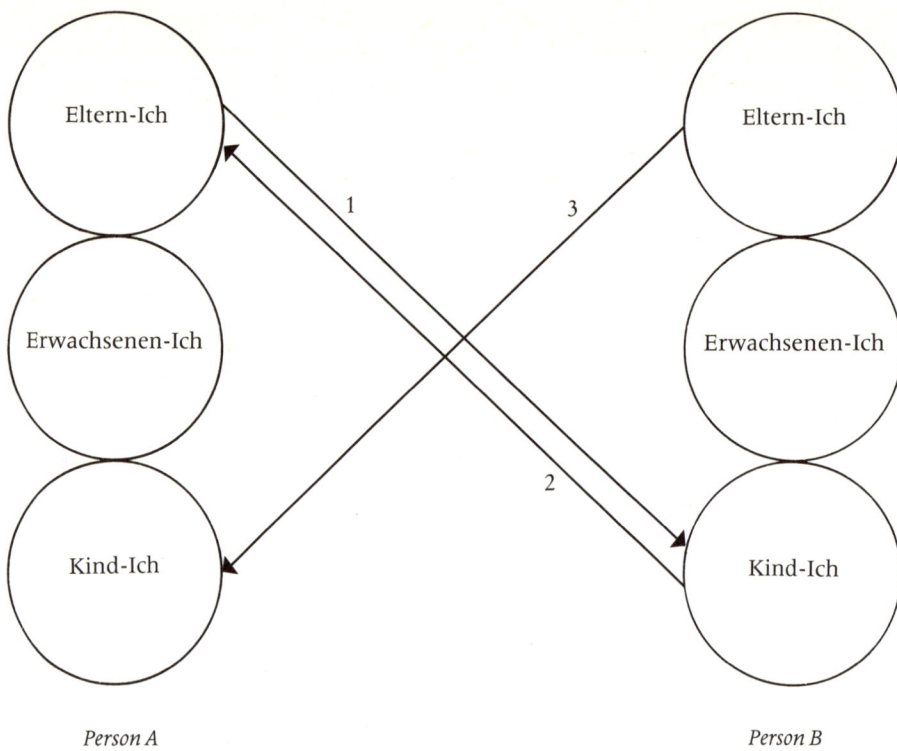

Person A   Person B

B₂: »Wie Sie wollen.«
   (Dies entspricht dem angepaßten Kind-Ich.)
B₃: »Sie haben mir hier gar nichts zu sagen. Was ich tun soll und was ich nicht tun
   soll, bestimmt allein der Oberarzt.«

Ob Person A die durch Person B vorgenommene dritte Transaktion so stehen läßt,
hängt wiederum von seinen Vorerfahrungen ab und seiner momentanen Gestimmtheit. Wird ihm nach Kampf zumute sein, wäre folgende Erwiderung denkbar:
A₁: »Unfug! Wie oft habe ich Ihnen schon gesagt, daß ich hier allein für den
Arbeitsbereich zuständig bin.«
   Gleichgültig wie Person B reagiert, das negative Gefühl, das sich einstellt, wenn A
derartig bevormundet, ist in jedem Fall zunächst vorhanden. Alles weitere ist nur
eine Folge. Ganz anders liegt der Fall, wenn die Interaktion aus dem Kind-Ich heraus
beginnt und das Eltern-Ich des Gegenüber anspricht. Abgesehen davon, daß in der
Regel das stützende Eltern-Ich angesprochen wird, das Trost, Liebe und Zuwendung
spenden soll, handelt es sich hierbei um das freiwillige Aufsuchen eines Zustands,
bei dem die negativen Gefühle der Kleinheit, Unbedeutendheit und Ohnmacht
nicht von außen oktroyiert werden.

Was ergibt sich aus alledem für die Gesprächsführung in der Kunsttherapie?

Machen wir uns zunächst einmal klar, daß kunsttherapeutisches Handeln in der Regel verbal beginnt. Der Patient oder eine ganze Gruppe von Patienten wird begrüßt, wird gewissermaßen eingeladen zum schöpferischen Gestalten. Das jeweilige Medium wird angesprochen, vielleicht erklärt, es werden Anweisungen gegeben und vieles mehr. All das steht vor dem tatsächlichen künstlerischen Schaffen des Patienten. Im Idealfall läßt der Patient seinem »Urhebertrieb«, um mit Martin Buber zu sprechen, freien Lauf; er gestaltet, formt, er schafft und äußert sich der Welt. Doch irgendwann ist der Prozeß beendet. Der Patient betrachtet sein Werk. Vielleicht beginnt er unaufgefordert zu sprechen, vielleicht fragt er etwas oder schaut nur fragend sein Gegenüber an. Was hier beginnt, ist Gespräch, therapeutisches Gespräch, und zugleich auch Dialog von Mensch zu Mensch. Im engeren Sinn wird hierunter nur das Zwiegespräch verstanden, doch sind auch Rund- und Gruppengespräche hier zu subsumieren. Der Sprechende versucht zwar, sein Gegenüber auf der gleichen Ebene zu erreichen, doch versucht er auch, ihm etwas Neues zu sagen bzw. etwas Altes ihm neu darzulegen.

Es ist erstaunlich, wie gut wir wissen, wessen wir bedürfen, um uns in einer bestimmten Angelegenheit verstanden zu fühlen. In der Regel fühlen wir uns wohl, wenn wir einen Gesprächspartner haben, der uns unsere Sätze zu Ende sprechen läßt, ohne gleich das Satzende vorzuformulieren, der uns nicht unterbricht, solange wir selbst noch reden, der uns nachdenken läßt, wenn es einmal nicht so schnell geht, der uns Gedanken aussprechen läßt, bei denen wir uns gehemmt fühlen, und der in der Lage ist, mit uns zu schweigen, wenn uns nach Nichtreden zumute ist. Bei derartigen Gesprächspartnern besteht durchaus die Möglichkeit, daß wir uns wohl fühlen und so richtig aus uns herauskommen können.

Nur – was machen wir eigentlich, wenn wir jemandem zuhören? Können wir den Mund halten? Schweigen, wenn der andere noch denkt? Mitschweigen, wenn der andere schweigen möchte? Nicht unterbrechen, obwohl uns doch die Fragen unter den Nägeln brennen? Geduldig zu Ende zuhören, obgleich der andere so entsetzlich zögernd spricht?

Aus den bisherigen Ausführungen wird deutlich, daß im Rahmen therapeutischer Gesprächsführung Transaktionen vermieden werden sollen, bei denen Patienten sich ungewollt immer wieder im Kind-Ich-Zustand wiederfinden, aus dem sie nur trotzig oder angepaßt reagieren können.

Viele wertende Ausdrücke, seien sie nun positiv wertend oder negativ, können charakteristisch sein für das Eltern-Ich, sofern sie ein Urteil über einen anderen Menschen enthalten, und zwar ein Urteil, das nicht nach Abwägung verschiedener Gesichtspunkte durch das Erwachsenen-Ich zustande kommt, sondern sich automatisch wie ein archaischer Reflex einstellt. Fast alle gängigen »Gesprächsstörer« entstammen dem Eltern-Ich und wiederholen jene Äußerungen, die wir von unseren Eltern, Lehrern und Verwandten im Lauf unserer Kindheit aufgeschnappt haben: Befehlen, Ursachen aufzeigen, Hintergründe deuten und »in die Schublade stecken« oder Herunterspielen sowie Ausfragen und Vorschläge machen bzw. Lösungen anbieten, auch Vorwürfe machen, Warnen und Drohen, Gegenbehauptungen aufstellen, Lebensweisheiten zum besten geben, Überreden und Verspotten und so manches andere mehr (vgl. Ch.-R. Weisbach et alii, 1979, S. 37 ff.). All diese Verhaltensweisen lösen im anderen für gewöhnlich Reaktionen aus, die seinem angepaßten oder trotzigen Kind-Ich entstammen und mit dem gängigen Gefühl einhergehen, man sei nicht in Ordnung, sei nicht liebenswert, eben nicht o. k.

Für die therapeutische Gesprächsführung sei besonders hervorgehoben: die geschlossene Frage in ihrer oftmals extremen Auftretenshäufigkeit wenn nicht zu vermeiden, so doch zu reduzieren. In erster Linie geht es dabei um Fragen vom Identifikationstyp, z. B. Wer? Wie? Was? usw., vom Selektionstyp, z. B. Alternativen werden vorgegeben, vom Ja-Nein-Typ, und um Suggestivfragen, einer Unterform der Alternativfragen.

Auch die Warum-Frage engt den Patienten vielfach ein, zwingt ihn, ausschließlich in eine Richtung zu blicken und die Beweggründe für irgend etwas zu erläutern. Die Fragen nach Kausalitäten befassen sich mit bereits abgeschlossenen, unabänderlichen Tatsachen (P. Watzlawick et alii, 1969, S. 125). Aber auch offene Fragen, die der Kunsttherapeut mit der Absicht stellt, sich selbst zu informieren, seien an dieser Stelle problematisiert. Es wird bei der personzentrierten Gesprächsführung davon ausgegangen, daß ein Kunsttherapeut sich sehr wohl in die Situation des Patienten einfühlen kann, ohne im Detail die näheren Umstände der entsprechenden Schwierigkeiten zu kennen. Verschiedene Beobachtungen konnten zeigen, daß diese sogenannten »Informationsfragen« vielfach »Neugierfragen« sind, bzw. aus der Grundhaltung heraus gestellt werden: Je größer das Wissen des Therapeuten über die betreffende Problematik, um so eher kann der Therapeut auch lösend eingreifen. Dieses Verhalten spiegelt eine Interaktion wider, bei der der Therapeut aus dem Eltern-Ich sozusagen »verantwortlich« agiert, um dem Patienten, der sich ja »leider« im Kind-Ich befindet, auf die Sprünge zu helfen. Im Rahmen personzentrierter Kunsttherapie ist es aber nicht Aufgabe des Therapeuten, die Probleme zu lösen, sondern dem Patienten »Hilfe zur Selbsthilfe« zu geben, ihn bei seinem Bemühen um persönliches Wachstum zu stützen und zu fördern, damit sich die Kräfte entfalten können, die bislang durch ein kritisches Eltern-Ich deutlich beschnitten wurden. Zwar erwarten Patienten gelegentlich ein »Rezept« für die Behebung ihrer Schwierigkeiten und sind erstaunt, wenn sie keinen Ratschlag erhalten, doch vermutet Martin Däumling zurecht, daß das Erteilen einfacher Ratschläge auf eine bedenkliche Nachgiebigkeit dem Patienten gegenüber hindeutet, der die Verantwortung für sein künftiges Handeln nur zu gern abwälzen möchte (vgl. A. M. Däumling, 1970, S. 299). Es kommt gar nicht so oft vor, daß um einen Rat im Sinn einer sachlichen Belehrung gebeten wird.

Die meisten Ratschläge werden gegeben, ja geradezu aufgedrängt, ehe überhaupt darum gebeten wurde. Hier ist die Stellungnahme Goethes erwähnenswert: »...So kommt man wohl davon zurück, jemandem einen Rat erteilen zu wollen. Im Grunde ist es oft von dem, der einen Rat verlangt, eine Beschränktheit, und von dem, der ihn gibt, eine Anmaßung. Man sollte nur Rat geben in Dingen, in denen man selber mitwirken will.« (Johann Wolfgang Goethe am 13. 2. 1831, in:

J. P. Eckermann, S. 385) Es sind nicht nur die »anmaßenden Ratschläge«, sondern auch die »anmaßenden« Interpretationen, Diagnosen und Bewertungen, die dem Patienten selten weiterhelfen, da sie ihn in der Regel seiner Verantwortlichkeit berauben und im Zustand des ohnmächtigen Kind-Ichs halten, gleichgültig ob die Reaktion dann angepaßt oder trotzig verläuft.

Unter Berufung auf die von Carl Rogers postulierte Selbstverwirklichungstendenz wird der direkten und verbalen Beeinflussung negative Bedeutung zugemessen. Rogers formuliert dazu explizit: »Wenn ich vermeide, sie zu beeinflussen, werden die Menschen sie selbst.« (C. Rogers, 1977, S. 18) Ganz anders gestaltet sich die Situation bei den Verhaltensweisen, die als »Gesprächsförderer« (Chr.-R. Weisbach et alii, 1979, S. 63 ff.) bezeichnet werden. Hierzu zählen Therapeutenäußerungen, die sich voll und ganz auf den Patienten bzw. dessen Äußerungen beziehen, als da sind Wiederholungen, Umschreibungen und Zusammenfassungen des bisher Gesagten. Hierunter fallen auch Gegenüberstellen von Aussagen, weiterführende Fragen, Hervorheben von Wünschen und Absichten des Patienten sowie das Setzen von Impulsen in Form von Gedankenspielen. Besondere Bedeutung kommt in diesem Zusammenhang dem Verbalisieren emotionaler Erlebnisinhalte des Patienten zu, weil sie einen tieferen Zugang zum Patienten und dessen Problem ermöglichen und diesem in eindringlicher Weise das Gefühl geben, verstanden zu werden.

All diesen »Gesprächsförderern« ist gemeinsam, daß der Patient in seinem Erwachsenen-Ich angesprochen wird und entsprechend daraus reagieren kann. Zwar sind auch hier Transaktionen zwischen Eltern-Ich und Kind-Ich denkbar, doch handelt es sich im Gegensatz zu den »Geprächsstörern« um Aktivitäten aus dem stützenden Eltern-Ich und Reaktionen aus dem spontanen Kind-Ich, wie sie beispielsweise in einer therapeutischen Intervention zum Ausdruck kommen können, die mit der Frage eingeleitet wird: »Was würden Sie im Moment am liebsten machen?«

Dieses Modell soll nicht dazu verführen, eine therapeutische Gesprächsführung anzustreben, die ausschließlich von Erwachsenen-Ich zu Erwachsenen-Ich verläuft. Im Rahmen seiner Tätigkeit kommt der Kunsttherapeut zwar häufig in Gespräche, die auf der Erwachsenen-Ebene verlaufen, doch nicht weniger oft wird das stützende Eltern-Ich angemessen sein, das verständnisvoll und einfühlend das emotionale Erleben des Patienten nachempfindet. Auch sind Situationen denkbar, in denen der Kunsttherapeut sein spontanes Kind-Ich auslebt, beispielsweise in dem Moment, da er lustbetont mit einem Patienten zusammen mit Fingerfarben malt.

Das Gespräch in der Kunsttherapie, erläutert am psychodynamischen Persönlichkeitsmodell der Transaktionsanalyse, ist geeignet, die Wahrnehmung des Therapeuten, vor allen Dingen des angehenden Kunsttherapeuten, zu differenzieren. Es geht weniger darum, einzelne Ich-Zustände zu vermeiden, als vielmehr darum, das Bewußtsein für individuelle Transaktionen zu erhöhen, das Bewußtsein für den eigenen bevorzugten Kommunikationsstil zu entwickeln. Die Reflektion darüber mag zur Folge haben, daß in der Auseinandersetzung mit anderen Menschen neue Interaktionsmuster zur Geltung kommen, oder daß die alten Muster beibehalten, fortan jedoch bewußt eingesetzt werden.

Es fehlt hier der Raum, um noch auf weitere Möglichkeiten und Grenzen dieses Modells einzugehen. Darum sei hier fürs erste zusammenfassend festgehalten:

Wenn in der therapeutischen Situation der Kunsttherapeut die Eigenaktivität des Patienten fördert, indem er selbst möglichst wenig das Gespräch inhaltlich lenkt, ebenso Deutungen und Ratschläge vermeidet, dann räumt er dem Patienten die Chance ein, sich selber zu verwirklichen und einen eigenen Weg zur Lösung seiner Konflikte einzuschlagen, denn das Selbst drängt »in Richtung auf größere Unabhängigkeit oder Selbstverantwortlichkeit« (C. Rogers 1972, S. 422). Nun mag der Eindruck entstehen, daß die therapeutische Gesprächsführung ein Kinderspiel sei, komme es doch in erster Linie auf die Zurückhaltung des Therapeuten an. Hierzu hat Herr Türk in seinem Beitrag ausgeführt, daß die wichtigste Fähigkeit, die der Kunsttherapeut in sich entwickeln muß, die der menschlichen Zuneigung sei. Wörtlich sagte Herr Türk: »Der Kunsttherapeut sollte vornehmlich die ›Kunst‹ aufbringen, ein Liebender zu sein.« (K. H. Türk, 1986, S. 47) Carl Rogers spricht bei der Erläuterung der Wertschätzung ebenfalls von Liebe und sagt: »Es bedeutet eine Art Liebe zu dem Klienten, so wie er ist; vorausgesetzt, daß wir Liebe entsprechend dem theologischen Begriff Agape verstehen und nicht in seiner romantischen oder besitzergreifenden Bedeutung.« (C. Rogers, 1977, S. 186) Wie eine derartige Liebe sich vollzieht, wird bereits bei Augustinus ausgeführt, wenn er erklärt, daß die Liebe stets vom Gewollten her bestimmt wird. Am Beispiel des Verrats Christi wird unterschieden, daß Gott Christus verraten habe, aus Liebe zu den Menschen, Judas aber aus Liebe zum Geld seinen Meister verraten habe. In welcher engen Beziehung Absicht bzw. Wille und Wollen zur Liebe stehen, führt Augustinus wenig später aus, wenn er sagt: »Du liebst in ihm nicht, was er ist, sondern was du willst, daß er sei.« (Augustinus, Sp. 2038) Eine Formulierung, die in der Existenzphilosophie ähnlich klingt. Nicht die Faktizität, sondern die Liebe bestimmt das konkrete Selbstsein. Martin Buber konkretisiert die Liebe als Verantwortung eines Ich für ein Du (vgl. M. Buber, 1973, S. 19).

Und diese Verantwortung bleibt nicht in der Akzeptanz des rein Faktischen stehen, sondern sieht zugleich die Wachstumsmöglichkeiten. Hierzu führt Carl Rogers aus: »Offenbar ist der Therapeut zu einer solchen emotionalen Zuwendung dann imstande, wenn er den Klienten im Innersten ganz als das akzeptieren kann, was dieser ist – oftmals eine defensive, verletzliche, innerlich zerrissene Person, die aber ungeheure Wachstumsmöglichkeiten in sich trägt.« (C. Rogers, 1977, S. 24) Den anderen in seiner momentanen Unvollkommenheit zu akzeptieren, schließt keineswegs aus, im anderen die Möglichkeit, die »Gottähnlichkeit« zu lieben, das, was er zu werden in sich trägt. Nichts anderes meint Augustinus, wenn er darauf hinweist, daß wir im anderen das lieben, was wir wollen, daß er sei. Martin Buber, der von der »Freimachung von Kräften« spricht (M. Buber, 1964, S. 22), formuliert für die Lehrer-Schüler-Beziehung etwas, was hier auf die Interaktion Kunsttherapeut-Patient umformuliert so klingt: Um den besten Möglichkeiten im Wesen des Patienten helfen zu können, sich zu verwirklichen, muß der Kunsttherapeut ihn als diese bestimmte Person in ihrer Potentialität und ihrer Aktualität meinen, genauer, er muß

196

ihn nicht als eine bloße Summe von Eigenschaften, Strebungen und Hemmungen kennen, er muß seiner als einer Ganzheit inne werden und ihn in dieser Ganzheit bejahen (vgl. M. Buber, 1973, S. 130f.). Das Ziel ist stets die Befreiung und Aktualisierung des latent Vorhandenen.

Das Ziel dieses Beitrags ist, zu verdeutlichen, daß diese Potentialität im wesentlichen nicht durch Belehrung erschlossen wird, sondern durch Begegnung, durch »existentielle Kommunikation zwischen einem Seienden und einem Werden-Könnenden« (M. Buber, 1973, S. 287). Gelingt es dem Kunsttherapeuten in der Begegnung mit seinem Gegenüber, diesem Wertschätzung im Sinn der hier beschriebenen Liebe entgegenzubringen, dann wird sein Wollen nicht den eigenen Nutzen zum Ziel haben, sondern sich vom Gewollten her bestimmen lassen. Dabei wird nun das individuelle Handeln, die einzelne kunsttherapeutische Intervention, nicht mehr näher bestimmt. Bei Augustinus liegt es auf der Hand, daß das Wollen eine Gnadengabe sei und darum das Handeln nur zum Guten gedeihen kann. Modern formuliert, auf den Kontext dieses Beitrags zugeschnitten: Das Gespräch in der Kunsttherapie ist stets positiv, wenn es von der hier beschriebenen Wertschätzung bestimmt wird, oder wie Aurelius Augustinus sagt: »Es sei Dir kurz die Lehre unterrichtet, liebe, und was Du dann willst, das tue: Sei es, daß Du schweigst, schweige aus dieser Liebe, sei es, daß Du herbeirufst, rufe aus Liebe herbei, sei es, daß Du verbesserst, verbessere aus Liebe, sei es, daß Du Dich unterwirfst, unterwerfe Dich aus Liebe. Im Innern sei die Wurzel der Liebe, aus dieser Wurzel kann nichts, außer Gutes entstehen.« (Augustinus, Sp. 2033)

Literatur

Augustinus, Aurelius: In Epistolam Joannis ad Parthos, Opera Omnia, Band 35 der Ausgabe von Migne, Tractatus VII/8, Paris 1902

Berne, Eric: Spiele der Erwachsenen, Psychologie der menschlichen Beziehungen, Hamburg 1970

Bollnow, Otto Friedrich: Existenzphilosophie und Pädagogik, Stuttgart 1968

Buber, Martin: Reden über Erziehung, Heidelberg 1964

Buber, Martin: Das dialogische Prinzip, Heidelberg 1973

Däumling, Adolf Martin: Psychologische Beratung und psychagogische bzw. allgemeinpsychotherapeutische Verfahren, in: Schraml, W. und U. Baumann (Hrsg.): Klinische Psychologie, Band 1, Bern 1970, S. 298–333

Eckermann, Johann Peter: Gespräche mit Goethe in den letzten Tagen seines Lebens, München [2]1984

Erikson, Erik: Identität und Lebenszyklus, Frankfurt am Main 1966

Freud, Sigmund: Gesammelte Werke, Band 15, Frankfurt am Main 1952

Harris, Thomas: Ich bin o.k., Du bist o.k., Hamburg 1975

Mead, Georg Herbert: A behavioristic Account of Significant Symbol, in: Journal of Philosophy 29 (1922)

Mead, George Herbert: Geist, Identität und Gesellschaft, Frankfurt am Main 1973

Rogers, Carl R.: Die klientzentrierte Gesprächspsychotherapie, München 1972

197

ROGERS, Carl R.: Therapeut und Klient. Grundlagen der Gesprächspsychotherapie, München 1977

STRASSER, Stefan: Erziehungswissenschaft – Erziehungsweisheit, Weinheim 1959

TÜRK, K. H.: Der Kunsttherapeut – zur Charakteristik einiger Unterrichtsmethoden, in diesem Band, S. 40–52

WATZLAWICK, Paul, J. BEAVIN und D. JACKSON: Menschliche Kommunikation. Formen, Störungen, Paradoxien, Bern 1969

WEISBACH, Christian-Rainer, M. EBER-GÖTZ und Simone EHRESMANN: Zuhören und Verstehen. Eine praktische Anleitung mit Übungen, Hamburg 1979

WEISBACH, Christian-Rainer und Simone EHRESMANN: Reden und Verstandenwerden. Ein Lese- und Übungsbuch, Frankfurt am Main 1985

EHRENFRIED KLUCKERT

Soziale Aspekte der Wahrnehmung:
Zur ästhetischen Praxis in der Kunsttherapie

Der Alltag kann in mehrfacher Hinsicht als Gegenstand der Kunsttherapie betrachtet werden. Zunächst handelt es sich hier um die » Außenwelt «, in die das Individuum zwangsläufig eingebunden ist. Damit ist die » Außenwelt « immer ein Reflex seiner » Innenwelt «, die wiederum bestimmte Phänomene des » Äußeren « zum Ausdruck bringt. Es findet also ein ständiges Wechselverhältnis zwischen Innen und Außen statt – wenn auch zunächst in der Innenwelt des Individuums, sei es auf der Ebene des Unbewußten oder im bewußten Zwiegespräch mit sich selbst. Allerdings darf letzteres – gerade im Rahmen der Kunsttherapie – nicht dominieren. Schon C. G. Jung hat auf die Gefahr aufmerksam gemacht, daß eine einseitige Innenschau in archaischen Gefühls- und Denkmustern erstarrt und der Klient somit von der Welt des modernen Bewußtseins entfernt wird (C. G. Jung, 1975, S. 19ff.). Dieses Wechselverhältnis zwischen dem Subjekt und dem Objekt » Außenwelt « sollte daher den therapeutischen Prozeß begleiten, um den Klienten » aus sich herauszuführen « in die Welt, in die er sozial, kulturell und auch politisch eingebunden ist.

Der alltägliche Erfahrungs- und Erlebnisraum des Menschen wird zum größten Teil visuell vermittelt. So erscheint ihm die Umwelt häufig als » Bild «, manchmal sogar als » ästhetisches Bild « – allerdings erst, wenn er es als » kunstwürdig « erachtet, d. h. wenn seine Bedürfnisse nach » Schönheit « angesichts einer Landschaft, eines Gebäudes oder eines Interieurs befriedigt werden. Nun ist das, was er als » schön « empfindet, mittels seiner Sozialisation mehr oder weniger fest in ihm angelegt. Hier kann von » Geschmacksprägung « gesprochen werden: Die Tradition überträgt, um es ganz allgemein zu sagen, durch die Form, die an Werte und Normen gebunden ist, ein » Gefühl für Schönheit «. Und auch gegenwärtige Modeströmungen tragen dazu bei, diesen » alltäglichen Schönheitsbegriff « auszudifferenzieren und auf neue Produktbereiche zu übertragen.

Es geht bei diesem » visuellen Alltagserleben « nicht nur um die Form als Bedeutungsträger für Schönheit – abgesehen davon, daß die » schöne Form « selbst noch einmal Bedeutungsträger für bestimmte zeitgemäße oder historische Ideologien sein kann –, sondern generell um die Objektwelt des alltäglichen Erfahrungsraumes: Ein Schaufenster kann für mich » schön « sein und gleichzeitig ein für meinen Alltag notwendiger Informationsträger. Während bei diesem Beispiel noch die » schöne Form « den Kaufakt aktivieren, vielleicht sogar legitimieren soll, trifft diese Verbindung zwischen » schön « und » nützlich « bei der Verkehrsampel nicht mehr zu. Dieses Objekt ist Bedeutungsträger für ein Regelsystem, das für meine Sicherheit eintritt. Die Bedeutungsebene einer Verkehrsampel im Vergleich zu derjenigen eines Schaufensters liegt also nicht auf der ästhetischen, sondern auf der rein funktionalen Ebene.

Unser alltäglicher Erfahrungsraum kann also unterschieden werden in die »naturhafte Umwelt« und in die »gestaltete Umwelt«. Letztere ist es größtenteils, die unseren Erfahrungsraum ausmacht. Die gestaltete Umwelt kann nun ebenfalls als »Bild« aufgefaßt werden, dessen einzelne Details wieder »Bedeutungträger« sind.

Nur ein geringer Teil dieser »Bilddetails« ist für uns im Rahmen unserer Alltagsaktivitäten zugänglich: Wir nehmen nicht »alles« wahr, sondern nur das, was im Rahmen unserer alltäglichen Interessen und Bedürfnisse liegt: Wenn ich eine Geschäftsstraße aufsuche, um einzukaufen, dann betrachte ich eher die Eingänge zu den Geschäften, als die Gestaltung der Häuserfassaden. Vielleicht sind mir sogar die Gestaltungsprinzipien von Häuserfassaden in der Straße, in der ich seit vielen Jahren wohne, noch nicht einmal aufgefallen. Und wenn mich jemand danach fragt, bemerke ich, daß dieser Bereich außerhalb meines Wirklichkeitsbereiches liegt, denn »wirklich« ist nur das, was die Strukturen meiner Wahrnehmung als »wirklich« zulassen.

Wir nehmen also notwendigerweise immer nur Ausschnitte unserer Wirklichkeit wahr. Auswahl und Perspektivität unserer Wahrnehmung hängt wiederum von unserem Bewußtsein und dessen sozial-kultureller Prägung ab. Nun teilt sich uns der Gegenstand ja nicht nur als Form mit, sondern auch als Träger einer bestimmten Bedeutung. Diese ist ja nicht »ursächlich« mit dem Gegenstand verknüpft, also nicht »von Anfang an« schon mitgegeben, sondern »vermittelt« worden. Daraus muß gefolgert werden, daß die Bedeutung eines Gegenstands ein Produkt unseres Bewußtseins ist. Somit sind die Alltagsbereiche, deren Bedeutungsebenen uns verschlossen sind, zwar existent, jedoch nicht für unser persönliches Denken und Handeln. Das gibt sich sogar rein sprachlich in dem »Das ist für mich ohne Bedeutung« zu erkennen – beispielsweise, wenn mich jemand nach der ästhetischen Gestaltung einer Geschäftsstraße fragt.

Da wir uns sehr oft nicht der eigenen Wahrnehmungsgrenzen bewußt sind, können wir auch nicht die »Wirklichkeitsbereiche« außerhalb dieser Grenzen ermessen. Es muß also ein Interesse an der persönlichen Fortbildung des Wahrnehmungsspektrums vorhanden sein, damit die Welt immer wieder neu »an Bedeutung« gewinnt.

Häufig sind ja solche Menschen therapiebedürftig, deren innere Welt so sehr dominiert, daß die äußere Welt zunehmend an Bedeutung verliert. Ihr Denken und Handeln ist Ich-bezogen in dem Maß, daß die Objektwelt ausgeklammert bleibt. Die Folgen sind abzusehen: Der Aktionsradius im Alltag wird immer stärker eingeschränkt.

Dieses »Ohne-Bedeutung-Sein« ist aber auch ursächlicher Grund für Vorurteile im sozialen und kulturellen Bereich. Da ich nicht nur Produkt, sondern auch Produzent meiner Umwelt bin, kann dieses Vorurteil auch auf mich selbst zurückschlagen, insofern ich mich häufig im Rahmen derselben Wertstruktur beurteile, die ich auch an die anderen anlege. Eingeschränktes Denken und Handeln resultiert demnach aus einer reduzierten Wahrnehmungsstruktur. Es kommt also darauf an, »neue Wirklichkeiten« zuzulassen. Das bedeutet, mein »Orientierungsmodell« von der

Welt weiter auszubauen, kurz: die Perspektivität meiner Wahrnehmung zu erweitern.

Eine unbedingte Voraussetzung, neue Bedeutungsgehalte meiner täglichen Erfahrungswelt zu gewinnen, besteht in der Einsicht, daß ich nicht nur in einem bestimmten sozialen Bezugsfeld zu dem stehe, was ich wahrnehme, sondern auch zu dem, was ich nicht wahrnehme: Soziale Prozesse, die meine Interessen und Bedürfnisse teilweise regulieren, laufen auch während meiner »Abwesenheit« ab. Da nicht nur meine persönliche Erfahrungswelt Bedeutungträger dieser sozialen Prozesse ist, sondern die gestaltete Umwelt insgesamt, sollte ich meinen Standort gegenüber meiner Alltagswelt ständig hinterfragen und möglicherweise korrigieren, um meine Erfahrungswelt auszuweiten. Damit kann ich schließlich Einfluß auf die teilweise »von außen« gesteuerten persönlichen Interessen und Bedürfnisse nehmen. Hinzu kommt, daß ich dann ferner in der Lage bin, nicht nur mein eigenes Denken und Handeln, sondern auch »den persönlichen Umgang mit mir selbst« neu zu bestimmen und zu gestalten.

Es stellt sich jetzt die Frage, mit welchen Mitteln ich die Entfaltung meiner Wahrnehmungsfähigkeit erreichen kann – wohlgemerkt: Es geht nicht um das »mehr« oder »viel« sehen, sondern um die Möglichkeit, »Wahrnehmungsschranken« abzubauen, die Wahrnehmungsstruktur flexibel zu halten, um neue Bereiche meiner Umwelt kennenzulernen. Da es hierbei um die Verarbeitung visueller Eindrücke geht, stellen wir uns die gestaltete Umwelt als »Bild« vor. Als Beispiel wählen wir die Geschäftsstraße:

Hier dominiert eindeutig der Erdgeschoßbereich als visueller Blickfang. Die oberen Stockwerke dienen lediglich als Träger von Werbe- und Namenstafeln. Es fällt auf, daß diese Geschosse ästhetisch weniger differenziert und visuell weitgehend reizlos gestaltet sind. Das Erdgeschoß nimmt sich dagegen bunt und optisch vielfältig aus, was den Funktionen des Geschäftsbereichs entspricht. Bei historischen Gebäuden kommt es allerdings manchmal zu sehr störenden ästhetischen und architektonischen Kontrasten: Während die Ladenzone ganz auf die Einkaufssituation – große Schaufenster, breite modernistische Portale – ausgerichtet ist, bleibt der historische Bestand in den oberen Stockwerken gewahrt: Fachwerk, kleine unterteilte Fenster.

Der Entstehungsprozeß einer Geschäftsstraße läßt sich anhand historischer Darstellungen rekonstruieren. Eine Ansicht derselben Straße aus den fünfziger Jahren stellt noch ganz verhalten die Attribute einer »Einkaufszone« zur Schau – übrigens auch ein Indiz für die politische und wirtschaftliche Situation der Nachkriegszeit, die in dieser unmittelbaren Gegenüberstellung besonders plastisch wird: Die zunehmende, im Dienst des Konsums stehende ästhetische Differenzierung darf dann auch als Symptom für den wirtschaftlichen Aufschwung und den daraus resultierenden Wohlstand stehen.

Eine andere Frage ist, ob diese Entwicklung eines städtischen Ambientes ebenfalls emotionalen Bedürfnissen, beispielsweise nach Intimität, Geborgenheit und Wohlbefinden, gerecht wird, was während des letzten Jahrzehnts oftmals bezweifelt worden ist. Die Sehnsucht nach einer »städtischen Idylle«, d. h. die Belebung der Einkaufszone nach Geschäftsschluß, hat viele Kommunen dazu veranlaßt, entsprechende Maßnahmen zu ergreifen: beispielsweise der seit 1974 einsetzende Trend, die Geschäftsstraßen mit Passagen zu verbinden, um dadurch Innenhöfe mit Restaurants und anderen Freizeitaktivitäten zu schaffen. Auf diese Weise soll in manchen Fällen eine Art »Spitzweg-Idylle« wiederhergestellt werden, was sicherlich nicht wünschenswert ist. Dennoch sind solche »Städtebilder« emotionale Leitbilder, die, wie gesagt, nicht direkt umgesetzt werden können, wohl aber für ein ästhetisches Wohlbefinden sorgen, das uns für die Leistungsgesellschaft und deren Forderungen entschädigen soll. Kennzeichnend dafür sind die seit 1974 stattfindenden Kunstausstellungen über die Malerei des 19. Jahrhunderts. Diese eher nostalgische Rückbesinnung auf das 19. Jahrhundert schlug sich auch in einer neuen Architektursprache nieder, der heute sogenannten »neohistorischen« oder »neomodernen« Architektur wie z. B. der Neuen Pinakothek in München oder der Neuen Staatsgalerie in Stuttgart.

An diesem Beispiel wird deutlich, daß der besagte »Weltzuwachs« sich eben nicht nur auf die Objektwelt, sondern auch auf deren Bedeutungsbereiche, d. h. deren historische Dimension bezieht. Für die Therapie bedeutet demnach »Weltzuwachs« *Auseinandersetzung mit der Welt.*

Wir haben die »Geschäftsstraße« verglichen mit:
- einer älteren Ansicht von ihr,
- einem Bild von Spitzweg,
- avantgardistischer Architektur.

Dabei sind folgende Problemkreise angedeutet worden:

- die Geschäftsstraße ist Resultat eines politischen und wirtschaftlichen Prozesses,
- die Geschäftsstraße hat ihre einstige »Idylle« verloren,
- diese soll in der avantgardistischen Architektur und Stadtplanung wieder rekonstruiert werden.

Die Geschäftsstraße ist also Bedeutungsträger für eine ganz bestimmte Situation in unserer Gesellschaft, die ich einmal folgendermaßen skizzieren möchte: Die für unseren Wohlstand als notwendig proklamierte Konsum- und Leistungshaltung der Bürger und Bürgerinnen wird heute in Frage gestellt: Wir sind kaum mehr bereit, den gefährlichen Preis »leistungsstarke Technologie« für diesen Wohlstand zu bezahlen. Wenn wir uns früher immer noch mit den Produkten des Wohlstands über deren Nachteile hinweggetröstet haben, ist das angesichts eines unübersehbaren Waffenarsenals und einer immer weiter fortschreitenden Umweltzerstörung nicht mehr möglich. Der Schritt zurück, zur bürgerlichen Idylle des 19. Jahrhunderts, so wie es teilweise avantgardistische Architektur und Stadtplanung suggerieren möchten, verdeckt das Problem, löst es aber nicht.

Am Beispiel der Geschäftsstraße haben wir gesehen, daß die verschiedenen Details dieses Alltagsbereichs Bedeutungsträger für eine bestimmte soziale und kulturelle Situation in unserer Zeit sind. Damit ist nicht gesagt, daß diese eben angesprochene Problematik ausschließlich durch das »Bild Geschäftsstraße« vermittelt wird. Meine gesellschaftliche Situation und Position lerne ich ebenfalls in den Medien oder im Gespräch mit Freunden, also in unterschiedlicher Weise kennen – aber eben immer nur im Rahmen meiner Erfahrungswelt. Deren visueller Bereich ist jedoch auch Informationsträger und damit für die Konstruktion eines umfassenden Meinungsbildes über mich und meine Position in der Welt wichtig.

Hier stellt sich die Frage nach einer für die Kunsttherapie geeigneten Methode zur Erkundung meines optischen Erfahrungsbereichs hinsichtlich neuartiger Bedeutungsbereiche.

Wir sind ja davon ausgegangen, daß uns die Geschäftsstraße als »Bild«, als ein System visueller Zeichen erscheint. Es geht also um das Erfassen von Form und Inhalt, sowie deren Bedeutungsebene.

Die Ikonologie, eine kunstwissenschaftliche Disziplin, befaßt sich mit diesen Fragen. Ikonologie kann als eine Interpretationsmethode von Bildinhalten, die häufig symbolisch verschlüsselt sind, verstanden werden. Erwin Panofsky unterscheidet zwischen der »faktischen Bedeutung« – aus eigener Erfahrung und praktischem Umgang bereits Bekanntes – und der »Ausdrucksbedeutung« – emotionaler Eindruck eines zu interpretierenden bildlichen Motivs. Die faktische Bedeutung zielt dabei auf die formale Gestaltung und damit auf deren Entstehungsbedingungen. Die Ausdrucksbedeutung bezieht sich dagegen auf die sinnlich vermittelten Kriterien, also speziell auf die Rezeptionsweise des Betrachters. Letztere wird meistens assoziativ erkannt und gibt damit die Interpretationsrichtung an, die dann auf der historischen Ebene interpretiert werden kann (faktische Bedeutung).

Die faktische Bedeutung einer Geschäftsstraße ergibt sich zunächst aus der Betrachtung ihres Aufbaus und aus der Überlegung, wie es zu diesem »Aufbau« gekommen sein mag. Die Ausdrucksbedeutung stellt sich meistens assoziativ ein: Bestimmte Farben und Formen sind emotional ansprechend und lenken so den Blick auf verschiedene Details, die dann rational hinterfragt werden, womit wieder die faktische Bedeutungsebene erreicht ist. Beide Bedeutungsmuster wechseln also einander ab und ergänzen sich zu einer Art Gesamtinterpretation.

Versuchen wir nun einmal, diese »ikonologische Methode« auf das Phänomen »Schaufenster« anzuwenden (Fig. 1): Das Bein dominiert, d. h. der Strumpf, für den geworben werden soll. Die beiden jungen Frauen sowie ornamental gestaltete Schleifen und aufwendig verpackte Produkte sind dem Bein attributiv zugeordnet.

Die Ausdrucksbedeutung entfaltet sich über folgende Betrachtungsphasen: Durch die Betonung der Mittelsenkrechten scheint das Bein auf mich zuzumarschieren und suggeriert das in der Werbebranche übliche »take me« – »nimm mich« bzw. »kauf mich«. Die beiden jungen Frauen, in entsprechend modischer Kleidung präsentiert, verstärken diese Suggestion und zielen auf die für dieses Produkt vorgesehene Käuferschicht. Die ornamentalen Schmuckmotive verweisen auf das »Kostbare« und fordern darüber hinaus auf, dieses Produkt auch als Geschenk zu verwenden. Die Ausdrucksbedeutung ist also weitgehend mit der Werbebotschaft identisch. Die faktische Bedeutung ergibt sich nun aus der Wirkungsweise

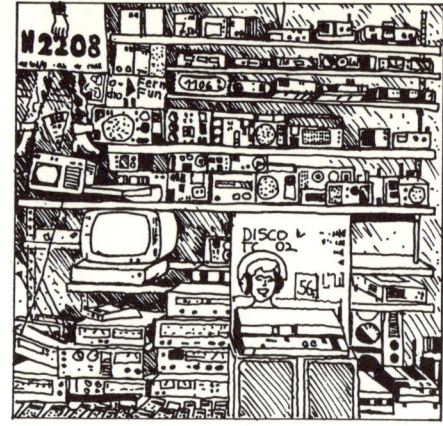

Fig. 1 Schaufenster einer Boutique   *Fig. 2 Schaufenster eines Discountladens*

dieser Botschaft: Inwiefern ist die Wirkung eines Schaufensters kausal an die Gestaltungsweise gebunden? Um diese Frage zu beantworten, gehe ich wieder, wie schon bei der Geschäftsstraße, historisch vor, d. h., ich suche nach einem älteren Vorbild, das mir Auskunft über die Konstruktion eines solchen Schaufenstermotivs geben kann. Historisches Vergleichsmaterial bietet sich an: Ältere Schaufenster und Werbeanzeigen. Hier geht es immer um die ästhetisch vollkommene Komposition. Vorbild ist das Stilleben, in dem die Objekte nach vorher überlegten kompositionellen Gesichtspunkten arrangiert werden. Die ästhetische Struktur eines Stillebens schließt mir also die Grundgedanken des Dekorateurs im Schaufenster auf. Dieser muß nach herkömmlichen ästhetischen Modellen arbeiten, um sicher zu gehen, daß sein Arrangement nicht nur gesehen, sondern auch »goutiert« wird. Neuartige ästhetische Vorstellungen werden sich kaum umsetzen lassen, da das Publikum, d. h. der potentielle Käufer, größtenteils von traditionellen »Bildmustern« ästhetisch geprägt ist.

Die ikonologische Methode hat mir also Einblicke in die ästhetische und soziale Funktion eines Schaufensters sowie dessen historische Entwicklung vermittelt. Dieses »Betrachtungsmodell« kann ich auf jedes Schaufenster übertragen und meine entsprechenden Analysen vornehmen, um das Schaufenster nicht nur als Medium des Konsums, sondern als ästhetischen Bedeutungsträger meiner u. a. auch sozial gestalteten Umwelt zu betrachten. Der therapeutische Nutzen dieses Modells besteht nun darin, daß ein ästhetisches Objekt nicht nur um seiner selbst willen betrachtet und analysiert wird, sondern auch hinsichtlich sozialer und historischer Zusammenhänge, die die »Außenwelt« betreffen: Vom »Ästhetischen«, einem Produkt des »Ich«, wird somit eine Brücke zur Außenwelt geschlagen, die dadurch vertrauter geworden ist: Sie ist in die Strukturen des Denkens und Handelns integriert.

204

Setzen wir unsere Betrachtungen mit Hilfe der ikonologischen Methode fort, indem wir immer wieder nach der Ausdrucksbedeutung und nach der faktischen Bedeutung des Objekts fragen.

Wir vergleichen dieses Schaufenster mit einem ganz anders gestalteten (Fig. 2): Auf der Ebene der Ausdrucksbedeutung würden wir wahrscheinlich dieses Schaufenster einem »Discount-Laden«, das andere einer »Boutique« zuordnen. Zweifellos ist das zuerst gezeigte Beispiel ästhetisch qualitativer aufgebaut als das zuletzt vorgestellte. Die additive Reihung ermöglicht, sehr viele Produkte zu zeigen, um wahrscheinlich das »umfangreiche Angebot« und den daraus resultierenden »Preisvorteil« zu demonstrieren.

Fig. 3 Werbeanzeige Personenwagen
Fig. 4 Werbeanzeige landwirtschaftlicher Nutzfahrzeuge

Um die faktische Bedeutung zu ermitteln, stellen wir diesem »Schaufenster-Paar« zwei Motive aus Werbeanzeigen gegenüber: Das eine (Fig. 3) zeigt einen eleganten Personenwagen, das andere (Fig. 4) verschiedene landwirtschaftliche Fahrzeuge. Eine Zuordnung fällt uns nicht schwer: Das zuletzt genannte Motiv würde zum »Rundfunkgeschäft« passen und der Personenwagen zum »Strumpf-Fenster«. Für diese beiden Produkte trifft wohl der Werbeslogan »Es ist immer etwas teurer, einen besonderen Geschmack zu haben« zu. Wir könnten sogar mögliche Käuferschichten unterscheiden. Obwohl in unserer Wohlstandsgesellschaft Klassenunterschiede weitgehend abgebaut sind, würde ich dennoch den »unteren Mittelstand« den Figuren 2 und 4 zuordnen und den »oberen Mittelstand« den Figuren 1 und 3. Selbstverständlich würden auch wohlhabende Käufer in das erwähnte Rundfunkgeschäft gehen und nicht nur in »Boutiquen«. Ob das allerdings auch im umgekehrten Fall gilt, ist fraglich.

Die faktische Bedeutung beider Bildpaare gibt sich demnach in folgenden Details zu erkennen: Die Figuren 2 und 4 zeigen eine Anzahl von Details in additiver Reihung, wohingegen die Figuren 1 und 3 je ein Objekt in ästhetisch »elegant« gestalteter Komposition präsentieren. Bei dem einen Bildpaar dominiert, kurz gesagt, die

205

Quantität und bei dem anderen die Qualität. Daraus läßt sich eine Tabelle aufstellen, in der die eben genannten Merkmale noch einmal zusammengefaßt werden:

Fig. 2, 4 »viel«   Fig. 1, 3 »wenig«

Quantität	Qualität
additive Reihung	Vereinzelung
»Ramsch«	»guter Geschmack«
das Allgemeine	das Besondere
unterer Mittelstand	oberer Mittelstand

Die faktische Bedeutung läßt sich allgemein folgendermaßen angeben: Visuelle Phänomene, die stark ausdifferenziert sind, in denen also das Detail in additiver Reihung dominiert, sind gegenüber vergleichbaren Phänomenen, in denen ein Bildmotiv ausschließlich vorherrscht, ästhetisch nicht hoch zu bewerten. Diese so ermittelte ästhetische Qualität kann Indiz und Symptom für eine bestimmte soziale Situation sein.

Überprüfen wir diese Aussage nun an weiteren Bildpaaren: Die Figuren 5 und 6 stellen Ornamentmotive aus Ravenna (6. Jahrhundert) dar – einen »Früchtekorb mit Vögeln« und eine »Zierleiste« (Mäander). Wir würden wahrscheinlich nicht zögern, die Figur 5 der Rubrik »wenig« zuzuordnen, da es sich, im Gegensatz zur Zierleiste, um ein »besonderes« Einzelmotiv handelt.

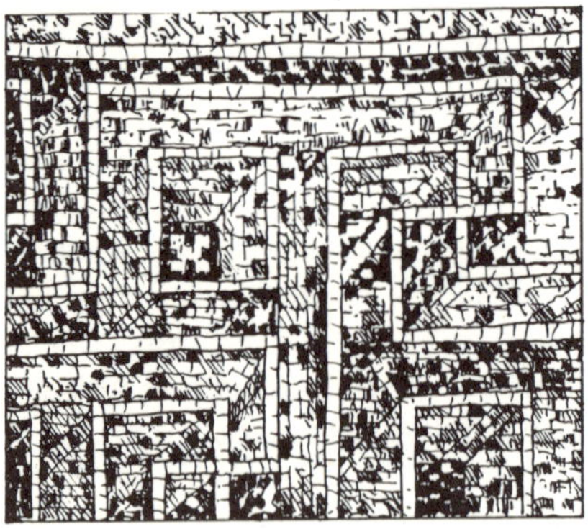

Die Figuren 7 und 8 zeigen eine Villa aus dem 16. Jahrhundert (Palladio) und eine Neubausiedlung aus unseren Tagen. Die Zuordnung fällt uns nicht schwer, zumal hier der soziale Aspekt noch anschaulicher ist als der ästhetische: Wenn auch in einer Neubausiedlung Menschen der »gehobenen Mittelklasse« wohnen, so ist das wohl bei einer Villa seltener der Fall. Die sozialen Grenzen sind heute selbstverständlich längst nicht mehr so eindeutig zu ziehen und auf kulturelle Phänomene zu übertragen wie in früheren Zeiten. Dennoch ist die Neubausiedlung ein Indiz für die Vermassung in unserer Industriegesellschaft. Der »bildliche Ausdruck« für »Vermassung« ist wiederum die additive Reihung. Die Villa, nicht nur im 16. Jahrhundert ein »Herr-

*Fig. 5 Früchtekorb mit Vögeln, Mosaik aus
          Ravenna (6. Jh.)*
Fig. 6 Zierleiste, Mosaik aus Ravenna (6. Jh.)

Fig. 7 Palladio-Villa aus dem 16. Jh.
Fig. 8 Neubausiedlung unserer Tage

schaftssymbol«, symbolisiert in ihrer äußeren Gestalt das Individuelle, das Besondere, das Elitäre.

Die Figuren 9 und 10 zeigen Strichwiedergaben von Gemälden des Niederländers Brouwer und des Flamen van Dyck. Brouwers Komposition – dargestellt ist ein Quacksalber, der die Leute auf dem Dorf betrügt – ist lebhaft gestaltet. Es herrscht ein kompositionelles Durcheinander, das als Ausdruck der Stimmung und der sozialen Kommunikation der Menschen gewertet werden kann. Van Dycks Doppelporträt dagegen ist streng komponiert. Ruhe und Ordnung kommen zum Ausdruck. Eine soziale Wertung fällt nicht schwer: Die dargestellten Personen, bzw. deren Eltern, sind sehr vermögend. Das kann man von Brouwers Dorfszenerie nicht sagen. Die einfältigen Menschen sind in abgerissenen Kleidern dargestellt, demnach wohl sehr arm. Für beide Bilder trifft zu, daß die Bildstruktur auf die soziale Struktur deutet: Unruhe und Durcheinander verweisen auf »arm« – Ordnung und Ruhe auf »reich«.

Diese Bildinterpretation – um einen kurzen historischen Exkurs einzuflechten – ist übrigens abgeleitet aus der Zeit, in der diese Bilder entstanden sind: Die sozialkulturelle Situation in den Niederlanden und im Flandern des 17. Jahrhunderts kann folgendermaßen skizziert werden: Die flämischen Künstler, zu ihnen zählt van Dyck, arbeiteten im katholisch-aristokratisch geprägten Süden der Niederlande – teilweise das heutige Belgien. Diesen Teil hielten damals die Spanier besetzt. Die Auftraggeber waren vorwiegend Könige und Fürsten oder höhergestellte Persön-

Fig. 9 Zeichnung nach Adriaen Brouwers »Quacksalber«

Fig. 10 Zeichnung nach van Dycks »Doppelporträt«

lichkeiten. Die Künstler hatten sich in der Wahl der Motive und in der Formgebung (Komposition) nach ihren Auftraggebern zu richten. Die häufig großformatigen Bilder strahlen den Glanz und die Pracht des Hofes aus.

Die nördlichen Niederlande kämpften zu diesem Zeitpunkt um ihre Freiheit. Sie waren protestantisch und bürgerlich gesonnen. Die Auftraggeber waren Bürger oder der Freiheitsbewegung nahestehende Fürsten. Deswegen wurden in diesem Teil des Landes das kleine Bildformat gepflegt und auffallend viele Themen, die dem bürgerlichen Milieu entnommen waren, dargestellt. Entsprechend wurde dann auch die Bildstruktur angelegt. Sie erscheint »lebhaft« und sehr dynamisch – jedenfalls nicht so starr wie in manchen Bildern der Künstler aus dem flämischen Bereich.

Bildstrukturen sind also nicht nur Resultat ästhetischer Überlegungen, sondern auch spezifischer sozialer und politischer Ereignisse.

Wir können nun in unsere Tabelle weitere Merkmale für »viel« (Quantität) und »wenig« (Qualität) notieren:

Fig. 2, 4, 6, 8, 9 »viel«   Fig. 1, 3, 5, 7, 10 »wenig«

Quantität	Qualität
additive Reihung	Vereinzelung
»Ramsch«	»guter Geschmack«
das Allgemeine	das Besondere
unterer Mittelstand	oberer Mittelstand, »Geldadel«

Masse	Individuum
Durcheinander	Ordnung
lebhaft	ruhig
bürgerlich	aristokratisch

Fassen wir zusammen: Wir haben festgestellt, daß diese so unterschiedlichen Bild-motive aus einem Zeitraum von vielen hundert Jahren gemeinsame Strukturen auf-weisen, deren Bedeutungsbereich sehr eng gefaßt ist. Ein Schaufenster mit vielen Radioapparaten liegt auf einer gleichen Bedeutungsebene wie ein niederländisches Gemälde aus dem 17. Jahrhundert (Brouwer). Dieser Vergleich sollte uns nicht schwerfallen, obwohl es sich hier um ein »Schaufenster« und um ein »Kunstwerk« handelt. Beide Phänomene können jedoch als »Bilder« und damit als Bedeutungs-träger ihrer Zeit begriffen werden.

Auffallend ist, daß diese »Viel-Wenig-Struktur« zunächst auf eine »Negativ-Posi-tiv-Wertung« hinausläuft – nach dem Motto »weniger ist mehr«. Aber diese Wer-tung ist relativ, wie wir sehr schnell bemerken: Bezogen auf das van Dyck-Bild können »Ruhe und Ordnung« langweilig und ästhetisch starr wirken. Dagegen »lebt« das Brouwer-Bild gerade durch seine fast schon chaotisch zu nennende Dy-namik. Diese Relativität der ästhetischen Wertigkeit läßt sich auch auf den sozial-politischen Bereich übertragen: Die bürgerlichen Niederlande kämpften, um ihre Unabhängigkeit von den Spaniern zu erlangen – oder: es ist keine »Schande« und eines »wohlhabenden Menschen« nicht unwürdig, bei »Horten« oder »Hertie« an-statt in einer Boutique einzukaufen.

Angesichts und eingedenk der Relativität dieser Wertigkeit ist das Schema in sich stimmig und Audruck eines, wenn man so will, »kulturellen Gesetzes«: Gegen-stände oder Gegenstandsgruppen unserer gestalteten Umwelt, ob Kunstwerk, Schaufenster oder Werbeanzeige, erscheinen nicht nur in ihrem »Dingcharakter«, also nicht nur als Form, sondern als Bedeutungträger. Die jeweilige Bedeutung ergibt sich u. a. mittels der ikonologischen Methode aus der Struktur, in der die Gegenstände oder Gegenstandsgruppen präsentiert werden. In diesen Fällen han-delt es sich um die Struktur »Viel-Wenig« und deren entsprechende oder zugeord-nete Begriffsmodifikationen. Wir haben es hier mit einer Art Wahrnehmungsmodell zu tun, mit dessen Hilfe wir Bereiche unserer alltäglichen Erlebnis- und Erfahrungs-welt aufschließen und erklären können.

Worin liegt nun der therapeutische Nutzen dieses Modells? Versuchen wir, es in unserem Alltag anzuwenden, suchen wir also in unserem Erfahrungsraum nach dem Schema »Viel-Wenig«:

Auf dem Bahnhof bei der Ankunft eines Inter-City-Zuges. Aus der ersten Wagen-klasse steigen weniger Menschen – sie haben auch mehr bezahlt – als aus der zwei-ten Wagenklasse. Das trifft nicht nur für soziale, sondern auch für ästhetische Kate-gorien zu: In der ersten Wagenklasse ist es, im Gegensatz zur zweiten Klasse, »ruhi-ger«, »geordneter«, »gepflegter«... Die Beförderungsmittel »Taxi« und »Bus« würden diesem Schema ebenfalls entsprechen.

209

Unser Fotoalbum oder die Dia-Sammlung: Wahrscheinlich würde uns auffallen, daß ein » Lieblingsfoto « oder ein künstlerisch besonders gelungenes Dia oftmals ein » Einzelmotiv « zeigt und damit unter die Rubrik » wenig « fällt.

Wir sollten uns weitere » Alltagsbereiche « einfallen lassen, die wir nach diesem » Modell « befragen. Wir würden dann sehr schnell bemerken, in welcher Weise sich unsere Seh-Gewohnheiten umgestalten und erweitern. Das Kennenlernen unserer Welt hängt nicht nur von der » Er-Fahrung « ab, sondern auch von der Bereitschaft, unsere Wahrnehmungsperspektive zu modifizieren.

Die Praxisrelevanz dieses Modells hängt nun natürlich von einem didaktischen Konzept ab, das seinerseits erst bezüglich einer » therapeutischen Realität « konstruiert werden kann: Das impliziert in diesem Fall, daß die Therapie, beispielsweise eines depressiven Menschen, neben der Behandlung der Symptome eben auch den sozialen Kontext berücksichtigen muß.

Literatur

JUNG, Carl Gustav: Psychologie und Alchemie, Olten 1975
PANOFSKY, Erwin: Studies in Iconology, New York 1967

WALTHER ZIFREUND

Gestaltwahrnehmung und Kunsttherapie

Im folgenden skizziere ich einen Ansatz, von dem ich erwarte, daß er nach mehreren Jahren Entwicklungszeit Angaben über kunsttherapeutische Wirkungen von gestalterischen Anregungen und Anleitungen erlauben wird, und zwar im wesentlichen von Theorien und Befunden der Gestaltpsychologie her (vgl. R. Arnheim, dt. 1965). Es handelt sich also um ein Konzept, ein Entwicklungsprojekt, nicht um etwas schon Fertiges.

Vorfragen

Wenn ich als Therapeut tätig werden will, sollte ich zumindest eine Ahnung haben, wie die Art zu leben aussehen könnte, bei deren Verwirklichung ich dem Patienten oder Klienten behilflich sein möchte.

Johann Gottlieb Fichte hat die Frage nach der » Bestimmung des Menschen « noch sehr zuversichtlich beantwortet: » Nur Eins ist, das ich wissen mag: was ich tun soll, und dies weiß ich unfehlbar « (S. 147). Diese Unfehlbarkeit steht uns heute angesichts der Komplexität der Lebensumstände, der Undurchschaubarkeit vieler Zusammenhänge, des Aufeinanderprallens vieler unterschiedlicher Lebensanschauungen und Lebensformen und der raschen Veränderung der Lebensbedingungen so ohne weiteres wohl nicht mehr zur Verfügung. Zwar bieten Philosophen, Religionen, Weltanschauungen, ideologische Positionen und Heilslehren eine Fülle von Antworten an, die sich allerdings größtenteils widersprechen. Da empfiehlt es sich kaum, eine dieser Aussagen absolut zu setzen oder gar den Versuch zu machen, eine weitere und womöglich mit dem Anspruch auf Allgemeingültigkeit hinzuzufügen.

Seit Karl Jaspers (1919, S. 44–121) auf die Abhängigkeit der Weltanschauungen von Einstellungen hingewiesen hat, geht das wissenschaftlich auch gar nicht mehr. In seiner » Psychologie der Weltanschauungen « unterscheidet er die aktive, die kontemplative und die enthusiastische Einstellung. Damit verweist er auf eine lange Tradition. Schon Seneca, Zeitgenosse Jesu, sprach von der philosophia activa und der philosophia contemplativa (vgl. S. 95, 10). Hanna Arendt hat in ihrem Buch » Vita activa oder Vom tätigen Leben « (1960) die Ideen- und Sozialgeschichte dieser beiden Lebensformen gegeneinander abgewogen.

Vielleicht wurde die Möglichkeit eines ausgewogenen Verhältnisses von nach außen gerichteter Aktivität und verinnerlichter Aufnahmebereitschaft des Wahrnehmens, Empfindens und Denkens in unserem Kulturkreis bereits vor mehr als zweitausend Jahren verspielt, als die Griechen sich für beschwerliche Arbeiten Sklaven hielten (vgl. S. Lauffer, 1965, S. 155 ff.), so daß Platon alle Verrichtungen, die auf Daseinserhaltung bezogen sind, als banausisch abtut und als etwas für Sklaven, das innerhalb des griechischen Bildungsbegriffs keinen Platz hat (vgl. Nomoi – Gesetze 644 a, 2–5; dt. 1959, S. 28). Wir haben ja heute eine ganz ähnliche Situation, was die beschwerlichen Arbeiten angeht, und ein ebenso unausgewogenes Verhältnis zwischen Handeln und Verinnerlichen (vgl. W. Zifreund, 1966). Diese Haltung wurde auch ganz selbstverständlich Lehre der Kirche: »Vita contemplativa simpliciter melior est quam vita activa« – »das beschauliche Leben ist einfach besser als das aktive«. Das ist ein Satz von Thomas von Aquin (dt. 1892, II, 2, 182, 1 f.). Man muß diese Äußerungen drastisch übersetzen: »ist ganz simpel besser«, darüber braucht man gar nicht nachzudenken. Wenn man zu lange über Unausgewogenheiten der Lebensführung nicht nachdenkt, entsteht aber möglicherweise in besonderem Maß Unzuträgliches, heutzutage vielleicht die »Therapie-Sucht«, die bereits in Illustrierten beklagt wird.

Auch die enthusiastische Einstellung hat eine lange Vorgeschichte. Für sie ist das Moment der Begeisterung und der Ekstase entscheidend, wie es u. a. in der Mystik des Abendlands und des Ostens die beherrschende Rolle spielt. Der Religionsphilosoph und Theologe Rudolf Otto hat dies in seinem Buch »Westöstliche Mystik« überzeugend beschrieben. Wenn eine Gesellschaft die Begeisterungsfähigkeit und das Bedürfnis nach Ekstase verdrängt oder vernachlässigt, darf sich niemand wundern, daß Gurus und Sektierer oft auch sehr zweifelhafter Art immer mehr Zulauf finden.

Die von Jaspers beschriebenen grundlegenden Einstellungen sind vielleicht fundamentale Richtungen menschlicher Lebensformen. Ihre Gewichtung mag in den Bereich individueller Unterschiede gehören. Auch im Bereich von Kunst und Kunsttherapie dürften aktives Gestalten, kontemplatives Betrachten, Verinnerlichen und ekstatischer Umgang mit Kunst eine Rolle spielen. Es dürfte darauf ankommen, sowohl auf Ausgewogenheit zu achten wie individuelle Gewichtungen zu respektieren.

Neben der wünschenswerten Beachtung individueller Unterschiede in der Art der Sinnfindung bei gleichzeitiger Bemühung um Ausgewogenheit – allseitiger oder wenigstens möglichst vielseitiger Entfaltung – könnte es aber auch noch Unausgewogenheiten in der jeweiligen Zeitlage geben, die für den Therapeuten allgemein bedeutsam werden können.

Die Handlungsverarmung des modernen Lebens

In den modernen Zivilisationen ist das Leben des einzelnen weithin durch berufliche Vereinseitigung, durch bürokratische Reglementierung, durch passive Konsumentenhaltung im Freizeitbereich, mithin durch eine allgemeine Handlungsverarmung gekennzeichnet.

Wir lachen über Charly Chaplin am Fließband oder an der Fütterungsmaschine, aber sehr viele von uns haben wenig oder gar nichts zu lachen in Berufen, deren einseitige Handlungsabläufe alles andere als Sinnerfüllung bieten können. Und wozu z. B. der Fernsehkonsum führt: daß wir nur noch zusehen, was andere machen, und darüber unser eigenes Leben in Untätigkeit verrinnt, das hat Theodor W. Adorno in seinem »Prolog zum Fernsehen« bereits vor mehr als dreißig Jahren festgestellt: »Die Lücke, welche der Privatexistenz vor der Kulturindustrie noch geblieben war, solange diese die Dimension des Sichtbaren nicht allgegenwärtig beherrschte, wird verstopft. Wie man außerhalb der Arbeitszeit kaum mehr einen Schritt tun kann, ohne über eine Kundgebung der Kulturindustrie zu stolpern, so sind deren Medien derart ineinander gepaßt, daß keine Besinnung mehr zwischen ihnen Atem schöpfen und dessen innewerden kann, daß ihre Welt nicht die Welt ist.« (1963, S. 69 f.)

Im übrigen ist das »Zeitalter der Entdeckungen« für die meisten von uns vorbei. Das Leben ist reglementiert, und wo es ein Abenteuer geblieben ist, wie z. B. im Straßenverkehr, ist dieses Abenteuer nicht für alle Lebensalter gleich attraktiv, und viele von denen, die sich daran berauschen, müssen dies mit ihrem Leben büßen, und viele Unschuldige und Unbeteiligte dazu.

Vielleicht ist also die Handlungsverarmung modernen Lebens ein maßgeblicher Grund für die Therapiebedürftigkeit so vieler.

Die Handlungsverarmung des modernen Lebens scheint sich aus beruflicher Vereinseitigung, behördlicher Reglementierung und daraus folgender allgemeiner Bürokratisierung des Lebens bei gleichzeitiger Zunahme von Passivität und Konsumentenhaltung im Freizeitbereich zusammenzusetzen. Handlungsverarmung kommt demzufolge als allgemeiner krankmachender Faktor in den Blick. Aber wir könnten ja zur Faulheit geschaffen sein und dies nur noch nicht begriffen haben. Um einem solch frechen Ansinnen gegenüber nicht perplex dazustehen oder darauf vielleicht einfach aggressiv zu reagieren, sollten wir uns danach umsehen, ob es plausible Hinweise darüber gibt, wie wir Menschen beschaffen sind.

Hinweise auf die Natur des Menschen

Eine Antwort müßte sich in der Philosophischen Anthropologie finden bzw. untermauern lassen. Dies ist auch der Fall, wenn z. B. Arnold Gehlen den Menschen als »handelndes Wesen« charakterisiert (1961, S. 16). Damit ist gemeint, daß wir Menschen auf Handeln angewiesen sind, zum Handeln geschaffen sind.

In diesem Zusammenhang sind Begriffe wie »Handlungskreis«, »Gestaltkreis« (vgl. V. v. Weizsäcker, 1940) und »Regelkreis« (vgl. H. Schmidt, 1968) von Bedeutung. Die zugrundeliegende Vorstellung referiert Felix v. Cube in seinem Buch »Was ist Kybernetik?«: »Der Handlungskreis ist die Form unserer Arbeit, er ist die Form, in der wir einen beliebigen Zweck in der äußeren Welt erfüllen. Denken und Tun ist in ihm in einer uns im einzelnen nicht bekannten Weise von Natur zu einem Ganzen verbunden. Denken wir an einen ohne Werkzeug arbeitenden Töpfer. Er vergleicht in jedem Augenblick seiner Arbeit den Zustand (Istzustand) seines Tonklumpens mit dem vorgestellten Sollzustand, etwa einem Krug, und er läßt sich fortgesetzt in seinem herstellenden Tun von der festgestellten Differenz der beiden Zustände bestimmen ... Der Handlungskreis besteht aus sehr verschiedenen physischen und organischen Elementen wie Lichtstrahlen, Augen, Händen, sensorischen und motorischen Nervenbahnen, dem zu bearbeitenden Körper und dem Gehirn ... Das Wirken des Handlungskreises ist beendet, wenn sich Ist- und Sollzustand decken ...« (1967, S. 270)

Schon sehr viel früher hat F. E. Otto Schultze in erziehungswissenschaftlichem Zusammenhang auf die erlebnismäßige Seite der Regelkreisstruktur unserer Organisation hingewiesen, und zwar mit dem Begriff des Bewußtseinsverlaufs, den Schultze auf folgendes einfache Schema zurückführt:

	Gefühl	Zielsetzung	
Wahrnehmung			Handlung
	Gedanken	und Entschluß	

Er illustriert dieses Schema u. a. mit folgendem Beispiel: »Ich komme zu einem Buchladen, betrachte die Auslage, lese einen Buchtitel und den Autorennamen. Beide gefallen mir. Sofort ist der Gedanke da: das mußt du haben! Hast du Geld bei dir? Kannst du dir das zu kaufen erlauben? – Eine kurze Überlegung: ›es ist nicht zu teuer‹; und ein Blick in die Brieftasche – ›ja, du kaufst es‹, und schon ergreife ich die Klinke des Ladens, öffne die Tür und kaufe das Buch. Aus dem Gedanken ist eine Willenshandlung mit ihren Überlegungen, dem Entschlusse und der eigentlichen Handlung herausgewachsen.« (1929, S. 10f.)

Die Begriffe Gestaltkreis, Handlungs- und Regelkreis und Bewußtseinsverlauf charakterisieren uns als Wesen, die in jedem Fall angewiesen sind auf

– Informationsaufnahme,
– Informationsverarbeitung und
– Informationsbeantwortung.

Das hört sich durchaus nach einer Aussage über »die menschliche Natur« an.

Informationsaufnahme – Informationsverarbeitung – Informationsbeantwortung als Ordnungsschema für die Arten der Störungen und zugeordneten Therapieformen

Die Arten der Störungen dürften an bestimmten Stellen dieser Grundstruktur lokalisiert sein. Sie können schon im Wahrnehmungsbereich auftreten, ebenso am Denken oder Fühlen, oder sich an den Willensvorgängen in besonderer Weise zeigen, aber auch im Bereich des Ausführens der erforderlichen Handlungen liegen. Die Struktur des Bewußtseinsverlaufs bzw. des Handlungskreises muß lediglich ergänzt werden durch Begriffe des Gedächtnisses bzw. des Unbewußten, um das Organi-

214

sationsschema mit dem Störungs- und Therapieschema in Deckung bringen zu können.

So dürften die prä-, non- und a-verbalen therapeutischen Ansätze des Zeichnens, Malens, Musizierens, des Bildhauerns und Modellierens, der keramischen Arbeit oder des Webens sowohl im Wahrnehmungsbereich wie im Handlungsbereich ihren Ansatzpunkt haben, wenn natürlich dabei die gefühlsmäßigen, denk- und willensbetonten Komponenten auch nicht übersehen werden dürfen, was bei einer ganzheitlichen Betrachtung menschlichen Verhaltens sich beinahe von selbst versteht. Andererseits werden Verfahrensansätze analytischer oder tiefenpsychologischer Art mehr auf das Unbewußte, auf das individuell Biographische, abzielen. Bei anderen Patienten mögen Handlungsbarrieren im Vordergrund stehen.

Ich komme jetzt wieder zurück auf den Gedanken der Handlungsverarmung des modernen Lebens, mit den Phänomenen der Vereinseitigung des Berufes, der Reglementierung und Bürokratisierung der Handlungsspielräume und den Passivmachern der Massenmedien. Wenn Handlungsverarmung, Vereinseitigung, Reglementierung und Passivmacher als pathogene, krankmachende Faktoren des modernen Lebens vermutet werden können, was verursachen sie wohl für Störungen?

Eine allgemeine Antwort könnte lauten: Ähnlich wie es bei Nichtgebrauch einzelner Muskelpartien zu einer Rückbildung, einer Atrophie der betreffenden Muskulatur kommt, dürfte bei Nichtgebrauch des Handelns, des Wollens und Entscheidens eine »Willens- und Handlungsatrophie« entstehen.

Im Gegensatz zur körperlichen Gesundheit, die als »Schweigen der Organe« verstanden werden kann, dürfte seelische Gesundheit gerade umgekehrt im vollen, ganzheitlichen, ausgewogenen Sichtbar- und Spürbarwerden der Summe unserer Erlebens-, Empfindens- und Handlungsmöglichkeiten bestehen. Wenn die Handlungsseite menschlichen Verhaltens verkümmert, so fragt es sich überhaupt, welche Lebensmöglichkeiten dann noch bestehen. Nun könnte es ja sein, daß sich unter diesen Umständen statt der vollen Handlungskreise Ersatzhandlungen herausbilden, bloße Surrogate vollen Lebens oder Reservate, Rückzugsgebiete für handlungsbeschränkte oder -behinderte Wesen.

Sprechen als Ersatzhandlung

Das Leben dieser Zivilisationsbehinderten könnte sich folgerichtig auf Arbeiten und Konsumieren zurückbilden und auf verbleibende Ersatzhandlungen, deren eine sicher im ersatzweisen Gebrauch der Sprache fürs Handeln zu sehen ist.

Sprechen degeneriert dann zur ewigen Wiederkehr des Gleichen im Renommieren, Anklagen, Verurteilen, Sich-über-andere-Erheben, ohne daß irgendwas in oder außer mir verändert oder bewegt wird. Es könnte hier sogar eine Gefahr vorwiegend verbal verlaufender Therapien liegen: daß auch dort im Bereich des Handlungsersatzes, im Bereich von Ersatzhandlungen verblieben wird. Es könnte zudem sein, daß wir das gar nicht merken, weil wir das Sprechen statt des Handelns schon so sehr gewohnt sind. So könnte es sein, daß im Fall von Wahrnehmungsverengungen und von Handlungsverkümmerung mit verbal betonten Therapien schon allein deshalb nicht sehr viel erreicht werden kann, weil das Gesamtgeschehen im Ersatzhandlungsbereich zu verbleiben droht.

Die menschliche Zuwendung mag darüber hinaus viel bedeuten, aber möglicherweise vermag sie weder an der Wahrnehmungsverengung, noch an der Handlungsatrophie etwas zu ändern. Die nicht selten auffällig lange Dauer verbal betonter Therapieformen könnte ein Indiz für die geäußerte Vermutung sein.

Wenn Sprechen in Gefahr ist, den Charakter einer Ersatzhandlung anzunehmen, so muß wohl nach Handlungsbereichen gesucht werden, die ursprünglicher sind. Es ist ja auch nicht so, als würden kaum Menschen nach ursprünglicheren Sinnfindungsmöglichkeiten suchen. Immer mehr Menschen treiben Sport, machen Waldläufe, joggen, schwimmen, betätigen sich handwerklich, legen Wert auf eine naturgemäße Ernährung. Es geschieht viel, und der Handlungsbedarf wird immer deutlicher und von immer mehr Menschen erkannt und gelebt.

Gestalterische Aktivitäten als handelnde Sinnfindung

Vor allem der gestalterische, künstlerische Bereich bietet attraktive Betätigungsmöglichkeiten, um die Handlungsverarmung unserer Zeit auszugleichen. Gestalterische Übungen mögen auch im Rahmen vorwiegend verbaler Therapien wichtig und vielleicht sogar notwendig sein. Das Gestalterische wird hier aber leicht nur als Mittel zum Zweck der Aufarbeitung von Konflikten und Schwierigkeiten benutzt. Die gestalterische Tätigkeit selbst wird in ihrer therapeutischen Funktion dann noch gar nicht als eine selbständige Kraft gesehen.

An einer Kunstschule besteht demgegenüber die Möglichkeit, Therapie durch künstlerisches Gestalten zu entwickeln und auszubauen. Dies empfiehlt sich schon allein deshalb, weil der Beruf des Kunsttherapeuten als Heil-Hilfsberuf nicht mit dem des Psychotherapeuten verwechselt werden darf, schon aus rein rechtlichen Gründen. Es ist unglücklich, daß beide Male der Begriff Therapeut verwendet wird. Der Kunsttherapeut heißt Therapeut, er darf aber keine *Psycho*therapie ausüben, jedenfalls nicht in eigener Verantwortung, sondern nur in Delegation und unter Aufsicht eines therapieberechtigten Arztes, Psychologen oder Heilpraktikers. So ist jedenfalls derzeit die Gesetzeslage.

Im Bereich des Gestalterischen selbst ist der Kunsttherapeut hingegen autark. Er kann sich auf die therapeutischen Wirkungen des gestalterischen Prozesses verlassen, ohne im psychotherapeutischen Bereich dilettieren zu müssen.

Sinnvollerweise wird im psychotherapeutischen Bereich im Team gearbeitet, in dem der Kunsttherapeut das gestalterische Moment zu vertreten hat. Um im gestalterischen Bereich arbeiten zu können, bedarf der Kunsttherapeut gewisser Grundkenntnisse über die Wirkungsweise schon der Wahrnehmungsprozesse.

Gestaltwahrnehmung und das Erlebnis des Schönen

In welchem strukturellen Gesamtzusammenhang muß ich die Wahrnehmungsvorgänge sehen, wenn ich ihren kunsttherapeutischen Stellenwert erfassen möchte? Darauf ist wiederum eine Antwort von der Philosophischen Anthropologie aus möglich.

Arnold Gehlen (1961, S. 104 ff.) weist darauf hin, daß beim Menschen Wahrnehmung im Zusammenhang mit den Instinktresiduen des Menschen einerseits, andererseits von der weltoffenen Weise seiner Informationsverarbeitung her gesehen werden muß. Instinktresiduen sind z. B. wirksam, wo das für die Auslösung menschlicher Brutpflegehandlungen – wie die Verhaltensforscher so schön sagen – verantwortliche sog. »Kindchenschema« wirksam ist (vgl. K. Lorenz, 1940, S. 80; 1943, S. 274 ff.).

Diesem Umstand verdanken unter anderem auch Katzen die intensive menschliche Zuwendung, die sie aufgrund ihres sonstigen freiheitlichen Verhaltens ohne die Wirksamkeit des Kindchenschemas nie erhalten würden.

In diesem Fall ist beim Menschen ein angeborenes artspezifisches Auffassungsschema nach wie vor voll wirksam. Auch Attrappen sind geeignet, das auf den Auslöser hin ablaufende »Brutpflegeverhalten« in Gang zu setzen, wie der Umgang mit Babypuppen überzeugend beweist. Bei Vögeln läßt sich dieser Attrappeneffekt eindrucksvoll nachweisen. Es ist nicht leicht, junge Vögel zum Sperren, d. h. zum Öffnen des Schnabels zur Futteraufnahme zu bringen, wenn man den Auslösemechanismus nicht kennt. Man kann diesen Mechanismus aber ohne weiteres in Gang setzen, wenn man sich der Wirkung des angeborenen artspezifischen Auffassungsschemas bedient und eine geeignete Attrappe verwendet (vgl. R. Tinbergen und D. J. Kuenen, 1939, S. 37, zitiert nach K. Lorenz, 1943, S. 268 f.).

Wir nähern uns dem Gebiet der Kunst, wenn wir z. B. Skulpturen in diese Betrachtung einbeziehen, die ebenfalls mit der Übertreibung von auslösenden Merkmalen arbeiten, wie dies z. B. bei A. Breker der Fall ist. Konrad Lorenz zur Abbildung einer Bodybuilding vorwegnehmenden Plastik von Breker: »Selbst die Übertreibung des domestikations-gefährdeten Merkmales großer Schulter- und geringer Hüftbreite in dieser Plastik wirkt noch als durchaus harmonisch« (1943, S. 289).

Unter Berufung auf Lorenz (1939) faßt Gehlen (1961, S. 108) die Forschungslage zusammen: »Die gesamte Soziologie höherer Tiere baut sich auf Auslösern und angeborenen Schematen auf.« Lorenz stellt bereits die Frage, »ob man die angeborenen Schemata als ›Gestalten‹ bezeichnen darf« (1939, S. 96). Wenn dieser Zusammenhang auch noch einer detaillierten Aufarbeitung bedarf, ist doch in kunsttherapeutischem Zusammenhang hochinteressant, daß Lorenz am Schluß dieser Arbeit bemerkt: »Weder mit geisteswissenschaftlichen Spekulationen, noch mit vorwegnehmenden Lösungsprinzipien, wie … den Archetypen Jungs, werden wir wesentliche Fortschritte der Erkenntnis erreichen, sondern ausschließlich mit der bescheidenen und leider in unserem Fall besonders langwierigen … Alltagsarbeit der induktiven Forschung.« (S. 102)

Der Übergang zum Bereich des Ästhetischen liegt genau an dieser Stelle. Gehlen zitiert hier wieder Lorenz (mit der richtigen Seitenzahl, aber ohne Angabe der Quelle). Das Lorenz-Zitat findet sich in dessen Arbeit »Die angeborenen Formen möglicher Erfahrung« (1943, S. 258): »Das allen Auslösern gemeinsame Merkmal der generellen Unwahrscheinlichkeit, gepaart mit Einfachheit, macht sie für den naturbetrachtenden Menschen ungemein *auffallend*. Aus dem Schwingungschaos des weißen Lichtes sind es gerade die in der organischen Natur so seltenen reinen *Spektralfarben*, aus der unendlichen Fülle unregelmäßiger Formen die *regelmäßigen, symmetrischen*, aus der Unzahl möglicher Bewegungen die *rhythmisch geformten*, die im Auslöser Verwendung finden. Alle diese Dinge rufen beim Menschen die Empfindung des ›Schönen‹ hervor.«

Sollten die anthroposophischen Kunsttherapeuten vielleicht mit nachtwandlerischer Sicherheit die Spektralfarben im Regenbogen nicht so ganz zufällig im therapeutischen Zusammenhang verwenden? Ist es für uns Menschen vielleicht wegen der Tiefenschicht angeborener Auffassungsschemata »regenerativ« – um auf Rose Maria Pütz zurückzugreifen, die Kunsttherapie als eine Alternative »zur Regeneration des Menschen« verstanden haben will (1981) –, wenn wir in Spektralfarben malen? Sollte Eurythmie in ähnlicher Weise die regenerative Wirkung von Rhythmen sich zunutze machen? Vielleicht findet die Vorliebe für rhythmische Bewegung bei der jungen Generation gleichfalls eine plausible Erklärung, wenn die Erscheinungsformen auch noch so weit von anthroposophischer Eurythmie abweichen mögen? Sollten zeichen- und maltherapeutische Ansätze, die mit prägnanten Formen arbeiten, etwa die Gestaltgesetze von Prägnanz und Einfachheit regenerativ nutzen?

Gehlen wundert sich darüber, daß auch für den Menschen »die Auslöser-Eigenschaften aller möglichen Tierarten immer noch irgendwie qualifiziert (›schön‹), nicht aber völlig gleichgültig sind« (1961, S. 109). Von dieser Feststellung versucht er, »so etwas wie eine Unterschicht der eigentlich künstlerischen Erlebnisse freizulegen«. »Dabei ist merkwürdig, daß wir in erster Linie die *optischen* Auslöser der Tiere selbst schön finden, wie die zahlreichen grellfarbigen, gebänderten und gestreiften Prachtkleider so vieler Vögel und Fische, die bizarren und auffallenden Gehörne, Gewehre, Mähnen usw., mit denen sich seit uralten Zeiten die Menschen zu schmücken pflegen, um in liebenswürdiger, reizvoller, majestätischer oder furchteinflößender Weise auf ihresgleichen ›Eindruck‹ zu machen, wobei sie also etwas wie eine soziale Auslöserwirkung mit geborgten Mitteln anstreben.«

»Auf akustischem Gebiete bleibt merkwürdig, daß der ›Ton‹ bzw. ›Klang‹ von sinusförmigem Schwingungsverlauf sehr viel unwahrscheinlicher und seltener als ein ›Geräusch‹ ist; eben deshalb wird… ein Ton oder Klang in der Regel als schön und wohlgefällig empfunden, ein Geräusch fast niemals.

Bei Gerüchen scheint die enge vegetative Verbindung dieses niederen Sinnes mit dem Geschmack, mit der Ekelbereitschaft und der Sexualität, also mit sehr mächtigen Instinktresiduen exklusiver Lebenswichtigkeit, zu erklären, warum es hier bei einer Gattungsbeschränkung geblieben ist, so daß wir so gut wie alle Gerüche des Tierreiches ablehnen.« (S. 110)

An dieser Stelle kann ich eine kritische Bemerkung nicht unterdrücken. Ich spreche statt von niederen und höheren Sinnen lieber von Fern- und Nahsinnen. Gesicht und Gehör sind dafür zuständig, uns schon von ferne Figuren und Klänge oder Geräusche als bedrohlich oder erfreulich oder neutral zu signalisieren, um Annäherungen zuzulassen, selbst vorzunehmen oder sich abzuwenden und zu fliehen.

Der sich Annähernde kann sich aber optisch tarnen, wie z. B. im Märchen der böse Wolf. Dann kann z. B. noch der Geruchsinn die Rettung sein, wenn er mir signalisiert, daß ich, was sich da nähert, »nicht riechen« kann. Wir sollten also den Geruchsinn pflegen. Wo er vernachlässigt wird, könnte es sein, daß der fundamentalen Frage, ob ich jemanden »riechen« kann, keine Bedeutung mehr zugemessen ist. Ich kann mir sehr wohl eine ästhetische Therapie des Geruchsinnes vorstellen, mit weitreichender Wirkung im sozialen Bereich. Zumal in einer Zeit, in der der Gebrauch von Kosmetika den Geruchsinn so sehr zu betrügen in der Lage sein kann, daß ich womöglich nicht mehr merke, daß ich jemanden gar nicht riechen kann. Schlimm, wenn ich den zu nahe an mich heranlasse und womöglich gar nicht mitbekomme, warum ich die Nähe des anderen nicht mehr aushalte: vielleicht wegen der Ausschaltung der Prüfung des Jemanden-riechen-Könnens mittels Chemie.

Auch mag es sein, daß der Eindruck des Nicht-mehr-riechen-Könnens sozusagen psychogen produziert wird, wenn soziale Konflikte auftreten oder einfach die Lebensweise des Betreffenden ungut ist, was in die Diätetik des Leibes wie der Seele hineinreichen kann. Der Arzt Ernst Freiherr v. Feuchtersleben hat 1838 in seinem immer noch höchst lesenswerten Buch »Zur Diätetik der Seele« Karl Leberecht Immermann zitiert: »Freilich dürfte man jetzt nur als erste Hypothese hinwerfen, daß der gute Mensch den Boden und die Luft gesund mache, der Böse und die böse Tat hingegen die Stelle verpeste… Noch klingt dies barock und aberwitzig; nach hundert Jahren gehört es vielleicht zu den trivial gewordenen Sätzen.«

Und wenig später zitiert v. Feuchtersleben Rahel Varnhagen v. Ense: »Sogar gesund werden können Personen wie wir nur, wenn sie den höchsten Ekel vor Kranksein fassen, wenn sie davon durchdrungen sind, daß Gesundheit schön und höchst liebenswürdig ist« (S. 32). Dies nur als Zwischenbemerkung zum Problem einer Bewertung der verschiedenen Sinnesgebiete, die ich als höchst gefährlich und als wissenschaftlich unhaltbar ansehe.

Gehlen fährt an der betreffenden Stelle fort: »Um so merkwürdiger dann der Umstand, daß wir den Duft der Blumen so hoch schätzen, der für Insekten als echtes

Auslösersignal bedeutsam, für uns biologisch völlig gleichgültig ist. Doch trifft sich dieses Rätsel mit dem anderen der Zuordnung von Auslöser und Instinktverhalten über die Grenze des tierischen und pflanzlichen Reiches hinweg: die Spektralfarben der Blüten und ihre Düfte sind Auslöser für die Instinktketten der Insekten.« (S. 110) Es sieht also so aus, als hätte unsere Wahrnehmung angeborene, artspezifische Auslöser als Grundlage, die sich jedoch mehr oder weniger stark von ihren früheren biologischen Funktionen gelöst haben und seitdem für den ästhetischen Bereich zur Verfügung stehen.

Diese aus dem Mensch-Tier-Vergleich stammenden Befunde stoßen häufig auf einen rational schwer begründbaren Widerwillen. Wir wollen nicht mit Tieren verglichen werden, auch wenn wir gleichzeitig Tieren als Kindchenschema-Attrappen möglicherweise innig zugetan sind.

Aber was haben Instinktresiduen und angeborene Auffassungsschemata mit der Gestaltwahrnehmung zu tun? Hierzu noch einmal Arnold Gehlen: Es sieht so aus, als würden wir in unserer Wahrnehmung denjenigen Wahrnehmungsdaten eindeutig den Vorrang zukommen lassen, sie vorrangig beachten und auf sie reagieren, »welche die *allgemeinen* Auslösereigenschaften zeigen, nun aber als ganz neutrale und mit völliger Gleichgültigkeit auch gegenüber den Resten biologischer Bedeutung«.

»... es gibt einen Vorrang der *Auffälligkeit* aller Dinge, welche ›unwahrscheinlich‹ sind, also Spektralfarben zeigen, oder die angesichts des Durchschnitts der möglichen Daten erster Hand formal seltene Eigenschaften haben, also regelmäßige, annähernd geometrische Gestalt, Symmetrie, Wohlordnung oder rhythmisch präzise Bewegtheit. Alle diese Dinge würden völlig unabhängig von irgendeiner auch restweise biologischen Valenz zunächst optisch auffallen und ihrerseits einer ganz abstrakten, nur rudimentär instinktbezogenen, also eigenqualitativen Gefühlszuwendung zugeordnet sein.« (S. 119)

Wesentlich ist der Zusammenhang, der von hier aus hergestellt wird: »Die hier definierten Eigenschaften unserer Wahrnehmung sind... bereits von der Gestaltpsychologie erkannt und teilweise erforscht worden, die sich hauptsächlich um den Nachweis bemüht, daß es solche Vorrangwerte des Wohlgestalteten gibt, daß sie bestimmten Gesetzen folgen und daß vor allem subjektive Zutaten aus dem individuellen Erlebnisbereich hier nicht einspielen. Alle diese Prozesse sind zentral verankert... Es sind die urtümlichen Auslöserqualitäten des Prägnanten, des Symmetrischen und Grellfarbigen, die sich... von den lebenswichtigen Schwerpunkten ablösen und allem, was diese Eigenschaften hat, den Vorrang der Auffälligkeit, ja des ›Reizes‹ verleihen, nun aber mit dem Verlust der biologischen Bedeutung.« (1961, S. 119)

Die Erforschung der »Gesetze des Sehens« ist durch den gleichnamigen Buchtitel für den deutschsprachigen Raum an den Gestaltpsychologen Wolfgang Metzger geknüpft (1936). Unter dem Stichwort »Kreativität« zur Förderung des Formverstandes und der Darstellungsfähigkeit empfiehlt Wolfgang Metzger: »Es kommt wesentlich an

1. auf eine Sensibilisierung für die Eigenschaften der Dinge,
2. auf den Abbau der Ichhaftigkeit…« (W. Metzger, 1971, S. 194)

An anderer Stelle sagt er zu dem letzten Punkt ergänzend: » Um die ichhafte Brille abzulegen, d. h.: sich für die wahren Gewichtsverhältnisse unter den Eigenschaften der Dinge und Wesen unserer äußeren Umwelt wieder empfänglich zu machen, … wird … nicht weniger verlangt als ein innerer Umbau des Menschen, der schon in die Grundlagen des Verhaltens, in den Kern des eigenen Wesens hinabgreift…« (1949, S. 74)

Wolfgang Metzger betont, wie außerordentlich schwierig es sei, diesen geforderten inneren Umbau zu realisieren, aber er sagt an den zitierten Stellen nicht, wie wir das machen sollen.

Von den Forschungsergebnissen der Gestaltpsychologie her (vgl. R. Arnheim, 1965) liegt der nächste Schritt eigentlich zum Greifen nahe. Das erste Kapitel des Arnheimschen Buches heißt » Gleichgewicht «, das braucht nur auf die von Metzger erwähnten wahren » Gewichtsverhältnisse « (siehe oben) bezogen zu werden. Aber es soll hier nicht versucht werden, an dem Arnheimschen Buch entlang die Verbindungen von den Befunden zur Gestaltwahrnehmung zu Möglichkeiten der Kunsttherapie herstellen zu wollen. Arnheim hat mehr als zehn Jahre gebraucht, um die kunstrelevanten Ergebnisse gestaltpsychologischer Forschung zusammenfassend darzustellen. Ich glaube nicht, daß ein Entwicklungsprojekt » Gestaltwahrnehmung und Kunsttherapie « rascher zu einem einigermaßen überzeugenden Überblick über die Möglichkeiten kunsttherapeutischer Anwendung gestaltpsychologischer Forschungsergebnisse gelangen wird, von untersuchten Wirkungen ganz zu schweigen.

Im folgenden soll nur eine einzige, auf gestaltpsychologische Aussagen bezogene Hypothese etwas genauer dargestellt werden.

Die grundlegende Aussage der Gestaltpsychologie und ihre Verbindung zur Kunsttherapie

Im Wahrnehmungsbereich läßt sich der grundlegende Befund der Gestaltpsychologie einfach veranschaulichen: » Das Ganze ist mehr als die Summe seiner Teile. «

Als Illustration eignen sich Surrealisten verschiedenster Epochen; auch ein Dali würde sich dafür gut eignen (vgl. Abb. 66).

Was es mit dem Ganzen und den Teilen auf sich hat, dem will ich aber gar nicht nachzugehen versuchen. Eingehen möchte ich auf einen noch viel elementareren beschreibenden Befund der Gestaltpsychologie, auf den Irvin Rock (1985) eher beiläufig hinweist. Daß » die Sinneswelt auf der Grundlage angeborener Schemata analysiert und zum Beispiel ein Objekt vom Hintergrund getrennt wird « (S. 9).

Das Bild von Ichiyusai benutze ich nur als Vorverweis. Der Kopf des Mannes ist beinahe als Negativraum dargestellt. D. h. er ergibt sich dadurch, daß die Umgebung des Kopfes ausgemalt wurde, der Kopf selbst so gut wie gar nicht. Die surrealistischen Minimännchen als Konturzeichnungen könnte man weglassen.

Vorerst frage ich erst einmal weiter: Unter welchen Bedingungen würden wir den Kopf des Mannes nicht mehr als Kopf erkennen? Die Antwort auf diese Frage lautet: Wir können Gestalten visuell überhaupt nur als Gestalten wahrnehmen, *wenn sich die Figur vom Grund abhebt.* Gestaltwahrnehmung braucht stets die Figur-Grund-Relation, Gestalten können wir überhaupt nur unter dieser Bedingung wahrnehmen (vgl. Abb. 67).

Ganz schön kitschig, aber eine klassische Illustration der Figur-Grund-Relation. Aber nicht nur kitschig, sondern auch ganz schön witzig. Auf dem Bild ist noch als Goldauflage auf der Vase erkennbar: Silver Jub – nun ist das Jubelpaar leicht identifizierbar, wenn ersatzweise die Vase als Grund für die beiden Gesichter benutzt wird.

Die Figur-Grund-Aussage beschreibt scheinbar eine Banalität: Natürlich muß sich die Figur in irgendeiner Weise vom Grund abheben, wenn sie mit ihm identisch wäre, gäbe es irgendeine Monochromie.

Es wäre fast eine Idee für einen Science-fiction-Roman: Irgendeinen Bösewicht oder Helden oder eine Bösewichtin oder Heldin mit der Fähigkeit auszustatten, die genaue Farbe oder Musterung des jeweiligen Hintergrunds anzunehmen, um unsichtbar zu werden. Dieser Gedanke ist gar nicht so spinnig: Wenn man der Natur nur genug Zeit läßt zu entsprechenden Mutationen, so ergibt sich daraus die Mimikry unzähliger Tierarten. Wolfgang Metzger hat in den »Gesetzen des Sehens« zwei von zwölf Kapiteln ausschließlich der Darstellung der Gestaltgesetze im Dienst der Tarnung gewidmet, Paraphrasen zum Thema: Aufhebung des Figur-Grund-Unterschieds.

Handelt es sich um prägnante Gestalten, wie z. B. ein Rechteck, so verzichtet »unser Auge« – oder sollte ich besser sagen »unser Gehirn«, sicher diese beiden und manches dazu –, so verzichten wir sogar auf einen zusammenhängenden Hintergrund und sehen ein Rechteck, wo gar keines ist, so sehr sind wir auf Gestaltauffassung fixiert (vgl. Abb. 68).

In dieser Erfassung von Gestalten also, als sich von einem Grund abhebender Figuren, liegt das wahrnehmungs- und erlebnismäßige Fundament unserer Icherfahrung. Wir erleben uns als Gestalten, und dieses Figur-Grund-Erlebnis ist das Modell aller sonstigen Gestalterfahrungen.

Die Gestaltauffassung brauchen wir auch dazu, um ein Wiedererkennen von Gestalten, seien es Dinge, Pflanzen, Tiere oder Menschen, zu ermöglichen. Neuerdings weisen hirnphysiologische Forschungen darauf hin (vgl. D. H. Hubel, 1963), daß es in unserem Gehirn für die Gestaltidentifikation u. a. Regionen gibt, die z. B. zur Identifikation von senkrechten hellen oder dunklen Linien oder Schrägen bestimmter Winkel, aber auch von visuellen Bewegungen dienen. Vitus B. Dröscher hat in dem populären Buch »Magie der Sinne im Tierreich« (1966) über diese Forschungen berichtet (vgl. dort S. 21 ff.). Es scheint also, daß wir über besondere Identifikationszentren für die Gestaltwahrnehmung verfügen.

Identifikation ist jedoch nur eine der Aufgaben des Sehens. Wir brauchen sie, im modernen Straßenverkehr würden wir keinen Tag überleben, wenn wir nicht genauestens die Annäherung bewegter Objekte identifikativ erfassen könnten. Zur

Wahrnehmung der ästhetischen Auffälligkeit der Welt, von der zuvor bei Lorenz und Gehlen die Rede war, bleibt uns hierbei keine Zeit. Wenn wir uns an dem, was wir sehen, freuen, müssen wir außerhalb der Notwendigkeit einer lebensrettenden raschen Reaktion sein.

Erst mit der Funktion des Differenzierens betreten wir den Bereich der Ästhetik. Alle identifizierenden Gestaltwahrnehmungen erfolgen notwendig als Ichprojektionen, bis weit außerhalb des menschlichen Bereiches, es mag sich um die launische Forelle handeln oder um das Röslein rot, den guten Mond und die liebe Sonne. Das ist auch gar nicht weiter verwunderlich, denn wir haben nur uns selbst, um uns andere Wesen und die ganze Welt vorzustellen. Etwas unnötig kompliziert ausgedrückt: Ichkonstitution vollzieht sich notwendig über Ichprojektion. Ichprojektion ist aber zugleich ein gefährlicher Vorgang. Er kann auch dazu führen, daß ich etwas nur in mir Befindliches in den anderen Menschen hineinlege, ohne daß beim anderen hierfür eine reale Grundlage gegeben ist.

Anatol Rapoport erzählt in einer Darstellung der Operationalen Philosophie (1953; dt. o.J.) eine alte chinesische Geschichte: »Ein Bauer vermißte eine Geldsumme und verdächtigte zunächst den Sohn seines Nachbarn. Er begann, den Jungen genau zu beobachten, und war bald überzeugt, daß er der Dieb sei. Der Junge wich seinen Augen aus und sein Benehmen war scheu. Einige Zeit später fand der Bauer sein Geld an dem Platz, wo er es hingelegt hatte. Als er den Sohn seines Nachbarn wiedersah, blickte der Junge ihm gerade ins Gesicht und sein Benehmen war freundlich.« Es kann ebensogut sein, daß der Bauer lediglich seine Vermutungen in die Ereignisse hineinprojiziert hat, wie daß sein Mißtrauen tatsächlich eine Veränderung des Verhaltens des Jungen bewirkt hat. Auf dieses Phänomen hat Thomas D. Eliot (1937) bereits vor knapp fünfzig Jahren hingewiesen und von Reaktionen auf voraussagende Annahmen (reactions to predictive assumptions) gesprochen. Im pädagogischen Bereich zeigt sich etwas ähnliches, daß nämlich die Einschätzung von Schülern durch den Lehrer die tatsächlichen Schulleistungen in der Art einer sich selbst erfüllenden Prophetie (selffullfilling prophecy) beeinflussen.

Es liegt auf der Hand, daß solche, die Realität verzerrenden und faktisch beeinflussenden Projektionen zu einer Vielzahl von Störungen führen können. D.h. es handelt sich hier um ein therapeutisch wichtiges Problem.

Aber noch einmal: Was soll Ichprojektion im engeren Sinn mit Kunsttherapie zu tun haben?

Ich referiere jetzt die Entstehung einer Hypothese. Bei Betty Edwards (1982) wird in ihrem großartigen Zeichenkurs auf die Bedeutung des Negativraums hingewiesen. »Das Interesse für die einzelnen Dinge scheint [wenn die Kinder sich der Adoleszenz nähern] an die Stelle der weitgehend ganzheitlichen Weltsicht des kleineren Kindes zu treten, für das alles gleich wichtig ist, einschließlich der negativen Räume: des Himmels, des Bodens und der alles umgebenden Luft. Gewöhnlich bedarf es eines jahrelangen Trainings, um Erwachsene, die zeichnen lernen wollen, davon zu überzeugen, daß die negativen Räume innerhalb des

Bildgefüges das gleiche Gewicht haben und genauso sorgfältig berücksichtigt werden müssen wie die positiven Formen. Das ist das Prinzip, das Künstlern sehr geläufig ist.«

Um die ganzheitliche, künstlerische Sehweise in Gang zu bringen, läßt Betty Edwards Negativ-Zeichnungen, z. B. eines Stuhls, anfertigen (vgl. S. 127 ff., Abb. 69). Das folgende Bild gibt ein erstes Ergebnis wieder (Abb. 70), das mir von Marianne Hopf zur Verfügung gestellt worden ist. Solchen Negativraumzeichnungen mißt Betty Edwards im Rahmen ihres Kurses besondere Bedeutung bei. Dies ist die erste Stufe der Hypothesengewinnung gewesen: Negativraumzeichnungen werden für geeignet gehalten, künstlerisches Sehen zu fördern.

Der zweite Schritt der Hypothesenbildung ergab sich beim Anhören des Referats von Viktoria Brockhoff, die auf dem Symposium für Musik-, Kunst- und Tanztherapie im September des Jahres 1985 an der Universität Münster ein Referat über »Malen am Krankenbett« hielt, aus dem der Text hervorgegangen ist, der in diesem Band abgedruckt ist (S. 17–39). Sie berichtete dort über eine Patientin mit Schilddrüsenüberfunktion (Hyperthyreose), die operiert werden sollte, aber wegen schwerster Herz-Kreislaufstörungen nicht operiert werden konnte. Abgesehen von schilddrüsenunspezifischen Herz- und Beruhigungsmitteln wurde diese Patientin allein mit Maltherapie behandelt. Viktoria Brockhoff führt aus, daß Farbstudien mit allen Farben des Farbenkreises sich als therapeutisch unwirksam erwiesen, und setzt fort: »Erst Baumstudien in den Jahreszeiten brachten eine Wendung. Dabei wurden die vier Jahreszeiten durch immer den gleichen Baum charakterisiert. Der Frühlingsund der Winterbaum sollten von ihr so angelegt werden, daß die blühende bzw. schneebedeckte Baumkrone jeweils als Negativform ausgespart würden... Die Ausführung dieser Übung fiel der Patientin sehr schwer, durch beharrliches Üben und Konzentration brachte sie aber schließlich zwei harmonisch gelungene Bilder zustande. Während dieser Zeit kam es zu einer deutlichen Rückkehr der Pulsfrequenz auf normale Werte, das Pulsdefizit verschwand, ebenso die Angst- und Unruhezustände mit unregelmäßiger Herzaktion. Wir konnten die Frau symptomfrei nach Hause entlassen.« (vgl. Abb. 9–11)

Das hört sich grotesk an. Dieses simple Bäumemalen soll etwas in Bewegung bringen, was zuvor allen Behandlungsversuchen innerhalb von neun Jahren (!) widerstanden hat?

Der dritte Schritt ist die Hypothese selbst, gleich mit dem theoretischen Hintergrund formuliert, den ich zuvor angedeutet habe: Es ist zu vermuten, daß Negativraumdarstellungen nicht nur künstlerisches Sehen befördern, sondern auch tieferliegende Prozesse in Gang bringen können. Bei Negativraumdarstellungen wird verlangt, Figuren nicht identifikativ in Ichprojektionstechnik zu gestalten, sondern vom Umraum her. Es ist zu vermuten, daß diese Sehweise vom Umraum her statt vom Ich aus möglicherweise auch in weitergehendem Sinn zu einer Umstrukturierung der Sichtweise von einer ichzentrierten Auffassung zu einer umfeldorientierten oder wenigstens das Umfeld ausgewogen mit berücksichtigenden Situationsauffassung, -verarbeitung und -beantwortung führt.

224

Diese Hypothesen sind zu untersuchen. Ich möchte in diesem Zusammenhang noch einflechten, welche Erfahrung ich mit mir selbst gemacht habe bei dem Versuch, einen Negativraum-Baum zu malen.

Der erste Versuch fiel ganz unbefriedigend aus. Ich malte mit ichhaften Strichen mit der rechten Hand aus dem Umfeld an den Baum heran. Das war sehr deutlich zu sehen. Bei dem zweiten Versuch malte ich beidhändig vom Baum aus in das Umfeld hinein, sozusagen ichentlastet. Dabei bemerkte ich, daß ich die ausgesparte Baumgestalt vielleicht dadurch deutlicher sichtbar machen könnte, wenn ich Komplementär-Kontraste auszunutzen versuche. Mir fiel Itten ein und seine überzeugenden Farbtafeln über komplementäre Farbverstärkung. Auf einmal war dies keine beliebige Information mehr, sondern ein erster Schritt eines hochinteressanten Lernprozesses.

In diesem Zusammenhang fiel mir ein weiteres ein. In vielen kunsttherapeutischen Darstellungen fällt auf, daß ein Zusammenhang zwischen Therapieerfolg und künstlerisch technischem Lernprozeß bzw. Formniveau des gestalterischen Produkts besteht. D.h.: Wenn die Bilder ästhetisch einen Lernzuwachs signalisieren, klingen häufig die Störungen ab, umgekehrt ist eine Zunahme der Störung nicht selten von einer Abnahme des Formniveaus begleitet (vgl. S. Wolff, 1986, S. 27–47; A. Reiter, 1984, S. 160).

Durch diesen Gedanken ist eine zusätzliche Hypothese nahegelegt: Auch bei dem darstellerischen Mittel »Negativraum« dürften neben der Überwindung der Ichprojektion und damit der Ichfixierung der gestalterische Lernprozeß, seine Attraktivität und seine wahrnehmbaren Erfolge therapeutisch wirksam sein. Ich sage statt »negativ« lieber »Umfeld«, weil das Begriffspaar negativ – positiv in unserer Sprache wertneutral beinahe nicht gedacht werden kann. Es ist besser von Figur – Grund oder von Gestalt – Umfeld zu sprechen. Sicher hat Viktoria Brockhoff recht, daß wir bei solchen Hypothesen zunächst einmal vom Einzelfall – also kasuistisch – vorgehen müssen, um sodann empirische Untersuchungen anzuschließen. In einer Kunsttherapie-Ausbildung mit klinischen Arbeitsmöglichkeiten müßte dies möglich sein.

Zuvor bereits ist es überraschend, wie häufig der Negativraum auftaucht, wenn nur erst einmal eine Sensibilisierung in Richtung auf diese Hypothese erfolgt ist. Dann fällt z. B. bei Abb. 72, einer Collage, auf, daß das Umfeld hinter dem Kopf als Negativraum dargestellt ist, oder bei einer Holzplastik, daß deren eigentliche »Gestalt« als Negativraum ausgespart bleibt (Abb. 71). Die Figur-Grund-Problematik setzt sich in die Hell-Dunkel-Licht-Schattenwirkung weiter fort, bietet also therapeutisch Weiterführungsmöglichkeiten (Abb. 73).

Durch solche Anregungen kann eine Fülle von gestalterischen Weiterführungsprozessen angeregt werden. So z. B. bei der folgenden Bildserie von Marianne Hopf (Abb. 74, 75). Auch im bildhauerischen Bereich setzt z. B. K. H. Türk bei der Holzarbeit mit Gegenfiguren (Abb. 32–35) den gestalterischen Prozeß in Gang. Die Ichprojektion ist auch bei diesem streng linearen Beispiel noch sehr deutlich, ebenso das Gleichgewicht, das durch die Gegenfigur entsteht (Abb. 74).

So viel zur Figur-Grund-Thematik. Ist erst einmal im visuellen Bereich eine Sensibilisierung im Blick auf solch elementaren Sachverhalt geweckt, schießen weitere Hypothesen nur so aus dem Boden. Andeuten möchte ich dies mit der letzten Frage: Könnten eventuell auch noch andere Wahrnehmungspolaritäten als »Figur-Grund« therapeutische Effekte vermuten lassen?

Eine Idee dazu unter vielen naheliegenden möchte ich noch äußern. Vielleicht verhält es sich mit »oben – unten« ähnlich wie mit »Figur – Grund«.

Zunächst ein ganz einfacher Befund. Ein auf der Grundfläche stehendes gleichschenkliges Dreieck ist erlebnismäßig eine ganz andere Gestalt als eben dieses gleiche Dreieck, wenn ich es auf den Kopf stelle. Es scheint wahrnehmungsmäßig eine Bevorzugung der Vertikale zu bestehen.

Dazu zwei ergänzende Informationen aus Arnheims »Kunst und Sehen« (1965, S. 72): »Für kleine Kinder haben diese Richtungsänderungen keine Bedeutung. Es gibt zwar keinen Grund zur Annahme, sie sähen diese Richtungsunterschiede nicht, aber es macht ihnen nichts aus, z. B. ein Bild umgekehrt zu betrachten. Die Orientierung scheint erst im 6. Lebensjahr eine Bedeutung zu erhalten ... Gleichgültigkeit gegenüber der Raumlage wurde jedoch auch bei erwachsenen ›Primitiven‹ beobachtet. Koffka berichtet, daß Bantu-Neger Abbildungen von Dingen, die ihnen bekannt waren, ebensogut erkannten, wenn sie verkehrt oder richtig gezeigt wurden. Ebenso konnten die wenigen unter ihnen, die Lesen gelernt hatten, mit unveränderter Schnelligkeit lesen, wenn der Text herumgedreht wurde.«

Hier möchte ich die hypothesenbildende Frage anschließen: Könnte es sein, daß eine störungsbildende Fixierung auf »oben und unten« im übertragenen Sinn durch eine Flexibilisierung im Wahrnehmungsbereich wieder aufgelöst werden kann? Erstaunlicherweise greift Betty Edwards auch das »oben – unten« in ihrem Zeichenkurs als ebenso bedeutsam auf wie die Figur-Grund-Thematik mit dem Negativraum (vgl. S. 66ff.). Sie läßt Picassos Stravinsky-Porträt auf den Kopf gestellt kopieren (Abb. 75; die Kopie ist ein mir von der Fachklasse Kunsttherapie zur Verfügung gestelltes Beispiel). Diese Vorgabe hat bei Claudia Göhring zu einer Reihe weiterer Gestaltungen angeregt (vgl. Abb. 53–55).

Es scheinen auf diese Weise künstlerische Prozesse zustande zu kommen, die in therapeutischem Zusammenhang möglicherweise Verfestigungen auflösen könnten. Im optimalen Fall könnten sich aus solchen Ansätzen, im Fall eines empirischen Wirksamkeitsbeweises, sogar indikationsspezifische therapeutische Möglichkeiten ergeben.

Ich fasse zusammen:

– Die Frage nach dem Ziel von Therapie verweist auf verschiedene mögliche Einstellungen zum Leben.
– Die Handlungsverarmung unserer Lebensumstände kann als allgemeiner pathogener Faktor angesprochen werden, der maßgeblich an dem gegenwärtigen Therapieboom beteiligt sein dürfte.
– Wir Menschen sind auf Handeln angewiesene Geschöpfe.

– Störungen können an so gut wie allen Punkten des Handlungskreises festgemacht sein, die Therapieformen sollten darauf eingehen.
– Möglicherweise ist Sprechen in vielen Fällen schon zum Handlungsersatz oder zur Ersatzhandlung degeneriert und dann auch nicht mehr sonderlich als Vehikel der Therapie für die Zeitkrankheit Handlungsatrophie geeignet.
– In einer handlungsverarmten Welt bleibt das kreative Gestalten als ein weites Feld sinnerschließender Betätigungsmöglichkeiten.
– Unser Wahrnehmen basiert auf angeborenen Auffassungsschemata, hat sich aber von den biologischen Notwendigkeiten so weit gelöst, daß wir die Schönheiten der Welt insbesondere auf der Grundlage der Spektralfarben und der einfachen prägnanten Gestalten erfassen können.
– Diese angeborenen Formen möglicher Erfahrung untersucht die Gestaltpsychologie sieht in einer Sensibilisierung für die Eigenschaften der Dinge und in einem Abbau der Ichhaftigkeit Möglichkeiten zur Förderung der Kreativität.
– Die grundlegende Aussage der Gestaltpsychologie besagt, daß wir Gestalten, Figuren überhaupt, nur wahrnehmen können unter der Bedingung, daß sie sich vom Grund, vom Umfeld abheben.
– Gestalten sind primär Ichprojektionen. Diese Projektionsfunktion ist zum Identifizieren unbedingt erforderlich, kann sich aber als Hemmung des differenzierenden Blicks erweisen und auch zu projektiven Verzerrungen des Wahrnehmens führen.
– Negativraumbilder vermögen u. U. eine übermäßige Ichfixierung der Wahrnehmung aufzuheben bzw. ihr entgegenzuwirken und scheinen therapeutisch wirksam zu sein.
– Ähnlich wie beim Figur-Grund-Problem könnte es sich bei einer Umkehrung des »oben und unten« verhalten. Vielleicht erklärt dies, warum die Baselitzschen Umkehrbilder so gut ankommen.

Literatur

ADORNO, Theodor W.: Prolog zum Fernsehen, in: Eingriffe. Neun kritische Modelle, Frankfurt am Main 1963, S. 69–80
ARENDT, Hanna: Vita activa oder Vom tätigen Leben, Stuttgart 1960
ARNHEIM, Rudolf: Kunst und Sehen. Eine Psychologie des schöpferischen Sehens (Originaltitel: Art and Visual Perception – a psychology of the creative eye, University of California 1954, University of Los Angeles 1960), dt. Berlin 1965
CUBE, Felix v.: Was ist Kybernetik? Grundbegriffe, Methoden, Anwendungen, Bremen 1967
DRÖSCHER, Vitus B.: Magie der Sinne im Tierreich, München 1966
EDWARDS, Betty: Garantiert zeichnen lernen. Das Geheimnis der rechten Hirn-Hemisphäre und die Befreiung unserer schöpferischen Kräfte (Originaltitel: Drawing on the Right Side of the Brain. A Course in Enhancing Creativity and Artistic Confidence, Los Angeles 1979), dt. Reinbek 1982
ELIOT, Thomas D.: Reactions to predictive assumptions, in: American sociological review 2 (1937), No. 4

FEUCHTERSLEBEN, Ernst Frh. v.: Zur Diätetik der Seele (1834), 1947 und Stuttgart 1980

FICHTE, Johann Gottlieb: Die Bestimmung des Menschen, Leipzig 1946

GEHLEN, Arnold: Philosophische Anthropologie, Reinbek 1961

HUBEL, David H.: The Visual Contex of the Brain, in: Sc. Am. 212 (1965), S. 54–62

JASPERS, Karl: Psychologie der Weltanschauungen, Berlin 1919

LAUFFER, Siegfried: Die soziale Frage in der Antike, in: Der Evangelische Erzieher 17 (1965), Heft 5

LORENZ, Konrad: Vergleichende Verhaltensforschung, in: Verhandlungen der Dt. Zool. Ges. 1939, S. 69–102

LORENZ, Konrad: Durch Domestikation verursachte Störungen arteigenen Verhaltens, in: Z. f. angew. Psychol. u. Charakterkunde 59 (1940), S. 2–81

LORENZ, Konrad: Die angeborenen Formen möglicher Erfahrung, in: Z. f. Tierpsychol. 5 (1943), S. 235–409

METZGER, Wolfgang: Grundlagen der Erziehung zu schöpferischer Freiheit, Frankfurt am Main 1949

METZGER, Wolfgang: Psychologie in der Erziehung, Bochum 1971

OTTO, Rudolf: Westöstliche Mystik, 1926

PÜTZ, Rose Maria: Kunsttherapie. Eine Alternative zur Regeneration des Menschen, Bd. 1: Die Maltherapie, Bielefeld 1981

RAPOPORT, Anatol: Philosophie heute und morgen. Einführung ins operationale Denken (Originaltitel: Operational Philosophy – Integration Knowledge and Action, New York 1953), dt. Darmstadt o. J.

REITER, Alfons: Vampirmotive als Aggressionsausdruck beim Depressiven, in: Helmut Hartwig und Karl-Heinz Menzen (Hrsg.): Kunst-Therapie, Berlin 1984, S. 153–172

ROCK, Irvin: Wahrnehmung. Vom visuellen Reiz zum Sehen und Erkennen (Originaltitel: Perception, New York 1984), dt. Heidelberg 1985

SCHMIDT, Hermann: Kybernetik als anthropologisches Problem, in: Walther Zifreund (Hrsg.): Schulmodelle, Programmierte Instruktion und Technische Medien, München 1968, S. 13–29

SCHULTZE, F. E. Otto: Grundlegung der Pädagogik, Teil II: Grundbegriffe der Allgemeinen Pädagogik, Langensalza 1929

SENECA, L. A.: Epistulae, Straßburg 1809

THOMAS VON AQUINO: Summa theologica, Regensburg 1876, dt. Regensburg 1892

TINBERGEN, R. und D. J. KUENEN: Über die auslösenden und die richtungsgebenden Reizsituationen der Sperrbewegung von jungen Drosseln (Turdus m. merula L. und T. e. ericetorum Turton), in: Z. f. Tierpsychol. 3 (1939)

WEIZSÄCKER, Viktor v.: Gestaltkreis, Stuttgart 1940

WOLFF, Siegfried: Klinische Maltherapie, Berlin 1986

ZIFREUND, Walther: Über das Verhältnis von Erkenntnis und Arbeit, in: Pädagogische Arbeitsblätter 18 (1966), S. 17–32

228

JÜRGEN THIES

Kunsttherapie und Religion

> *»Die neuen Wahrheiten liegen in der Luft, bevor sie zur Aussage kommen können; und wenn sie zum erstenmal zur Aussage gelangen, geschieht es unweigerlich in unzulänglicher Weise. In ihrer Entstehung dem Aufleuchten eines Schimmers in der Nacht ähnlich, ziehen sie uns an. Doch wissen wir zunächst nicht genau, in welcher bestimmten Richtung oder auf welcher Ebene sich die Lichtquelle befindet. Und dann tasten wir lange weiter, wir stoßen uns an vielen dunklen Dingen, wir lassen uns von manchem Widerschein täuschen, bevor wir die Helle erreichen, deren Strahlen uns leiten.«*
>
> *(P. Teilhard de Chardin, 1974, S. 108)*

In den bisherigen bundesweiten Diskussionen um die Lehrinhalte der Ausbildung zum Kunsttherapeuten spielte die Religion eine untergeordnete Rolle. Ich möchte untersuchen, ob dies berechtigt ist, oder ob sich bis jetzt noch nicht genügend beachtete Aspekte ergeben, die eine Änderung dieser Auffassungen erfordern. Mir scheint es dabei wichtig, die Bedürfnisse, Ansprüche und Notwendigkeiten der beteiligten Menschen und die fachspezifischen Anforderungen zu berücksichtigen. Deshalb die Aufgliederung in folgende Bereiche:

1. *Hinwendung, Zuwendung*
   das betrifft die Patienten bzw. die Therapiebedürftigen,

2. *Ausbildung, Anwendung, auf den Weg bringen, die Beziehung herstellen*
   das betrifft sowohl die Studenten und das Ausbildungsinstitut als auch die Berührung und die Zusammenarbeit mit Fachärzten, Psychologen und anderen therapeutisch Tätigen,

3. *Offenlegung der sich ergebenden Zusammenhänge*
   Bewußtwerden der Aufgabenstellung, Zugang zu den Quellen, vom Werden im Ganzen

1. Hinwendung, Zuwendung

Im ursprünglichen Sinn des Wortes Therapie soll dem leidenden, dem bedürftigen Menschen gedient, soll er gepflegt und geheilt werden. Deshalb wenden wir uns zunächst ihm zu. Woran leidet er, was bedrückt ihn, was macht ihn krank, was schafft Dissonanzen in seinem Leben?

Die Antworten hierauf sind ungeheuer vielfältig. Die auf organische und neurologische Ursachen zurückzuführenden Krankheiten gehören in das Gebiet des Facharztes. Aber auch die Ursachen für psychische Erkrankungen sind so zahlreich, daß die Beschränkung auf unsere Aufgabenstellung angebracht ist.

C. G. Jung hat sich in seiner jahrzehntelangen Praxis immer wieder mit der Religiosität beschäftigen müssen. Allem Anschein nach sehr häufig, denn er kam schließlich zu der Überzeugung, daß jede Neurose im Kern ein religiöses Problem enthält. Nach ihm »krankt jeder in letzter Linie daran, daß er das verloren hat, was lebendige Religionen ihren Gläubigen zu allen Zeiten gegeben haben, und keiner ist wirklich geheilt, der seine religiöse Einstellung nicht wieder erreicht hat, was mit Konfessionen oder Zugehörigkeit zu einer Kirche natürlich nichts zu tun hat. Die Neurose ist nämlich letzten Endes ein Leiden der Seele, die ihren Sinn nicht gefunden hat.« (C. G. Jung, 1923, S. 612)

Auch Erich Neumann äußert sich ähnlich, wenn er sagt, »wir wissen, daß den Kern der Neurosen unserer Zeit das religiöse Problem oder allgemeiner gefaßt das Problem der Auseinandersetzung mit dem Selbst bildet. In diesem Sinne sind die Neurosen ebenso wie die aus dieser Situation resultierenden Massenerscheinungen eine Art ›heilige Krankheit‹. Von ihr ist alles in unserer Epoche ergriffen, aber hinter ihr steht die Gewalt eines numinosen Zentrums, das nicht nur die Normalentwicklung des Einzellebens, sondern auch seine psychische Krisen und den Wandlungsprozeß, nicht nur die Krankheit, sondern auch ihre Heilung beim einzelnen und beim Kollektiv, wie zu dirigieren scheint.« (E. Neumann, 1980, S. 137)

»Und Gott schuf den Menschen zu seinem Bild, zum Bilde Gottes schuf er ihn« (Altes Testament, Moses I, 27). Religion, herkommend von »religere«, zurückbinden, wieder verbinden, sucht die Annäherung der »Abbilder« mit dem Urbild. Die Menschen unserer Zeit sind die »Geworfenen«. Die anstehenden und anstürmenden Probleme sind so vielfältig, daß sie den einzelnen überfordern. Er fühlt sich bedroht und sieht sich seines Lebenssinnes beraubt. Die insbesondere in Deutschland stark zurückgehenden Geburtenraten sind sicher nicht nur Ausdruck von Bequemlichkeit und Wohlstandsmentalität, sondern spiegeln auch die Angst vor der Zukunft wider, vor der man die Nachgeborenen bewahren möchte. Ein kürzlich in einer Universitätsstadt durchgeführtes Symposium »Jugend und Religion in Europa« zeigte anhand von Beobachtungen und Befragungen in Ost und West, daß die Jugend wieder mehr nach der Existenz Gottes fragt und wissen will, ob das, was man als Mensch nicht verstehen kann, durch ihn doch Sinn bekommt.

Jolande Jacobi, eine der führenden Schülerinnen Jungs, faßte das Vorgesagte in ihrem Buch »Vom Bilderreich der Seele« so zusammen: »Die Beziehung zu Gott ist eine in der menschlichen Seele angelegte Notwendigkeit, eine archetypische Anlage, die nicht ohne schwere Schädigung der psychischen Gesundheit übergangen und verletzt werden kann. Vermag sich nämlich das jeder Seele innewohnende archetypische Wissen von einem ›Gott‹ nicht in entsprechenden Formen zu konkretisieren, so entsteht eine Verarmung, eine Leere in der Seele, und als deren Folge allerhand neurotische Symptome. Die Menschen haben nie ohne Götter zu leben vermocht; und wenn sie meinen, ohne Gott auskommen zu können, dann schlüpft er durch ein Hintertürchen in der Gestalt seines Gegenspielers, des Teufels, oder in

Form eines Ersatzgottes mit all seinen fadenscheinigen Riten und Zeremonien doch in ihr Innerstes, und die Neurose ist sein Begleiter.« (J. Jacobi, 1981, S. 205)

Der ergriffene oder betroffene Patient wird versuchen, seine Probleme zu äußern. Er hat dazu die verbalen und die nonverbalen Möglichkeiten. Während im ersten Fall Gespräche und eine Gesprächstherapie möglich sind, versucht sich der Kranke im zweiten Fall, durch das bewußte oder unbewußte Aufzeigen von Symbolen und Bildern verständlich zu machen. In dem vorgenannten Buch berichtet Frau Jacobi davon, daß in den vielen Jahren, in denen sie Maltherapie mit psychisch Kranken durchgeführt hat, die religiösen Symbole mit am häufigsten auftraten.

Auf die Ausdrucksweise in Symbolen sind wir in unseren tradierten Zusammenhängen ganz allgemein festgelegt, konditioniert. Dies drückt sich sowohl in sprachlichen Begriffen wie auch im Denken und im Gestalten aus.

Mit seinen »Archetypischen Symbolen« ging C. G. Jung bekanntlich noch einen Schritt weiter. Diese Symbole sind älter als der historische Mensch. Sie sind ihm seit Urzeiten an- und eingeboren und erfüllen als ewig lebendige Urgründe unsere Seele. Sie sind die Bildformen der Instinkte, weil sich das Unbewußte dem Bewußtsein auch in Bildern kundgibt und, wie im Traum, als Bild die Reaktion und Verarbeitung des Bewußtseins in Bewegung setzt. »Volles Leben ist nur in Übereinstimmung mit ihnen möglich, Weisheit ist Rückkehr zu ihnen.« (F. Alt, 1983, S. 163) Die Mythen und Märchen, die Sagen und Überlieferungen aller Völker sprechen ein beredtes Zeugnis hiervon. Uns Heutigen sind aber größtenteils die Schlüssel- und Verständigungsmerkmale verlorengegangen, die uns das Verständnis zu ihnen aufschließen und die Rückkoppelung auf unser eigenes Leben zulassen.

Von allen Schulen, die aus dem ursprünglichen Ansatz Sigmund Freuds hervorgegangen sind, berücksichtigt die Tiefenpsychologie oder analytische Psychologie C. G. Jungs den transpersonalen Bereich mehr als jede andere. Dem transpersonalen Bereich ist, wie erwähnt, zuzuordnen, was Jung unter »Archetypen« und dem »kollektiven Unbewußten« verstand. Er war der erste westliche Psychologe, der die Bedeutung transpersonaler Erfahrung für die psychische Gesundheit erkannte. Er betonte immer, daß nicht nur die Heilung von Neurosen das Hauptanliegen seiner Arbeit gewesen sei, sondern der Zugang zur »numinosen« Dimension der Erfahrung (R. N. Walsh und F. Vaughan, 1985, S. 188). »Es ist ... so, daß der Zugang zum Numinosen die eigentliche Therapie ist, und insoweit man zu den numinosen Erfahrungen gelangt, wird man vom Fluch der Krankheit erlöst.« (C. G. Jung, 1972, S. 465)

Das Wort »numinos« wird abgeleitet aus dem lat. »numen« – Wink, das aber auch den durch Zustimmung (Kopfnicken) angedeuteten Willen einer Gottheit bedeutete. Später wurde es für die Bezeichnung eines göttlichen Wesens allgemein gebraucht.

Um das Herausstellen der existentiellen Not der Betroffenen ging es mir in dem Vorangegangenen, um die Hinwendung und Zuwendung zu seinen Problemen. Meine eigenen Anschauungen habe ich durch empirisch erarbeitete Analysen der führenden Tiefenpsychologen und Psychiater untermauert. In seinem hervorragenden Hauptwerk »Ursprungsgeschichte des Bewußtseins« weist Erich Neumann die archetypischen Stadien anhand zahlreicher Beispiele aus dem Kulturkanon der Menschheit nach. Er geht sogar so weit, die archetypischen Strukturelemente der Seele als psychische Organe zu bezeichnen, von deren Funktionieren die Gesundheit des Individuums abhängt und deren Verletzung unheilvoll ist (E. Neumann, 1949, S. 3).

Jung hat das Vorwort zu diesem Werk geschrieben und würdigt nicht nur die Fortsetzung seiner Pionierarbeit, sondern insbesondere die Gründung der Begriffe der komplexen Psychologie auf entwicklungsgeschichtlichen Fundamenten und die Errichtung eines übersichtlichen Gebäudes, in welchem die empirischen Begriffsgestalten einen Lebensraum finden.

2. Ausbildung, Anwendung, auf den Weg bringen, die Beziehung herstellen

»Entwicklungsstadien, in denen der Mensch als Person um Selbstverwirklichung, Selbsterfahrung und alles, was auf das eigene Ich hinzielt, ringt, müssen bereits überwunden sein, bevor ein Mensch als Therapeut wirksam werden kann. Der Kranke hat gerade durch sein Kranksein äußerst differenzierte, individuelle ›Antennen‹ dafür, wen der Helfende meint, ihn oder sich selbst, und ob den Helfenden Liebe oder der Ehrgeiz des Selbstverwirklichungsstrebens motiviert. Die für den Therapieerfolg neben Wissen und Können unerläßliche Intuition ist die Manifestation schöpferischer Liebe.« (V. Brockhoff, 1986)

Wenn auch die »Ordnung über das Zulassungsverfahren zum Studiengang Kunsttherapie« der Freien Kunstschule Nürtingen hohe Anforderungen an die Bewerber stellt, Fachhochschulreife, einschlägiges Praktikum, Mindestalter 25 Jahre, künstlerische oder fachspezifische Vorbildung, Qualifikationen im sozialen, pädagogischen oder pflegerischen Bereich, so wird doch immer die vorgenannte menschliche Reife, die innere Abgeklärtheit, die wirkliche Berufung eine große Rolle spielen.

Nachdem aber, wie bei einem guten Wein, das Reifen und das Ausgären Zeit braucht, dürfen wir auch nicht zu einer frühzeitigen Überforderung und Überfrachtung der Studenten gelangen. Auch die Studiengänge der Medizin, der Pädagogik und der Theologie – also jeweils Fächer, die ebenfalls einen verantwortungsvollen Umgang mit Menschen erfordern – haben die gleichen individuellen Aufgabenstellungen. Sich dieser Aufgabe zu stellen und das soziale Engagement einzusetzen, später für andere da zu sein, ist auf jeden Fall höher einzuschätzen, als von vornherein in die heute ohnehin so verbreitete Negation zu verfallen.

Die Aufgabe erfordert Hingabe und Liebe. Und zwar »Liebe als eigene Tätigkeit und Verfaßtheit, die sich am Wert des anderen orientiert. Die Griechen hatten dafür das Wort agape. Es ist die Liebe, die sich in Ehrfurcht und Freude über das breitet, das sie nicht selbst als Besitz erstrebt« (V. Brockhoff, 1986), und die durch das Wirken Christi ihren höchsten Ausdruck fand.

Die Studenten können aber auch, wie immer wenn es um die Weitergabe von Erfahrungen geht, auf den Schultern der Vorangegangenen stehen. Es gilt nicht nur Zeugnis abzulegen, sondern auch Zeugen anzuführen und zu benennen, die vorgedacht und geforscht haben. Diese Beziehungen sind herzustellen, zur Weiterentwicklung seiner selbst und der Sache; es gilt, den Studenten auf den Weg zu bringen. Es ist erfreulich, daß der Anteil der weiblichen Studenten in dem Fach so hoch ist, da wir auf diesem Gebiet eine besondere Zukunftsaufgabe für die Frau sehen.

Die Schwerpunkte, die mit der Ausbildung zum Kunsttherapeuten gesetzt werden müssen, haben Frau Brockhoff und Herr Türk dargelegt. Es kann danach nicht die Aufgabe der ausgebildeten Kunsttherapeuten sein, aus den Bildern der Kranken psychologische Rückschlüsse zu ziehen bzw. Diagnosen zu stellen. Kunst- und Maltherapie ist keine Psychoanalyse! Es ist immer die Zusammenarbeit mit Fachärzten oder speziell ausgebildeten Psychologen notwendig.

Ungeachtet dessen sollte der Kunsttherapeut sich in die Bedeutung der in der Arbeit mit den Patienten aufkommenden Symbole und psychischen Äußerungen zumindest hineindenken können. Die eingangs dieses Kapitels erwähnten »Antennen« signalisieren dem Kranken im positiven Fall das Verständnis, das für den weiteren Verlauf der Therapie von ausschlaggebender Bedeutung sein kann, da es die Vertrauensbasis herstellt. Die Symbolsprache ist »die einzige Fremdsprache, die jedermann lernen sollte«, hat Erich Fromm einmal gesagt. Ich möchte in diesem Zusammenhang noch ein Zitat anführen: »Das Wahre, mit dem Göttlichen identisch, läßt sich niemals von uns direkt erkennen, wir schauen es nur im Abglanz, im Beispiel, im Symbol, in einzelnen und verwandten Erscheinungen, wir werden es gewahr als unbegreifliches Leben, und können dem Wunsch nicht entsagen, es dennoch zu begreifen. Das ist die wahre Symbolik, wo das Besondere als Allgemeine repräsentiert, nicht als Traum und Schatten, sondern als lebendig augenblickliche Offenbarung des Unerforschlichen. Alles was geschieht ist Symbol, und indem es vollkommen sich selbst darstellt, deutet es auf das Übrige.« Die Worte stammen von Johann Wolfgang von Goethe, aus »Die Geheimnisse«. Darüber hinaus ist ja sein »Faust« erfüllt von Symbolen und Analogien der menschlichen Schicksale, und dies lange bevor die Psychoanalyse begründet wurde.

Es ist daher m.E. notwendig, daß die tiefenpsychologischen Voraussetzungen und die entsprechenden wissenschaftlichen Begriffe im Verlauf der Ausbildung erarbeitet werden. In den Praktika in Fachkrankenhäusern und anderen Einrichtungen wird der Student sein Wissen unter Anleitung von Ärzten vertiefen müssen. Auch umfangreichere Lehrveranstaltungen vertiefen die notwendigen Einblicke in die aufgezeigte Problematik.

Damit ist es jedoch noch nicht getan. Gerade wenn den Leidenden, den nicht im Lot befindlichen Menschen, sein gestörtes Verhältnis zum Religiösen umtreibt, beunruhigt, ja krank macht, ist er in den wenigsten Fällen in der Lage, diese Dissonanz mit Worten darzulegen. Er wird – wie schon ausgeführt – eher in der Lage sein, Andeutungen, Symbolhaftes in Bildern zu sagen. Hier sollte der Kunsttherapeut die nötige Wellenlänge, um an den Begriff der »Antenne« anzuknüpfen, haben, diese Signale aufzufangen. Er sollte selbst die *Spiritualität* haben, die eine Begegnung auf dieser Ebene zuläßt. Damit stoßen wir aber in eine ganz andere Dimension vor.

»Indem das Transzendente in der ›psychischen Substanz‹ in Erscheinung tritt, ist es bereits vom menschlichen ›Seelenstoff‹ getrübt, von ihm gleichsam durchwoben und hat daher von seinem ursprünglich ›reinen und klaren Sein‹ eingebüßt. Es ist eben ›vermenschlicht‹ worden« (J. Jacobi, 1981, S. 209), sagt Jolande Jacobi. Was meint sie damit? Die Fragen der Lebendigkeit des Glaubens, die Wucht eigener transzendentaler Erfahrungen, die »Seinsfühlungen«, wie sie Graf Dürckheim nennt, lassen sich nicht von jemandem verstehen, der sie nicht gehabt hat bzw. nicht davon ergriffen ist. Jung scheut sich nicht, in dieser Hinsicht ein persönliches Bekenntnis abzulegen. »Das Ich steht nämlich in erster Linie seelischen Mächten gegenüber, welche uralte geheiligte Namen tragen, um derentwillen sie von jeher mit metaphysischen Existenzen identifiziert werden. Die Analyse des Unbewußten hat schon längst das Vorhandensein dieser ›Mächte‹ in Gestalt archetypischer Bilder nachgewiesen, die aber nicht mit den entsprechenden Denkbegriffen identisch sind. Man kann glauben, daß die Begriffe des Bewußtseins vermöge der Inspiration des Heiligen Geistes unmittelbare und korrekte Darstellungen ihres metaphysischen Gegenstandes seien. Diese Überzeugung ist natürlich nur dem möglich, der das Charisma des Glaubens besitzt. Dieses Besitzes kann ich mich leider nicht rühmen. Da mein einziges Erkenntnismittel die Erfahrung ist, kann ich diese Grenze nicht überschreiten.« (C. G. Jung, 1981, S. 338)

Wohlgemerkt, in den unzähligen Patientengesprächen während seiner über vierzigjährigen Praxis begegnete ihm die Existenz Gottes in den Seelen seiner Patienten. Er bemerkte und beobachtete sie, war aber nicht selbst »ergriffen«. Verstehen sie mich darüber aber nicht falsch, Jung war sicher ein besserer Christ als mancher heutige »Kirchen-Christ«, und religiöse Fragen berührten und interessierten ihn sehr stark, ganz im Gegensatz zu seinem ehemaligen Lehrer Freud, der die Religion als die Regression ins Pathologische bezeichnet hat. Ihm fehlte aber der auf eigener Erfahrung beruhende Zugang zum Numinosen – er selbst hatte keinen »Wink« erhalten.

Man könnte nun versucht sein, diese von Jung selbst eingeräumte Tatsache als persönliche Angelegenheit auf sich beruhen zu lassen. Das ist aber bei so einer überragenden Persönlichkeit, wie Jung es war und durch die Wirkung seiner Werke ist, nicht möglich. Er wirkt als »großer Einzelner«, im positiven wie im negativen Sinn. Ausfluß eines negativen Wirkens ist m. E. sein Buch »Antwort auf Hiob« (C. G. Jung, 1961). Jung unterzieht Gott hierin einer tiefenpsychologischen Analyse und überträgt z. B. das »Schatten-Problem« auch auf Gott. Er unterstellt Jahwe Entwicklungsstufen, die ihn zur Überwindung und Abspaltung des Bösen in ihm führten. Daher die Aufspaltung in die offene gute Seite, Christus, und die dunkle Seite, Satan. Die Darstellung habe ich hier natürlich stark verkürzt wiedergegeben. Ist es aber denn nicht gerade umgekehrt? Die Menschen haben in evolutionärer Weise ihr

Bewußtsein weiterentwickelt und ihre Erkenntnisfähigkeit. Der »eifernde und rächende Gott« war die Widerspiegelung des damaligen Verhaltenskodex' der Menschen, die »scheinbaren« Handlungen Gottes wurden demgemäß interpretiert. »Erst erkennt ihr es stückweise…«. Unsere Erkenntnisfähigkeit von Gott ändert sich, nicht Gott! Wir werden auf dieses Thema noch zurückkommen müssen, wenn es um die geistigen Erfahrungen geht.

Auf einen sehr wesentlichen Punkt geht Jung dagegen kaum ein: Nach Durchstehen und Überwindung seiner Leiden dringt Hiob zum »Schauen Gottes« vor, zur Begegnung mit dem Sein, wie wir heute sagen würden. In diesem »Schauen« erlöschen für Hiob alle Fragen, sein Leiden wurde »geheilt«!

Mit dem Nachstehenden wird Jungs Manko in dieser Hinsicht deutlich unterstrichen. »Viele der analytischen Stunden mit meinen Patienten sind mit Diskussionen über ›metaphysische‹ Einbrüche gefüllt, und ich benötige dringend historische Kenntnisse, um all den Problemen, die man an mich heranträgt, gerecht zu werden. Für die geistige Gesundheit des Patienten ist es von größter Wichtigkeit, daß er eine angemessene Erklärung für die Numina des kollektiven Unbewußten erhält und daß er ihnen den richtigen Platz zuweist.« (C. G. Jung, 1981, S. 760)

Jungs Werk und seine große Persönlichkeit nötigten mir stets großen Respekt ab. Wenn es aber selbst für solch einen Mann erhebliche Schwierigkeiten gibt, in die Dimension der »Seinsfühlung« vorzustoßen, haben dann die Studenten, haben wir selbst, haben die heutigen Menschen eine Chance hierzu?

3. Offenlegung der sich ergebenden Zusammenhänge, Bewußtwerden der Aufgabenstellung, Zugang zu den Quellen, vom Werden im Ganzen

»Nur kausal wirkender Zwang bewegt die Natur, auch die menschliche. Ohne Not verändert sich nichts, am wenigsten die menschliche Persönlichkeit. Sie ist ungeheuer konservativ, um nicht zu sagen inert. Nur schärfste Not vermag sie aufzujagen. So gehorcht auch die Entwicklung der Persönlichkeit keinem Wunsch, keinem Befehl und keiner Einsicht, sondern nur der Not; sie bedarf des motivierenden Zwanges innerer oder äußerer Schicksale.« (F. Alt, 1983, S. 126)

In der Menschheitsgeschichte wie im Leben eines jeden einzelnen hat es nie eine geradlinige Entwicklung gegeben. Es gab immer Umwege, Zwischenstationen, Irrwege. Das seit altersher hierfür geltende Symbol ist das Labyrinth. Eindrucksvoll, nicht nur seit Knossos, sondern auch in der Kathedrale von Chartres! Um im Bild zu bleiben, auch die Diagramme eines tibetanischen Thankas und Mandalas haben Labyrinthcharakter, ebenso – ein Bild des heutigen Lebens – die Schaltmatrix eines Mikroprozessors, durch den in der Ja-Nein-Abfragung die Bits am Ariadnefaden ins Ziel gejagt werden. Es gab Verschüttungen, die viele gute Denk- und Lebensansätze mit aus den Tagesnotwendigkeiten sich ergebendem Ballast zudeckten. Es gab aber auch Wandlungen – Metamorphosen.

Wir leben in einer solchen Zeit. Es zeichnet sich ein Paradigmenwechsel ab, der in seinen Auswirkungen beachtlich sein kann. Mit drei Beispielen, aus der Physik, aus der Biologie / Anthropologie und der Psychologie, möchte ich dies aufzeigen.

Die klassische *Physik* geht von einem mechanistischen Weltbild aus. Sie basiert auf der Philosophie der griechischen Atomisten, die zu der toten Materie eine äußere geistige Kraft sehen, die die Dinge in Bewegung setzt. Diese Denkweise des Dualismus wurde in der Philosophie Descartes' noch gesteigert. Sein Naturbild enthielt eine scharfe Trennung des rationalen Verstandes von der toten Materie. Als Physiker ging Isaac Newton mit seiner durch das Gesetz der Mechanik ausgelösten mechanistischen Weltsicht die gleiche Richtung weiter. Die Überbetonung dieser Haltung, zu der noch der von christlicher Seite falsch interpretierte Auftrag » Machet Euch die Erde untertan « kam, hat die Menschheit über mehr als vier Jahrhunderte hinweg zu Anbetern des wissenschaftlich Machbaren gemacht. Aus diesem Traum beginnen wir erst langsam wieder zu erwachen, » die Physik des 20. Jahrhunderts hat das allgemeine philosophische Denken tief beeinflußt, weil sie eine zuvor nicht erkennbare Beschränktheit klassischer Ideen aufdeckte und eine radikale Revision vieler unserer Grundvorstellungen nötig machte. So unterscheidet sich zum Beispiel der Materiebegriff der subatomaren Physik grundsätzlich von dem, was die klassische Physik seit jeher unter materieller Substanz verstand, und ähnliches gilt für die Begriffe Raum, Zeit und Kausalität. Da diese Begriffe jedoch von fundamentaler Bedeutung für unsere Anschauungen über die Welt sind, setzte mit ihrer radikalen Neudefinierung auch ein Wandel unseres gesamten Weltbildes ein. Die Veränderungen, die die Neue Physik in Gang setzte, scheinen uns zu einem Weltbild zu führen, das dem Weltbild der östlichen Mystik sehr ähnlich ist, weil es die Einheit und wechselseitige Verbundenheit aller Dinge und Ereignisse sowie die zutiefst dynamische Natur des Universums zeigt. « (F. Capra, 1985, S. 67)

Hervorgerufen wurden die gewaltigen Veränderungen durch Einsteins Relativitätstheorie und Heisenbergs Quantentheorie. » Kurz, in der modernen Physik kann der Wissenschaftler nicht mehr als distanzierter Beobachter auftreten, sondern findet sich in die Welt, die er › beobachtet ‹, zutiefst verstrickt. John Wheeler (1974) betrachtet dieses Beteiligtsein des Beobachters als den wichtigsten Zug der Quantentheorie und schlägt vor, das Wort › Beobachter ‹ durch das Wort › Teilnehmer ‹ zu ersetzen. Dies ist nun wieder eine Idee, mit der jeder, der sich mit mystischen Traditionen befaßt, bestens vertraut ist. Mystisches Wissen ist niemals durch bloßes Beobachten zu erlangen, sondern nur indem man sich rückhaltlos beteiligt – mit allem, was man ist. Die in der Quantenphysik wiederentdeckte Teilhaberschaft des Menschen gehört seit Jahrtausenden zum Grundbestand mystischer Traditionen des Ostens. « (F. Capra, 1985, S. 72)

Pierre Teilhard de Chardin, der französische Jesuitenpater und *Naturwissenschaftler*, gehört zu den bedeutendsten Denkern der Neuzeit. Als Historiker des *Lebens* und als *Philosoph* zog er aufgrund seiner beruflichen Forschungen aus der Tiefe seiner Intelligenz und der Weisheit seines Herzens das Fazit, daß das universelle Ganze sich in die » Richtung des Geistes « bewegt. Auch er sieht alle intellektuellen Krisen, die

236

unsere Zivilisation seit vier Jahrhunderten durchgemacht hat, mit der Einstellung und Wandlung von einer ursprünglich statischen Weltanschauung zu einer Bewegungs-Weltanschauung zusammenhängend.« Der Kosmos hat sich in eine Kosmogenese verwandelt.« Er läßt die einzelnen Entwicklungsphasen Revue passieren, den Griff nach den Sternen in der »Galileischen Phase«, den Herabstieg der kosmischen Bewegung auf die Erde, in das irdische Leben, in der »Darwinschen Phase« und schließlich in der »modernen Phase« des Menschen selbst. Er sieht den »Humanisationsgrad« im Wachstum bei weitem noch nicht als gestoppt an, sondern im Gegenteil in einer kritischen Periode der Intensivierung. »Bis jetzt stand für die ›Spirituellen‹ (sei es im Osten oder sei es im Westen) ein Punkt außer Zweifel: Wenn es für die Menschen einen möglichen Weg zu mehr Leben gab, konnte dieser Weg nur in Form eines ›senkrechten‹ Aufstiegs aus den materiellen Zonen der Welt heraus begriffen werden. Jetzt aber zeigt sich plötzlich ein anderer Fluchtweg. Sollten das Super-Leben, die Einswerdung, der Ausgang, die bisher so sehr in Richtung des Empor, in Richtung irgendeines Transzendenten erträumt und gesucht wurden, nicht vielmehr in Richtung des Voran, in der Verlängerung der immanenten Evolutionskräfte zu finden sein und auf uns warten?« (P. Teilhard de Chardin, 1974, S. 375)

Er sah die Spannung zwischen dem »Empor und Voran« als einen modernen Glaubenskonflikt an und wies als einen Lösungsweg den Neu-Aufbruch des christlichen Glaubens, »zum Empor durch das Voran«.

» Vom christlichen Standpunkt aus analysiert, wie er sich spontan und notwendig aus dem Kontakt zwischen dem Glauben an Christus und dem Glauben an die Welt ergibt, ist die Liebe zur Evolution keine einfache Ausweitung der Liebe zu Gott auf einen weiteren Gegenstand. Vielmehr entspricht sie einer radikalen Erklärung des Begriffs Caritas. ›Du sollst Gott lieben.‹ ›Du sollst deinen Nächsten um der Gottesliebe willen lieben.‹ In seiner neuen Formulierung: ›Du sollst Gott in und durch die Genese des Universums und der Menschheit hindurch lieben‹, wird dieses doppelte Gebot des Evangeliums zu einer einzigen Geste von unerhörter Anwendungs- und Erneuerungskraft synthetisiert.« (P. Teilhard de Chardin, 1974, S. 389)

Man hat Teilhard de Chardin den Vorwurf gemacht, daß er den Gedanken eines werdenden Gottes vertrete. Er lehre die Vervollkommnung und Vollendung Gottes durch die Vollendung der Welt. Hier darf ich auf die Parallelität zu meinen Ausführungen über Jungs Gottes-Begriff in » Antwort auf Hiob« hinweisen. Auch in der protestantischen Theologie finden diese Gedanken ihren Niederschlag. Der Marburger Theologe Benz schrieb vor einiger Zeit: » Jedenfalls erscheinen mir die Forscher, die von der Möglichkeit einer zukünftigen Vervollkommnung des Menschen überzeugt sind und das Unbehagen des jetzigen Menschen als Seufzen nach seiner zukünftigen Erneuerung verstehen, der evangelischen Verheißung und dem evangelischen Verständnis des Menschen näher zu stehen als diejenigen Theologen, für die die christliche Lehre im wesentlichen mit dem Dogma von der grundsätzlichen Verderbtheit, Sündhaftigkeit und Unverbesserlichkeit des Menschen identisch ist, und die in der Erlösung des Menschen nur einen formalen Akt der Lossprechung von seinen Sünden verstehen.« (Benz, 1967, S. 8)

Im Hinblick auf den Vorwurf des »werdenden Gottes« gibt Teilhard jedoch ein eindeutiges Bekenntnis und weist diesen Gedanken mit wünschenswerter Deutlichkeit zurück. »Man muß mit einer ganz und gar gegebenen Voraussetzung beginnen, nämlich die irreversible und sich selbst genügende Präsenz eines ersten Seins. Anders wäre es logisch unmöglich, irgend etwas hinzuzufügen, das heißt auch nur einen weiteren Schritt zu machen.«

Damit geht es Teilhard de Chardin nicht nur um die Existenz, sondern auch um die qualifizierte Existenz Gottes. Aus einer »neuen Schau der Relationen«, die die Materie an das Denken und das Denken an Gott binden, resultiert sein »neues Antlitz Gottes«. Er stimmt damit sinngemäß mit einem viel früheren, mit Nikolaus von Kues, überein, der es auch ablehnte, wie der spätere Pantheismus, das Universum *als* Gott zu verstehen, Cusanus verstand es *aus* Gott.

»Erst wenn deutlich geworden ist, inwieweit die Fehlinterpretation, die Transpersonales auf Personalistisches reduziert, einer ursprünglich sinnvollen, in der Krise der Selbstbewußtwerdung des modernen Menschen aber zum Widersinn gewordenen Tendenz entstammt, wird unsere Aufgabe erfüllt sein. Erst wenn erkannt wird, wie sich das Personale aus dem Transpersonalen entwickelt, sich von ihm abhebt, aber trotz der entscheidenden Rolle des Bewußtseins und des Ich immer im Transpersonalen eingebettet bleibt, kann den transpersonalen Faktoren das Gewicht und die Bedeutung wiedergegeben werden, ohne welche ein gesundes kollektives wie individuelles Leben unmöglich ist.« (E. Neumann, 1949, S. 12) Mit diesen Sätzen Erich Neumanns sind wir wieder bei der *Psychologie*, meinem dritten Beispiel.

Vor fast vierzig Jahren war Neumann damit schon an dem Punkt, der heute Wissenschaftler wie Fritjof Capra, Stanislav Grof, Abraham Maslow, Charles Tart, Ken Wilber, Roger N. Walsh, Frances Vaughan usw. in Atem hält. Es geht um die Psychologie des neuen Bewußtseins, um die transpersonale Psychologie. »Wir wachsen in einer Ebene der Existenz auf, die wir ›real‹ nennen. Wir identifizieren uns total mit dieser Wirklichkeit und empfinden sie als absolut, und wir übersehen geflissentlich alle Erfahrungen, die nicht mit ihr in Einklang zu bringen sind. Was Einstein physikalisch demonstrierte, gilt auch für alle anderen Aspekte des Kosmos: Alle Wirklichkeit ist relativ. Jede Wirklichkeit ist nur innerhalb bestimmter Grenzen gültig. Sie ist nur eine Version unter vielen möglichen. Von einer bestimmten Wirklichkeit zu erwachen, heißt ihre relative Realität zu erkennen.« (R. N. Walsh und F. Vaughan, 1985, S. 60)

Die transpersonale Psychologie will traditionelle psychologische Modelle nicht abschaffen, sondern wehrt sich vor unsinnigen alleinigen Gültigkeitsansprüchen. Die drei Hauptrichtungen der abendländischen Psychologie, die Psychoanalyse, der Behaviorismus und die humanistische Psychologie, sind darüber hinaus zu einseitig auf psycho-pathologische Erscheinungen ausgerichtet. Freuds gesamte Werke enthalten über vierhundert Äußerungen über Neurosen, aber keine einzige über Gesundheit. Die höchsten Entwicklungsmöglichkeiten des menschlichen Bewußtseins sind nicht oder nur unzureichend berücksichtigt.

Wenn es aber wirklich um das tiefstmögliche Verständnis der menschlichen Psyche geht, muß man sich um andere psychologische Systeme kümmern. So ein anderes psychologisches System will die transpersonale Psychologie sein. Sie befaßt sich mit Themen wie veränderten Bewußtseinszuständen, Meditation, Modelle psychischer Gesundheit, Gipfelerfahrungen, mystische Erfahrungen, Implikationen von Erkenntnissen der modernen Physik usw.

Die Begriffe transzendente Erfahrung, Gipfelerfahrungen, mystische Erfahrung sollten demnach folgende Kriterien ausweisen:

» 1. Die Erfahrung ist von solcher Kraft und so verschieden von der gewöhnlichen Erfahrung, daß sie unbeschreiblich erscheint.

2. Ein Gefühl von größerer Klarheit und gesteigertem Verständnis ist mit ihr verbunden.

3. Wahrnehmung von Raum und Zeit sind verändert.

4. Man erlebt das ganzheitliche, durchgängig integrierte Wesen des Universums und das eigene Einssein mit ihm.

5. Intensive positive Empfindungen begleiten die Erfahrung, darunter das Gefühl der Vollkommenheit des Universums.« (R.N.Walsh und F.Vaughan, 1985, S.53)

Maslow schreibt, daß die transzendente oder » Gipfel-Erfahrung so tief und erschütternd ist, ...daß sie den Charakter der Person für immer verändern kann. Nach seiner Rückkehr in den alltäglichen Bewußtseinszustand fühlt der Mensch sich ›als verantwortliches, aktives und schöpferisches Zentrum‹ seines eigentlichen Handelns und seiner Wahrnehmung, stärker selbstbestimmend, frei agierend und über mehr ›freien Willen‹ verfügend als sonst. « In der endgültigen Formulierung seines Konzepts von der » Hierarchie der Bedürfnisse « gelangt Maslow dahin, die Suche nach Transzendenz als den höchsten aller Werte zu betrachten, höher sogar als die Selbstverwirklichung (A.Maslow, 1971, S.357, 361–363).

In den vorgenannten Beispielen ging es mir darum, die von Physikern, Naturwissenschaftlern, Philosophen, Psychologen und Theologen wiederentdeckten zwei Weisen des Erkennens darzustellen. Die eine wird als schlußfolgerndes, dualistisches Erkennen bezeichnet, die andere begegnet uns unter Bezeichnungen wie intim, direkt oder nichtdual. Wie wir gesehen haben, nahm die Naturwissenschaft mit der dualistischen Erkenntnis ihren Anfang und richtete ihr Augenmerk ganz auf die » Schatten «; aufgrund neuerer Fortschritte hat sich jedoch gezeigt, daß diese Weise des Erkennens nur sehr unvollkommen leistet, was sie versprochen hat: Erkenntnis des Wirklichen. Deshalb muß man das intime oder das nicht duale Erkennen als den richtigeren Weg zur Erkenntnis des Wirklichen ansehen.

» Unser innerster schaffender Wille ahnt, wie er mit anderen übereinstimmt, er fühlt seine eigene Universalität – und öffnet so den Weg zur Erkenntnis jener Kraft, von welcher er selber ein Funke in uns ist. « Dieses Wort hat einmal der unter mysteriösen Umständen tödlich verunglückte frühere Generalsekretär der Vereinten Nationen, Dag Hammarskjöld, in seinen Tagebüchern aufgeschrieben. Er bezeichnet m.E. sehr gut die Situation, in der sich mancher von uns befindet. Auch meine Ausführungen sind an diesem Punkt angelangt.

Haben wir die Möglichkeit, » den Weg zur Erkenntnis jener Kraft « zu beschreiten? Aus dem Gesagten wird klar geworden sein, daß es sich nicht um eine Wissensvermittlung handeln kann. Der Vorstoß zu einem höheren Bewußtsein führt über das Erkennen des eigenen Urgrunds, des Ich. Auf einem der Haupttempel in Delphi kann man noch heute als Weg-Losung lesen: » Erkenne Dich selbst «. Katalysator für dieses Selbsterkennen ist das Leid, das zu irgendeiner Stunde zur Umkehr und Richtungsänderung aufruft. Man hat dann die Chance, dieses Wegzeichen aufzugreifen und zu verfolgen oder weiterhin angepaßt sein bisheriges Leben fortzuführen.

Rudolf Steiner wollte Geistesschüler auf die Bahn der Entwicklung bringen. Der erste anthroposophische Leitsatz lautet: » Anthroposophie ist ein Erkenntnisweg, der das Geistige im Menschenwesen zum Geistigen im Weltall führen möchte. « (G. Wehr, 1982, S. 197)

Auch die initiatische Therapie Karlfried Graf Dürckheims geht sowohl für Therapiebedürftige als auch Studenten und Suchende in die gleiche Richtung und neuerdings natürlich auch die von mir beschriebene transpersonale Psychologie.

Der religiöse Weg zu sich selbst und von da aus zu seinen Mitmenschen und zu Gott führte im Westen über das Gebet und die Kontemplation und im Osten über die Meditation. Heute ist die Meditation auch im Westen stark verbreitet und leider auch durch » zweckbestimmtes « Meditieren teilweise mit dem Odium des Nicht-Seriösen behaftet. Die im Sinn des Weges zu sich selbst geübte Meditation ist wertfrei und führt zur Stille, zur Gelassenheit und bei ausdauernder Übung auch wirklich zu einer anderen Haltung sich selbst und den Mitmenschen gegenüber. » Der Weg des Schweigens « von dem unbekannten Autor der » Wolke des Nichtswissens « ist ein Wegbegleiter der christlichen Meditation. Seine mystisch-intuitive Schau gab Meister Eckehart die Gewißheit, daß der Wesenskern der menschlichen Seele und der göttliche Seinsgrund irgendwie von gleicher Artung sein müßten, daß Mensch und Gott zutiefst in ihrem Sein auf eine im begrenzten Begriff nicht voll zu fassende und aussagbare Weise einander verbunden seien. Aus tiefer Meditation und Kontemplation kommen solche Worte: » Nun gib acht! Dann wird Gott in uns geboren, wenn alle Kräfte unserer Seele, die vorher gebunden und gefangen waren, ledig und frei werden und in uns ein Stilleschweigen aller Absicht eintritt und unser Gewissen uns nicht mehr straft; dann gebiert der Vater seinen Sohn in uns. Dabei müssen wir uns aller Bilder und Formen bloß und ledig halten wie Gott und müssen uns so entblößt ohne Gleichheit nehmen, wie Gott in sich selbst bloß und ledig ist. Wenn der Vater in uns seinen Sohn gebiert, so erkennen wir den Vater mit dem Sohn und in ihnen beiden den heiligen Geist. Darum kehre Dich von allen Dingen und nimm Dich rein im Sein; denn was außerhalb des Seins ist, das ist Zufall, und alle Zufälle stiften ein Warum. « (Meister Eckehart, hrsg. v. J. Quint, 1977, S. 22, S. 269–270)

Mehr kann man zu der Meditation auch als Übender kaum sagen. Einen unverdächtigen Zeugen möchte ich allerdings noch nennen, nämlich Carl Friedrich von Weizsäcker, aus » Der Garten des Menschlichen «. Von Weizsäcker meditiert nach eigenen Angaben schon jahrzehntelang und wurde gefragt, was es ist, das man in der Meditation erlebt? » Die erste Antwort, die ich geben müßte, ist, daß eigentlich alles, was man dazu sagt, falsch ist; denn es geht hinaus aus dem Bereich der Begriffe, aus dem Bereich dessen, was man normalerweise mit der Sprache sagt. Wenn man nun trotzdem mit der Sprache darüber redet, dann kommt es darauf an, zu wem man redet; entweder man redet zu einem, der dieselben Erfahrungen hat, dann versteht man sich fast ohne Worte, oder man redet zu einem, der diese Erfahrungen nicht hat, dann wird er alles, was man sagt, wahrscheinlich irgendwie sonderbar finden, oder man wird selber finden, er habe es nicht ganz richtig gedeutet. Das ist eine Schwierigkeit, aber eigentlich eine Schwierigkeit, die sich bei jeder Art von Erfahrung ergibt, nicht nur bei der meditativen, hier aber vielleicht ganz besonders. Wenn Sie trotzdem eine Antwort wollen, in der Art beispielsweise, wie Psychologen vielleicht sprechen, dann würde ich eben sagen: Es ist ein Stillwerden des bewußten Getriebes, es meldet sich, es zeigt sich etwas, was auch vorher immer da war. Überhaupt, man wird durch die Meditation kein anderer, sondern man wird der, der man immer gewesen ist. Aber dies zeigt sich so, daß das, was wir normalerweise das Bewußtsein nennen, anfängt, etwas davon zu spüren, und dadurch dann auch verändert wird.« (C. F. v. Weizsäcker, 1977, S. 534)

Ich hatte eingangs die Frage aufgeworfen, ob es berechtigt ist, daß in der bundesweiten Diskussion um die Lehrinhalte der Ausbildung zum Kunsttherapeuten die Religion eine untergeordnete Rolle spielt. Meine Untersuchung sollte ergeben, ob sich bisher noch nicht genügend beachtete Aspekte zeigen, die eine Änderung dieser Auffassung erfordern. Ich bin sehr wohl der Meinung, daß dies der Fall ist. Nicht nur, um den Kranken, den Leidenden in seinen existentiellen Fragen besser verstehen zu können, sondern um auch in der eigenen Menschwerdung am »Wachsen im Ganzen« teilhaben zu können. Es ist die Vorbedingung eines neuen, selbsteigenen Kontakts mit dem Geistigen der Welt. »Nur wer sich verlor, kann sich als neues Gemeinwesen finden. Quellen können in eigener Tiefe zu fließen beginnen, eigene Arbeit kann geleistet werden im Gehorsam einem Ganzen gegenüber.« (J.W. Klein, 1967, S.65)

Eine aktuelle Bestätigung der vorstehenden Aussage konnte ich in diesen Tagen durch einen weithin bekannten Theologen erhalten. Hans Küng hielt Ende Juni 1986 an der Universität Tübingen einen auch in der Öffentlichkeit und der Presse vielbeachteten Vortrag mit dem Titel »Religion – Das letzte Tabu? Über die Verdrängung der Religiosität in Psychologie, Psychiatrie und Psychotherapie«. Den bisher unveröffentlichten Vortrag hat mir Hans Küng in dankenswerter Weise zur Verfügung gestellt. Ich darf ihn nachstehend zitieren (S. 17, 22, 25, 26): »Kann die geistige Krise derzeit wirklich überwunden werden, wenn die religiösen Tiefendimensionen des Menschseins außer acht gelassen werden? Wenn das, was in der tiefsten Tiefe des Menschen ruht, ignoriert wird? – Nein, für den Patienten kann es nicht gleichgültig sein, ob ein Psychiater oder Mediziner etwas von Religion versteht oder nicht, von echter, gesunder, wahrer Religion selbstverständlich; ob er ein Gespür hat für die spirituellen Kraftquellen, die in der Religion aufbewahrt sind; ob er die Patienten an solche – möglicherweise in ihnen verschüttete – Quellen heranführen kann, die dann vielleicht heilender, integrierender, aufbauender sein können als reine Analysen –. Ich bin deshalb entschieden der Meinung, daß die Fragen der Religion um der Menschen – der kranken wie der gesunden – willen nicht domestiziert und auf ein quasi-illegales Dachkämmerchen-Dasein im großen Gebäude der Psychiatrie und Medizin im allgemeinen beschränkt werden können, sondern daß sie als zentrale Fragen von Psychiatrie, Psychotherapie und auch Psychologie durchgängig einbezogen werden sollten: Ich plädiere nicht für eine religiöse Psychotherapie oder eine Psychotherapie nur für Religiöse, sondern für eine Therapie, die – unter anderen spezifisch menschlichen Ausdrucksformen – auch das Phänomen Religion ernst nimmt.«

Meditative Nach-Schau

Zeichen, Symbole, Analogien und archetypische Urbilder haben durch die gesamte Menschheitsentwicklung hindurch bis in die heutige Zeit eine fundamentale Bedeutung für das geistige Leben der Menschen gehabt. Sie waren seit jeher Ausdruck innerer seelischer und geistiger Werte und wurden nicht nur zur äußeren Anschauung, sondern vor allem zur inneren Schau bei religiösen Andachts- und Meditationsübungen angewendet.

Ich erachte es als gerechtfertigt, auch auf eine moderne und aus der gegenwärtigen Zeit heraus entwickelte Symbolhaftigkeit hinzuweisen. In seiner Dokumentation »Meditation« (K.H.Türk, 1978) beschreibt der Gründer und Leiter der Freien Kunstschule Nürtingen es als einen besonderen Aspekt seiner eigenen künstlerischen Arbeit, einen konkreten Weg, durch übende Meditation zu einer vom eigenen Bewußtsein kontrollierten Zeichenhaftigkeit zu gelangen, die dem Übenden als Meditationshilfe dienen kann.

Im Bildteil dieses Bandes sind als Beispiele »passiver Kunsttherapie« einige noch nicht veröffentlichte Abbildungen dieser geometrisch reinen Zeichenhaftigkeit, die aus dem spirituellen Hintergrund der Anthroposophie heraus entwickelt wurden und die in diesem Sinn Urbildhaftes enthalten, abgebildet. Ich bin der Ansicht, daß dieses bild- oder zeichenhafte Erleben religiöser Spiritualität heute heilende Wirkung ausüben kann.

Literatur

ALT, Franz: Das C. G. Jung-Lesebuch, Olten 1983
BENZ: zitiert nach J. W. Klein: Ihr seid Götter, Pfullingen 1967
BROCKHOFF, Viktoria: Malen am Krankenbett, s. S. 17–39 dieses Bandes
CAPRA, Fritjof: Moderne Physik und östliche Mystik, in: Roger N. Walsh und Frances Vaughan: Psychologie in der Wende, Bern/München 1985
ESCHENBACH, Ursula: Zur Symbolik des Auges, s. S. 90–99 dieses Bandes
JACOBI, Jolande: Vom Bilderreich der Seele, Olten 1981

JUNG, Carl Gustav: Gesammelte Werke, Band 2, Olten 1923

JUNG, Carl Gustav: Antwort auf Hiob, Zürich 1961

JUNG, Carl Gustav: Briefe, Band 1, Olten/Freiburg 1972

JUNG, Carl Gustav: Das symbolische Leben, in: Gesammelte Werke, Band 18, Olten/Freiburg 1981

JUNG, Carl Gustav: Religion und Psychologie – eine Antwort auf Martin Buber, in: Gesammelte Werke, Olten/Freiburg 1981

KLEIN, Johannes Werner: Ihr seid Götter, Pfullingen 1967

MASLOW, Abraham: Hierarchie der Bedürfnisse, in: Roger N. Walsh und Frances Vaughan: Psychologie in der Wende, Bern/München 1985

MEISTER ECKEHART: Deutsche Predigten und Traktate, hrsg. v. Josef Quint, München 1977

NEUMANN, Erich: Ursprungsgeschichte des Bewußtseins, Zürich 1949

NEUMANN, Erich: Kunst und schöpferisches Unbewußtes, Zürich 1980

TEILHARD DE CHARDIN, Pierre: Aufstieg und Einheit, hrsg. v. L. Häflinger, Olten 1974

TÜRK, K. H.: Meditationen, Fellbach 1978

WALSH, Roger N. und Frances VAUGHAN: Psychologie in der Wende, Bern/München 1985

WEHR, Gerhard: Rudolf Steiner, Freiburg 1982

WEIZSÄCKER, Carl Friedrich v.: Der Garten des Menschlichen, München 1977

243

ANHANG

ABBILDUNGEN

Redaktion: Gabriele v. Engelhardt-Bargsten

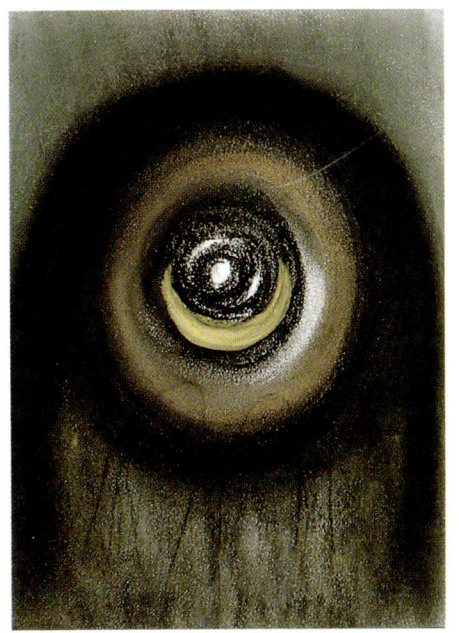

1 *Einäugigkeit*

2 *Zweiäugigkeit*

3 *Dreiäugigkeit*

5 *Fünfäugigkeit*

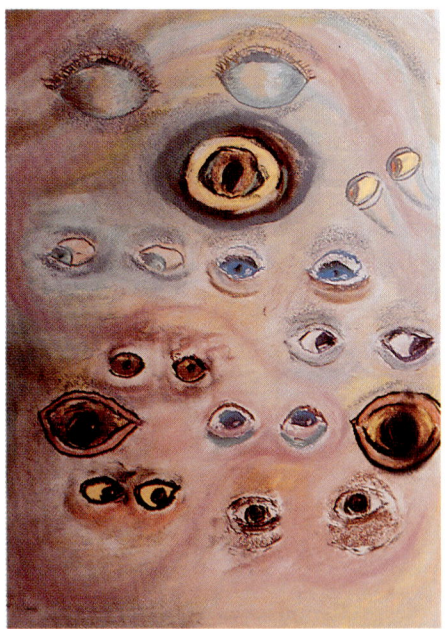

4 *Vieräugigkeit*   6 *Vieläugigkeit*

7 *In der Fläche verlaufende Blautöne*

8 *Erweiterung zu Tagesstimmungen*

9–11 Studien zum Baum in den Jahreszeiten Der Frühlings- und Winterbaum sollten so angelegt werden, daß die blühende bzw. schneebedeckte Baumkrone jeweils als Negativform ausgespart bleibt (Beispiel einer erfolgreichen Maltherapie bei einer wegen Herz-Kreislauf-Symptomen inoperablen Hyperthyreose).

 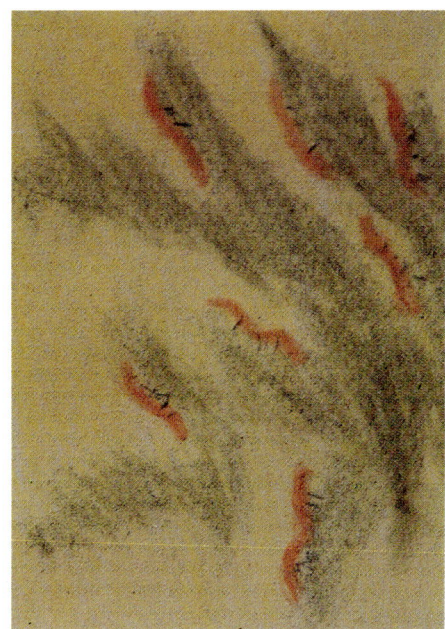

12, 13 Farbstudien (Beispiele einer Maltherapie bei Parkinsonscher Krankheit)

14 Rot-Blau-Kontrast (Beispiel einer Maltherapie bei Asthma bronchiale)

15 *Knollenbildungen (Beispiel einer Maltherapie bei Krebserkrankung)*

16 *»Inselbildungen« (Beispiel einer Maltherapie bei Krebserkrankung)*

17 »*Schöpfungsauge*«

18 *Selbstporträt (Extra- und Introversion)*

253

19 Verschobene Augenachsen

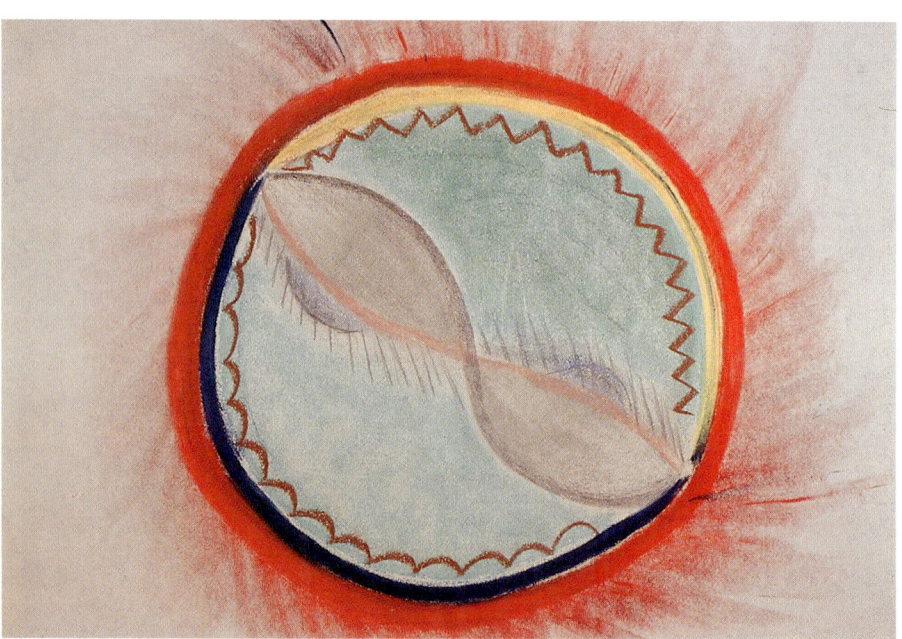

20 Lemniskatstellung der Augen in der Diagonalen

254

21 »Flammenmeer«

22 Mondbarke

23 *Abgründige Traurigkeit, in der das Augenlicht nach außen zu verlöschen und das
Leiden selbst sich als Gesicht zu gestalten
scheint. Es mutet daher fast wie eine tröstliche
Verheißung an, daß dieses abgründige Gesicht Lichthaare trägt und damit auch gleichzeitig das erreichbare Oben des Bewußtseins
gegenüber dem bedrängenden Unten des Unbewußten anzeigt.*

24 Maske

25 Maske

26 Maske

27 Maske

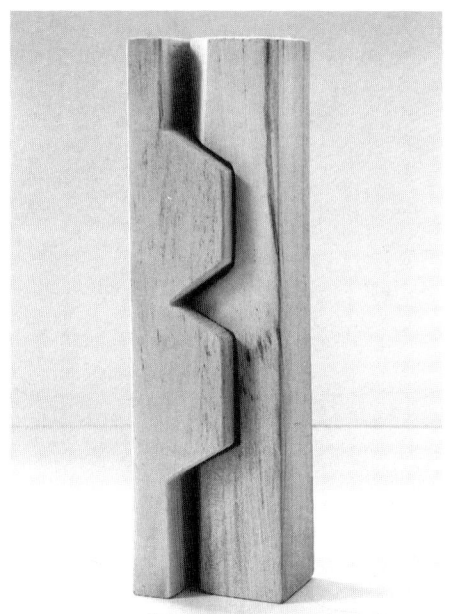

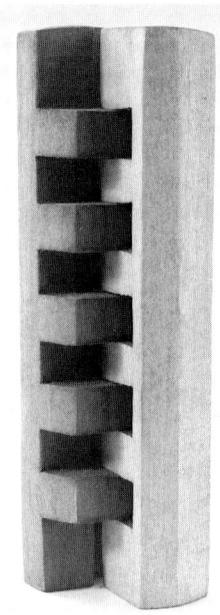

28 Verklammerung

29 Verklammerung

30 Anschmiegen

31 Ineinanderschmiegen

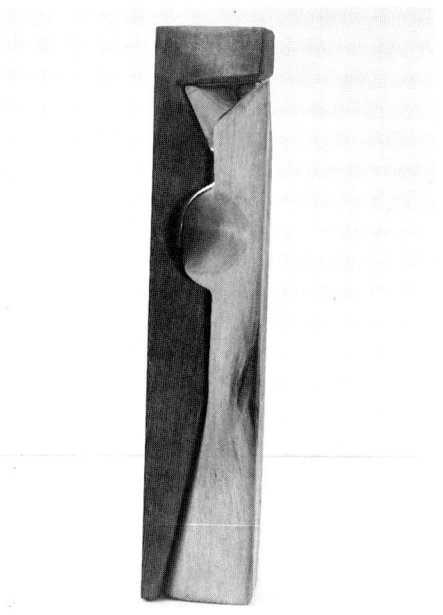

32 Gegenseitige Ergänzung

33 Gegenseitige Ergänzung

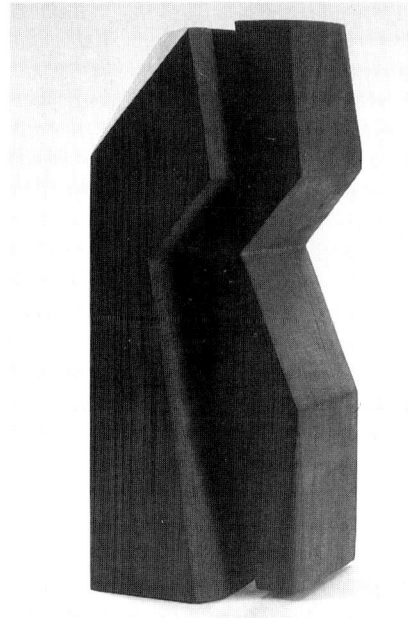

34 Gegenseitige Ergänzung

35 Gegenseitige Ergänzung

36 *Übung aus dem Meditativen Malen: Atem im Bauch*

37 *Übung aus dem Meditativen Malen: Ausweitung von Wärme und Lebendigkeit*

38 Übung aus dem Meditativen Malen: Wärme im ganzen Körper

39 Übung eines depressiv-neurotischen Patienten

40 *Übung eines depressiv-neurotischen Patienten:* »*Kinderkleckerland*«

41 *Übung eines depressiv-neurotischen Patienten: Zunehmende Identitätsfindung*

42 *Aufeinanderprallende Bildmerkmale zeugen von Interessenkonflikten der Beteiligten*

43 *Persönliche Interessen werden zur integrierten Bildgestalt überwunden*

44 Ausgeglichene Bildgestalt aus einer Farbeninteraktion
Bei aller notwendigen Spontaneität des emotionalen Zulassens geht es im Prozeß einer Farbeninteraktion nicht um ein bloßes Sich-Austoben und persönliches Sich-Abreagieren, sondern darüber hinaus darum, Ordnungsgefüge und Strukturen, die in der bildnerischen Arbeit freigesetzt werden (können), lebendig zu erfahren und zu erkennen.

45 *Selbsterfahrung am Webstuhl*

46 *Selbsterfahrung mit Sand und Steinen*

47 Gegenfigur

48 Naturmaterialien

49 Gesichtsmaske

50 Gesichtsmaske

51 Collage »Julia«

52 Collage »Innenraum«

53 Auf den Kopf gestellte Kopie von August Mackes » Markt in Tunis I« *von 1914*

54 Auf den Kopf gestellte Kopie von August Mackes » Modes, Frau vor dem Hutladen « *von 1914*

55 Auf den Kopf gestellte Kopie von Amedeo Modiglianis » Jeanne Hebuterne« *von 1920*

56 *Kontaktaufnahme in der Gruppe durch »Kontaktmalen«*

57 *Nähe und Distanz im bildnerischen Ausdruck*

58 Interaktion auf der Tonplatte

59 Individueller Ausdruck

60 Ein Schritt zur Problemlösung

61 »The Contrast«   62 »Ich im Blau«

63 »Bestehen gegen Bedrängnis«

64 »*Behauptung*«   *65* »*Lebendige Heiterkeit*«

66 *Ichiyusai:* »Kopf eines Mannes«

67 *Figur-Grund-Wahrnehmung*

68 *Fixierung von Gestaltauffassungen: das Rechteck*

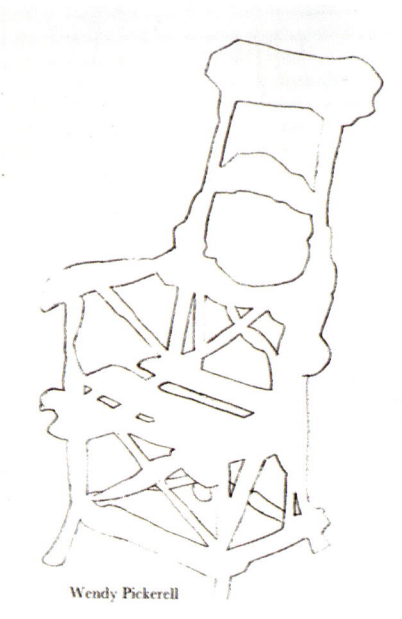

69 Negativraum-Zeichnung eines Stuhls

70 M. Hopf: Negativraum-Zeichnung Stuhl

71 K. Pfaffenzeller: Negativraum-Plastik

72 M. Hopf: Schwarz-Weiß-Gesicht

274

73 M. Hopf: *Reduktionen von Gesichtern*

74, 75 M. Hopf: *Freie Kompositionen*

76, 77 K. H. Türk: Meditationsbilder

78, 79 K. H. Türk: Meditationsbilder

80 K. H. Türk: Meditationsbild
Im Sinn der Therapie gehört Meditation für den Patienten – sofern er dazu in der Lage ist –,
aber vor allem für den Therapeuten zu einem geistigen Übungsweg, der den menschlichen
Seelen- und Geistbereichen förderlich ist. Als Meditationshilfen galten von jeher einfache
Zeichen und Symbole, die im modernen Sinn der Meditierende selbst entwickeln sollte. Wich-
tigste Elemente dabei sind die Symmetrie und die klare Aussage geometrischer Formen, die auf
eine Mitte (innere Mitte) orientiert sind. Geometrische Figuren (Kreis, Quadrat, Rechteck,
Dreieck, Kreuz, Senkrechte, Waagrechte usw.) vermitteln der geistigen Konzentration einen
objektiven Inhalt, der keine Vieldeutigkeit zuläßt. Rudolf Steiner erkannte der Geometrie für
den inneren Schulungsweg große Bedeutung zu.

Autorenverzeichnis

BELZ, Sabine
Fachklasse Kunsttherapie an der Freien Kunstschule Nürtingen

BROCKHOFF, Viktoria
Dr. med., Dr. phil., Leitende Chirurgin am Gemeinschaftskrankenhaus Herdecke, Lehrbeauftragte für Kunsttherapie am Fachbereich Erziehungswissenschaft der Universität Münster

v. ENGELHARDT-BARGSTEN, Gabriele
Fachklasse Kunsttherapie der Freien Kunstschule Nürtingen, Volkshochschul-Dozentin

ESCHENBACH, Ursula
Dr. med., Ausbildungsleiterin und Leiterin der Poliklinik für Kinder und Jugendliche, Dozentin am C. G. Jung-Institut Stuttgart

GÖHRING, Claudia
Fachklasse Kunsttherapie der Freien Kunstschule Nürtingen, freischaffende Malerin

HANUS, Otto K.
Freiberuflicher Maler, Kunsttherapeut und Gruppendynamiker, Ausbildungsleiter am Münchner Forum für Analytische und Klinische Kunsttherapie

KLUCKERT, Ehrenfried
Dr. phil., Kunsthistoriker, Dozent an der Freien Kunstschule Nürtingen

LIEBENOW, Hermann
Dipl.-Psychologe, Leiter der Beratungsstelle für Jugend- und Erziehungsfragen des Landkreises Reutlingen in Münsingen

MENZEN, Karl-Heinz
Dr. phil., Dipl.-Theologe und Klinischer Psychologe, Prof. an der Katholischen Fachhochschule für Sozialwesen und Religionspädagogik, Privatdozent für Kindliche Sozialisation an der TU Berlin

PELZER, Reinhold
Kunstpädagoge, Dozent an der Fachklasse Kunsttherapie der Freien Kunstschule Nürtingen

PÜTZ-KECSKEMĒTHY, Raphaela
Dipl.-Graphikerin, Maltherapeutin, Dozentin am Freien Bildungswerk Bochum

ROHEN, Andreas
Dr. med., Oberarzt an der Psychiatrischen Abteilung des Kreiskrankenhauses Nürtingen, Lehrbeauftragter an der Freien Kunstschule Nürtingen

THIES, Jürgen
Direktor, Vorstandsmitglied der Freien Kunstschule Nürtingen, Vorstandsvorsitzender eines Behinderten- und Heimstättenwerkes und anderer sozialer Einrichtungen

TÜRK, K. H.
Prof., Leiter der Freien Kunstschule Nürtingen, Leiter der Fachklasse Kunsttherapie, Lehrbeauftragter der Fachhochschule Nürtingen, Bildhauer

VETTER, Rudolf Peter
Arzt und Pädagoge, Dozent an der Fachklasse Kunsttherapie der Freien Kunstschule Nürtingen

WEISBACH, Christian-Rainer
Dr. rer. soc. habil., Dipl.-Pädagoge, Privatdozent an der Universität Tübingen, Lehrbeauftragter der Universitäten Hohenheim, Stuttgart, Hannover, Dozent an der Fachklasse Kunsttherapie der Freien Kunstschule Nürtingen

WÖRTHLE, Karin
Erzieherin, Fachklasse Kunsttherapie der Freien Kunstschule Nürtingen

ZIFREUND, Walther
Prof., Dr. phil., Dipl.-Psychologe, Ordinarius für Erziehungswissenschaft mit besonderer Berücksichtigung Neuer Lernverfahren an der Universität Tübingen, Psychotherapeut, Honorarprofessor der Universität Stuttgart, Lehrbeauftragter an der Fachklasse Kunsttherapie der Freien Kunstschule Nürtingen

Ausbildungsgang Kunsttherapie an der Freien Kunstschule Nürtingen
Freie Akademie und Ausbildungsstätte für Kunsttherapie, Stiftung des bürgerlichen Rechts

1. Theoretische Grundlagen und Berufsbild

Unter Zugrundelegung des Berufsbilds des Kunsttherapeuten, wie es von der Bundesanstalt für Arbeit in den Blättern zur Berufskunde 2/1977 charakterisiert ist, wird der kunsttherapeutische Studiengang für Studierende der bildenden Kunst und Angehörige sozialer, pädagogischer und pflegerischer Berufe als grundständiges Studium und als eigenständiger Fachbereich an der Freien Kunstschule Nürtingen angeboten.

Die in der Kunst und der manuellen Tätigkeit liegenden therapeutischen Möglichkeiten werden in der Kunsttherapie bewußt eingesetzt, um den Heilprozeß physisch und psychisch Erkrankter zu unterstützen. Die Betätigung der Sinnes- und Gliedmaßenorgane – in der bildenden Kunst werden besonders Seh- und Tastsinn angesprochen – führt zur Steigerung und Verfeinerung der Wahrnehmungsmöglichkeiten, die dem Erkrankten neue Bezüge zur Welt eröffnen und das ständige Kreisen um sich selbst abschwächen helfen. Die Freude am eigenen schöpferischen Tun kann zudem neue Dimensionen der Selbsterfahrung erschließen. So vermag die künstlerische Betätigung, auf eine aktive Sinngebung zu zielen, die in der Handlungsverarmung unserer Zeit vielen Menschen heute verlorengegangen ist.

So wie auch der frühere Mensch innere Erfahrungen im Umgang mit schöpferischem Tun und den verschiedensten manuellen Tätigkeiten machte, so könnte der in unserer Zeit kopflastige, seelisch verarmte und einseitig gewordene Mensch durch künstlerisches Tun jenes Gleichgewicht wieder finden, das er verloren hat. Darüber hinaus zeigt sich der Mensch seit den frühen Stufen der Kultur bis heute als ein »symbolschaffendes Wesen« – worauf besonders C. G. Jung und Erich Neumann hingewiesen haben. »Von Anfang an tritt der Mensch als symbolschaffendes Wesen auf, und er gestaltet die ihm eigene geistig-seelische Welt in der Symbolwelt der Sprache und des Denkens von Weltzusammenhängen wie in der Ausdruckswelt der Gestalten und Bilder, in denen die Gefühlsqualität des Numinosen erscheint.« (E. Neumann)

Die heutige Tiefenpsychologie versucht durch bewußte Erfahrung dieser symbolschaffenden Innenwelt, Aufschlüsse über die innere Zuständigkeit des Menschen zu erlangen. In diesem Sinn gehört das Studium der einschlägigen Schriften von C. G. Jung, Erich Neumann und deren Nachfolgern und Schülern zu den theoretischen Grundlagen im Studiengang Kunsttherapie an der Freien Kunstschule Nürtingen. Im Sinn von »Ganzwerdung« – was gleichzeitig auch Heilung bedeutet – kann das »Prinzip des Schöpferischen und der Wandlung« (E. Neuman) nicht nur als kunstspezifisch, sondern gleichzeitig auch als therapiespezifisch angesprochen werden. Auf diesen, als dem Menschen inhärent innewohnenden und ursprünglichen Bereich des Schöpferischen hat auch die Anthroposophie Rudolf Steiners als ein Zentralanliegen für das Neu- und Gesundwerden der Gesellschaft in besonderem Maße hingewiesen (vgl. R. Steiner: »Die Weltmission der Kunst«). Das gesamte Lebenswerk Rudolf Steiners kann als der Versuch gewertet werden, die schöpferische und damit künstlerische Potenz des Menschen in allen Bereichen des Lebens (also nicht nur im Künstlerischen allein) neu zu erfahren und zu entfalten: der Mensch als »Fähigkeitsgestalt«. So basiert auch der kunsttherapeutische Ansatz der von Rudolf Steiner inaugurierten Heilpädagogik in wesentlichen Bereichen auf »Therapie durch künstlerisches Gestalten«.

Diese Ansätze, die die kunsttherapeutische Ausbildung an der Freien Kunstschule Nürtingen bislang beeinflußt haben, werden weiter verfolgt. Die Freie Kunstschule Nürtingen bemüht sich aber zugleich um eine, für künftige Entwicklungen des relativ neuen Berufsfeldes Kunsttherapie offene und ausgewogene Ausbildung, die alle relevanten Aspekte dieses in rascher Entwicklung befindlichen Berufsbildes aufarbeiten und berücksichtigen möchte. Dabei bildet die künstlerische Ausbildung einen der Freien *Kunst*schule gemäßen Schwerpunkt, ohne daß sich daraus eine Einseitigkeit ergeben darf. Medizinisches, psychotherapeutisches, psychologisches und pädagogisches Grundwissen sind daneben ebenso erforderlich wie ein entsprechender allgemeiner Bildungshintergrund (Kunstgeschichte und -Theorie, philosophische, theologische, soziologische Aspekte von Therapie usw.). Therapeutische Theorien und therapeutische Selbsterfahrung sowie kunsttherapeutische Praxis müssen rechtzeitig den Weg zur Berufsfähigkeit ebnen. Diese verschiedenen Züge der kunsttherapeutischen Ausbildung sind zu einem integrierten Studiengang zu vereinigen. Hierbei werden sich immer wieder Neu- und Weiterentwicklungen ergeben.

Dieses Buch gibt Einblick in die Bemühungen der Freien Kunstschule Nürtingen.

Der Fachbereich Kunsttherapie an der Freien Kunstschule Nürtingen ist in bezug auf die zu vermittelnden theoretischen Grundlagen bemüht, sich den sich ständig weiterentwickelnden allgemeinen Standards auf diesem Gebiet anzugleichen. Insofern kann hier kein absolut fest umrissenes »Programm« aufgestellt werden, sondern nur ein solches, das in innerer Wandlungsfähigkeit bereit ist, sich neuen Wegen und Erkenntnissen zu öffnen. Forschung und Lehre müssen gerade auf dem Gebiet der Kunsttherapie flexibel gehalten werden, da es sich hier insbesondere um einen grenzwissenschaftlichen Bereich handelt, der nicht in eine starre Schematik gepreßt werden kann.

In diesem Sinn soll zum gegenwärtigen Zeitpunkt davon abgesehen werden, in dem hier vorliegenden Band einen endgültigen Studienplan für den Fachbereich Kunsttherapie an der Freien Kunstschule Nürtingen zu veröffentlichen, da erst durch die praktischen Erfahrungen der kommenden Zeit und je nach Maßgabe der Entwicklung eine solche endgültige Form erarbeitet werden kann. Interessenten, die Einblick in den zur Zeit gültigen Lehr- und Studienplan erhalten wollen, wenden sich bitte an das Sekretariat der Freien Kunstschule, Fachbereich Kunsttherapie. Prinzipiell sei jedoch gesagt, daß in bezug auf die Gestaltung des Lehr- und Studienplans für den Fachbereich Kunsttherapie die Schulleitung darauf bedacht ist, ein inneres Gleichgewicht zwischen den rein künstlerischen Studienfächern, den künstlerisch therapeutischen Verfahren und den rein theoretischen Fächern anzustreben. Es soll hier vor allen Dingen die Kopflastigkeit vermieden werden und das Schwergewicht dem Gebiet der bildenden Kunst und ihrer praktisch therapeutischen Anwendung vorbehalten bleiben.

2. Studiengang

Die Freie Kunstschule Nürtingen hat mit der Einrichtung eines Studiengangs Kunsttherapie die Konsequenz daraus gezogen, daß in einer Zeit beruflicher Vereinseitigung und gleichzeitiger passiver Konsumentenhaltung gesamtgesellschaftlich die Situation einer extremen Handlungsverarmung entsteht, die nicht ohne pathogene Konsequenzen bleiben kann.

Dieser Situation kann nicht nur und auch nicht mehr vordringlich mit Therapieformen begegnet werden, die sich in erster Linie des Gesprächs als Medium bedienen, weil Sprechen selbst nicht selten den Charakter einer Ersatzhandlung annimmt. Es sollten vielmehr angesichts der angedeuteten allgemeinen Situation unserer Zeit vornehmlich die heilenden Kräfte gestalterischen Handelns genutzt werden, die jedem Menschen zu Gebote stehen, die aber sehr häufig verschüttet sind und unter sachkundiger Hilfe (re)aktiviert werden müssen, um ihre heilenden Wirkungen entfalten zu können.

Medium der Therapie ist hier vor allem das gestalterische Handeln selbst. Es stellt *den* Handlungsbereich dar, der auch im modernen Lebensalltag ungeschmälert zugänglich ist und in dem es risikolose Sinnerfüllung für jeden gibt. Kunsttherapie ist insofern zu einem nicht unerheblichen Teil – obwohl dies zunächst widersprüchlich erscheinen mag – Vorbeugung, Prophylaxe.

Mit der Einrichtung des Studiengangs Kunsttherapie möchte die Freie Kunstschule Nürtingen die Konsequenz daraus ziehen, daß sie für die kunsttherapeutische Berufsausbildung eine hochqualifizierte Ausbildung auf künstlerischer und wissenschaftlicher Grundlage angesichts der gesellschaftlichen Bedeutung dieser Berufsrichtung für geboten hält.

Ziel des Studiums

Das Studium soll die Kompetenzen für die berufliche Tätigkeit als Kunsttherapeut aufbauen, insbesondere zu eigener künstlerischer Arbeit befähigen, die für eine therapeutische Tätigkeit erforderlichen wissenschaftlichen Grundkenntnisse vermitteln und die relevanten kunsttherapeutischen Ansätze und Verfahren handlungsbezogen erlernbar machen, so daß verantwortliche Mitarbeit in therapeutischen Teams und eigenverantwortliche kunsttherapeutische Tätigkeit in Therapie und

Prophylaxe ausgeübt werden kann. Die Vielfältigkeit der Bereiche dieses Studiengangs machen in besonderer Weise Weiterbildungsaktivitäten während der späteren Berufsausbildung erforderlich.

Zulassungsbedingungen

In den Studiengang Kunsttherapie kann nur aufgenommen werden, wer die allgemeine oder fachgebundene Hochschulreife bzw. eine andere, als gleichwertig anerkannte Qualifikation besitzt und in einem Aufnahmeverfahren nach der Zulassungsordnung seine bildnerische Befähigung und seine Eignung für das Studium der Kunsttherapie nachgewiesen hat.

Dauer, Gliederung und Aufbau des Studiums

Das Studium umfaßt 8 Semester. Ein halbjähriges Praktikum wird im Rahmen des Hauptstudiums in sechswöchigen Abschnitten abgeleistet. Das 8. Semester ist Praktikumssemester. Aus dieser praktischen kunsttherapeutischen Tätigkeit erwächst das Thema der Abschlußarbeit.

Die Lehrveranstaltungen umfassen mindestens 2200 Stunden. Die Studienzeit gliedert sich in das viersemestrige Grundstudium und in das ebenfalls viersemestrige Hauptstudium. Das erste Semester gilt als Probesemester.

Lehrveranstaltungen, Studienfächer

Das Studium erstreckt sich auf Pflicht- und Wahlpflichtveranstaltungen. Mehrere Lehrveranstaltungen können als Pflicht- oder Wahlpflichtfächer zusammengefaßt werden.

Es erfolgt jeweils rechtzeitig eine studienbegleitende und organisatorische Beratung der Studenten durch den Leiter der Ausbildung bzw. dazu beauftragte Mitarbeiter.

Praxisorientierung des Studiums

Dem Kennenlernen des Berufs- und Arbeitsfeldes und der Vermittlung praktischer Erfahrungen und Kenntnisse dienen berufspraktische Studienanteile. Sie bestehen aus Tätigkeiten in der Ambulanz und aus Praktikumszeiten. Näheres regelt die Praktikumsordnung. Einschlägige Berufsausbildung und der Ausbildung förderliche Berufstätigkeiten können teilweise angerechnet werden. Das 8. Praktikumssemester ist durch Vorleistungen in der Regel nicht ersetzbar.

Der Leistungsnachweis über die praktischen Tätigkeiten umfaßt gestalterische Ergebnisse (eigene Arbeiten bzw. Patientenarbeiten) und Praxisberichte. Dies soll die Umsetzungs-, Planungs- und Durchführungsfähigkeiten nachprüfbar machen.

284

Prüfungen

Es erfolgt eine Auswahlüberprüfung am Ende des ersten Probesemesters. Die Ausbildungsfähigkeit wird von einem Prüfungsausschuß beurteilt aufgrund der Benotung der mündlichen Prüfung in einem Theoriefach und aufgrund der Benotung der Mappenvorlagen aus dem ersten bildnerischen Grundsemester. Die Benotung muß in beiden Studiengebieten mindestens ausreichend (4,0) sein.

Die Zwischenprüfung am Ende des 4. Semesters besteht aus einer mündlichen Prüfung in einem weiteren Theoriefach und den jeweils vorgeschriebenen Scheinen des 1. bis 4. Studiensemesters.

Die Abschlußprüfung umfaßt eine Klausur, mündliche Prüfungen in weiteren Theoriefächern, die Benotung der Praxisberichte und die Benotung der Abschlußarbeit. Insbesondere in den selbsterfahrungs- und handlungsbetonten Therapiefächern werden die Anforderungen für die Vergabe von Scheinen von den betreffenden Dozenten rechtzeitig festgelegt und bekanntgegeben.

Einzelleistungen bzw. Studiennachweise können sein: Klausurarbeiten, mündliche Prüfungen, aktive Mitarbeit bzw. praktische Tätigkeit. Hierzu zählen künstlerische, selbsterfahrungsbezogene bzw. therapeutische Nachweise, die nach Art und Inhalt fachspezifisch definiert werden. Der Nachweis ausreichender Voraussetzungen für einzelne Lehrveranstaltungen kann besonders festgelegt werden.

Anwendungsbereiche

Die kunsttherapeutische Ausbildung soll vorbereiten auf die Mitarbeit als Kunsttherapeut in Institutionen therapeutischer, sozialpflegerischer und pflegerischer Art wie in der klinischen Krankenversorgung (z. B. in der Psychiatrie, Psychosomatik und Onkologie), der Behindertenarbeit, der Arbeit bei Drogen- oder anderen Suchtgefährdeten und in der Rehabilitation sowie in der eigenverantwortlichen kunsttherapeutischen Arbeit, vor allem auch im Bereich der Prophylaxe, der Erwachsenenbildung, der Jugendarbeit usw.

Lehrkräfte

Der Lehrkörper besteht aus Künstlern, Ärzten, Psychotherapeuten, Kunsttherapeuten, Kunst- und Sozialpädagogen und einschlägigen Wissenschaftlern, Psychologen, Kunsthistorikern usw.

Anmeldung und Information

Die Aufnahme erfolgt jeweils zum Winter-Semester des betreffenden Studienjahres. Die Anmeldung und Information erfolgt über das Sekretariat der Freien Kunstschule Nürtingen, Laiblinstegstr. 2, 7440 Nürtingen, Tel.: 0 70 22 / 3 21 11.

285